공자도 읽지 못한 논어

서예가 양전 김원익이 공부하다

김 원 익

역락

▍저자 소개

양전 김원익_洋田 金源翊

전라남도미술대전 초대작가 및 심사위원 역임
광주광역시미술대전 초대작가 및 심사위위원 역임
전국무등미술대전 우수상 수상 및 심사위원 역임
대한민국서예전람회 초대작가 및 심사위원 역임
광주광역시교육청 장학사, 장학관
광주광역시 소재 중등학교 교사, 교감, 교장

논문 : 소전 손재형 연구(素筌 孫在馨 研究)

공자도 읽지 못한 논어 ②
서예가 양전 김원익이 공부하다

초판 인쇄 2011년 8월 25일 | 초판 발행 2011년 9월 1일

저 자 김원익

펴낸이 이대현

펴낸곳 도서출판 **역락** | 등록 제303-2002-000014호(등록일 1999년 4월 19일)

주소 서울시 서초구 반포 4동 577-25 문창빌딩 2층

전화 02-3409-2058(영업부), 2060(편집부) | 팩시밀리 02-3409-2059

전자우편 youkrack@hanmail.net

ISBN 978-89-5556-929-2
        978-89-5556-927-8 94150(전4권)

정가 30,000원

인류 역사상 유교의 開祖라 하면 孔子를 일컫는다. 論語는 바로 그의 사상과 교훈이 담긴 대표적 經典이다. 때문에 이는 유교 경전으로서 손꼽을 四書의 하나로서 널리 애독되어 왔음은 물론 이에 대한 연구도 다양하게 전개되어 왔다.

그러나 중국과 문자가 다른 우리나라에서는 우선 한문본 논어의 올바른 國譯이 절실하였다. 그에 따라 2천 년대에 들어 우리나라에서 출간된 이와 관계된 책만 해도 무려 30여 종을 헤아릴 수가 있다. 대부분이 논어의 번역을 기본으로 하였기 때문에 출간된 책의 제목 역시 譯註라 한 말을 위시하여 譯解·註解·飜譯·國譯 …… 등의 표제어를 덧붙인 책명으로 간행되었다. 이는 우리나라에서 논어에 대한 연구 열의가 그만큼 고조되어 왔음을 의미함은 물론 이같은 연구의 기본은 역시 원전의 올바른 번역이 긴요하기 때문임을 반영한 일이라 하겠다.

그런데 지금까지 나온 번역서들을 보면 대부분이 원문의 한자 字解를 겸하였지만 번역자 간에는 본문 해석의 견해가 서로 상이한 경우도 없지 아니하다. 여기에는 또 현대적 언어의식에 의한 정확한 번역문의 표준이라 평하기 어려운 경우도 적지 않다. 이번에 출간하는 『**공자도 읽지 못한 논어** 서예가 양전 김원익이 공부하다』역시 종래의 경우와 같이 논어 20편의 번역이요, 각 편에 나오는 원문 한자들의 字釋을 기본으로 하였음은 더 말할 나위없다.

그러면 이곳 양전이 이룬 저술의 성과와 그 특색은 무엇인가. 우선 대표적인 점 한 가지를 지적하면 논어 전 문장에 쓰인 각 한자들을 용례별로 분석하여 의미별로 유형화하고, 경우에 따라서는 문면에 반영된 글자의 어법적 기능까지 구명한 작업이 크게 돋보인다. 이같은 분석을 논어 전편에 긍하여 빠짐없이 심도 있게 실시하였음은 종래의 여러 작업에서 보기 어려운 괄목할 성과로 지적된다.

개별적인 일례로 '而' 자의 경우를 보자. 이 한자는 어법적 기능이 다양하여 이를 구사한 한문의 의미 파악에 특히 신중성이 요구되는 글자이다. 그런데 양전은 이 한자 용례의 다양성을 고려하여 그 해석상의 유형을 무려 15 가지로 세분하여 제시하고 이에 대한 논어 본문의 해석에 오역이 없도록 하였다. 아울러 이같은 어석의 타당성을 찾기 위해 이에 대한 종래 학자들의 언급을 방증으로 가급적 곁들여 의문이 없도록 한 점, 타당성 있는 어의 파악을 통해 올바른 한문 해석을 위한 저자의 깊은 노력이 크게 돋보인다.

그 결과 저자가 실시한 논어 字解 중 해석상의 유형을 10여 가지 이상으로 제시한 한자는 약 15자로 집계된다. 그 가운데 주로 虛辭 기능으로 많이 나타나는 與·爲·以·乎·而·之 등의 해석 용례는 각각 15가지 이상임을 확인할 수 있어 논어 본문 해석에 신중을 기해야함을 재삼 느끼게 한다. 그리고 이미 지적한 대로 각각의 자해에는 字意 구명의 타당성을 제시하기 위해 그에 대한 여러 학자들의 언급을 가급적 덧붙였으되, 이번 작업의 부록에서 저자가 제시한 〈引用學者小傳〉에 의하면 본 저술 중 참고한 선학들의 수는 무려 60명으로 집계된다. 특히 중국 前漢 때의 학자 孔安國과 南宋 때의 대표적 유학자인 朱熹, 그리고 우리나라 조선 후기의 학자인 丁若鏞 등의 논어 해석을 중시하여 그들이 이룬 字釋을 집중적으로 예시하고, 그 밖의 여러 선학들의 견해까지 일일이 추적하여 저자가 추진한 논어 자해의 정확성을 기한 점 특히 흥미를 갖게 한다.

결과적으로 양전의 이번 작업은 "論語字典"이 된 셈이다. 字典이라 하면 글자 하나하나의 음과 뜻을 풀이한 책을 의미하는 바, 논어에 등장하는 모든 한자를 우리 국어에 의한 讀音과 그 뜻을 풀이한 점, 이는 곧 논어를 대상으로 한 자전임은 더 말할 나위 없다. 물론 이번의 출간은 그 동안 학계에서 추진한 다양한 연구를 종합적으로 검토한 나머지 논어 20편의 내용해석과 그에 쓰인 한자 어석을 철저하게 겸하여 학계에서 미진한 점을 흥미 있게 타개한 점, 크게 찬사를 아끼지 않는다. 그런데 이같은 노작이 또 유명한 경전의 자전 역할을 겸하고 있음을 지적하고 싶다. 이번 작업의 부록에서 제시한 〈論語字解〉는 곧 이러한 논어의 字林이나 다름이 없기 때문이다. 단지 일반의 玉篇이나 어휘 사전의 편집이 아니므로 자전적 활용의 흥미유발이 절실하지 않을 뿐이다. 이런 점에서 이미 이루어 놓은 책의 내용을 열람하기에 편리한 자전식으로 다시 편집 정리하고, 특히 논어의 본문을 각 자해의 용례에 옮겨 놓으면 이에 대한 훌륭한 字彙가 될 것임은 자명한 일이다. 따라서 이 작업은 방대한 내용을 담는 책 출간이기는 하지만, 일반 한자 자전과 달리 더욱 훌륭한 특색 있는 字林의 역할을 할 수 있을 것이므로 이번 양전이 이룬 성과는 앞으로 계속해서 지속될 수 있을 것으로 전망한다.

첨언하건대 양전은 서예가로서 끊임없는 기쁨을 누리며 동양의 고전 연구에도 많은 바탕을 다져왔다. 이번의 출간도 그의 自序에 의하면 4년에 걸친 성과라고 하나 그동안 그는 논어의 허두에서 이르는 말 그대로 끊임없는 學而時習之의 열정이 있었기에 매양 기쁨을 갖고 뜻 깊은 업적을 쌓은 것으로 판단된다. 이같은 기쁨은 앞으로도 계속 유지되어 옛날의 고전을 현대적 안목으로 흥미 있게 이해할 수 있게 하는 방법을 지속적으로 모색해 주기를 기대해 마지않는다.

2011년　8월　1일

전남대학교　명예교수

문학박사　박 준 규

'공자도 읽지 못한 논어', 어느 날 承載 형을 만나 논어를 공부하는 중이라고 하였더니, 承載 형이 "어느 강의에서 공자는 논어를 읽지 못했다는 강사의 이야기를 듣고 공감했다."는 말을 했다. 공자는 傳述했을 뿐이고, 그 제자들이 기록하고 그것을 모아 '論語'라고 題名하기까지는 아주 한참 뒤의 일이다.

논어의 吾道一以貫之 장을 보면 공자의 말씀을 그 당시 제자들도 모두는 이해하지 못한 것 같다. 오랜 세월이 흘러 지금에 이르러서는 공자의 말뜻을 놓고 다양한 학설이 혼재하고 있다. 그렇다면 논어를 읽는 우리가 공자 말씀의 本義를 이해하고, 또 이를 바탕으로 과거·현재·미래를 아우르는 공자의 교훈을 미루어 헤아려 보는 것은 매우 중요하다고 생각한다. 공자께서도 "네모의 한 모서리를 들어 보일 때 세 모서리로 반응해 오지 않으면 곧 다시 가르치지 않는다." 하셨으니 말이다.

그 뒤 책 제목을 '서예가 양전이 공부한 논어'로 하였다고 하니, 承載 형이랑 같이 합석했던 白機翔 장학사가 너무 솔직하고 담백하다며, 承載 형 말대로 '공자도 읽지 못한 논어'로 하잔다. 논어는 공자의 말씀 그 자체가 아니기에 수긍이 가는 면이 있었고, 또 논어에 담긴 공자의 뜻을 깊이 살피고자 한 의도를 살리다 보니 책 제목이 '**공자도 읽지 못한 논어**, 서예가 양전 김원익이 공부하다.'로 자못 길게 되었다.

사실 나는 대학에서 漢文을 전공하지 않았을 뿐더러 더욱이 漢學者도 아니다. 다만 돌이켜 보면, 손자를 예뻐하신 할아버지께서 남자는 身言書判이라 하시며 네 살배기 어린 아이에게 붓을 쥐어주고 천자문을 가르치기 시작한 것이 한자와 인연을 맺게 된 계기였다.

그때 慈親께서는 당신 아들을 살뜰히 가르치시는 시아버지가 그리도 고맙고 감사하여 산 삭단(산 朔單, 살아계신 분에게 매월 초하루 음식을 장만하여 공양함. 삭단: 매달 초하룻날 사당에서 지내는 차례)을 올리셨단다. 또, 아들의 천자문 외는 소리가 너무도 기꺼워서 글자를 모르는 당신께서도 부엌에서 따라 외우셨단다. 여든이 넘으신 지금도 마치 노래처럼 천자문을 외고 계신 어머니의 모습은 철없는 아이의 앞길에 크나큰 안받침이었다.

그 뒤 초등학교 5학년 때 '珍島 小癡藝術祭'에서 우수상을 받은 것을 계기로 長田 河南鎬 선생님 댁에서 아침 5시부터 7시까지 서예를 배우게 되었으며, 중학교 2학년 때 전라남도 미술전람회에 처녀 입선을 한 이래로 교직의 길을 걸어가며 서예가로 붓을 놓지 않고 있다. 서예가로서의 활동이 아마도 한문과는 불가분의 관계가 있었겠지만, 漢學이야 日淺하기 그지없다.

돌이켜 보면 교직 입문 이래 시골 중학교에서 또는 전문 예술고등학교에서 학생들을 가르치며 나름 부지런히 살았지만, 교육전문직에 들어서면서부터는 아무래도 소위 공부라는 게 쉽지 않았다. 그러나 교장 자격연수도 받고 獎學士에서 獎學官으로 승진하면서부터 漢詩와 함께 할 시간을 마련할 수 있었다. 朝夕의 여유를 틈내어 한시를 읽고 노트에 써보며, 출퇴근하는 길에 외우기를 반복하였다. 태생이 기억력과는 인연이 없어서인지 아침에 외운 시도 저녁엔 첫머리도 생각나지 않는 것이 다반사였지만, 두 해에 걸치니 세 차례 정도 읽게 되었다.

그러던 중 2007년 어느 날 갑자기 "그래, 논어를 공부해 볼까?" 하는 생각이 들었다. 그 동안 한두 차례 읽었다지만, 이번엔 본격적으로 공부해보고 싶다는 충동이 가슴을 울렸다. 그런데 한시에서 경험했듯이 한두 번 읽어가지고는 뒤돌아서면 잊게 되니, 다른 방법을 찾게 되었다. 한 장을 스무 번 이상 읽는다면 그래도 좀 오래 기억할까 싶은데, 그렇다고 같은 책을 스무 번씩이나 읽자면 지루하고 따분할 것 같았다. 그래서 인터넷을 검색하여 시중의 논어 스무여 권을 구입하여 읽기 쉬운 책부터 순서를 정해 놓고 하루에 한 장씩 책을 돌려가며 읽기 시작하였다. 그렇지만 교육청에서 행정 업무를 다루다 보니 진도는 더딜 수밖에 없었다. 그러던 중 안순일 교육감님 덕분에 2008년 일선 중학교 교감으로 나온 뒤부터 본격적으로 공부하기 시작하였다.

第3편 八佾篇을 마칠 무렵이다. 譯註者마다 다른 관점과 해석으로 인해 비교하고 검토해야 할 부분이 많아지다 보니, 이를 문서로 작성하여 일목요연하게 정리해야겠다는 생각이 들었다. 컴퓨터에 폴더를 지정하고 작업을 시작한지 벌써 4년여, 오랜 시간의 발자취가 이렇게 세 권의 책으로 되돌아왔다.

사실 이 책은 내가 학문적으로 논어에 대해 무엇을 알아서 펴낸 것이 아니고, 그동안 공부하면서 여러 학자들의 견해를 정리해 놓은 것에 불과하다. 다만, 한 권의 책만 읽어나가다 보면 역주자의 논리에 휘말릴 우려가 있는데, 여러 학자의 견해를 견주어 봄으로써 공자의 本義를 폭넓은 잣대 속에서 판단해 볼 기회를 찾았다는 데 의의가 있겠다. 더불어 논어를 공부하는 學人들과 나의 경험을 공유하고, 나아가 다양한 논어 역주자들의 의견을 아우름으로써 세상을 비추는 빛으로서의 공자의 뜻을 되살리는 계기가 되기를 바라는 마음을 담았다.

2010년 6월말 문서로서의 정리가 끝났을 때 처음 假本 네 권을 인쇄해 준 宋垠澤 아우, 곁에 있으면서 국어 문법에 대한 조언을 아끼지 않고 또한 첫 교정을 꼼꼼히 봐준 白巖 金昶均 아우, 중국어에 대한 물음에 귀찮아하지 않고 성실히 답을 해준 全明熙 한문 선생님, 그리고 항상 나를 지지해 주시며 2차 교정을 봐주신 鰲灘 朴性洙 교장 선생님, 마지막 교정을 기쁨과 즐거운 마음으로 봐주신 고등학교 3학년 때 담임선생님이셨던 徐基南 선생님께 심심한 감사 말씀을 올린다. 아울러 題字를 정성스럽게 써준 학운초등학교 4학년 金俊錫 군에게도 고마움을 전한다.

2011년 7월 1일
鶴雲以仁書齋에서 洋田 金源翊

공자도 읽지 못한

논어

서예가 양전 김원익이 공부하다

제 2 권

차 례

第九篇

子罕 _{자한}

歲寒　然後
知松柏之後彫

한 해의 날씨가
추워진 연후에야
소나무와
측백나무가
시들지 않음을
알게 되느니

[子罕-27]

1. 이利와 천명天命과 인仁을 드믈게 말씀하시었으니

子罕言利與命與仁

子(주)는 利(리)와 다뭇 命(명)과 다뭇 仁(신)을 져기 니른더시다

선생님께서는 이(利)와 천명(天命)과 인(仁)을 드물게 말씀하시었다.

【罕한】 드물게. 적게. 부사. 동작의 빈도를 나타냄.
　주희(朱熹) - 罕은 적은 것이다. [罕 少也]
　정약용(丁若鏞) - 罕은 드문 것이다. [罕 希也]
【利】 이익. 공리(功利). 이해관계. 만인의 복지. 백성이나 나라를 이롭게 하는 것.
【與】 …와[과]. 및. 접속사. 병렬관계를 나타냄.
【命】 하늘의 뜻. 천명(天命). 운명(運命). 하늘이 정한 운명.
정이(程頤) - 이(利)를 따지면 의(義)를 해치며, 명(命)의 이치(理致)는 은미하고,
　　인(仁)의 도(道)는 크니, 모두 공자께서 드물게 말씀하신 것이다. [計利則害義
　　命之理微 仁之道大 皆夫子所罕言也]
정약용(丁若鏞) - 罕은 드문 것이다. 利는 利民, 利國의 利를 말한다. 命은 天命이다.
　　仁이란 人倫의 成德이다. 利를 자주 말하면 곧 義를 잃게 되고, 命을 자주 말하면
　　곧 하늘을 모욕하는 것이며, 仁을 자주 말하면 몸소 실행함에 미치지 못할까
　　하여 이를 드물게 말한 것이다. [罕希也 利謂利民利國之利也 命天命也 仁者人倫
　　之成德也 數言利則傷義 數言命則褻天 數言仁則躬行不逮 斯其所以罕言也]
[참고] 子罕言利 與命 與仁로 句讀.
　왕약허(王若虛) 오류잡변(誤謬雜辨), 사승조(史繩祖) 학재점필(學齋佔畢) - 與를
　　'허여(許與, 마음으로 허락하여 칭찬함)하다.'로 해석. ☞ 공자께서는 利를 드물
　　게 말씀하셨으나 命은 허여하시고 仁도 허여하셨다. [공자께서는 利에 대해서는 말씀하시는
　　일이 없었고, 天命과 仁에 대해서만 말씀하셨다.]
　초순(焦循) 논어보소(論語補疏) - 與를 '더불다. 함께하다.'로 해석. ☞ 공자께서는
　　利를 드물게 말씀하셨지만 말씀하실 때는 命과 더불어[함께] 말씀하시고 仁과 더불어[함께]
　　말씀하셨다.　　　　　　　　　　　　　　　　　　　　♣20090820木

2. 박학博學하시나 명성을 이룬 것은 없으시네

達巷黨人曰 大哉 孔子 博學而無所成名 子聞之 謂門弟子曰 吾何執
執御乎 執射乎 吾執御矣

達巷黨人(달항당신)이 글오디 크다 孔子(공ᄌᆞ) | 여 넙이 學(혹)호디 名(명)을 成(셩)혼
배 업도다 子(ᄌᆞ) | 드르시고 門弟子(문뎨ᄌᆞ)ᄃᆞ려 닐어 글ᄋᆞ샤디 내 므서슬 執(집)호료
御(어)를 執(집)ᄒᆞ랴 射(샤)를 執(집)ᄒᆞ랴 내 御(어)를 執(집)호리라

달항(達巷) 마을 사람이 말하기를 "위대(偉大)하시도다! 공자여! 박학(博學)하시
나 명성을 이룬 것은 없으시네." 하였다. 선생님께서 그 말을 들으시고 문하(門下)
제자(弟子)들에게 일러 말씀하시기를 "내 무엇을 전문으로 할까? 마차몰이를 전문으
로 할까? 활쏘기를 전문으로 할까? 내 마차몰이를 전문으로 하련다." 하셨다.

【達巷】 마을 이름.

　정현(鄭玄) - 達巷이란 黨의 이름이다. 五百家를 黨으로 한다. [達巷者 黨名也
　　五百家爲黨]

【黨人】 마을 사람. 黨은 500가구 규모의 마을. [참고] 雍也-3.

[참고] 양백준(楊伯峻) - 예기(禮記) 잡기(雜記)에 '내가 노담(老聃)을 따라 마을
　　거리에서 장례를 도왔다. [余從老聃助葬於巷黨]' 라는 말이 있다. 巷黨의 두
　　글자를 한 단어로 볼 수 있으며 '마을 거리(里巷)' 라는 뜻이다. ☞ 達巷黨人
　　: 달(達)이라는 마을 거리에 사는 사람.

【大哉】 위대하도다! 훌륭하도다!

　哉 : …이로다! …이구나! …이도다! …하구나! …로구나! …이여! 어기조사. 찬양
　　·비통·분노·경악·감개 등의 감탄의 어기를 나타냄.

【博學而無所成名】 박학하나 명성을 이룬 바가[것이] 없다. ⇒ 박학하나 명성을
　　이룰 만한 분야가 없다. 거시적인 차원에서 여러 가지 분야를 두루 통달하였으
　　나 특정 전문 분야에 대해서는 어느 한 가지도 잘하는 것이 없다.

　博學 : 널리 배우다. 광범위하게 배우다. 학문(學文)을 풍부하게 하다. 배운 것이
　　많고 학식이 넓다. 다방면에 걸쳐 두루 알다.

而 : 그러나. 그렇지만. 접속사. 역접관계를 나타냄.

成名 : 명예를 이루다. (군자라는) 이름[名聲명성]을 이루다[떨치다].

[참고] 박학하고 모든 일에 정통하기 때문에 어느 한 분야가 특별히 좋아 명성을 이루었다고 말할 수 없다. 이때 而는 접속사로 순접관계를 나타냄.

정현(鄭玄) - 이 黨의 사람이 공자가 도(道)와 기예(技藝)를 널리 배워 한 분야에서만 이름을 이룬 것이 아님을 찬미한 것이다. [此黨之人 美孔子博學道藝 不成一名 而已]

【何】 무엇[어느 것]이 …한가[인가]? 누구[무엇, 어디]인가? 누구를[무엇을] …한가? 의문대명사. 주어나 술어, 목적어로 쓰여 사람이나 사물, 장소에 대해 물음. 목적어로 쓰일 때는 일반적으로 도치되어 동사나 전치사 앞에 옴.

【執】 전문(專門)으로 하다. 전공(專攻)하다. 어떤 일이나 직업에 종사하다.

주희(朱熹) - 執은 전적(專的)으로 잡는 것이다. [執 專執也]

【御】 어거(馭車)하기. 마차(馬車)몰이. 수레를 메운 소나 말을 부리어 모는 일. 고대 육예[六藝 : 禮(예), 樂(음악), 射(활쏘기), 御(마차 몰기), 書(글쓰기), 數(셈하기)] 중의 하나.

【乎】 …인가? …한가? 어기조사. 문장 끝에 쓰여 의문(질문)를 나타내며 선택의 어기를 도움.

【射】 활쏘기. 궁술. 고대 육예(六藝) 중의 하나.

【矣】 …하게 되다. …일[할] 것이다. …하게 될 것이다. 어기조사. 상황의 변화나 새로운 상황의 출현(어떤 사건이 발전·변화하는 과정이나 그것이 장차 발생하려 함)을 나타냄. 간혹 미래나 어떤 조건 하에서의 결과가 긍정적임을 나타냄.

정현(鄭玄) - 공자가 다른 사람이 자신을 찬미하는 것을 듣고 겸손함으로 받아들인 것이다. 吾執御란 六藝 중 비천한 것으로 이름을 이루고자 한 것이다. [聞人美之 承之以謙 吾執御 欲名六藝之卑也]

♣20090820木

3. 내 당(堂) 아래에서 절하는 것을 따르리라

> 子曰 麻冕 禮也 今也純 儉 吾從衆 拜下 禮也 今拜乎上 泰也 雖違衆
> 吾從下

子(ᄌ)ㅣ 글ᄋ샤ᄃᆡ 麻(마)로 冕(면)이 禮(례)어늘 이제 純(슌)으로 ᄒ니 儉(검)ᄒᆞᆫ 디라
내 衆(즁)을 從(죵)호리라 下(하)에셔 拜(ᄇᆡ)홈이 禮(례)어늘 이제 上(샹)에셔 拜(ᄇᆡ)ᄒ
니 泰(태)ᄒᆞᆫ 디라 비록 衆(즁)을 違(위)ᄒ나 내 下(하)ᄅᆞ 從(죵)호리라

선생님께서 말씀하시기를 "삼베 예관을 쓰는 것이 예(禮)인데 지금은 생사 예관을
쓰니 검소한지라 내 시속(時俗)을 따르리라. 당(堂) 아래에서 절을 하는 것이 예(禮)
인데 지금은 당(堂) 위에서 절을 하니 오만(傲慢)한 것이다. 비록 시속(時俗)에 어긋
날지라도 내 당(堂) 아래에서 절하는 것을 따르리라." 하셨다.

【麻冕마면】 삼베 실로 짜서 만든 모자[예관(禮冠), 예모(禮帽)].
【也】 ① …이다. 어기조사. 진술문의 끝에 쓰여 판단이나 단정 또는 긍정을 나타냄.
　　　禮也, 泰也. ② …은(는). …이란. …이면. 어기조사. 음절을 조정하고 어기를
　　　고르는(말을 잠깐 멈추고 다음 내용을 환기시키는) 역할을 함. 今也.
【純】 생사(生絲). 명주실. ⇒ 생사로 짠 모자(예관)를 쓰다.
　주희(朱熹) - 麻冕은 검은 베로 만든 치포관(緇布冠)이다. 純은 실이다. 儉은 수고가
　　　덜어짐을 말한다. 치포관은 30새(升)의 베로 만드는데 1새가 80올(縷)이니
　　　그 날실(經)이 2,400올이나 된다. 이는 세밀하여 만들기 어려우니 실을 사용하
　　　여 수공이 덜어짐만 못하다. [麻冕 緇布冠也 純 絲也 儉 謂省約 緇布冠 以三十升
　　　布爲之 升八十縷 則其經二千四百縷矣 細密難成 不如用絲之省約]
【衆】 여러 사람. 뭇사람. 대중(大衆). ⇒ 시속(時俗).
【下】 아래. 방위를 나타냄. 於[乎]下.
　[참고] 신하가 임금에게 절을 할 때에는 우선 당(堂) 아래에서 절을 하고, 당(堂)
　　　위로 올라가서 다시 절을 하는 것이 고대의 예법이었다고 함. [禮記 儀禮 燕禮]
【乎】 …에서. …에. 전치사. 동작이나 행위가 발생하는 장소나 범위 또는 어떤 상황에
　　　처함을 나타냄.

【泰】 교만(驕慢)하다. 오만(傲慢)하다. 거만(倨慢)하다.

【雖】 비록 …일[할]지라도. 접속사. 양보관계를 나타냄.

【違】 어긋나다. 일치하지 않다.

정이(程頤) - 군자가 처세함에 있어서 일이 의리에 해롭지 않은 것은 시속을 따르는
  것이 괜찮지만 의리에 해로운 경우에는 시속을 따를 수 없는 것이다. [君子處世
  事之無害於義者 從俗可也 害於義 則不可從也]　　　　♣20090821金

4. 네 가지를 전혀 하지 않으셨으니

> 子絶四 毋意 毋必 毋固 毋我

子(조)ㅣ 四(亽)ㅣ 絶(졀)터시니 意(의)ㅣ 업스며 必(필)이 업스며 固(고)ㅣ 업스며 我(아)ㅣ 업더시다

선생님께서는 네 가지를 전혀 하지 않으셨으니, 주관(主觀)이 없이 억측(臆測)하는 일이 없으셨고, 어떤 일을 기필코 하려 함이 없으셨으며, 변통(變通)을 모르고 고집함이 없으시고, 오직 나이어만 한다는 아집(我執)이 없으셨다.

【絶四】 네 가지를 끊다. 네 가지를 전혀 하지 않다. 네 가지를 행함이 없다.

【毋】 없다. …하지 않다. 無와 같음.

【意】 주관이 없이 의심하거나 억측(臆測)함. 확실한 근거도 없이 자의(恣意)로 단언(斷言)함. 제멋대로 하는 마음. 사사로이 판단함.

주희(朱熹) - 意는 사사로운 뜻이다. [意 私意也]

하안(何晏) - 道로 척도를 삼으므로 마음대로 하지 않는다. [以道爲度 故不任意]

【必】 반드시 이것만이 옳다고 함. 틀림없이 그렇다고 단언함. 기필코 어떤 일을 하려고 고집함. 굳게 지님.

주희(朱熹) - 必은 반드시 하고자하는 것이다. [必 期必也]

하안(何晏) - 등용되면 행하고 버려지면 감추기 때문에 어느 것만 오로지 하겠다는 것이 없다. [用之則行 舍之則藏 故無專必]

【固】 완고함. 고집(固執)스러움. 변통(變通)할 줄 모르고 완강하게 지킴(拘泥). 하나만을 고집하여 변통하지 못하는 것. 잘못된 것을 개혁하려 하지 않고 자기의 생각만이 옳다고 고집하는 어떤 집념.

주희(朱熹) - 固는 고집하여 꽉 막힌 것이다. [固 執滯也]

하안(何晏) - 그래야 한다는 것도 없고 그래서는 안 된다는 것도 없으므로 고집하는 행동이 없다. [無可無不可 故無固行]

【我】 아집(我執). 자신을 고집함. 자기중심으로만 생각함. 자기 개인만을 생각함.

자기만이 옳다고 함.

주희(朱熹) - 我는 사사로운 자기이다. [我 私己也]

하안(何晏) - 옛 것을 진술하되 스스로 짓지 않으며, 무리 속에 있지만 스스로 다르게 하지 않고 오직 道만을 따르므로 자기 자신만을 갖지는 않는다. [述古而 不自作 處羣萃而不自異 唯道是從 故不有其身]

장존여(莊存與) - 지(智)에 대해서는 미리 추측하지 않는 것이니 깨달음을 앞세우기 때문이며, 의(義)에 대해서는 무엇이 반드시 옳다고 주장하지 않으니 義와 함께 나란하기 때문이며, 예(禮)에 대해서는 고집하지 않으니 때에 적중하기 위함이며, 인(仁)에 대해서는 자신을 고집하지 않으니 남과 선(善)을 행하기 위함이다. [智毋意 先覺也 義毋必 義之與比也 禮毋固 時中也 仁毋我 與人爲善 也] [劉寶楠 論語正義]

♣20090821金

第九篇 子罕

第
九
篇

子
罕

5. 광匡의 사람인들 장차 나를 어찌겠느냐

子畏於匡 曰 文王旣沒 文不在茲乎 天之將喪斯文也 後死者 不得與
於斯文也 天之未喪斯文也 匡人其如予何

子(주) ㅣ 匡(광)애 畏(외)ᄒ시더니 ᄀᆞᆯ오샤딕 文王(문왕)이 이믜 沒(몰)ᄒ시니 文(문)이
이예 잇디 아니ᄒ냐 하늘히 쟝챷 이 文(문)을 喪(상)ᄒ실 떤댄 後(후)에 死(ᄉ)ᄒᆯ 者(쟈)
ㅣ 시러곰 이 文(문)에 與(여)티 몯ᄒ려니와 하늘히 이 文(문)을 喪(상)티 아녀 겨시니
匡(광)ㅅ 人(신)이 그 내게 엇디ᄒ리오

선생님께서 광(匡)에서 구류(拘留)의 두려움에 처하시어 말씀하시기를 "문왕(文
王)께서 이미 돌아가셨으나 (그의) 문화(文化)가 이에[여기에] 있지 않느냐? 하늘이
만일 이 문화를 장차 없애려 하셨다면 뒤에 죽을 자가[내가] 이 문화에 참여할 수
없었을 것이다. 하늘이 이 문화를 아직 없애지 않으셨으니 광(匡)의 사람인들 장차
나를 어쩌겠느냐!" 하셨다.

【畏於匡】 광읍(匡邑)에서 구류(拘留)의 두려움에 처하다.

　畏 : 두려운 일을 당하다. 두려움에 처하다. ⇒ 구류(拘留)의 두려움에 처하다.

　[참고] 공자 56세 때(B.C. 496년) 광(匡) 땅을 지나는데 그곳 사람들이 공자님을
　　　양호(陽虎)로 오인하여 공자님 일행을 5일간 구류한 일이 있었다고 함. 이는
　　　노(魯)나라 장수인 양호(陽虎)가 광(匡) 땅에 침입하여 난폭한 일을 행한
　　　일이 있었고, 그때 양호의 수레를 몰았던 안각(顔刻)[또는 안극(顔剋)]이란
　　　사람이 공교롭게도 공자님의 일행 속에 있었고 또 공자님 모습이 양호와 닮게
　　　보여서 양호가 다시 침공해온 줄 알고 군인들이 공자님 일행을 5일 동안 포위했
　　　다 함. [史記]

　於 : …에서. 전치사. 동작이나 행위가 일어나는 장소(범위)를 나타냄.

　匡 : 고을[邑]의 이름. 정(鄭)나라 읍. [毛奇齡]

【不…乎】 …하지 않은가? …하지 않지는[못하지는] 않았는가?

　乎 : …인가? …이겠는가? 어기조사. 의문문의 끝에 쓰여 반문의 어기를 나타냄.
　　　일반적으로 대명사 何, 孰이나 접속사 況, 혹은 부사 庸, 寧, 豈, 不, 非 등과

호응함.

【玆】 이. 이것. 이 사람. 여기. 이곳. 대명사. 가까운 것을 가리키며 사람·사물·
　　방식·시간·장소 등을 나타냄. ⇒ 이 사람에게. 공자 자신을 가리킴.

　주희(朱熹) - 玆는 '이것' 이니 공자께서 자신을 일컬으신 것이다. [玆 此也 孔子自
　　謂]

　[참고] ① 공자가 가지고 있는 서적(書籍) 을 가리킴. 문왕이 지은 역경(易經) 의
　　　단상(彖象) 을 가리킴. ② 광읍(匡邑) 지역을 가리킴.

【天之將喪斯文也】 하늘이 만일 이 문화(文化) 를 장차 없애려 하셨다면.

　之 : …가 ~하면. 구조 조사(주격조사). 조건을 나타내는 부사절을 만듦.

　將 : 장차[막, 곧] …하려 하다. 부사. 술어 앞에 쓰여 동작이나 행위가 곧(가까운
　　미래에) 발생하려 함을 나타냄.

　斯 : 이것. 이. 이러한. 지시대명사. 문왕을 가리킴.

　文 : 문화(文化). 문물제도(文物制度, 예악과 제도 등 문화적 산물).

　　주희(朱熹) - 道가 드러난 것을 文이라 하니 禮樂과 制度를 이른다. [道之顯者
　　　謂之文 蓋禮樂制度之謂]

　　[참고] 글. 문왕이 지은 역경(易經) 의 단상(彖象).

【也】 ① …은(는). …이란. …이면. 어기조사. 음절을 조정하고 어기를 고르는(말을
　　잠깐 멈추고 다음 내용을 환기시키는) 역할을 함. 天之將喪斯文也. ② …이다.
　　어기조사. 진술문의 끝에 쓰여 판단이나 단정 또는 긍정을 나타냄. 不得與於斯
　　文也, 天之未喪斯文也.

【後死者】 뒤에 죽을 사람. 후생(後生). 후인(後人). 곧 공자 자신을 가리킴.

공안국(孔安國) - 文王이 이미 죽었으므로 공자가 스스로 뒤에 죽을 자라고 말한
　　것이다. 天將喪斯文이란 본래 나로 하여금 그것을 알지 못하게 했어야 하는데,
　　지금 그것을 알게 하였으니 아직 없애고자 한 것이 아님을 말한 것이다. [文王旣
　　沒 故孔子自謂後死 言天將喪斯文者 本不當使我知之 今使我知之 未欲喪也]

【不得與於斯文也】 이 문화에 참여할 수 없었을 것이다.

　得 : …할 수 있다. = 能. 조동사. 동사나 짧은 구 앞에 쓰여 동작이나 행위에
　　대한 가능성을 나타냄.

　與 : (문화의 계승 발전에) 참여(參與) 하다. 관여(關與) 하다. 간여(干與) 하다.

동사.

정약용(丁若鏞) - 與는 預(예)자와 통하여 쓰니 從(따르다)이며 參(참여하다)이다. [與通作預 從也參也]

於 : …에. 전치사. 동작이나 행위에 관련되는 대상을 나타냄.

[참고] 與 : 함께하다. 더불다. ⇒ 누리다. ☞ 後死者 不得與於斯文也 : 흑세 사람들(공자 이흑의 사람들)이 이 문화를 누릴 수 없을 것이다.

【未】 아직 …하지 않다[못하다]. 아직 …이 아니다. 부사. 동작·행위·상황 등이 아직 발생하지 않았음을 나타냄.

【其】 곧. 막. 장차. 부사. 술어 앞에 쓰여 동작·행위·상황 등이 곧 발생하려 함을 나타냄.

【如…何】 …을 어떻게 하겠는가? …을 무엇 하겠는가? 어찌 …하겠는가? 일의 처리를 묻는 관용구. 의문이나 반문을 나타냄.　　♣20090824月

第九篇

子罕

6. 선생께서는 성인聖人이신가?

大宰問於子貢曰 夫子聖者與 何其多能也 子貢曰 固天縱之將聖 又
多能也 子聞之 曰 大宰知我乎 吾少也賤 故多能鄙事 君子多乎哉
不多也
牢曰 子云 吾不試 故藝

大宰(태저) ㅣ 子貢(ㅈ공) 의게 무러 글오ᄃᆡ 夫子(부ㅈ)ᄂᆞᆫ 聖(셩) 이신 者(쟈)가 엇디 그
能(능) 이 하시뇨 子貢(ㅈ공) 이 글오ᄃᆡ 진실로 天(텬) 이 縱(죵) ᄒᆞ신 쟝촛 聖(셩) 이시고
ᄯᅩ 能(능) 이 하시니라 (이하 낙장이어서 栗谷本으로 대체) 子(ㅈ) ㅣ 드르시고 ᄀᆞᄅᆞ샤ᄃᆡ 大宰
(태저) ㅣ 나를 안뎌 내 졈믄졔 賤(쳔) ᄒᆞ다라 故(고)로 鄙事(비ᄉᆞ)를 해 能(능) ᄒᆞ다니 君子
(군ㅈ)ᄂᆞᆫ 多(다) ᄒᆞᄂᆞ냐 多(다)티 아닛ᄂᆞ니라
牢(로) ㅣ 글오ᄃᆡ 子(ㅈ) ㅣ 니ᄅᆞ샤ᄃᆡ 내 試(시) ᄒᆞ이디 몯흔 故(고)로 藝(예)호라 ᄒᆞ시니라

태재(大宰)가 자공(子貢)에게 물어 말하기를 "그대 선생님께서는 성인(聖人)이신
가? 어찌하여 그렇게 다능(多能)하신가?" 하니, 자공(子貢)이 말하기를 "진실로 하늘
이 그 분을 내리어 성인이 되게 하시고 또 다능(多能)하게 하셨습니다." 하였다.
선생님께서 이 말을 들으시고 말씀하시기를 "태재(大宰)가 나를 알겠는가? 내 젊을
때는 비천(卑賤)해서 그래서 비천(鄙淺)한 일에 다능(多能)했었느니라. 군자(君子)
는 다능(多能)해야 하는가? 다능(多能)하지 않느니라." 하셨다.
뇌(牢)가 말하기를 "선생님께서 이르시기를 '내 등용(登用)되지 않아서 그래서 재주
가 많노라.' 하셨다."고 하였다.

【大宰태재】 벼슬 이름. 재상(宰相)에 해당함. 오(吳)나라의 태재 백비(伯嚭)를 가리
킴. 大 = 太.
형병(邢昺) - 춘추좌전(春秋左傳) 애공(哀公) 12년(B.C. 483) 조에 '哀公은 탁고
(橐皋)에서 吳나라와 회합을 가졌는데 吳子는 태재 비(嚭)로 하여금 동맹의
방법을 찾게 하였으나 哀公은 이를 원하지 않아 자공(子貢)으로 하여금 대답하게
하였고 또한 일찍이 子貢에게 吳나라를 찾아가게 하였던 것이다.' 라 했다. 그러므
로 鄭氏(鄭玄)는 吳의 太宰 嚭라고만 말한 것이다. [左傳哀十二年 公會吳于橐皋

吳子使太宰嚭請尋盟 公不欲 使子貢對 又子貢嘗適吳 故 鄭以爲是吳太宰嚭也]

【子貢】 공자의 제자 단목사(端木賜). 자가 자공(子貢).

【夫子】 그분. 저분. 그 어른. 선생님. 제3자의 존칭. 대부 이상은 흔히 부자라고
했음. 논어에서는 주로 공자를 존칭하는 말로 쓰이나 간혹 상대의 선생이나
경대부를 지칭하기도 함. 이때 夫는 사람을 가리키는 인칭대명사로 관형어임.

【與】 …인가? …입니까? = 歟. 어기조사. 의문문 끝에 쓰여 시비(是非)의 판단을
묻는 어기를 나타냄.

【何】 어찌하여[왜] …한가? 의문대명사. 어떤 일의 이유나 원인에 대해 물음.

【其】 그. 그렇게. 어기조사. 음절을 조정하고 어세를 강하게 함.

【多能】 능한 것이 많다. 잘한 것이 많다. 재주가 많다. 다재다능(多才多能) 하다.

【也】 ① …한가[인가]? 어기조사. 의문문의 끝에 쓰여 의문(질문)의 어기를 나타냄.
일반적으로 何, 誰, 奚, 焉 등의 의문대명사와 같이 씀. 多能也.　② …은(는).
…이란. …이면. 어기조사. 음절을 조정하고 어기를 고르는(말을 잠깐 멈추고
다음 내용을 환기시키는) 역할을 함. 吾少也.　③ …이다. 어기조사. 진술문의
끝에 쓰여 판단이나 단정 또는 긍정을 나타냄. 不多也.

공안국(孔安國) - (何其多能也는) 孔子가 작은 기예에 다능함을 의심한 것이다.
　　　　[疑孔子多能於小藝]

주희(朱熹) - 大宰는 다능한 것을 聖이라고 여긴 것이다. [大宰蓋以多能爲聖也]

【固天縱之將聖】 진실로 하늘이 그를 성인이 되도록 부여(賦與) 하다.

固 : 확실히. 틀림없이. 진실로. 참으로. 부사. 동작·행위·상황 등에 대한 강조를
　　나타냄.

縱 : 주다. 내려주다. 부여(賦與) 하다.

之 : 그. 그 사람. 인칭대명사. 앞의 夫子를 가리킴.

將 : …하게 하다. …이 되게 하다. 조동사. 장래에 가능한 일을 나타냄.

[참고] 주희(朱熹) - 縱은 肆(풀어놓다)와 같다. 한량(限量)할 수 없음을 말한다.
　　　將은 殆(거의, 아마도) 이니 겸손하여 감히 알지 못하는 것처럼 한 말이다.
　　　聖은 통달하지 않음이 없으니 능함이 많음은 바로 餘事(부수적인 일) 이다.
　　　그러므로 又(또)라고 말하여 겸한 것이다. [縱 猶肆也 言不爲限量也 將 殆也
　　　謙若不敢知之辭 聖 無不通 多能 乃其餘事 故 言又以兼之] ☞ 固天縱之將聖

: 진실로 하늘이 내보낸 거의 성인에 가까운 사람이다.

【大宰知我乎】 태재가 나를 아는가? 태재가 나를 알겠는가?

乎 : …인가? …이겠는가? 어기조사. 의문문의 끝에 쓰여 반문의 어기를 나타냄. 일반적으로 대명사 何, 孰이나 접속사 況, 혹은 부사 庸, 寧, 豈, 不, 非 등과 호응함.

[참고] 乎를 감탄의 어기를 나타내는 어기조사로 보고 大宰知我乎를 '태재가 나를 아는구나!'로 해석하는 이도 있음.

원료범(袁了凡) - 太宰知我乎에서 '나를 안다'라고 하는 이도 있고, '나를 알지 못한다'라고 하는 이도 있으나, 이 모두 (공자) 말씀의 뜻이 아니다. 마땅히 이는 '太宰는 내가 多能할 수 있었던 까닭을 알겠는가?'라고 하여야 이로써 아래의 말을 일으키게 되는 것이다. [袁了凡云 太宰知我乎 有謂之知我者 有謂之不知我者 俱非語意 當是太宰知我多能之故乎 以起下]

【故】 그러므로. 따라서. 그래서. 접속사. 원인에 따른 결과를 나타냄.

【鄙事】 비천(卑賤)한 일. 잡일.

【君子多乎哉】 군자는 다능(多能) 해야 하는가?

多 : 다능(多能). 뒤에 能이 생략됨.

乎哉 : …인가? …이겠는가? 어기조사. 반문의 어기를 나타냄. 의문을 나타내는 어기조사인 '乎'와 반문 및 감탄을 나타내는 어기조사인 '哉'로 이루어졌는데 중점은 '哉'에 있음.

주희(朱熹) - 젊어서 미천했기 때문에 잘하는 일이 많았으나, 잘하는 일은 비천한 일일 뿐이요, 성인이라서 모든 것에 통달한 것은 아니라고 말씀하셨고, 또 잘하는 일이 많다고 해서 남을 이끌 수 있는 것은 아니므로 군자가 반드시 잘하는 것이 많을 필요는 없다고 거듭 말씀하여 깨우치게 한 것이다. [言由少賤故多能 而所能者鄙事爾 非以聖而無不通也 且多能非所以率人 故又言君子不必多能以曉之]

【牢】 위(衛)나라 사람. 공자의 제자. 성은 금(琴). 이름이 뇌(牢). 자는 자개(子開) 혹은 자장(子張)이라는 설이 있지만 사기(史記) 중니제자열전(仲尼弟子列傳)에는 보이지 않고, 공자가어(孔子家語)에 보임.

【試】 쓰다(用). 등용(登用) 하다.

정현(鄭玄) - 試는 用이다. 공자가 스스로 말하기를, "내 등용되지 못하였기 때문에

기예(技藝)가 많게 된 것이다."고 하였다. [試 用也 孔子自云 我不見用 故 多技藝]

남회근(南懷瑾) - '吾不試 故藝', 이 말의 의미는 공자가 자신의 수양을 위해 학문을 한 것이지 자신의 재능을 드러내 보이거나 공명(功名)을 취하기 위해 학문을 한 것이 결코 아니었다는 것이다. 공자는 스스로를 위해서 학문을 했지 부귀공명을 얻는 수단으로 한 것이 아니었기 때문에 그의 학문은 최고의 예술적 경지에 도달했던 것이다. ♣20090825火

7. 자초지종을 캐물어서 있는 힘을 다해 말할 뿐이니

子曰 吾有知乎哉 無知也 有鄙夫問於我 空空如也 我叩其兩端而竭焉

子(즈)ㅣ ᄀᆞᄅ샤ᄃᆡ 내 知(디)호미 잇ᄂᆞ냐 知(디)호미 업거니와 鄙夫(비부)ㅣ 내게 무로ᄃᆡ
空空(공공)홀 ᄃᆡ라도 내 그 兩端(량단)을 叩(고)ᄒᆞ야 竭(갈)ᄒᆞ노라

第 九 篇

子 罕

선생님께서 말씀하시기를 "내가 아는 것이 있겠는가? 아는 것이 없노라. 어떤 비부
(鄙夫)가 내게 묻는데 아무것도 아는 것이 없을지라도, 나는 그 자초지종(自初至終)
을 캐물어서 있는 힘을 다하여 알려줄 뿐이니라." 하셨다.

【乎哉】 …인가? …이겠는가? 어기조사. 반문의 어기를 나타냄. 의문을 나타내는
     어기조사인 '乎'와 반문 및 감탄을 나타내는 어기조사인 '哉'로 이루어졌는
     데 중점은 '哉'에 있음.
【有(鄙夫)】 어떤. 어느. 지시대명사. 정확히 밝혀지지 않은 사람이나 사물을 가리킴.
【鄙夫】 비천(鄙淺)하고 무식(無識)한 사람.
【空空如也】 (묻는 이[鄙夫]가) 아무것도 아는 것이 없다.
 空空 : 텅 비어 아무 것도 없는 상태(모양) ⇒ 아는 것이 아무것도 없는 상태.
 如 : 형용사 또는 부사의 접미사로 쓰여 상태를 나타냄. 영어의 '-able, -ful, -ly' 등
     에 해당됨.
 也 : …이다. 어기조사. 진술문의 끝에 쓰여 판단이나 단정 또는 긍정을 나타냄.
     앞의 也도 같음.

[참고]
① 묻는 이(鄙夫)가 아무것도 모른다. 묻는 사람이 무식한 상태를 나타낸 말. |김영일,
   李起榮, 金容沃, 金學主, 동양고전연구회, 유교문화연구소|
   주희(朱熹) - 공자께서 겸사(謙辭)로 말씀하시기를 자신은 이미 지식(知識)이
     없고 다만 남에게 알려줄 때에 (상대방이) 비록 지극히 어리석더라도 감히
     다 말해주지 않을 수 없다고 하신 것이다. |孔子謙言 己無知識 但其告人 雖於至
     愚 不敢不盡耳|
② 공자께서 아시는 바가 없다. |楊伯峻, 미야자키 이치사다(宮崎市定), 李洙泰, 류종목,

李基東, 리쩌허우(李澤厚) |

정약용(丁若鏞) - 鄙夫란 고루(固陋)한 사람이다. 鄙夫가 묻는 바는 반드시 천근(淺近)하지만 내 전혀 아는 바 없어 답하기가 어려웠던 것이다. [鄙夫固陋之人也 鄙夫所問必淺近 然我空空無所知 難於答]

남이 나에게 물음이 있을 때 나는 그 물은 것을 가지고 그것이 일이든 사물이든 간에 반드시 그 시종본말을 계고(稽考, 지나간 일을 돌이켜 자세히 살펴봄)하고, 정성을 쏟아 최선을 다하여 심오한 것까지 빠뜨리지 않아서 이 때문에 점차 아는 바가 있게 되었다는 말이다. [言人有問於我 我執其所問或事或物 必考其終始 稽其本末 罄竭而無遺蘊 以此之故 漸有所知]

③ 주관이나 선입견을 두지 않고 빈 마음으로. 허심(虛心)한 상태[態度]로 하여.

　[신동준, 南懷瑾]

④ 정성스러운 마음으로 물으면. 진심[정성]을 다하여 물으면. [윤재근]

공안국(孔安國) - 어떤 비천한 사내가 나에게 와서 물었을 때 그 뜻(마음)이 진정 몰라 참으로 알고 싶어 하면 나는 일의 시작과 끝의 양 측면을 드러내어 그에게 말하되 아는 것을 다 말해 주어 아끼는 것이 없도록 한다. [有鄙夫來問於我 其意空空然 我則發事之終始兩端以語之 竭盡所知 不爲有愛]

【叩其兩端】 그 양끝을 물어보다. ⇒ 그 자초지종(自初至終)을 물어보다.

叩고 : 두드리다. ⇒ 물어보다. 캐묻다.

其 : 그. 그것. 지시대명사. 앞의 鄙夫問을 가리킴.

兩端 : 양끝. 일이나 사물의 본말(本末)과 종시(終始). 어떤 일의 자초지종(自初至終).

주희(朱熹) - 叩는 발동(發動)함이며, 兩端은 兩頭라는 말과 같으니 始와 終, 本과 末, 上과 下, 精과 粗가 다하지 않음이 없음을 말한다. [叩 發動也 兩端 猶言兩頭 言終始本末上下精粗無所不盡]

정약용(丁若鏞) - 叩는 두드리는 것이고, 兩端이란 일의 시작과 마지막이며 사물의 처음과 끝이다. [叩 擊也 兩端者 事之終始 物之本末也]

【而】 …하여서. 그리하여. 그런 다음에. …한 후에 곧. 접속사. 순접(연관) 관계를 나타냄.

【竭】 다하다. 있는 힘을 다하다. ⇒ 있는 힘을 다하여 알려주다[가르쳐 주다].

【焉】 그 사람에게. 於之. 합음사(合音詞). 於는 전치사로 동작이나 행위에 관련되는 대상을 나타내며, 之는 지시대명사로 鄙夫를 가리킴.　♣20090827木

8. 아~ 나도 이제 스러져 가는구나!

> 子曰 鳳鳥不至 河不出圖 吾已矣夫

子(조)ㅣ 굴으샤딕 鳳鳥(봉됴)ㅣ 니르디 아니ᄒ며 河(하)에 圖(도)ㅣ 나디 아니ᄒ니 내 마를 띤뎌

선생님께서 말씀하시기를 "아~ 봉황(鳳凰)도 이르지[나오지] 않는구나! 아~ 황하(黃河)도 하도(河圖)를 내놓지 않는구나! 아~ 나도 이제 스러져 가는구나!"하고 탄식하셨다.

【鳳鳥】 봉황새. 봉(鳳)은 수컷, 황(凰)은 암컷 임. 성왕(聖王)의 시대에 나타난다는 전설적인 새.

【河】 황하(黃河)의 본래 이름.

【圖】 하도(河圖). 복희씨(伏羲氏) 때에 용마(龍馬)가 黃河에서 나왔는데 그 등에 1에서부터 10까지의 그림이 그려져 있었는 바, 복희씨가 이것을 보고 역(易)의 팔괘(八卦)를 그었다고 함.

【已】 = 止. 그치다. 끝나다. 멎다. ⇒ 일생(一生)이 끝나다.

주희(朱熹) - 鳳은 신령스러운 새이니, 舜임금 때에 와서 춤을 추었고 文王 때에 기산(岐山)에서 울었다. 河圖는 黃河에서 나온 용마(龍馬)의 등에 그려진 그림으로 복희(伏羲) 때에 나왔으니, 모두 성왕(聖王)의 상서(祥瑞)이다. 已는 그침[끝남]이다. [鳳 靈鳥 舜時來儀 文王時鳴於岐山 河圖 河中龍馬負圖 伏羲時出 皆聖王之瑞也 已 止也]

【矣夫】 …이구나[하구나]! …이로다! 관용형식으로서, 어기조사인 矣와 夫가 연용됨. 감탄의 어기를 나타냄과 아울러 추측의 의미를 겸함.

유교문화연구소 - 이 장은 공자가 鳳凰과 河圖를 생각한 것이 아니라 복희씨와 순임금과 문왕을 생각한 것이다. 이미 성군이 없고 공자를 쓸 사람이 없어서 공자의 도가 행해지지 못하므로 탄식하신 것이다. (공자 자신도 나이 들어 곧 죽음에 이를 것 같으니 더욱 슬픈 것이다.) ♣20090827木

9. 상복을 입은 자, 관복을 입은 자, 맹인을 보심에

> 子見齊衰者 冕衣裳者與瞽者 見之 雖少 必作 過之 必趨

子(주) ｜ 齊衰(ᄌᆞ최) 호 者(쟈)와 冕(면) ᄒᆞ고 衣裳(의샹) 호 者(쟈)와 다뭇 瞽者(고쟈)를 보시고 보심애 비록 少(쇼) ᄒᆞ나 반ᄃᆞ시 作(작) ᄒᆞ시며 디나심애 반ᄃᆞ시 趨(추) ᄒᆞ더시다

선생님께서 상복(喪服)을 입은 사람과 관복(冠服)을 입은 사람 그리고 맹인(盲人)을 보심에, 그들을 만나실 때는 비록 젊을지라도 반드시 일어나시고, 그들을[그들 앞을] 지나가실 때는 반드시 잰걸음으로 걸으셨다.

【齊衰ᄌᆞ최】 상복(喪服). 굵은 생베로 짓되 아랫단을 좁게 접어서 꿰맨 상복.

【冕衣裳】 예모(禮帽) [관모(官帽)], 그리고 상의(上衣)와 하의(下衣). ⇒ 예모(禮帽)와 예복(禮服) [관복(官服), 공복(公服)]. ⇒ 관복(冠服).

【與】 …와[과]. 접속사. 병렬관계를 나타냄.

【瞽者고쟈】 소경. 맹인(盲人). 판수.

【之】 그들. 인칭대명사. 앞의 齊衰者 冕衣裳者 與瞽者를 가리킴.

【雖】 비록 …일[할]지라도. 접속사. 양보관계를 나타냄.

【必】 반드시. 꼭. 참으로. 과연. 동작·행위·성질·상태 등에 대한 결연한 의지나 확신을 나타냄.

【作】 일어나다(起也). 몸을 일으키다. 일어서다.

　포함(包咸) - 作은 일어나는 것이다. [作 起也]

【趨추】 빨리 걷다. 성큼성큼 걷다. 종종걸음으로 걷다. 잰걸음으로 걷다.

　포함(包咸) - 趨는 빨리 가는 것이다. [趨 疾行也]

정약용(丁若鏞) - 친상(親喪)을 입은 자에게 공경하는 것은 나의 효도를 미루어 행하는 것이며, 공복(公服)을 입은 자에게 공경하는 것은 나의 충성을 미루어 행함이며, 앞을 보지 못하는 판수를 공경하는 것은 나의 진실을 미루어 행하는 것이다. [보지 못한 자를 속이지 않으려는 마음이다.] [執親喪者敬之 推吾孝也 被公服者敬之 推吾忠也 目無見者敬之 推吾誠也 不欺於冥冥]　♣20090827木

10. 비록 좇고자 하여도 말미암을 길이 없도다!

> 顏淵喟然歎曰 仰之彌高 鑽之彌堅 瞻之在前 忽焉在後 夫子循循然
> 善誘人 博我以文 約我以禮 欲罷不能 旣竭吾才 如有所立卓爾 雖欲
> 從之 末由也已

顏淵(안연)이 喟然(위연)히 歎(탄)ᄒ야 굴오ᄃᆡ 仰(앙)홈애 더욱 놉프며 鑽(찬)홈애 더욱
구드며 瞻(첨)홈애 앏픠 잇더니 믄득 뒤헤 잇도다

夫子(부즈)ㅣ 循循(슌슌)히 사ᄅᆞᆷ을 善(션)히 誘(유)ᄒ야 나ᄅᆞᆯ 博(박)ᄒ샤ᄃᆡ 文(문)으로
써 ᄒ시고 나ᄅᆞᆯ 約(약)ᄒ샤ᄃᆡ 禮(례)로써 ᄒ시니라

罷(파)코쟈 ᄒ나 能(능)티 몯ᄒ야 임의 내 才(ᄌᆡ)를 竭(갈)호니 立(립)ᄒ 배 卓(탁)홈이
인ᄂᆞᆫ듯 ᄒ 디라 비록 좇고져 ᄒ나 말미암옴이 업도다

안연(顏淵)이 위연(喟然)히 탄식(歎息)하여 말하기를 "우러러 봄에 볼수록 더 높아
만 지고, 뚫어 파고듦에 갈수록 더 단단히 굳어만 지며, 바라보니 앞에 계시더니
홀연 뒤에 계시도다! 저희 선생님께서는 차근차근히 사람을 잘 유도(誘導)하사 문
(文)으로써 나를 넓게 하시고 예(禮)로써 나를 다잡게 하셨도다! 그만두고자 하나
능히 할 수 없어 이미 내 재능(才能)을 다하였으나, 세우신 바가 우뚝이 높게 있는
것 같아 비록 좇고자 하여도 말미암을[따를] 길이 없도다!" 하였다.

【顏淵】공자의 제자 안회(顏回). 자가 자연(子淵). [참고] 爲政-9.

【喟然】속 깊은 데서 절로 나오는 감탄이나 탄식의 소리. 한숨 쉬며 탄식하는 모양.
　　　　위연히. 然 : 부사[형용사] 접미사.

【歎】놀라며 내지르는 소리. 탄식하다.

【之】그. 그것. 지시대명사. 일반적인 사실·사물·사람을 가리킴. 여기서는 '공자'를
　　　　가리키기보다 '孔子의 道'를 가리키는 것으로 보는 견해가 많음.

【彌미】더욱. 더더욱. 한층. …하면 할수록. 부사. 동작·행위·성질·상태 등의 정도가
　　　　원래와 비교하여 더욱 심해짐을 나타냄.

【鑽】뚫다. 파고들다. 찬연(鑽硏)하다. 궁구(窮究)하다.

【堅】굳다. 굳어지다. 단단해지다. 견고(堅固)해지다.

【瞻첨】 바라보다. 앞을 보다.

【忽焉】 갑자기. 홀연(忽然) 히. 문득. 어느새. 焉 : 부사[형용사] 접미사. 然과 같음.

【循循然】 차근차근히. 차근차근하게. 질서정연하게.

【善】 잘. 잘하다. …에 능하다. …에 뛰어나다. 부사. 어떤 동작이나 행위에 능함을
나타냄.

【誘】 이끌다. 유도(誘導) 하다. 인도(引導) 하다. 권도(勸導) 하다. 이끌어 가르치다.

【博我以文 約我以禮】 학문(學文) 으로써 나를 넓게 하고[넓히고], 예(禮) 로써 나를
다잡게 하다[잡도리하게 하다, 다듬게 하다, 단속(團束) 하게 하다, 절제하게
하다, 집약(集約) 하다]. 博, 約은 사역동사로의 전용. [참고] 雍也-25.

【罷파】 그치다. 멈추다. 그만두다. 중지하다.

【如有所立卓爾】 세운 바가 우뚝함이 있는 것 같다. 세운 것이 우뚝이 높게 있는
듯하다. 이루어짐[확립(確立) 함]이 우뚝이 높게 있는 듯하다.

如 : 마치 …와 같다. …인 듯하다. 흡사. 마치. 부사. 상황에 대한 판단이 그다지
확실하지 않음을 나타냄. 곧 추측의 의미가 내포됨.

所 : …하는 바. …하는 것. …한. 특수지시대명사. 주어와 술어 사이에 쓰여 주술구조
를 명사구로 만들어 줌.

立 : 세우다. 이루다. 확립(確立) 하다.

卓爾탁이 : 우뚝이 높게. 우뚝하여 높은 모양. 아주 뛰어난 모양. 爾는 부사[형용사]
접미사.

【雖欲從之 末由也已】 비록 좇고자 하여도 말미암을 길이 없도다! 비록 따라가고자
하나 따라갈 수[방도]가 없도다!

雖 : 비록 …일[할] 지라도. 접속사. 양보관계를 나타냄.

末 : 없다. …할 수 없다. 不能, 無, 勿 등의 의미로 쓰임.

由 : 말미암다. 본으로 하다. 좇다. 따르다.

也已 : …이다! …이구나! …하구나! 어기조사. 감탄의 어기를 나타냄.

공안국(孔安國) - 세워 놓은 것이 있어 우뚝 솟아 미칠 수 없다는 것은, 자신은
비록 공자의 좋은 가르침을 받았지만 아직도 공자가 세워 놓은 것에는 도달할
수 없음을 말한 것이다. [其有所立 則又卓然不可及 言己雖蒙夫子之善誘 猶不
能及夫子之所立]   ♣20090828金

11. 내 누구를 속인 것인가? 하늘을 속인 것이구나!

> 子疾病 子路使門人爲臣 病間曰 久矣哉 由之行詐也 無臣而爲有臣
> 吾誰欺 欺天乎 且予與其死於臣之手也 無寧死於二三子之手乎 且
> 予縱不得大葬 予死於道路手

子(주)ㅣ 疾(질)이 病(병)커시늘 子路(주로)ㅣ 門人(문신)으로 ᄒᆞ여곰 臣(신)을 사맛더니 病(병)이 間(간)ᄒᆞ심애 ᄀᆞᆯ으샤디 올아다 由(유)의 詐(사)를 行(ᄒᆡᆼ)홈이여 臣(신) 업슬꺼시 臣(신) 두믈 ᄒᆞ니 내 누를 소기료 하늘홀 소긴뎌 ᄯᅩ 내 그 臣(신)의 手(슈)에 死(ᄉᆞ)홈으로 더브러론 二三子(ᅀᅵ삼ᄌᆞ)의 手(슈)애 死(ᄉᆞ)홈이 츨티 아니ᄒᆞ냐 ᄯᅩ 내 비록 시러곰 大葬(대장)티 몯ᄒᆞ나 내 道路(도로)애 死(ᄉᆞ)ᄒᆞ랴

선생님께서 병이 위중(危重)하심에 자로(子路)가 문인(門人)으로 하여금 소신(小臣)을 삼았는데, 병(病)이 차도(差度)가 있으시자 말씀하시기를 "오래되었구나! 유(由)가 거짓을 행한 지가, 가신이 없어야 할 것을 그런데도 소신을 있게 하였으니 내 누구를 속인 것인가? 하늘을 속인 것이구나! 또 내 소신의 손에서 죽느니 보다 차라리 너희들 손에서 죽는 게 낫지 않겠느냐? 또 내 비록 성대한 장례를 받을 수 없다 할지라도 내 길바닥에서 죽기야 하겠느냐?" 하셨다.

【疾病】 병이 위중해지다.

疾 : 병(환). 病 : 위독[위중]하다.

【子路】 공자의 제자 중유(仲由). 자가 자로(子路). [참고] 爲政-17.

【使門人爲臣】 문인(門人)으로 하여금 가신(家臣)[소신(小臣)]을 삼다.

使…爲~ : …로 하여금 ~하게 하다. …을(를) ~하게 시키다. …로 하여금 ~으로 삼다. [使 : …하게 하다. …을 시키다. 사역동사. 爲 : …하게 하다. …하도록 하다. 쓰다. 삼다(인연을 맺어 자기와 관계있는 사람으로 만들다). 시키다.]

門人 : 제자(들). 문하생(門下生). 공자의 제자들.

臣 : 소신(小臣). 장례를 치르는 사람. 당시의 예법은 경대부(卿大夫)라야 가신을 두어 장례를 치르도록 하였음. 이때의 가신을 소신(小臣)이라 하였음.

【病間】 병이 좀 나음. 병이 약간 차도(差度)가 있음. [孔安國 - 少差曰 間]

【矣哉】 …이구나[이도다]! 관용형식으로 감탄(感歎)·한탄(恨歎)의 어기를 나타냄.

【由之行詐也】 유(仲由)가 거짓을 행한 것은.

之 : …은[는]. …이[가]. 구조조사(주격조사). 주술구조 사이에 쓰여 이를 명사구
　　　　(절)로 만들어 주는 역할을 함.

也 : …은(는). …이란. …이면. 어기조사. 음절을 조정하고 어기를 고르는(말을
　　　　잠깐 멈추고 다음 내용을 환기시키는) 역할을 함. 뒤의 也도 같음.

【而爲有臣】 그런데도 가신(家臣)[소신(小臣)]이 있게 하다.

而 : 그런데도. 그러나. 오히려. 접속사. 역접관계를 나타냄.

爲 : …(이라고) 하다. …한 것처럼 하다. …한[인] 체[척]하다. 僞와 같음.

【誰】 누구. 어떤 사람. 의문대명사. 사람에 대한 질문을 나타냄.

【欺天乎】 하늘을 속였구나! 하늘을 속인 것이구나!

乎 : 아! …이도다! …이(로)구나! 어기조사. 비분·찬양·감격 등의 감탄 어기를
　　　　나타냄. [참고] 乎 : 어기조사. 반문을 나타냄. ☞ 吾誰欺 欺天乎 : 내 누구를
　　　　속이겠는가? 하늘을 속이겠는가? [나보고 누구를 속이란 말이냐? 하늘을 속이란 말이냐?]

【且】 또. 게다가. 뿐만 아니라. 접속사. 체증(遞增)[점층]관계를 나타냄.

【與其… 無寧~】 = 與其… 寧~. …하는 것보다[것에 비하여] 차라리[오히려] ~하는
　　　　것이 더 낫다. …하느니 차라리 ~하겠다.

【於】 …에서. 어기조사. 동작이나 행위가 일어나는 장소(범위)를 나타냄.

【二三子】 너희들. 여러분. 그대들. 자네들. 본래의 의미는 '두세 아이'라는 뜻으로
　　　　공자가 문하의 제자들을 부를 때 사용하였음.

【乎】 …인가? …이겠는가? 어기조사. 의문문의 끝에 쓰여 반문의 어기를 나타냄.
　　　　二三子之手乎. 道路乎.

【縱】 설령[비록] …일[할]지라도. 접속사. 단문을 연결시켜 주는 역할을 하며 양보
　　　　를 나타냄.

【不得】 얻지 못하다. ⇒ 받지 못하다.

【大葬】 성대한 장례. 임금이나 경대부들이 죽었을 때 치르는 장례.

마융(馬融) - 설사 내가 君臣의 禮로 장례 지낼 수 없다 할지라도 문인들이 있는데
　　　　내가 어찌 길에 버려지는 것을 근심하겠는가? [就使我不得以君臣禮葬 有二三
　　　　子在 我寧當憂棄於道路乎] 　　　　　　　　　　　　　　　　♣20090829土

12. 나는 장사치를 기다리는 사람이노니

子貢曰 有美玉於斯 韞匵而藏諸 求善賈而沽諸 子曰 沽之哉 沽之哉 我待賈者也

子貢(ᄌ공)ㅣ 골오ᄃᆡ 美(미)흔 玉(옥)이 이에 이시니 匵(독)애 韞(온)ᄒᆞ야 藏(장)ᄒᆞᆼ링잇가 善(션)흔 賈(가)를 求(구)ᄒᆞ야 沽(고)ᄒᆞᆼ링잇가 子(ᄌ)ㅣ 골ᄋᆞ샤ᄃᆡ 沽(고)ᄒᆞᆯ 띠나 沽(고)ᄒᆞᆯ 띠나 나는 賈(가)를 기ᄃᆞ리는 者(쟈)ㅣ로라

자공(子貢)이 말씀드리기를 "여기에 아름다운 옥(玉)이 있습니다. 궤짝에 넣어 (그 것을) 보관하시겠습니까? 좋은 장사치를 구하여 (그것을) 파시겠습니까? 선생님께 서 말씀하시기를 "팔 것이로다! 팔 것이로다! 나는 장사치를 기다리는 사람이노라." 하셨다.

【子貢】 공자의 제자 단목사(端木賜). 자가 자공(子貢).

【於斯】 여기에. 이곳에.

　於 : …에. 전치사. 동작이나 행위가 일어나는 장소(범위)를 나타냄.

　斯 : 이것[이 사람. 이 일]. 이. 이러한. 이렇게. 여기. 지시대명사.

【韞온】 감추다. 싸다. 갈무리하다. ⇒ 넣다. 싸서 넣다.

【匵독】 궤. 상자.

【而】 …하여서. 그리하여. 이에. 접속사. 순접(연관) 관계를 나타냄.

【藏】 감추다. 간직하다. ⇒ 보관하다.

【諸제】 之乎(그것을 …한가?). 합음사(合音詞). 之는 지시대명사로 '美玉'을 가리 키고, 乎는 어기조사로 의문 또는 반문의 어기를 나타냄.

【善賈선고】 물건을 볼 줄 아는 훌륭한 상인.

　善 : 좋다. 훌륭하다. 아주 좋아서 나무랄 것이 없다.

　賈고 : 장사. 장사치. 장사꾼. 商은 이곳저곳 돌아다니며 물건을 파는 사람이며(行 商), 賈는 어느 한 곳에 있으면서 손님이 오기를 기다리며 물건을 파는 사람임 (坐商). [班固, 白虎通]

　정약용(丁若鏞) - 善賈의 賈(고)를 價라 하기도 하고, 沽라 하기도 한다. 논어집해

37

(論語集解)와 논어집주(論語集注)는 모두 분명한 해석이 없다. 그러나 형병(邢昺)의 주소(注疏)에는 '만약 사람이 구한다면…'이라고 하였으니, 이는 상고(商賈)의 고(賈)로 여긴 듯하다. 오직 육덕명(陸德明)의 경전석문(經典釋文)에서만 賈의 음을 嫁(가)라 하여 善賈를 고가(高價)의 뜻으로 서로 전하였으니, 어찌 잘못함이 아니겠는가? 군자가 보배를 품고 있다가 밝은 임금을 기다려 그 道를 팔려고 한 것은, 마치 옥인(玉人)이 玉을 간직하고 있다가 좋은 장사를 기다려 그 재화(財貨)를 파는 것과 같다. 만약 善賈를 高價로 한다면, 이는 높은 관직과 후한 녹봉으로 그 道를 파는 것이 되니, 이렇게 해서야 되겠는가? [善賈之爲價爲估 集解集注都無明釋 然邢疏謂若人求之 則似以爲商賈之賈 惟陸氏釋文 賈 音嫁 相傳善賈者高價 豈不謬哉 君子懷寶 待明王而售其道 如玉人藏玉 待善估而售其貨 若以善賈爲高價 則是待高官厚祿售其道也 而可乎]

【沽고】 팔다. 물건을 팔다.

【哉】 …이로다! …이구나! …이도다! …하구나! …로구나! …이여! 어기조사. 찬양·비통·분노·경악·감개 등의 감탄의 어기를 나타냄.

【也】 …이다. 어기조사. 진술문의 끝에 쓰여 판단이나 단정 또는 긍정을 나타냄.

범조우(范祖禹) - 군자(君子)가 일찍이 벼슬하려고 하지 않는 것은 아니지만, 또 그 도(道)[정당한 방법]를 따르지 않음을 싫어한다. 선비가 예(禮)를 기다리는 것은 옥(玉)이 장사치를 기다리는 것과 같다. 예컨대 이윤(伊尹)이 신야(莘野)에서 농사를 짓고 백이(伯夷)와 태공(太公)이 바닷가에서 은거할 때에 당시 탕왕(湯王)과 문왕(文王)이 없었다면 이들은 그대로 일생을 마쳤을 뿐일 것이요, 반드시 도(道)를 굽혀 남을 따르고 옥(玉)을 자랑하여 팔리기를 구하지 않았을 것이다. [君子未嘗不欲仕也 又惡不由其道 士之待禮 猶玉之待賈也 若伊尹之耕於野 伯夷太公之居於海濱 世無成湯文王 則終焉而已 必不枉道以從人 衒玉而求售也]

♣20090831月

13. 공자께서 구이九夷에서 살고자 하시니

子欲居九夷 或曰 陋 如之何 子曰 君子居之 何陋之有

子(주)] 九夷(구이)예 居(거)코져 ᄒ더시니 或(혹)이 ᄀᆞ로오ᄃᆡ 陋(루)ᄒ거니 엇디 ᄒᆞ링
잇고 子(주)] ᄀᆞᄅᆞ샤ᄃᆡ 君子(군주)] 居(거)ᄒᆞ면 므슴 陋(루)홈이 이시리오

선생님께서 구이(九夷)에서 살고자 하시었다. 혹자(或者)가 말씀드리기를 "누추
(陋醜)하온데 어찌 그와 같이 하시렵니까?" 하니, 선생님께서 말씀하시기를 "군자(君
子)가 그곳에 산다면 어찌 누추(陋醜)함이 있겠는가?" 하셨다.

【居】 살다. (집에서) 지내다. 거처(居處)하다. 거주(居住)하다. 일상생활을 하다.
【九夷】 아홉 오랑캐 땅. 중원(中原)의 동쪽 변방 지역.

　마융(馬融) - 동방의 夷에는 아홉 종족이 있다. [東方之夷有九種] [後漢書 東夷傳
　　- 아홉 종족의 夷(이)가 있으니 견이(畎夷), 간이(干夷), 방이(方夷), 황이(黃夷), 백이(白夷),
　　적이(赤夷), 현이(玄夷), 풍이(風夷), 양이(陽夷) 이다.]

　형병(邢昺) - 一說에 의하면 九夷는 1. 현토(玄菟), 2. 낙랑(樂浪), 3. 고려(高麗),
　　4. 만절(滿節), 5. 부유(鳧臾), 6. 삭가(索家), 7. 동도(東屠), 8. 왜인(倭人),
　　9. 천비(天鄙)라 한다. [一說曰 九夷 一曰玄菟 二曰樂浪 三曰高麗 四曰滿節
　　五曰鳧臾 六曰索家 七曰東屠 八曰倭人 九曰天鄙]

　정약용(丁若鏞) - 玄菟, 樂浪은 한무제(漢武帝)의 한사군 때의 이름이니 공자로서
　　는 알 수 없는 일이다. [玄菟樂浪 武帝四郡之名 非孔子之所得知也]

　양백준(楊伯峻) - 九夷는 곧 회이(淮夷)이다. 한비자 설림 상(韓非子 說林 上)에
　　'주공은 이미 구이를 치고 그 여세를 몰아 상개도 함락시켰다.(周公旦攻九夷
　　而商蓋伏)' 라 했는데 여기서 상개(商蓋)는 곧 상엄(商奄)이고 九夷는 본래
　　魯나라가 차지했던 땅으로 주공(周公)이 무력으로 그들을 항복시킨 적이 있다.
　　춘추 이후에 개(蓋)는 초(楚)·오(吳)·월(越) 세 나라를 섬겼으나 전국시대에는
　　초나라만 섬겼다. 설원 군도(說苑 君道)·회남자 제속훈(淮南子 齊俗訓)·전국책
　　진책(戰國策 秦策)·전국책 위책(戰國策 魏策)·이사(李斯)의 상진시황서(上秦
　　始皇書) 등에서 九夷에 대한 것을 고증할 수 있다. 九夷는 실제로 회수(淮水)

·사수(泗水) 사이에 흩어져 있었으며 북쪽으로는 제나라·노나라와 인접에 있었다. [손이양(孫詒讓)의 묵자한고 비공(墨子閒詁 非攻)에 보임.]

이수태(李洙泰) - 이는 조선이나 왜를 지칭하기도 하고, 산동반도의 원주민이나 회수(淮水) 하류의 회이(淮夷), 양쯔강 이남 해안지대의 동이(東夷)를 지칭하기도 하는 등 폭이 극히 넓어 공자가 어디를 염두에 두었는지는 분명치 않다.

형병(邢昺) - 공자는 당시 명철한 군주가 없었기 때문에 동이(東夷)에 가서 살고자 하였다. [孔子以時無明君 故欲居東夷]

【陋】 누추(陋醜)하다. 비루(鄙陋)하다.

【如之何】 어찌하여[왜] 그렇게 합니까[할 것입니까]? 원인을 묻거나 반문을 나타냄. 대명사성 구조인 如何의 사이에 처리할 대상을 나타내는 지시대명사 之를 삽입한 것임. 이때 如는 동사로 '처리하다. 처치하다. 대처하다.'의 뜻임. 之는 居九夷를 가리킴. [참고] 爲政-20.

【君子居之】 군자가 거기에 살면.

　君子 : '경대부(卿大夫). 백성을 다스리는 위치에 있는 사람. 위정자(爲政者). 지위를 얻은 사회 지도층.'과 '학문과 덕을 갖춘 사람. 학식과 덕행이 높은 사람.'의 뜻을 한데 아울러 일반적인 의미로 쓰임.

　　[참고] ① 공자 자신. ② 九夷 지역에 살고 있는 君子. ③ 기자조선(箕子朝鮮)의 기자(箕子).

　之 : 그곳. 지시대명사. 九夷를 가리킴.

【何陋之有】 어찌 누추함을 두겠는가? ⇒ 어찌 누추함이 있겠는가?

　何 : 어찌(하여) …하겠는가(하려는 것인가)? 부사. 강한 반문의 어기를 나타냄.

　之 : …을[를]. 구조조사. 목적어를 강조하기 위하여 동사 앞으로 도치시킬 때 그 목적어와 동사 사이에 씀. 何有陋의 도치.

　[참고] 述而-2. 何有.　　　　　　　　　　　　　　　♣20090831月

14. 아雅와 송頌이 각각 제자리를 잡게 되었느니

子曰 吾自衛反魯 然後樂正 雅頌各得其所

子(주)ㅣ 굴♀샤디 내ㅣ 衛(위)로브터 魯(로)애 도라온 然後(션후)에 樂(악)이 正(졍)ᄒᆞ야 雅(아)와 頌(송)이 각각 그 所(소)를 得(득)ᄒᆞ니라

선생님께서 말씀하시기를 "내가 위(衛)나라에서 노(魯)나라로 돌아온 연후에 악(樂)이 바르게 되어 아(雅)와 송(頌)이 각각 제자리를 잡았느니라." 하셨다.

【自】 …(으)로부터. …에서. 전치사. 동작이나 행위가 발생하는 장소·기점·방위 등을 나타냄.

【衛】 위(衛)나라. 지금의 하남성(河南省) 기현(淇縣)을 서울로 하였음.

【反】 돌아오다. [참고] 공자께서 55세 되던 해(B.C. 497) 당신의 이상을 실현할 나라와 임금을 찾아 국외로 유랑의 길에 올라 13년 동안 여러 나라를 돌아다니시다가 68세 때(魯나라 哀公 11년, B.C. 484) 衛나라에서 魯나라로 돌아오심을 이름.

【正】 바르게 되다. 법도나 규격에 맞게 되다. 바로잡히다.

【雅】 시경(詩經)의 아(雅) 음악. 주(周)나라의 왕실(王室)이나 귀족(貴族)들의 향연(饗宴)에서 주로 연주되었던 궁중음악(宮中音樂).

【頌】 시경(詩經)의 송(頌) 음악. 주(周)나라 종묘(宗廟)에서 제사지낼 때 연주되었던 무악(舞樂).

【各得其所】 각각 그 자리를 갖게 되었다. 각각 제자리를 찾았다[잡았다].

得 : 얻다. ⇒ 갖게 되다. 찾다. 잡다.

其所 : 그것의 자리. ⇒ 제자리. [참고] 爲政-1.

[참고]

① 樂이 바르게 되어 雅와 頌이 제자리를 얻었다. [언해본, 朱熹, 동양고전연구회, 金學主, 신동준, 李基東, 유교문화연구소, 리쩌허우(李澤厚), 南懷瑾]

② 樂이 바르게 되었고, 雅와 頌이 제자리를 얻었다. [김영일, 박종연, 미야자키 이치사다 (宮崎市定), 李洙泰, 류종목, 李起榮, 金容沃]

③ 樂을 정리했으니, 雅와 頌이 제자리를 얻었다. [楊伯峻] ♣20090902水

15. 무엇이 나에게 있겠는가?

> 子曰 出則事公卿 入則事父兄 喪事不敢不勉 不爲酒困 何有於我哉

子(주)ㅣ 굴ㅇ샤딕 나는 公卿(공경)을 셤기고 드러는 父兄(부형)을 셤기며 喪事(상ᄉ)를
敢(감)히 힘쓰디 아니티 아니ᄒ며 술의 困(곤)홈이 되디 아니홈이 므스거시 내게 인느뇨

선생님께서 말씀하시기를 "(조정에) 나가서는 공경(公卿)을 섬기고 들어와서는
부형(父兄)을 섬기며, 상사(喪事)에 감히 (정성으로) 힘쓰지 아니함이 없고 술로
인하여 곤란하게 되지 아니하였나니, (이 외에) 내게 무엇이 있겠는가?" 하셨다.

【則】 …은[는] 곧. …로 말하면[말할 것 같으면] 곧. …으로는 곧. …할 때는[경우에
　　　는]. …하여서는 곧. 접속사. 두 가지 또는 여러 가지 사실의 대비(대응)관계나
　　　병렬관계를 나타내며 강조의 어감을 가짐.

【公卿】 임금과 大夫. 춘추시대 공(公)은 제후국의 임금을, 경(卿)은 대부(大夫)
　　　등 고급관리를 말함.

【喪事】 장례(葬禮)를 치르는 일. 상례(喪禮)의 일.

【敢】 감히. 함부로. 조동사. 동사 앞에 쓰여 어떤 일을 할 용기가 있음을 나타냄.
　　　앞에 부정사가 오면 강한 반대의 뜻[할 용기가 없음]을 나타냄.

【勉】 힘쓰다. 정성(精誠)을 다하다.

【爲】 … 때문에. …으로 인하여. 왜냐하면. 전치사. 동작이나 행위가 발생하는 원인
　　　을 나타냄.

【酒困】 술주정(酒亂). 술을 마시고 난동을 부리는 일. 술로 인하여 곤란하게 되는 일.
　　困 : 어려움을 당하다. 곤란하게 되다. 곤경에 처하다.

[참고] 爲酒困 : 爲酒(所)困 ⇒ 술에 의해 곤란함을 당하다. [참고] 陽貨-26. 피동구문

【何有於我哉】 (이것 외에) 나에게 무엇이 있겠는가? ⇒ 이것 외에 내가 한 것은
　　　아무 것도 없다는 뜻. 곧 작은 일 같지만 평상시 이러한 일들을 힘써 하였지
　　　특별히 달리 한 것이 없다는 말씀. [참고] 述而-2.

　　何有 : 어디[어찌] …이[가] 있겠는가? 무엇이 있겠는가? 관용형식으로서 사물에

대해 부정하는 반문을 나타냄.

於 : …에게. 전치사. 동작이나 행위에 관련되는 대상을 나타냄.

哉 : …이겠는가? …인가? …이랴? 어기조사. 반문의 어기를 나타냄.

양백준(楊伯峻) - 만약 何有를 '어렵지 않다는 말'로 보면, 이 구절의 해석이 '이
　　일들이 나에게 무슨 곤란함이 있겠는가?'로 해석해야 된다. 그렇게 되면 전체
　　문장이 자기를 낮추는 말에서 자술(自述)하는 것으로 변해버린다.

♣20090902水

16. 가는 것이 이 물과 같구나!

第九篇

子罕

> 子在川上 曰 逝者如斯夫 不舍晝夜

子(주) │ 川上(천샹)의 겨셔 글으샤딕 逝(셔)ᄒᆞᄂᆞᆫ 者(쟈) │ 이 ᄀᆞᆮ텨 晝夜(듀야)의 舍(샤)티 아니ᄒᆞ놋다

선생님께서 냇물 (다리)위에 계실 때 말씀하시기를 "가는 것이 이 물과 같구나! 낮에도 밤에도 그치지 않으니." 하셨다.

【上】 위에. 부사. 장소를 나타냄. 川上을 주로 '냇가'라고 해석하고 있음. '하천(河川)에 놓인 다리 위'로 볼 수도 있음.

【逝서】 가다. 떠나다. 가서 오지 않다.

　[참고] 가는 것이 무엇일꼬?

【者】 …한[하는, 이라 하는] 사람[일, 때, 곳, 것]. 특수지시대명사. 동사·형용사 혹은 각종 구와 결합하여 그 말의 수식을 받아 명사구를 이루며, 사람이나 사물을 나타냄.

【如】 마치 …와 같다. (마치) …처럼[같이] 하다. 부사. 한 사물(대상)을 다른 사물 (대상)과 직접 비유함을 나타냄.

【斯】 이것[이 사람. 이 일]. 이. 이러한. 이렇게. 여기. 지시대명사. 여기서는 의미상으로 냇물(川之流水)을 가리킴. [정약용(丁若鏞) - 斯 謂川也]

【夫】 …로다! …이구나! 어기조사. 감탄문의 끝에 쓰여 감개·칭송·비애 등의 어기를 나타냄.

【舍】 머물다. 쉬다. 그치다. [정약용(丁若鏞) - 舍 止息也]

정약용(丁若鏞) - 逝者는 인생이다. 나서 죽을 때까지 어느 때고 흘러가지 아니함이 없다. [逝者 人生也 自生至死 無時不逝]

주희(朱熹) - 천지(天地)의 조화(造化)는 가는 것은 지나가고 오는 것이 이어져서 한 순간의 그침이 없으니, 바로 도체(道體)의 본연(本然)이다. 그러나 그 지적하여 쉽게 볼 수 있는 것으로는 시냇물의 흐름만한 것이 없으므로 여기에서 이것을 말씀하여 사람들에게 보여주셨으니, 배우는 자들이 때때로 성찰하여 공부에 털끝만한 간격도 없게 하고자 하신 것이다. [天地之化 往者過 來者續 無一息之停 乃道體之本然也 然其可指而易見者 莫如川流 故於此 發以示人 欲學者時時省察 而無毫髮之間斷也]

♣20090902水

17. 덕德을 좋아하기를 색色을 좋아하듯이 하는 이 없으니

> 子曰 吾未見好德如好色者也

子(조) ㅣ 글ㅇ샤티 내 德(덕)을 됴히 너김이 色(싁) 됴히 너김 ㄱ티 ㅎ는 이를 보디 몯게라

선생님께서 말씀하시기를 "내 덕(德)을 좋아하기를 여색(女色)을 좋아하듯이 하는 사람을 아직 보지 못했노라!" 하셨다.

[참고] 衛靈公-12.

【未】 아직 …하지 않다[못하다]. 아직 …이 아니다. 부사. 동작·행위·상황 등이 아직 발생하지 않았음을 나타냄.

【如】 마치 …와 같다. (마치) …처럼[같이] 하다. 부사. 한 사물(대상)을 다른 사물 (대상)과 직접 비유함을 나타냄.

【色】 여자의 미모. 여색(女色). 색욕(色慾).

【也】 …이여! …이구나! …이도다! …로구나! 어기조사. 감탄문 끝에 쓰여 비통· 찬송·감탄·놀람 등의 어기를 나타냄.

하안(何晏) - 당시 사람들이 덕(德)에는 각박(刻薄)하고 색(色)에는 후(厚)히 함을 미워하여[슬퍼하여, 가슴 아파하여] 이 말씀을 하시게 된 것이다. [疾時人薄於 德而厚於色 故發此言]

사량좌(謝良佐) - 아름다운 여색(女色)을 좋아하고 악취(惡臭)를 싫어함은 (속임이 없는) 성실(誠實)함이니, 덕(德)을 좋아하기를 여색(女色)을 좋아하듯이 한 다면 진실로 덕(德)을 좋아하는 것이다. 그러나 백성[일반인]들은 이에 능한 이가 드물다. [好好色 惡惡臭 誠也 好德如好色 斯誠好德矣 然民鮮能之]

사기(史記) - 공자(孔子)가 위(衛)나라에 계실 때 영공(靈公)이 자기 부인[南子]과 수레를 함께 타고 공자(孔子)로 하여금 다음 수레를 타게 하여 요란하게 시내 (市內)를 지나가자, 공자(孔子)가 그것을 추하게 여겼기 때문에 이 말씀을 하신 것이다. [孔子居衛 靈公 與夫人同車 使孔子爲次乘 招搖市過之 孔子醜之 故有是言] [集注]   ♣20090903木

第九篇 子罕

18. 그친 것도 나요, 나아간 것도 나일진대...

子曰 譬如爲山 未成一簣 止 吾止也 譬如平地 雖覆一簣 進 吾往也

子(주)ㅣ 골으샤딕 譬(비)컨댄 뫼흘 딩그롬애 흔 簣(궤)를 일오디 몯흐야셔 그침도 내의 그침이 フ트며 譬(비)컨댄 平地(평디)예 비록 흔 簣(궤)를 覆(복)흐나 나아감도 내의 감 フ트니라

선생님께서 말씀하시기를 "비유(譬喩)하건대 산(山)을 만드는 것과 같으니 한 삼태기 때문에 (산을) 이루지 못하여서 그친 것도 내가 그친 것이요, 비유(譬喩)하건대 땅을 평평하게 고르는 것과 같으니 비록 한 삼태기를 부어도 나아갔다면 내가 간 것이니라." 하셨다.

【譬如】 비유하자면 …와 같다. 비유컨대 …와 같다. '…'은 '爲山~吾止也' 임.

【爲】 만들다(作也).

【未成一簣】 아직 한 삼태기를 이루지 못하다. ⇒ 한 삼태기가 부족하여 산을 이루지 못하다. 한 삼태기 때문에 산을 완성하지 못하다.

　簣궤 : 삼태기. 一簣 : 한 삼태기의 양 ⇒ 한 삼태기의 흙.

【吾】 나. 산을 만드는 사람. 일인칭대명사.

　정약용(丁若鏞) - 吾란 산(山)을 만드는 사람을 가리킨다. [吾指造山之人也]

【也】 …이다. 어기조사. 진술문의 끝에 쓰여 판단이나 단정 또는 긍정을 나타냄.

【雖】 비록 …일[할]지라도. 접속사. 양보관계를 나타냄.

【平】 평평하게 고르다. 바닥을 고르고 판판하게 하다. 동사.

　[참고] 황간(皇侃) - 평지에 산을 만듦을 비유한 것이다. [譬於平地作山]

【覆복】 뒤엎다. 뒤집다. ⇒ 붓다. 쏟아 붓다. [정약용(丁若鏞) - 覆 倒瀉也]

주희(朱熹) - 배우는 자들이 스스로 힘쓰고 쉬지 않으면 작은 것을 쌓아 많은 것을 이루지만, 중도(中道)에서 그만두면 지난날의 공력(功力)이 모두 허사가 된다. 그 중지함과 나아감이 모두 자신에게 달려 있고 남에게 달려 있는 것이 아니다. [蓋學者自强不息 則積少成多 中道而止 則前功盡棄 其止其往 皆在我而不在人也]

♣20090903木

19. 게을리 하지 않는 사람은 아마 안회顔回이리라!

> 子曰 語之而不惰者 其回也與

子(주)] 골오샤딕 語(어)홈애 惰(타)티 아니ᄒᆞᄂᆞᆫ 이ᄂᆞᆫ 그 回(회)ㄴ뎌

선생님께서 말씀하시기를 "그것을 말해주면 곧 게을리 하지 않는 사람은 아마 안회(顔回)이리라!" 하셨다.

【語】 말하다. 일러주다. 가르쳐주다.

【之】 그것. 대명사. 일반적인 사실, 사물, 사람을 가리킨다. [논어에서는 딱히 앞의 말(단어)을 대신하기보다 일반적인 공자의 기본 사상 '道' 또는 '仁' 등을 가리키기(의미하기)도 함.]

【而】 = 則. 이에 곧. …이면[하면] 곧. 접속사. 조건에 따른 결과를 나타냄.

【惰타】 게으르다. 게을리 하다. 주희(朱熹) - 惰는 게으름이다. [惰 懈怠也]

【其】 아마(도). 어쩌면. 부사. 동작이나 행위 또는 어떤 상황에 대한 추측을 나타냄.

【回】 공자의 제자 안회(顔回).

【也與】 …일 것이다. 어기조사. 긍정적인 추측의 어기를 나타냄. 감탄의 어기도 내포됨.

범조우(范祖禹) - 안자(顔子)는 공자의 말씀을 들으면 마음에 이해되고 힘써 행하여 조차(造次, 경황없는 시간, 이룰 때)와 전패(顚沛, 위급한 상황, 실패할 때)라도 일찍이 어긴 적이 없었다. 이는 마치 만물이 단비[時雨]를 만나 꽃을 피우고 점점 자라는 것과 같으니, 어찌 태만함이 있겠는가? 이는 여러 제자(弟子)들이 미치지 못하는 바이다. [顔子聞夫子之言 而心解力行 造次顚沛 未嘗違之 如萬物得時雨之潤 發榮滋長 何有於惰 此群弟子所不及也] ♣ 造次顚沛 : [참고] 里仁-5.

♣20090903木

20. 안연顔淵은 나아갔지 그치지 않았노라!

子謂顔淵曰 惜乎 吾見其進也 未見其止也

子(ᅀ)ㅣ 顔淵(안연)을 닐어 ᄀᆞᆯ으샤ᄃᆡ 惜(셕)홉다 내 그 나아감을 보고 그 그침을 보디 몯호라

선생님께서 안연(顔淵)을 평하여 말씀하시기를 "애석(哀惜)하도다! 내 그가 나아가는 것을 보았지만 아직 그가 그치는 것을 보지 못했노라." 하셨다.

【謂】 말하다. 비평(批評)하다. 평(評)하여 말하다.

【顔淵】 공자의 제자 안회(顔回). 자가 자연(子淵). [참고] 爲政-9.

【乎】 아! …이도다! …이(로)구나! 어기조사. 비분·찬양·감격 등의 감탄 어기를 나타냄.

【其】 그것. 그 사람. 인칭대명사. 顔淵을 가리킴.

【進】 나아가다. 나아지다. 진전(進展)│진척(進陟)│이 있다.

【也】 …이다. 어기조사. 진술문의 끝에 쓰여 판단이나 단정 또는 긍정을 나타냄.

【止】 그치다. 멈추다. 그만두다. 중지(中止)하다.

포함(包咸) - 공자가 안연을 일컬어 (살아 있을 때에) 남들보다 나아갔으면서도 더욱 그치지 않았다고 하셨으니, 애통함이 심한 것이다. [孔子謂顔淵進益未止 痛惜之甚也]

형병(邢昺) - 안회(顔回)가 일찍 죽었으므로 공자께서 훗날 그를 탄식하신 것이다. [顔回早死 孔子於後歎惜之也]

주희(朱熹) - 안자(顔子)가 죽자, 공자께서 그를 애석히 여겨 그 학문이 진전하고 그치지 않았음을 말씀하신 것이다. [顔子旣死 而孔子惜之 言其方進而未已也]

정약용(丁若鏞) - 그의 나아감이 헤아릴 수 없을 정도인 것을 애석하게 여긴 것이다. [惜其進未可量]

♣20090903木

第
九
篇

子
罕

21. 꽃은 피었으나 열매를 맺지 못하는 것이 있겠구나!

子曰 苗而不秀者 有矣夫 秀而不實者 有矣夫

子(주)ㅣ 골ㅇ샤티 苗(묘)ㅎ고 秀(슈)티 몯ㅎ리 이시며 秀(슈)ㅎ고 實(실)티 몯ㅎ리 인ᄂᆞᆫ뎌

선생님께서 말씀하시기를 "싹은 났으나 꽃을 피우지 못하는 것이 있겠구나! 꽃은 피었으나 열매를 맺지 못하는 것이 있겠구나!" 하셨다.

【苗묘】싹. ⇒ 싹이 나다.

　주희(朱熹) - 곡식이 처음 나는 것을 苗라 한다. [穀之始生曰 苗]

【而】그런데. 그러나. 그렇지만. 오히려. 접속사. 역접관계를 나타냄.

【秀】꽃(草木之花). ⇒ 이삭이 나오고 꽃이 피다(抽穗開花). 꽃이 피다.

　주희(朱熹) - 꽃이 피는 것을 秀라 한다. [吐華曰 秀]

【者】…한[하는, 이라 하는] 사람[일, 때, 곳, 것]. 특수지시대명사. 동사·형용사 혹은 각종 구와 결합하여 그 말의 수식을 받아 명사구를 이루며, 사람이나 사물을 나타냄.

【矣夫】…이구나[하구나]! …이로다! 관용형식으로서, 어기조사인 矣와 夫가 연용 됨. 감탄의 어기를 나타냄과 아울러 추측의 의미를 겸함.

【實】열매. ⇒ 열매를 맺다.

　주희(朱熹) - 곡식이 성숙된 것을 實이라 한다. [成穀曰 實]

이상의 苗, 秀, 實은 명사의 동사로의 전용임.

공안국(孔安國) - 만물 중에는 태어났지만 자라서 완성되지 않는 것이 있음을 말하니, 사람 또한 이러함을 비유한 것이다. [言萬物有生而不育成者 喩人亦然]

주희(朱熹) - 무릇 학문을 하면서 완성에 이르지 못함이 이러한 것들이 있다. 그러므로 군자는 스스로 힘씀을 귀히 여긴다. [蓋學而不至於成 有如此者 是以 君子貴自勉也]

♣20090904金

22. 후생後生은 가히 두려워해야 하나니

子曰 後生可畏 焉知來者之不如今也 四十五十而無聞焉 斯亦不足
畏也已

子(자)] 굴 ᄋᆞ샤ᄃᆡ 後生(후ᄉᆡᆼ)이 可(가)히 두려오니 엇디 來者(ᄅᆡ쟈)의 이제 ᄀᆞᆮ디 몯홀
줄을 알리오 四十(ᄉᆞ십) 五十(오십)이오 드름이 업스면 이 ᄯᅩ흔 足(족)히 두렵디 아니ᄒᆞ
니라

선생님께서 말씀하시기를 "후생(後生)은 가히 두려워해야 하나니 어찌 장래의 그들
이 지금의 우리만 못할 줄로 아는가? (그러나) 사실, 오십이 되고서도 명성(名聲)이
없다면 이는 곧 족히 두렵지 않으니라." 하셨다.

【後生】 뒤에 나올 사람들. ⇒ 후배(後輩). 후진(後進).
　하안(何晏) - 後生은 나이가 젊은 사람을 말한다. [後生 謂年少]
【可】 (마땅히) …해야 한다. 조동사. 이치가 마땅히 이와 같아야 함을 나타냄. 동사
　　　앞에 놓임.
　형병(邢昺) - 나이가 젊은 사람은 족히 배움을 쌓아서 덕을 이룰 수 있으니, 진실로
　　　두려워할 만하다. [年少之人 足以積學成德 誠可畏也]
【畏】 두려워하다. 경외(敬畏) [외경(畏敬)]하다. 경건(敬虔)한 마음으로 대하다.
【焉】 ① 어떻게. 어찌해서. 의문대명사. 방식이나 상황에 대한 물음을 나타냄. 焉知
　　　來者之不如今也.　② …은[이란, 이면]. 어기조사. 음절을 조정하고 어기를
　　　고르는 역할을 함. 四十五十而無聞焉.
　황간(皇侃) - 焉은 安(어찌)이다. [焉 安也]
【來者】 올 사람들. ⇒ 곧 후생(後生). 장래(將來)의 그들.
【之】 …은[는]. …이[가]. 구조조사(주격조사). 주술구조 사이에 쓰여 이를 명사구
　　　(절)로 만들어 주는 역할을 함.
【不如】 …함 만 못하다. …만 같지 못하다. …하는 게 차라리 낫다. 부사. 앞에서
　　　말한 사건이 뒤에서 말한 사건에 미치지 못함을 나타냄.
【今】 지금. ⇒ 지금의 사람. 지금의 우리들.

【也】 …한가[인가]? 어기조사. 의문문의 끝에 쓰여 의문(질문)의 어기를 나타냄.
　　일반적으로 何, 誰, 奚, 焉 등의 의문대명사와 같이 씀.

【而】 …되여서. 그리하여. 접속사. 순접(연관)관계를 나타냄.

【聞】 들음. ⇒ 들림. ⇒ 여러 사람에게 알려짐. ⇒ 명성(名聲). 명망(名望).

【亦】 곧. 즉. 부사. 동작이나 행위가 일정한 조건이나 정황에서 갖추어져 저절로
　　그러함을 강조함. [···하면 곧 ~한다.]

【斯】 이것[이 사람. 이 일]. 이. 이러한. 이렇게. 여기. 지시대명사. 四十五十而無聞焉
　　을 가리킴.

【不足】 …할 만하지 않다. …할 가치가 없다. …할 것이 없다.

　足 : 족히 …할 만하다[만한 가치가 있다]. 부사. 어떤 동작이나 행위를 실행할
　　만한 가치가 있음을 나타냄.

【也已】 …이다. 어기조사. 긍정(단정)적인 어기를 나타냄.

주희(朱熹) - 공자께서 말씀하시기를 "후생(後生)은 (공부할) 나이가 많고 힘도
　　강하므로 족히 학문을 쌓아 기대할 수가 있으니, 그 세(勢)가 두려워할 만하다.
　　어찌 그들의 장래가 나의 오늘날만 못할 줄을 알 수 있겠는가? 그러나 혹
　　스스로 힘쓰지 않아 늙음에 이르도록 세상에 알려짐이 없다면 족히 두려워할
　　것이 없다."고 하신 것이다. 이것을 말씀하여 사람들을 경계하도록 하여 그들로
　　하여금 때에 미쳐 학문에 힘쓰게 하신 것이다. [孔子言 後生 年富力彊 足以積學
　　而有待 其勢可畏 安知其將來不如我之今日乎 然或不能自勉 至於老而無聞 則
　　不足畏矣 言此以警人 使及時勉學也]　　　　　　　　♣20090904金

23. 자신의 잘못을 고치고 참뜻을 헤아려 행함이 귀貴하니

子曰 法語之言 能無從乎 改之爲貴 巽與之言 能無說乎 繹之爲貴
說而不繹 從而不改 吾末如之何也已矣

子(자)ㅣ 골ㅇ샤듸 法(법)으로 語(어)ㅎㄴ 말은 能(능)히 從(죵)홈이 업스랴 改(기)홈이
貴(귀)ㅎ니라 巽(손)히 與(여)ㅎㄴ 말은 能(능)히 說(열)홈이 업스랴 繹(역)홈이 貴(귀)
ㅎ니라 說(열)호듸 繹(역)디 아니ㅎ며 從(죵)호듸 改(기)티 아니ㅎ면 내 엇디려뇨 홈이
업스니라

선생님께서 말씀하시기를 "예법(禮法)에 맞는 바른말로 하는 말은 능히 좇지 않을
수 있겠는가? 그것을 고치는 것이 중요(重要)하느니라. 공순(恭順)히 허여(許與)하
는 말은 능히 기쁘지 않을 수 있겠는가? 그것의 참뜻을 헤아려 실천함이 중요(重要)하
느니라. 기뻐하면서도 뜻을 헤아리지 못하고 좇으면서도 고치지 못한다면 내 어찌할
수 없느니라." 하셨다.

【法語之言】 예법(禮法)에 맞는 올바른 말로 하는 말. ⇒ 예법에 맞는 올바른 말을
　　하는 것. 법언(法言)의 말. 격언(格言)의 말.

　法語 : 바른 말. 법도(法度) [예법(禮法), 이치(理致)]에 맞는 올바른 말. 법언(法
　　言). 격언(格言).

　之 : …하는[한]. …의. 조사. 관형어와 중심어 사이에 쓰여 중심어를 수식하거나
　　국한하는 관계를 나타냄. 앞의 말에 형용성(形容性)을 띠게 함.

　주희(朱熹) - 法語란 바르게 말해주는 것이다. [法語者 正言之也]

　정약용(丁若鏞) - 法語란 책망하여 바로 잡도록 법(法)을 인용(引用)하는 말이다.
　　[法語者 彈拂引法之言也] [공안국(孔安國) - 사람이 허물이 있으면 정도(正道)로써 그것
　　을 알려주는 것이다.(人有過 以正道告之)]

【能】 능히[충분히] …할 수 있다. 조동사. 어떤 일을 할 능력이 있거나 조건이
　　됨을 나타냄.

【乎】 …인가? …이겠는가? 어기조사. 의문문의 끝에 쓰여 반문의 어기를 나타냄.

【改之爲貴】 그것을 고치는 것이 귀(貴)하다. ⇒ 그것을 고쳐 행하는 것이 중요(重

要) 하다. 법어(法語)의 말에 따라 자기 자신의 잘못을 고쳐 실천하는 것이 중요하다.

改 : 고치다. 바로잡다. ⇒ 고쳐서 행하다. 고쳐 실천하다.

之 : 그. 그것. 지시대명사. 일반적인 사실·사물·사람을 가리킴. 여기서는 '법어(法語)로 잘못이라고 말한 것' 또는 '자기 자신'을 가리킴.

爲 : …이다. 동사. 是의 용법과 같음. 일반적으로 뒤에 명사나 대명사가 옴. 뒤에 형용사나 명사로 전용된 형용사가 오는 경우 '…함이다, …한 것이다, …하다'라는 뜻의 술어를 이루며 대개 '가장 …하다'라는 어감을 내포함.

貴 : 귀하다. 귀중(貴重)하다. 소중(所重)하다. 중요(重要)하다.

공안국(孔安國) - 남에게 허물이 있어 그것을 바른 道로써 말해주면, 입으로는 그것을 따르지 않을 수 없지만, 반드시 그것을 스스로 고칠 수 있는 것이 곧 소중한 것이다. [人有過 以正道告之 口無不順從之 能必自改之 乃爲貴]

【巽與】 공순(恭順)하게 허여(許與)하다. 부드럽고 공손하게 칭찬하다.

巽손 : 공손(恭遜)[공순(恭順)]하다. 공손(恭遜)하고 유순(柔順)하다.

與 : 허락하다. 허여(許與, 마음으로 허락하고 인정하여 칭찬함)하다. 칭찬하다. 인정하다. 받아들이다. 동의하다.

주희(朱熹) - 巽言이란 완곡하게 인도해 주는 것이다. [巽言者 婉而導之也]

정약용(丁若鏞) - 巽與란 유순(柔順)하여 서로 도와주는 말이다. [與는 돕는 것이다.] [巽與者 柔順相助之言 與 助也]

【說열】 = 悅. 기쁘다. 즐겁다.

【繹역】 실마리를 찾아내다. 궁구(窮究)하다. 연역(演繹)하다. ⇒ 참뜻을 헤아려 실천할 방도를 강구(講究)하다. 참뜻을 헤아려 실천하다.

주희(朱熹) - 繹은 그 실마리를 찾는 것이다. [繹 尋其緖也]

정현(鄭玄) - 繹은 펼쳐 내는 것이다. [繹 陳也]

마융(馬融) - 巽은 공손하다는 뜻이니, 공손히 하여 삼가고 공경하는 말을 일컫는다. 이를 들으면 기뻐하지 않을 사람 없지만, 잘 찾아 그것을 행할 수 있어야 곧 소중한 것이다. [巽 恭也 謂恭孫謹敬之言 聞之無不說者 能尋繹行之 乃爲貴]

【而】 그러나. 그렇지만. 오히려. …하되. 접속사. 역접관계를 나타냄.

【末】 없다. …할 수 없다. 不能, 無, 勿 등의 의미로 쓰임.

【如之何】 그것을 어떻게 합니까? 대명사성 구조인 如何의 사이에 처리할 대상을
　　　　나타내는 지시대명사 之를 삽입한 형태로 의문을 나타내거나 방법을 물음.
　　　　'無' 등의 부정부사가 수식하는 경우 대처할 방법이 없음을 나타내며 '어찌
　　　　할 방법이 없다, 어떻게 할 수 없다.' 등으로 해석함.

【也已矣】 …이다. 어기조사. 긍정적 단정의 어기를 나타냄.

주희(朱熹) - 법언(法言)은 사람들이 공경하고 꺼리는 바이므로 반드시 따를 것이나
　　　　잘못을 고치지 않는다면 외면으로만 따르는 것일 뿐이다. 손언(巽言)은 마음에
　　　　어그러지거나 거슬림이 없으므로 반드시 기뻐할 것이나 그 실마리를 찾지 않는
　　　　다면 또 은미한 뜻의 소재를 알 수 없을 것이다. [法言 人所敬憚 故必從 然不改
　　　　則面從而已 巽言 無所乖忤 故必說 然不繹 則又不足以知其微意之所在也]

　　　　　　　　　　　　　　　　　　　　　　　　　　　　　　♣20090905土

24. 잘못하면 곧 고치기를 꺼려하지 말지니

第九篇

子罕

子曰 主忠信 毋友不如己者 過則勿憚改

子(주)ㅣ 글으샤딕 忠信(튱신)으로 主(쥬)ㅎ며 己(긔) 굳디 몯혼 이를 友(우)티 말오 過
(과)ㅣ 어든 改(기)홈을 憚(탄)티 말을 띠니라   [學而-8의 것으로 대체(代替)]

선생님께서 말씀하시기를 "충(忠)과 신(信)을 위주로 하고, 자기보다 못한 사람을
벗 삼지 말며, 잘못하면 곧 고치기를 꺼려하지 마라." 하셨다.

[참고] 學而-8.
형병(邢昺) - 학이편(學而篇)에 이미 이 글이 있는데 기록하는 자가 다른 사람이었기
　　　때문에 거듭 나왔다. [學而篇已有此文 記者異人 故重出之]
【主】주(主)로 한다. 위주(爲主)로 하다. 주축(主軸)으로 하다. 주장으로 삼다. [참고]
　　　지키다(守也). [광아(廣雅) 석고(釋詁)]
【忠信】충성(忠誠)과 신의(信義). 진심으로 정성을 다하는 것과 말과 행동이 같아
　　　거짓이 없는 것. 참되고 미쁘다.
【友】벗하다. 벗으로 삼다. 벗으로 사귀다. 친구로 하다. 명사의 동사로의 전용.
【不如】…(함)만 못하다. …하는 것이 차라리 낫다. 부사. 앞에서 말한 사건이 뒤에서
　　　말한 사건에 미치지 못함을 나타냄.
【憚탄】꺼리다. 두려워하다.
형병(邢昺) - 이 장은 충신(忠信)하여서 허물을 고치도록 사람들을 경계하신 것이다.
　　　[此章戒人忠信改過也]
[참고] 남회근(南懷瑾) - 충실함과 신의를 위주로 하고, 자기보다 못한 벗은 없으니
　　　허물이 있으면 고치기를 꺼리지 마라. [옛 사람의 해석대로 친구를 사귐에 있어 반드시
　　　자기보다 나은 사람을 선택하라는 뜻으로 생각해서는 안 됩니다. 그것은 틀린 해석입니다.
　　　사람마다 존경해서 모든 친구는 자기보다 못하지 않다고 여겨야 합니다.]

♣20090907月

25. 한 사내라도 가히 그 뜻을 빼앗을 수 없느니

子曰 三軍可奪帥也 匹夫不可奪志也

子(자)ㅣ 굴으샤딕 三軍(삼군)은 可(가)히 帥(슈)를 奪(탈)ᄒ려니와 匹夫(필부)ᄂ 可(가)히 志(지)를 奪(탈)티 몯ᄒᄂ니라

선생님께서 말씀하시기를 "삼군(三軍)이라도 가히 장수(將帥)를 빼앗을 수 있으나 한 사내라도 가히 그 뜻을[지조(志操)를] 빼앗을 수 없느니라." 하셨다.

【三軍可奪帥也】三軍으로부터 장수(將帥)를 빼앗을 수 있다. 可奪帥(於)三軍에서 三軍을 강조하기 위해 앞으로 도치하고 뒤에 어기조사 也를 붙임. ⇒ 삼군이라도 장수를 빼앗을 수 있다.

三軍 : 일군(一軍)이 12,500명으로 삼군은 37,500명의 대군(大軍). 周나라의 제도에 따르면 제후 가운데 대국은 三軍을 가질 수 있음.

奪탈 : 빼앗다.

也 : …이다. 어기조사. 진술문의 끝에 쓰여 판단이나 단정 또는 긍정을 나타냄. 뒤의 也도 같음.

【匹夫】한 사람의 남자. 한 명의 짝을 데리고 사는 신분이 낮은 평범한 남자. 귀족은 여러 명의 처첩(妻妾)을 거느릴 수 있었음.

정약용(丁若鏞) - 형병(邢昺)이 말하기를 '匹夫는 서민이다. 사대부 이상에게는 첩잉(妾媵)이 있으나 서민은 미천하므로 단 하나의 남녀로서 서로가 배필이 되는 것이다. 그러므로 필부이다.' 하였다. 아니다. 담감천(湛甘泉)의 말에 의하면 '이는 바로 삼군의 대칭으로 匹夫를 표현한 말이다. 필부란 일인(一人)과 같은 말이지 미천함을 말한 것은 아니다.' 하였다. 이 말이 옳다. 匹夫匹婦란 一夫一婦와 같은 말이다. [邢曰 匹夫庶人也 士大夫已上 有妾媵 庶人賤 但夫婦相配匹而已 故曰 匹夫 駁曰 非也 湛甘泉云 正以三軍來形匹夫 匹夫猶言一人也 非微賤之謂 此說是也 匹夫匹婦猶言一夫一婦也]

【志】뜻. 의지. 지조(志操).

♣20090907月

26. 해치지도 탐하지도 않으니 얼마나 훌륭한가!

> 子曰 衣敝縕袍 與衣狐貉者立 而不恥者 其由也與 不忮不求 何用不
> 臧 子路終身誦之 子曰 是道也 何足以臧

子(즈) ㅣ 골♀샤디 ᄒ여딘 縕袍(온포)를 닙어 狐貉(호락) 닙은 이로 더브러 立(립)호디 붓그려 아니ᄒᄂ니는 그 由(유)ㄴ뎌 忮(기)티 아니ᄒ며 求(구)티 ♀니ᄒ면 엇디 ᄡᅥ 臧(장)티 아니ᄒ리오 子路(즈로) ㅣ 몸이 ᄆᆞᆺ도록 외오려 ᄒ대 子(즈) ㅣ 골♀샤디 이 道(도) ㅣ 엇디 足(죡)히 ᄡᅥ 臧(장) ᄒ리오

선생님께서 말씀하시기를 "해어진 허름한 핫옷을 입고 여우나 담비의 갖옷을 입은 이와 함께 서 있어도 부끄러워하지 않을 이는 아마 중유(仲由)이리라. (詩에) '시기하여 해치지도 않고 탐하여 가지지도 않음에 어찌 훌륭하지 않겠는가?'(라 하였느니라.)" 하셨다. 자로(子路)가 마냥 그 시구(詩句)를 외우고 다니자 선생님께서 말씀하시기를 "그런 도리만으로 어찌 훌륭함이 족히 충분하겠느뇨?" 하셨다.

【衣】 (옷을) 입다. 동사.

【敝폐】 해어지다(壞也). (옷 등이) 닳아 없어지다[떨어지다].

  주희(朱熹) - 敝는 壞(괴, 해어짐) 이다. [敝 壞也]

【縕袍온포】 수삼 솜으로 누빈 핫옷.

  공안국(孔安國) - 縕은 枲著(시착, 수삼 즉 모시로 만든 솜, 삼을 두드려 빨아서 만든 솜) 이다. [縕 枲著]

  袍 : 핫옷. 솜을 넣은 긴 옷. 주희(朱熹) - 袍는 옷에 솜을 둔 것이다. [袍 衣有著者也]

【與】 …와[과]. …와 함께. …와 더불어. 전치사. 동작이나 행위에 대한 동반자임을 나타냄.

【狐貉호학】 여우나 담비(오소리)의 가죽으로 만든, 귀인(貴人)이 입는 고급 갖옷. 모피 옷. [狐호 : 여우. 貉학 : 담비. 오소리.]

【而】 그러나. 그렇지만. 오히려. …하더라도. 접속사. 역접관계를 나타냄.

【其】 아마(도). 어쩌면. 부사. 동작이나 행위 또는 어떤 상황에 대한 추측을 나타냄.

【由】 공자의 제자 중유(仲由). 자가 자로(子路). [참고] 爲政-17.

【也與】 …일 것이다. 어기조사. 긍정적인 추측의 어기를 나타냄.

【不忮不求 何用不臧】 시기(猜忌)하여 해치지도 않고 탐(貪)하여 가지지도 않음에 어찌 착하지[훌륭하지] 않는가[않겠는가]? 시경(詩經) 패풍(邶風) 웅치(雄雉) 시의 끝 두 구절.

忮기 : 해치다(害也). 거스르다. 시기(猜忌) 질투(嫉妬)하다. 질투하고 부러워하는 마음.

百爾君子	여러 무심한 군자들이여
不知德行	덕행을 그리 알지 못하오.
不忮不求	해치지도 탐내지도 않는다면
何用不臧	어찌 착하지 않으리오.

마융(馬融) - 忮는 害(해치다) 이다. [忮 害也]

求 : 탐하다(貪也). 탐내다.

何用 : = 何以. 어떻게. 어찌. 어찌하여. 왜. 관용형식으로서 '전치사+목적어' 구문을 이루며 부사어로 쓰이는데 방법이나 원인에 대한 물음을 나타냄.

臧장 : 착하다(善也). 선량하다. 훌륭하다. 좋다. 착하게 여기다. 좋게 여기다.

마융(馬融) - 臧은 善(착하다, 훌륭하다) 이다. [臧 善也]

【終身】 늘. 항상. 마냥. 오래도록.

정약용(丁若鏞) - 終身은 恆(항상)과 같다. [終身 猶恆也]

【之】 그것. 지시대명사. 앞의 詩經 句 '不忮不求 何用不臧'을 가리킴.

【是】 이것. 지시대명사. '不忮不求 何用不臧'을 가리킴.

【道】 도리(道理). 방법.

【也】 …은(는). …이란. …이면. 어기조사. 음절을 조정하고 어기를 고르는(말을 잠깐 멈추고 다음 내용을 환기시키는) 역할을 함.

【何】 어찌(하여) …하겠는가(하려는 것인가)? 부사. 강한 반문의 어기를 나타냄.

【足以】 …할 수 있다. …할 만하다. …하기에 충분하다[족하다]. …을 충분히 하다. 조동사. 동사 앞에 놓여 부사어로 쓰이며 능력이나 조건이 어떤 일을 하기에 충분함을 나타냄. '烏, 安, 何, 曷, 惡, 奚' 등 의문대명사의 수식을 받으면 사물의 가치나 가능성에 대한 강렬한 부정을 나타냄. (어디[어찌] …에 충분하겠는가? 무슨 가치가 있겠는가?) ♣20090908火

주희(朱熹) - 종신토록 외우려 한다면 스스로 자신의 능함을 기뻐하여 다시 道에 나아가기를 구하지 않을 것이다. 그러므로 夫子께서 다시 이를 말씀하여 일깨우신 것이다. [終身誦之 則自喜其能 而不復求進於道矣 故夫子復言此以警之]

27. 날씨가 추워진 연후에야 송백松柏이 시들지 않음을 아느니

子曰 歲寒 然後知松柏之後彫也

子(주)ㅣ 골ㅇ샤듸 歲(세)ㅣ 寒(한)호 然後(션후)에 松柏(송빅)의 後(후)에 彫(됴)ㅎ는 줄을 아ㄴ니라

선생님께서 말씀하시기를 "한 해의 날씨가 추워진 연후에야 소나무와 측백나무가 시들지 않음[뒤에 시듦]을 알게 되느니라." 하셨다.

【歲寒】 한 해 중에서 날씨가 추운 때. 歲 : 時日

【然後】 …한 후에야[뒤에야, 다음에야]. 비로소. 접속사. 뒷일의 발생이 앞일을 전제로 함을 나타냄.

【柏】 측백나무(편백과의 상록 침엽 교목). 잣나무(소나뭇과의 상록 교목).

【之】 …은[는]. …이[가]. 구조조사(주격조사). 주술구조 사이에 쓰여 이를 명사구 (절)로 만들어 주는 역할을 함.

【後】 뒤에. 나중에. 의미상 '不(아니다.)'의 의미임.

【彫】 = 凋. 시들다. 시들어 떨어지다. 말라 떨어지다.

　정약용(丁若鏞) - 彫는 瘁(췌, 마르다, 시들다)이고, 零(령, 풀이 마르다, 떨어지다) 이다. [彫 瘁也 零也]

【也】 …이다. 어기조사. 진술문의 끝에 쓰여 판단이나 단정 또는 긍정을 나타냄.

하안(何晏) - 모든 사람들이 잘 다스려지는 좋은 세상에서는 스스로를 닦고 단정히 함이 군자와 같지만, 혼탁한 세상에 처한 이후에야 군자가 올바르며 구차하게 용납하지 않음을 알게 되는 것을 비유한 것이다. [喩凡人處治世 亦能自修整與 君子同 在濁世 然後知君子之正不苟容]

사량좌(謝良佐) - 선비가 궁할 때에 절의(節義)를 볼 수 있고, 세상이 어지러울 때에 충신(忠臣)을 알 수 있는 것이니, 배우는 자들이 반드시 덕(德)에 완비하 게 하고자 한 것이다. [士窮 見節義 世亂 識忠臣 欲學者必周于德]

♣20090909水

28. 미혹되지도 근심하지도 두려워하지도 않느니

子曰 知者不惑 仁者不憂 勇者不懼

子(주)] 글으샤디 知(디)혼 者(쟈)는 惑(혹)디 아니후고 仁(신)혼 者(쟈)는 憂(우)티
아니후고 勇(용)혼 者(쟈)는 懼(구)티 아니후느니라

선생님께서 말씀하시기를 "지자(智者)는 미혹(迷惑)되지 아니하고, 인자(仁者)는
근심걱정하지 아니하며, 용자(勇者)는 두려워하지 아니하느니라." 하셨다.

[참고] 憲問-30.

【知者】 智者. 슬기[지혜]로운 사람. 지혜가 있는 사람.

知 : = 智. 지혜롭다. 슬기롭다. 지혜가 있다. 총명하다.

者 : …한[하는, 이라 하는] 사람[일, 때, 곳, 것]. 특수지시대명사. 동사·형용사
혹은 각종 구와 결합하여 그 말의 수식을 받아 명사구를 이루며, 사람이나
사물을 나타냄.

【惑】 미혹(迷惑) 되다. 현혹(眩惑) 되다.

【憂】 근심하다(愁也). 걱정하다. 근심 걱정하다.

【勇】 용감(勇敢) 하다. 용기가 있다.

【懼】 두려워하다. 겁내다.

주희(朱熹) - 밝음은 사리(事理)를 밝힐 수 있기 때문에 의혹하지 않는 것이요,
천리는 사욕(私慾)을 이길 수 있기 때문에 근심하지 않는 것이요, 기운은 도의
(道義)에 짝할 수 있기 때문에 두려워하지 않는 것이니, 이는 배움의 순서이다.
[明足以燭理 故不惑 理足以勝私 故不憂 氣足以配道義 故不懼 此 學之序也]

정이(程頤) - 마음이 항상 천도(天道)를 즐기므로 걱정이 없다. [心常樂天 故不憂]

순열(荀悅) - 군자는 천도(天道)를 즐기고 천명(天命)을 알기 때문에 근심하지
않고 사물을 살펴 명확히 판단하기 때문에 미혹되지 않으며 마음을 안정시켜
공정함을 다하기 때문에 두려워하지 않는다. [君子 樂天知命 故不憂 審物明辨
故不惑 定心致公 故不懼] [신감(申鑒) 잡언(雜言) 下]　♣20090910木

29. 함께 헤아려 변통變通할 수 있어야...

子曰 可與共學 未可與適道 可與適道 未可與立 可與立 未可與權

子(자) ㅣ 골ㅇ샤딕 可(가)히 더브러 훈 가지로 學(혹)ㅎ고도 可(가)히 더브러 道(도)애 가디 몯ㅎ며 可(가)히 더브러 道(도)애 가고도 可(가)히 더브러 立(립)디 몯ㅎ며 可(가) 히 더브러 立(립)ㅎ고도 可(가)히 더브러 權(권)티 몯ㅎᄂ니라

선생님께서 말씀하시기를 "함께 한 가지로 배울 수 있다하여 함께 도(道)에 나아갈 수 있는 것은 아니며, 함께 도(道)에 나아갈 수 있다하여 함께 설[이룩할] 수 있는 것은 아니며, 함께 설[이룩할] 수 있다하여 함께 헤아려 변통(變通)할 수 있는 것은 아니니라." 하셨다.

【可】 가히 …할 수 있다. 가능하다. 조동사. 허가나 가능을 나타냄.

【與】 …와[과]. …와 함께. …와 더불어. 전치사. 동작이나 행위에 대한 동반자임을 나타냄. 목적어(일반적인 사람)가 생략되었음.

> [참고] 유보남(劉寶楠) - 회남자(淮南子) 범론훈(氾論訓)에는 '可與共學 未可與適道'가 '可以共 學矣 而未可以適道'로 되어 있다. 與와 以는 옛날에는 같은 말이었다.

【共學】 한 가지로 배우다. 동문수학(同門修學)하다.

【未】 = 不. …이 아니다. …하지 않다. 부사. 동작·행위·성질·상태 등에 대한 부정을 나타냄.

【適】 가다. 나아가다. 뜻한 곳을 향하여 나아가다.

【立】 서다. 올바른 도(道)를 굳건히 세워 흔들리지 않는 단계에 서다. 이룩하다. 정약용(丁若鏞) - 몸을 세워 동요(動搖)가 없는 것을 立이라 한다. [植身不動 曰立]

【權】 상황에 따라 적의(適宜)하게 행동하다[일을 처리하다]. 일의 경중(輕重)을 올바로 따져 사리(事理)에 맞게 행동하다. 융통성을 발휘하다. ⇒ 헤아려 변통 (變通)하다.

정약용(丁若鏞) - 평형(平衡)을 이루게 저울질을 잘하여 중용(中庸)[중도(中道)] 를 얻는 것을 權이라 한다. [衡稱得中 曰權]

여기에 저울이 있어 그 눈금이 닷 냥을 달 수 있다고 할 때, 은(銀) 한 냥을

갖다 놓으면 저울추는 한 냥의 눈금에 매달려 있어야만 중정(中正)을 얻는 것이며, 은 석 냥을 갖다 놓으면 저울추가 한 냥의 눈금에 달라붙어서 그것을 지키지 아니하고 반드시 세 냥의 눈금으로 추를 옮긴 뒤에라야 중정을 얻는 것이며, 넉 냥, 닷 냥에 이르러서도 모두 그렇지 않음이 없다. 우(禹)와 직(稷)이 손이 트고 발에 군살이 박힌 것과 顔回가 문을 닫고 들어앉은 것은 모두 옮겨서 중정을 얻은 것이며, 미생(尾生)이 다리 기둥을 안고 있는 일과 백희(伯姬)가 당(堂)에 앉아 있는 일은 모두 교착부동(膠着不動)하여 中正을 잃은 것이다. [有衡於此 其星五兩也 置銀子一兩則其權縣於一兩之星 乃得中也 銀子三兩則其權不得膠守 一兩之星 必移之於三兩之星 然後乃得中也 以至四兩五兩 莫不皆然 禹稷胼胝 顏回閉門 皆移之而得中者也 尾生抱柱 伯姬坐堂 皆膠之而失中者也]

한시외전(韓詩外傳) - 상(常, 변함이 없음)을 경(經)이라 하고 변(變, 상황에 맞게 변통함)을 권(權)이라고 하는데 상경(常經)의 도를 마음속에 간직하면서 변권(變權)도 함께 지니고 있어야 이에 현명하게 될 수 있다. [常之謂經 變之謂權 懷其常道而挾其變權 乃得爲賢]

정이(程頤) - 可與共學은 구할 바를 아는 것이요, 可與適道는 나아갈 바를 아는 것이요, 可與立은 뜻을 독실하게 하고 굳게 지켜 변하지 않는 것이다. 權은 저울의 추(錘)이니 물건을 저울질하여 경중(輕重)을 아는 것이다. 可與權은 능히 경중을 저울질하여 의(義)에 합당하게 하는 것을 말한다. [可與共學 知所以求之也 可與適道 知所往也 可與立者 篤志固執而不變也 權 稱錘也 所以稱物而知輕重者也 可與權 謂能權輕重 使合義也]

김용옥(金容沃) - 인간이 호학의 경지를 상달(上達)하는 차서를 말한 것이다.

1	2	3	4
학(學)	도(道)	입(立)	권(權)
기초의 습득	바른 방향을 잡음	주관의 정립	자유로운 상황적 실천
Basic Learning	Right Direction	Establishment of Thought System	Free Situational Application

♣20090911金

30. 그를 생각하지 않음이니라

第
九
篇

子
罕

> 唐棣之華 偏其反而 豈不爾思 室是遠而 子曰 未之思也 夫何遠之有

唐棣(당톄)ㅅ 고지여 偏(편)히 그 反(번)ᄒᆞᄂᆞᆺ다 엇디 너를 思(ᄉ)티 아니ᄒᆞ리오마ᄂᆞ
室(실)이 이 멀옴이니라 子(ᄌ)ㅣ ᄀᆞᆯᄋᆞ샤ᄃᆡ 思(ᄉ)티 아니ᄒᆞ건뎡 엇디 머롬이 이시리오

'산앵두나무 꽃 팔랑팔랑 한들한들! 어찌 그대를 생각지 않으리. 그대 집 정말 멀구
료!' 선생님께서 말씀하시기를 "그를 (절실히) 생각하지 않음이지, 대체 무엇이 멀단
말인가?" 하셨다.

【唐棣당체】 산앵두나무. 욱리(郁李). 철쭉과의 낙엽 활엽 관목.

【華】 꽃(花). 花의 古字.

【偏其反而】 팔랑팔랑 나부끼네! ⇒ 팔랑팔랑 한들한들!

偏 : = 翩. 나부끼다. 펄럭이어 나부끼는 모양(飄揚貌).

其 : 그. 그렇게. 어기조사. 음절을 조정하고 어세를 강하게 함.

反번 : = 翻. 펄럭이다. 일렁거리다.

而 : …이구나[한가]! 어기조사. 감탄의 어기를 나타냄. 室是遠而도 같음.

주희(朱熹) - 偏은 晉書에 翩으로 되어 있으니 그렇다면 反도 또한 마땅히 翻과
　　같아야 할 것이다. 꽃이 흔들리어 움직이는 것을 말한다. [偏 晉書作翩 然則反亦
　　當與翻同 言華之搖動也]

【豈不爾思】 어찌 그대를 생각하지[그리워하지] 않으리오(마는).

豈 : 어찌 …하겠는가? 어떻게. 부사. 강한 반문의 어기를 나타냄.

爾思 : 너[그대]를 생각하다. 思爾. 고어(古語)에서는 의문문이나 부정문에서 대명
　　사가 술어의 목적어가 될 때 도치하는 경우가 있음.

【室】 집(家). 사는 곳.

【是】 정말. 실로. 아주. = 實. 어기조사. 어세를 강조하는 역할을 함.

【未之思也】 그를 생각하지[그리워하지] 않은 것이다.

未 : = 不. …이 아니다. …하지 않다. 부사. 동작·행위·성질·상태 등에 대한 부정을

나타냄.

之思 : 그를 생각하다. 思之. 之는 앞의 爾를 가리키는 인칭대명사. 앞의 '爾思' 와
　　　같은 경우로 도치됨.

也 : …이다. 어기조사. 진술문의 끝에 쓰여 판단이나 단정 또는 긍정을 나타냄.

【夫何遠之有】 대체 어찌 멂을 두겠는가? ⇒ 대체 어찌 먼 것이 있겠는가? 대체
　　　무슨 멀고 말고 할 것이 있겠는가? 대체 무엇이 멀단 말인가?

夫 : 도대체. 대체. 대체로. 무릇. 어기조사(발어사). 문장의 첫머리에 쓰여 이야기를
　　　이끌어 내기 위하여 듣는 이의 주의를 환기시키는 역할을 함.

何 : 어찌(하여) …하겠는가(하려는 것인가)? 부사. 강한 반문의 어기를 나타냄.

之 : …을[를]. 구조조사. 목적어를 강조하기 위하여 동사 앞으로 도치시킬 때
　　　그 목적어와 동사 사이에 씀. 何有遠의 도치.

[참고] 述而-2[何有]. 子罕-13[何陋之有].

주희(朱熹) - 공자께서 시(詩)의 말을 빌려 뒤집어(반대로) 말씀하신 것이니, 이는
　　　앞 편(篇) [述而-29]에 "인(仁)이 멀리 있는가?"라는 뜻이다. [夫子借其言而
　　　反之 蓋前篇仁遠乎哉之意]

정약용(丁若鏞) - 생각함이 깊으면 천리도 내 집 뜰처럼 가깝고, 정이 소원해지면
　　　한 집안도 산하(山河)처럼 멀게 느껴진다. 그러므로 '생각하지 않은 것이지
　　　어찌 먼 것이 있겠는가?' 라고 하신 것이다. 배우는 사람이 생각하고 또 생각하
　　　면 어떤 견고한 것이라도 뚫지 못할 것이 없으며, 아무리 깊은 곳이라도 도달하
　　　지 못할 곳이 없다. 공자는 이 시를 인용하여 (배우는 사람들에게) 그것을
　　　경계하신 것이다. [思深則千里如戶庭 情疎則一室如山河 故曰 未之思也 夫何
　　　遠之有 學者思之又思則無堅不透 無深不達 孔子引此詩以戒之]

[참고] 하안(何晏) - 唐棣는 栘(체 또는 이)(산앵두나무)인데 꽃이 피어서 뒤집힌
　　　뒤에 합쳐[오므라]진다. 이 시를 지은 것은 권도(權道)를 행하고 돌이킨 후에
　　　대순(大順)에 이르게 됨을 말하고자 한 것이다. 그 사람을 생각했으나 직접
　　　만나볼 수 없는 것이 그 집이 멀기 때문이라는 것은, 권도(權道)를 생각했으나
　　　터득할 수 없는 것이 그 도가 멀기 때문이라는 말이다. [唐棣 栘也 華反而後合
　　　賦此詩者 以言權道反而後至於大順 思其人而不自見者 其室遠也 以言思權而不
　　　得見者 其道遠也]

♣20090914月

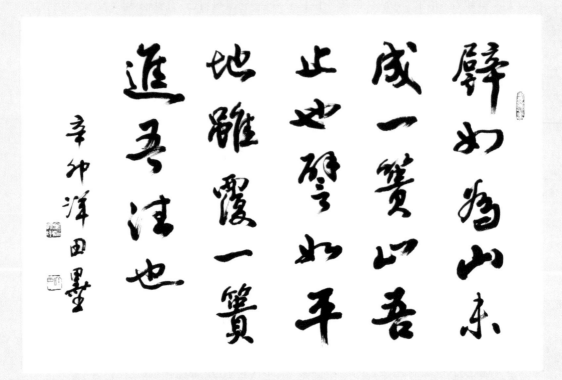

譬如爲山 未成一簣 止 吾止也 譬如平地 雖覆一簣 進 吾往也

비유(譬喩)하건대 산(山)을 만드는 것과 같으니 한 삼태기 때문에 (산을) 이루지
못하여서 그친 것도 내가 그친 것이요, 비유(譬喩)하건대 땅을 평평하게 고르는 것과
같으니 비록 한 삼태기를 부어도 나아갔다면 내가 간 것이니 [子罕-18]

第十篇

鄉黨 향당

仰之彌高 鑽之彌堅 瞻之在前 忽焉在後 夫子循循然善誘人 博我以文
約我以禮 欲罷不能 旣竭吾才 如有所立卓爾 雖欲從之 末由也已

우러러 봄에 볼수록 더 높아만 지고, 뚫어 파고듦에 갈수록 더 단단히 굳어만 지며,
바라보니 앞에 계시더니 홀연 뒤에 계시도다! 저희 선생님께서는 차근차근히 사람을
잘 유도(誘導)하사 문(文)으로써 나를 넓게 하시고 예(禮)로써 나를 다잡게
하셨도다! 그만두고자 하나 능히 할 수 없어 이미 내 재능(才能)을 다하였으나, 세우신
바가 우뚝이 높게 있는 것 같아 비록 좇고자 하여도 말미암을[따를] 길이 없도다!

[子罕-10]

1-1. 마을에 계실 때와 종묘와 조정에 계실 때...

孔子於鄕黨 恂恂如也 似不能言者 其在宗廟朝廷 便便言 唯謹爾

孔子(공주)ㅣ 鄕黨(향당)애 恂恂(순순)틋 ᄒ샤 能(능)히 言(언)티 몯ᄒᄂᆫ 者(쟈) ᄀᆞᆮ더시다
그 宗廟(종묘)와 朝廷(됴뎡)에 겨샤ᄂᆞᆫ 便便(변변)히 言(언)ᄒ샤ᄃᆡ 오직 삼가더시다

공자께서는 마을에 계실 때에는 공손하고 조심하셔서 말을 할 줄 모르는 분 같았다.
종묘(宗廟)와 조정(朝廷)에 계실 때는 말씀을 분명하게 잘하시되 오로지 신중히
하셨다.

【於】 …에 있다(在也). 존재하다. 처하다. 살고 있다. 살아가다. 동사.

【鄕黨】 향리(鄕里). 마을. 黨 - 500가(家). 鄕 - 12,500가(家).

　형병(邢昺) - 鄕黨은 옛 친구들과 서로 만나면서 겸양과 공경을 돈독히 하는 곳이다.
　　[鄕黨 與故舊相接 謙恭之甚也]

　주희(朱熹) - 향당은 부형과 종족이 계신 곳이다. [鄕黨 父兄宗族之所在]

　정약용(丁若鏞) - 鄕黨은 鄕黨의 모임이다. [향음(鄕飮), 향사(鄕射) 유(類)이다.] [鄕黨
　　者 鄕黨之會也 鄕飮 鄕射類]

【恂恂순순】 온화하고 공손한 모양(溫恭貌). [王肅] 신실(信實)한 모양. [朱熹]

【如】 형용사 접미사. 상태를 나타냄.

【也】 …이다. 어기조사. 문장 끝에 쓰여 판단이나 단정을 나타냄.

【便便편편】 변(辯). 말을 분명하게 잘하는 모양. 말을 분명하고 조리 있게 하는
　　것. [鄭玄, 朱熹]

【唯】 단지. 다만. 오직. 오로지. 부사. 범위의 제한이나 한정(어떤 범위에 국한됨)을
　　나타냄.

【謹】 삼가다. 행실을 삼가다. 신중히 하다. 신중하게 행동하다. 공경하고 조심하다
　　[敬謹].

【爾】 = 而已. …일 뿐이다[따름이다]. 어기조사. 제한의 어기를 나타냄. 일반적으로
　　범위를 나타내는 부사 '乃, 但' 등과 호응함.　　♣20090915火

1-2. 조정에서 하대부, 상대부, 임금과 함께하실 때...

朝 與下大夫言 侃侃如也 與上大夫言 誾誾如也 君在 踧踖如也 與與
如也

朝(됴)애 下(하)태우로 더브러 言(언) ᄒ심애 侃侃(간간) ᄐᆺ ᄒ시며 上(상)태우로 더브러
言(언) ᄒ심애 誾誾(은은) ᄐᆺ ᄒ더시다
君(군)이 겨시거시던 踧踖(축척) ᄐᆺ ᄒ시며 與與(여여) ᄐᆺ ᄒ더시다.

(공자께서는) 조정(朝廷)에서 하대부(下大夫)들과 함께 말씀하실 때는 화기애애
(和氣靄靄)하게 하시고 상대부(上大夫)들과 함께 말씀하실 때는 온화한 표정으로
바르고 조리(條理) 있게 말씀하셨다. 임금님이 계실 때는 공경(恭敬)하고 삼가 조심
하였으며 위의(威儀)를 갖추고 의연(毅然)하시었다.

【朝】 조정(朝廷). 해가 돋지 않고 빛깔이 분별될 즈음에 군신은 입조(入朝)하여
　　　임금의 출어(出御)를 기다린다.
　　　예기(禮記) 왕조(王藻) - 아침에 빛깔이 분별될 즈음에 입조(入朝)하고 군주(君主)
　　　는 해가 돋으면 그 모습을 보인다. [朝 辨色始入 君日出而視之]
【與】 …와[과]. …와 함께. …와 더불어. 전치사. 동작이나 행위에 대한 동반자임을
　　　나타냄.
【下大夫, 上大夫】 예기(禮記) 왕제(王制) 편에 의하면, 제후(諸侯)의 상대부인
　　　경(卿)과 하대부, 상사(上士), 중사(中士), 하사(下士)의 모두 다섯 등급이다.
　　　천자(天子)는 삼공(三公)과 구경(九卿), 27명의 대부와 81명의 원사(元士)가
　　　있으며 큰 제후국은 삼경을 모두 천자에게서 임명받고 하대부가 5명이다.
　　　[諸侯之上大夫卿 下大夫上士中士下士 凡五等 天子三公九卿 二十七大夫 八十
　　　一元士 大國三卿皆命於天子 下大夫五人]
【侃侃如】 화락(和樂, 화목하고 즐거움)한 모습. 화기애애(和氣靄靄)한 모양.
　　　侃간 : ① 강직(剛直)하다.　② 화락(和樂)하다.
　　　如 : 형용사 접미사. 상태를 나타냄. 이하 같음.
　　　공안국(孔安國) - 侃侃은 화락(和樂)한 모습이다. [侃侃和樂之貌] [邢昺]

주희(朱熹) - 허신(許愼)의 설문해자에 '侃侃은 강직(剛直)함이다.'라 하였다.

　　[許氏說文 侃侃 剛直也]

【也】 …이다. 어기조사. 진술문의 끝에 쓰여 판단이나 단정 또는 긍정을 나타냄.

【誾誾如】 존경하는 태도로 온화하면서 시비를 분명하게 변별하는[밝히는] 모양.

　　온화한 표정으로 바르고 분명하게[조리 있게] 말하는 모습.

誾은 : ① 온화하고 삼가는 모양(和敬貌).　② 치우치지 않는 모양(中正貌).

공안국(孔安國) - 誾誾은 중정(中正)한 모습이다. [誾誾中正之貌]

　주희(朱熹) - 허신(許愼)의 설문해자에 '誾誾은 화열(和悅, 마음이 화평하여 기쁘

　　다)하면서 간하는 것이다.'라 하였다. [許氏說文 誾誾 和悅而諍也]

【踧踖如】 공경하며 조심해 하는 모습. 공경하여 편히 여기지 못하는 모양.

踧축 : 공경하고 삼가는 모양(恭謹貌).

踖적 : 두려워하는 모양(惶懼不安貌).

하안(何晏) - 踧踖은 공경하는 모양이다. [踧踖 恭敬之貌]

주희(朱熹) - 踧踖은 공경하고 편안치 않은 모양이다. [踧踖 恭敬不寧之貌]

【與與如】 행동거지가 법도에 맞는 모양. 위엄 있고 엄숙하여 몸가짐이 올바른 모양.

　　행동거지가 법도에 맞고 의연(毅然)한 모습.

與 : 거동. 행동.

마융(馬融) - 與與란 위의(威儀, 위엄이 있고 엄숙한 태도, 예법에 맞는 몸가짐)가

　　알맞은 모습이다. [與與 威儀中適之貌] [朱熹]

형병(邢昺) - 與與는 몸가짐이 알맞으면서도 해이하지 않는 것이다. [與與 威儀中的

　　不敢解惰]

정약용(丁若鏞) - 與與는 공경하고 삼가서 유예(猶豫, 망설임)하는 모습이다. [與

　　與敬愼猶豫之貌]　　　　　　　　　　　　　　♣20090916水

1-3. 임금의 부름을 받아 국빈을 영접하실 때...

君召使擯 色勃如也 足躩如也 揖所與立 左右手 衣前後 襜如也 趨進
翼如也 賓退 必復命曰 賓不顧矣

君(군)이 블러 ᄒᆞ여곰 擯(빈)ᄒᆞ라 ᄒᆞ거시든 色(ᄉᆡᆨ)이 勃(블)ᄐᆞᆺ ᄒᆞ시며 足(죡)이 躩(확)ᄃᆞᆺ
ᄒᆞ더시다
더브러 立(립)ᄒᆞ신 바애 揖(읍)ᄒᆞ샤ᄃᆡ 손을 左(자)로 ᄒᆞ며 右(우)로 ᄒᆞ더시니 옷 앏뒤히
襜(쳠)ᄐᆞᆺ ᄒᆞ더시다
趨(추)ᄒᆞ야 進(진)ᄒᆞ심애 翼(익)ᄃᆞᆺ ᄒᆞ더시다
賓(빈)이 退(퇴)커든 반ᄃᆞ시 命(명)을 復(복)ᄒᆞ야 ᄀᆞᆯᄋᆞ샤ᄃᆡ 賓(빈)이 顧(고)ᄒᆞ디 아니타
ᄒᆞ더시다

(공자께서는) 임금이 불러서 귀빈을 영접하게 하면 얼굴빛을 엄숙하게 고치시고
발걸음도 한 걸음 물러나 조심히 하셨다. 함께 서 있는 사람에게 읍(揖)을 할 때는
손을 왼쪽으로 또 오른쪽으로 하셨는데 옷자락이 앞뒤로 흔들리는 것이 흐트러지지
않고 가지런했다. 빨리 걸어 나아가실 때는 공경하고 근신하는 단정한 모습이셨다.
귀빈이 물러가면 반드시 "귀빈이 뒤돌아보지 않고 잘 가셨습니다."라고 복명(復命)하
셨다.

【使】 (사람을) 부리다. (일을) 시키다. 동사.

【擯】 손님을 접대(接待)하다. 귀빈(貴賓)을 영접(迎接)하다.

　주희(朱熹) - 擯은 주인 된 나라의 군주가 신하로 하여금 나가서 손님을 접대하게
　　하는 것이다. [擯 主國之君 所使出接賓者]

　주례(周禮) 대행인(大行人) - 上公은 九介, 侯伯은 七介, 子男은 五介이다. 이는
　　제각기 그의 명수(命數)에 따라서 賓은 대문 밖에 차례로 서게 되는데 이는
　　주군(主君)은 빈자(擯者)로 하여금 대문 밖에 나가 일을 청할 때에 卿은 上擯,
　　大夫는 承擯, 士는 紹擯이 되는 것이다. 주국(主國)의 군공(君公)은 빈자(擯
　　者)가 五人, 侯伯은 四人, 子男은 三人이다. [上公九介 侯伯七介 子男五介
　　各隨其命數 賓次於對門之外 主人使擯者出而請事 卿爲上擯 大夫爲承擯 士爲

紹擯 主國之君公 則擯者五人 侯伯四人 子男三人]

【勃발】 얼굴빛(顏色)을 고치는 모양. 새삼스레 얼굴을 긴장하는 모양.

　주희(朱熹) - 勃은 낯빛을 변하는 모양이다. [勃 變色貌]

【如】,【也】 앞 장 참조.

【躩확】 ① (경의를 표하기 위해) 한 걸음 물러나서 조심하며 걷는 모습. 공경하여
　　발걸음을 피하는 모양.　② 빨리 걷는 모양.

　강희(江熙) - 한가히 걸을 겨를이 없다. 躩은 빠른 걸음을 말한다.

　포함(包咸), 주희(朱熹) - 躩은 발자국을 마음대로 떼지 못하고 조심하는 모양이다.
　　[躩 盤辟貌]

【揖所與立】 함께 서 있는 사람(擯)에게 읍(揖)하다.

　揖 : 읍하다. 예를 갖추어 인사하다. (두 손을 모으고 공손하게) 인사하다.

　所 : …한 사람에게. …와. 대명사. '所+전치사(以, 由, 與, 從, 自, 爲 등)+동사(동
　　사가 없는 경우도 있음)'의 형태로 명사성 구조를 이루어 원인·장소·대상
　　·시간 등을 나타냄. 여기서는 대상을 가리킴.

　주희(朱熹) - 所與立(함께 서 있는 바)란 함께 擯이 된 자를 이른다. [所與立 謂同爲
　　擯者也]

【左右手】 ① 손을 왼쪽으로 또 오른쪽으로 하다.　② 오른손을 왼쪽으로 하다[놓다].

　정현(鄭玄) - 왼편 사람에게 읍을 할 때는 그 손을 왼편으로 하고 오른편 사람에게
　　읍을 할 때는 그 손을 오른편으로 하는 것이다. [揖左人 左其手 揖右人 右其手]

　주희(朱熹) - 빈(擯)은 명수(命數)의 반절을 쓰는 것이니, 예를 들면 9명(命)인
　　상공(上公)이면 다섯 사람을 써서 차례로 명(命)을 전달한다. 이때 왼쪽 사람에
　　게 읍(揖)할 때에는 손을 왼쪽으로 하고, 오른쪽 사람에게 읍(揖)할 때에는
　　손을 오른쪽으로 하는 것이다. [擯用命數之半 如上公九命 則用五人 以次傳命
　　揖左人則左其手 揖右人則右其手]

　유월(兪越) - 구설은 모두 이 당시 공자께서 승빈(承擯, 국빈을 접대하는 역할을
　　맡는 빈 중 上擯 다음 지위에 있는 사람)이었다고 여긴다. 그러므로 上擯이
　　오른쪽에 있는 사람이고 末擯이 왼쪽에 있는 사람이 된다. 그러나 아래 문장에
　　서 "賓退 必復命曰 賓不顧矣(손님이 물러난 후 반드시 복명하기를 '손님이
　　뒤돌아보지 않았습니다.'라 했다)"라는 구절에 대해 빙례(聘禮)의 정현(鄭

第十篇 ● 鄕黨

玄) 注에 의하면, 이것은 上擯이 담당하는 일이다. 아래 구절에 보이는 '趨進 (빠른 걸음으로 나아간다)'에 대해서 강영(江永)의 향당도고(鄕黨圖考)에서 는 이것은 손님이 命을 받은 후 擯이 달려가 서로 절하는 것이라고 하였는데, 그렇다면 이 또한 上擯의 일이다. … '君召使擯(군주가 불러 국빈을 접대하게 시키다)'이란 상빈을 맡도록 시킨 것이다. 공자께서는 (承擯이 아니고) 上擯이 라면 곧 함께 서 있는 사람은 왼쪽에만 있고 오른쪽에는 없다. 그러므로 '함께 서 있는 사람에게 읍할 때 左右手 하였다.'라고 한 것은 '左其右手(그의 오른 손을 왼쪽으로 하였다)'를 말한다. [舊說皆以是時夫子爲承擯 故上擯是右人 末擯是左人 然下文 賓退 必復命曰 賓不顧矣 據聘禮鄭注 是上擯之事 卽趨進一 節 江氏永鄕黨圖考 謂是賓致命後 擯者趨進相公拜 則亦是上擯事也 … 君召使 擯者 使爲上擯也 夫子爲上擯 則所與立者但有左人無右人矣 而云揖所與立左右 手者 謂左其右手也]

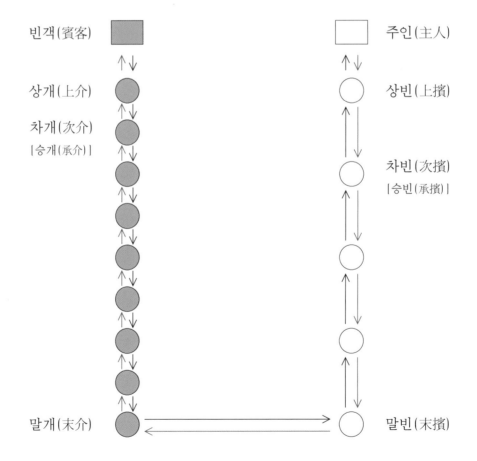

| 빈객(賓客) | | | 주인(主人) |

상개(上介) — 상빈(上擯)

차개(次介) [승개(承介)] — 차빈(次擯) [승빈(承擯)]

말개(末介) — 말빈(末擯)

洋田謹按 - 읍을 할 때는 공수(拱手)하므로 오른손을 왼쪽으로 할 수 없으며, 공자께서 상빈(上擯)이라 하더라도 두 손을 포개어 잡고 왼쪽으로 하여 읍하며 승빈(承擯)에게 말을 전하고 오른쪽으로 하여 읍하며 주인(임금)께 말을 전할 수도 있지 않을까 감히 생각해 본다. [그림 참조. 그림은 김용옥. 논어 한글 역주 3. p.170을 참고하여 그렸음.]

【襜첨】 정돈되어 가지런한 모습. 흐트러지지 않고 정돈된 모습.

　주희(朱熹) - 襜은 가지런한 모양이다. [襜 整貌]

【趨進】 빠른 걸음으로 나아가다. 총총[종종]걸음으로 나아가다.

【翼】 공경하고 근신하는 단정한 모양.

　공안국(孔安國) - 翼如는 단정하고 아름다운 것을 말한다. [翼如 言端好]

　정현(鄭玄) - 다리와 팔을 천천히 뻗는 모습.

　형병(邢昺) - 팔을 펴고 손을 모은 것이 단정하고 아름다워 마치 새가 날개를 편 것과 같은 것이다. [張拱端好 如鳥之張翼也] [주희(朱熹) - 如鳥舒翼]

　유월(兪越) - '翼如'는 '勃如', '躩如'와 같은 유형으로 한 글자로써 어떤 모습을 형용한 것이며, 반드시 새의 날개에서 모습을 취할 필요는 없다. 爾雅 釋詁에서 '翼은 공경하다.'는 뜻이라고 하였고, 釋訓에서는 '翼翼은 공손함이다.'라고 하였는데, '翼如'의 '翼' 역시 아마도 이러한 뜻일 뿐이다. [翼如猶勃如躩如之類 皆以一字形容之 非必取象於鳥翼也 爾雅釋詁曰 翼 敬也 釋訓曰 翼翼恭也 翼如之翼 蓋亦此義耳]

【必】 반드시. 꼭. 참으로. 과연. 동작·행위·성질·상태 등에 대한 결연한 의지나 확신을 나타냄.

【復命】 명령에 따라 처리한 일의 결과를 보고하다. 복명하다.

【賓不顧】 손님이 뒤돌아보지 않게 되다. ⇒ 전송[배웅]을 잘하다.

　김이상(金履祥) - '賓不顧矣'는 그 당시 예사(禮辭)이다. 빙례(聘禮)에 의하면 '賓이 나갈 때 公이 재배하고 전송하면 빈객은 돌아보지 않으며 賓은 사사로이 大夫에게 향하고 大夫는 그를 전송하면서 재배하면 賓은 돌아보지 않는다. 公이 大夫를 사례(食禮, 술을 마시지 않고 밥과 안주만으로 손님을 대접하는 예절)하는 禮에서 손님이 나가면 公은 대문 안에서 재배하고 전송하면 賓은 돌아보지 않는 법이다. 옛날에 賓禮를 마치고 떠나갈 때는 뒤돌아보지 않는 법이며, 주인이 그를 전송하고 절할 때도 또한 뒤돌아보지 않는 것은 쉬이 물러가는 뜻을 보인 것이다.'라 하였다. 그러므로 모두 '賓不顧矣'라 이르는

것이다. 때문에 그 당시의 말씨(辭令)에 賓이 나가는 것을 드디어 '不顧' 라 말하게 된 것이다. [賓不顧矣 此當時禮辭也 聘禮 賓出公再拜送 賓不顧 賓私面 於大夫 大夫送之再拜 賓不顧 公食大夫禮 賓出公送于大門內再拜 賓不顧 古者 賓禮畢而出卽不回顧 主人送拜之 亦不回顧 示易退之義 故 皆曰 賓不顧 當時辭 令 遂謂賓出爲不顧也]

미아자키 이치사다(宮崎市定) - 賓不顧를 보통 '객이 만족했기 때문에 뒤돌아보지 않고 갔다.' 로 해석하는데 자연스럽지 않다. 빈객이 떠날 때 배웅하는 주인에게 몇 번이고 돌아보면서 인사하는 것이 예의이며, 또 빈객이 멀어져가서 마지막 인사를 할 때까지 배웅하는 것이 주인의 예의이다. ⇒ 객이 돌아보지 않을 때까지 배웅하다.

【矣】 …이다. 어기조사. 단정 또는 필연의 결과를 나타냄　　　♣20090919土

1-4. 조정에 출사하여 거동하실 때

入公門 鞠躬如也 如不容 立不中門 行不履閾 過位 色勃如也 足躩如
也 其言似不足者 攝齊升堂 鞠躬如也 屛氣似不息者
出 降一等 逞顏色 怡怡如也 沒階 趨進翼如也 復其位 踧踖如也

公門(공문)에 드르실 싀 躬(궁)을 鞠(국)둧 ᄒ샤 容(용)티 몯홀둧 ᄒ더시다
立(립)ᄒ심애 門(문)에 中(듕)티 아니ᄒ시며 行(ᄒᆡᆼ)ᄒ심애 閾(역)을 넓디 아니ᄒ더시다
位(위)예 디나실 싀 色(싴)이 勃(블)둧 ᄒ시며 足(죡)이 躩(확)둧 ᄒ시며 그 말ᄉᆞᆷ이 足(죡)디 몯훈 者(쟈) ᄀᆞᆮ더시다
齊(지)를 攝(셥)ᄒ야 堂(당)의 오ᄅᆞ실 싀 躬(궁)을 鞠(국)둧 ᄒ시며 氣(긔)를 屛(병)ᄒ샤 息(식)디 몯ᄒᄂᆞᆫ 者(쟈) ᄀᆞᆮ더시다
出(출)ᄒ샤 一等(일등)에 ᄂᆞ리샤ᄂᆞᆫ 눗빗츨 逞(령)ᄒ샤 怡怡(이이)둧 ᄒ시며 階(계)를 沒(몰)ᄒ샤ᄂᆞᆫ 趨(추)ᄒ심애 翼(익)둧 ᄒ시며 그 位(위)예 復(복)ᄒ샤ᄂᆞᆫ 踧踖(츅쳑)둧 ᄒ더시다

(공자께서는) 궁궐 문에 들어가실 때는 몸을 구부리시고 마치 문이 낮아 들어갈 수 없어서 그러시는 것 같이 하셨다. 서 계실 때는 문 가운데 서지 않으시고 다니실 때는 문지방을 밟지 않으셨다. (임금이 계시던) 자리 앞을 지나실 때는 얼굴빛을 엄숙하게 고치시고 발걸음도 한 걸음 물러나 조심히 하셨으며 (평소) 말씀은 제대로 못하는 사람같이 하셨다. 옷자락을 걷어쥐고 대청에 오르실 때는 몸을 굽히시고 숨을 죽여 마치 숨 쉬지 않는 것 같으셨다. 나가실 때는 층계를 한 계단 내려가서야 긴장한 얼굴 표정을 풀고 밝고 편안한 모습을 지으셨고, 층계를 다 내려오셔서 빠른 걸음으로 나아가실 때는 공경하고 근신하는 단정한 모습이셨으며, 본래의 자리로 되돌아가셔서는 조심스럽고 공손하셨다.

【公門】 제후의 궁궐 문. 대궐 문.
【鞠躬】 (존경의 표시로) 몸을 약간 굽히다. 허리를 굽히다.
　형병(邢昺) - 鞠은 굽혀 움츠리는 것이다. [鞠 曲斂也]
　주희(朱熹) - 鞠躬은 몸을 굽힘이다. [鞠躬 曲身也]

【如】, 【也】 앞 장(2장) 참조.

【如不容】 (문이) 받아들이지 못하는 것같이 하다. 궁궐 문은 높고 커서 몸을 굽히지
　　　　않아도 들어갈 수 있는데, 마치 문이 낮아 그의 체구를 받아들이지 못하는
　　　　것처럼 굽히고 들어갔다는 말.

　如 : 마치 …와 같다. (마치) …처럼[같이] 하다. 부사. 한 사물(대상)을 다른
　　　사물(대상)과 직접 비유함을 나타냄.

　容 : 받아들이다. 용납(容納)하다. 포용(包容)하다.

　주희(朱熹) - 공문이 높고 큰 데도 용납하지 못하는 듯이 하신 것은 공경하기를
　　　지극히 하신 것이다. [公門 高大而若不容 敬之至也]

【中門】 문에 맞추다. 문에 일치시키다. ⇒ 문 가운데에 서다.

　中 : 맞추다. 일치시키다. 동사.

　주희(朱熹) - 中門은 문의 한 가운데에 서는 것이다. [中門 中於門也]

【閾역】 문지방.

　공안국(孔安國), 주희(朱熹) - 閾은 문의 한계이다. [閾 門限也]

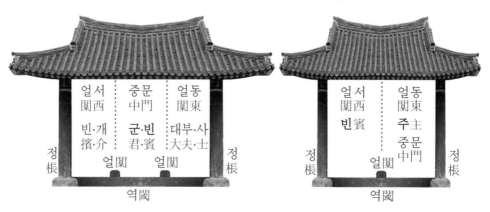

[그림 : 김용옥. 논어 한글 역주 3. p.173, 175를 참고하였음.]

【過位】 임금께서 서 계시던 자리를 지나가다.

　位 : 문 안쪽에 임금이 거기로 납시었을 때에 반드시 서 계시던 곳.

　주희(朱熹) - 位는 君主의 빈자리인 바 문과 병풍의 사이로 人君이 (조회를 볼
　　　때에 신하들을) 기다리며 서 계신 곳을 이르니 이른바 宁(저)라는 것이다.
　　　군주가 계시지 않더라도 지날 때에 반드시 공경함은 감히 빈자리라고 해서
　　　함부로 하지[오만하게 하지] 않는 것이다. [位 君之虛位 謂門屛之間 人君宁立

之處 所謂宁也 君雖不在 過之必敬 不敢以虛位而慢之也]

정약용(丁若鏞) - 位는 大夫나 士가 서는 일정한 장소이니 공정(公庭)의 좌우에
있다. [곧 조정의 자리] 이 자리를 지날 때면 더욱 인군과 가깝게 되므로 더욱
공경하는 것이다. [位 大夫士所立之定地 在公庭之左右 卽朝庭之位 過位則 彌近
君 故彌敬]

【其言似不足者】 ① 그의 말이 부족한 듯이 하다. 말을 제대로 하지 못하는 것같이
하다. 말을 충분히 하지 못하는 듯하다. ② 그의 말이 기력이 부족한 사람처럼
나지막한 목소리로 하다.

주희(朱熹) - 말씀이 부족한 듯이 한다는 것은 감히 함부로 하지[방자하지] 않는
것이다. [言似不足 不敢肆也]

【攝섭】 끌어 당기다. 잡다.

주희(朱熹) - 攝은 걷어잡음[추어올림]이다 [攝 摳也]

【齊자】 옷깃. 옷자락. 옷의 아랫자락.

주희(朱熹) - 齊는 옷 아래의 꿰맨 곳이다. [齊 衣下縫也]

【堂】 전당(殿堂). 명당(明堂, 임금이 조회 시 알현을 받는 곳).

【屛氣】 숨을 죽이다.

屛 : 가리다. 감추다. 억제하다.

氣 : 숨. 호흡.

【一等】 (층계의) 한 계단. 제후의 궁전 계단은 일곱 계단임.

주희(朱熹) - 等은 계단의 등급(층계)이다. [等 階之級也]

【逞령】 펴다. 부드럽게 하다. 긴장을 풀다(放也).

주희(朱熹) - 逞은 폄이다. 존귀한 곳을 점점 멀리하니 기운을 펴고 (긴장되었던)
얼굴을 펴는 것이다. [逞 放也 漸遠所尊 舒氣解顔]

【怡怡이이】 화순(和順)한 모양. 밝고 편안한[자유로운] 모습. [참고] 子路-28.

주희(朱熹) - 怡怡는 화평하고 기쁜 것이다. [怡怡 和悅也]

【沒階】 계단을 다 내려오다.

沒 : = 盡. 다하다. 마치다. 끝마치다. 끝나다[끝내다].

주희(朱熹) - 沒階는 계단을 다 내려온 것이다. [沒階 下盡階也]

【復其位】 본래의 자기 자리로 되돌아가다.

정약용(丁若鏞) - 공안국(孔安國)은 復位를 '오는 길에 지나는 자리'라 했는데[황간(皇侃) - 처음 인군의 자리를 지나는 것이다.], 올 때 지난 자리가 만일 저(宁)라면 이를 기록하기를 復其位라 함이 이치가 있겠는가? [陸稼書 - 復其位란 朝班(조반)의 자리를 말한다.] [孔安國以復位 爲來時所過之位 侃云 初時所過君之位 來時所過 若是 宁位 則書之曰 復其位有是理乎 陸稼書云 復其位 是朝班之位] ♣20090921月

1-5. 집규執圭, 향례享禮, 사적私覿의 예를 행하시는 모습

執圭 鞠躬如也 如不勝 上如揖 下如授 勃如戰色 足蹜蹜如有循 享禮
有容色 私覿 愉愉如也

圭(규)를 잡으샤디 躬(궁)을 鞠(국)듯 ᄒ샤 이긔디 몯홀듯 ᄒ시며 上(샹)으로 揖(읍)듯
ᄒ시고 下(하)로 授(슈)ᄐᆞᆺ ᄒ시며 勃(블)히 戰(젼)ᄒᆞᄂᆞᆫ 色(ᄉᆡᆨ) ᄀᆞᄐᆞ시며 足(죡)히 蹜蹜
(츅츅)ᄒᆞ야 循(슌)홈이 인ᄂᆞᆫ듯 ᄒ더시다
享(향)ᄒᆞᄂᆞᆫ 禮(례)예 容色(용ᄉᆡᆨ)이 겨시며 私(ᄉᆞ)로 覿(뎍)홈애 愉愉(유유)ᄐᆞᆺ ᄒ더시다

(공자께서는) 명규(命圭)를 잡으시는데 몸을 굽히시고 이기지 못하는 듯이 하시며,
올릴 때는 읍(揖)하는 듯이 내릴 때는 드리는 듯이 하시며, 안색을 고치심이 긴장되어
떠시는 기색같이 하시고, 발은 종종걸음으로 뒤꿈치를 끌어 마치 (규를) 좇는 듯이
하셨다. 향례(享禮)에는 부드러운 용색(容色)을 하셨으며, 사적(私的)으로 만나는
예(禮)에서는 유쾌(愉快)한 모습을 하셨다.

【圭】 명규(命圭). 서옥(瑞玉). 천자(天子)가 제후(諸侯)에게 내려준 옥(玉)으로
　　　만든 홀(笏) [패(牌)]. 외교사절로서 다른 나라를 방문할 때 임금에게서 받아
　　　지참하고 가서 상대국의 임금에게 제시하는 일종의 신분증명서.
　　주희(朱熹) - 圭는 제후의 명규(命圭)이니 이웃 나라에 빙문(聘問)하게 되면 대부
　　　로 하여금 이것을 잡아서 신(信)을 통하는 것이다. [圭 諸侯命圭 聘問鄰國
　　　則使大夫 執以通信]
【鞠躬국궁】 (존경의 표시로) 몸을 약간 굽히다. 허리를 굽히다. [앞 장 참조]
【如不勝】 마치 이기지 못하는 것 같이 하다. 마치 (무거워서) 들 수 없는 것 같이
　　　하다. (그 무게를) 이기지 못하는 듯이 하다.
　　如 : 마치 …와 같다. (마치) …처럼[같이] 하다. 부사. 한 사물(대상)을 다른
　　　사물(대상)과 직접 비유함을 나타냄.
　　勝 : 이기다. 이겨내다. 감당하다. 견디다.
　　주희(朱熹) - 如不勝은 君主의 기물(器物)을 잡음에 가벼운 것을 잡되 이기지
　　　못하는 것처럼 하는 것이니 공경하고 삼감이 지극한 것이다. [如不勝 執主器

第
十
篇

鄕
黨

執輕如不克 敬謹之至也]

【上如揖 下如授】 (규를) 올릴 때는 읍을 하는 듯이 하고 내릴 때는 (물건을) 드리는
　　　 듯이 하다.

주희(朱熹) - 上如揖 下如授는 규를 잡는 것이 평형(平衡)을 이루어 손이 심장
　　　 부위와 가지런해서, 높아도 읍하는 정도를 넘지 않고, 낮아도 수여(授與)하는
　　　 정도를 넘지 않는 것이다. [上如揖 下如授 謂執圭平衡 手與心齊 高不過揖 卑不
　　　 過授也]

【勃如戰色】 얼굴빛을 고치시는 모습이 긴장하고 두려워서 떠는 얼굴빛 같다.

　勃발 : 얼굴빛(顔色)을 고치는 모양. 새삼스레 얼굴을 긴장하는 모양.

　戰色 : 너무나 긴장되고 심각하여 전율(戰慄)하는[벌벌 떠는] 듯한 안색.

　　戰 : 떨다.

　주희(朱熹) - 戰色은 벌벌 떨어서 얼굴빛이 두려워하는 것이다. [戰色 戰而色懼也]

【足蹜蹜如有循】 발은 좁게 내디디는 모습이 마치 뒤꿈치를 끄는 것 같다. 종종
　　　 걸음으로 걷는 모습이 마치 발뒤꿈치를 끌고 물건을 따라[좇아]가는 것 같다.

　蹜蹜축축 : 발걸음을 좁게 떼어[내디디어] 걷는 것. 보폭을 좁게 하여 걷는 모양.
　　　 종종걸음으로 걷는 모습.

　循 : 뒤따르다. 좇다.

　주희(朱熹) - 蹜蹜은 발걸음을 좁게 떼는 것이다. 如有循은 예기(禮記)에 이른바
　　　 '발을 들되 발꿈치를 끈다.'는 것이니 걸음이 땅에서 떨어지지 않아 마치
　　　 물건을 따르는 것과 같음을 말한다. [蹜蹜 擧足促狹也 如有循 記所謂擧前曳踵
　　　 言 行不離地 如緣物也]

【享禮】 사신(使臣)이 첫 번째로 배알(拜謁)을 한 다음 두 번째의 알현(謁見)에서 자기
　　　 군주가 보낸 예물(禮物)을 뜰에 진열하여 상대 군주에게 전해드리는 예(禮).

　享 : 드리다. 받치다. = 獻.

【有容色】 부드러운 안색이 있음. 부드러운 얼굴빛을 가짐. 부드러운 표정을 짓다.
　　　 단정한 얼굴빛을 하다. 온화한 얼굴빛을 하다.

　주희(朱熹) - 有容色은 온화함이다. [有容色 和也]

　정약용(丁若鏞) - 有容色이란 얼굴을 펴는 것이다.[빙례(聘禮) - 잔치에서는 기운을
　　　 펴고 얼굴을 가득히 가지는 것이다.] [有容色 其容舒也 聘禮云 及享 發氣盈容]

【私覿사적】 공식 행사가 끝난 후 상대국 관리들과 사적으로 만나는 예(禮).

　주희(朱熹) - 私覿은 사사로운 예로 만나보는 것이다. [私覿 以私禮見也]

　정현(鄭玄) - 覿이란 見이니 이미 잔치를 끝내고 사사로운 예로 찾아보는 것이다.
　　　[覿 見也 旣享乃以私禮見]

【愉愉如】 유쾌(愉快)하다. 유쾌한 모습을 하다. 화평하고 기쁘다. 웃는 얼굴을 하고
　　　즐거운 얼굴을 하는 것.

　주희(朱熹) - 愉愉는 더욱 온화한 것이다. [愉愉 則又和矣]

　형병(邢昺) - 愉愉는 화평하고 기쁜 것이다. [愉愉 和悅也]　　♣20090925金

第十篇 ◉ 鄕黨

1-6. 공자의 옷차림은

君子不以紺緅飾 紅紫不以爲褻服 當暑袗絺綌 必表而出之 緇衣羔
裘 素衣麑裘 黃衣狐裘 褻裘長 短右袂 必有寢衣 長一身有半 狐貉之
厚以居 去喪無所不佩 非帷裳必殺之 羔裘玄冠不以弔 吉月必朝服
而朝

君子(군ᄌ)는 紺(감)과 緅(츄)로써 飾(식)디 아니ᄒ시며 紅(홍)과 紫(ᄌ)로써 褻服(셜
복)도 ᄒ디 아니ᄒ더시다
暑(셔)를 當(당)ᄒ샤 홋 絺(티)와 綌(격)을 반ᄃ시 表(표)ᄒ야 내더시다
검은 오샌 羔裘(고구)ㅣ오 흰 오샌 麑裘(예구)ㅣ오 누른 오샌 狐裘(호구)ㅣ러시다
褻裘(셜구)는 길게 ᄒ디 올흔 ᄉ매를 댜르게 ᄒ더시다
반ᄃ시 寢衣(침의)를 두시니 기릐 一身(일신)이오 ᄯ 半(반)이러라
狐貉(호락)의 두터온 거스로써 居(거)ᄒ더시다
喪(상)을 去(거)ᄒ샤는 ᄎ디 아니ᄒᆯ 배 업더시다
帷裳(유샹)이 아니어든 반ᄃ시 殺(쇄)ᄒ더시다
羔裘(고구)와 玄冠(현관)으로써 弔(됴)티 아니ᄒ더시다
吉月(길월)에 반ᄃ시 朝服(됴복)하고 朝(됴)ᄒ더시다

군자는(공자께서는) 감색과 흑적색으로 옷깃의 가선을 두르지 않으시고 붉은 색과
자주색으로 평상복도 하지[입지] 않으셨다. 더울 때는 홑 갈포(葛布) 옷을 입으셨는
데 반드시 겉옷을 위에 입고 나가셨다. 검정 옷은 검은 양가죽 옷을 입으시고, 흰
옷은 어린 사슴 가죽 옷을 입으셨으며, 황색 옷은 여우 가죽옷을 입으셨다. 평상의
갖옷은 길었는데 오른쪽 소매는 짧게 걸으셨다. 반드시 잠옷을 두셨는데 길이가
한 길하고도 반이었다. 여우와 담비의 두꺼운 모피는 깔고 앉으셨다. 상(喪)을 마치시
면 패(佩)를 차지 아니하신 바가 없으셨으며 유상(帷裳)이 아니면 반드시 늘어진
여분의 천을 자르셨다. 검은 양가죽 옷이나 검은 관을 하시고는 조문(弔問)하지
않으셨고 매월 초하루에는 반드시 조복(朝服)을 입고 조정에 나가셨다.

【君子】공자를 가리킴.

주희(朱熹) - 君子는 孔子를 이른다. [君子 謂孔子]

【不以紺緅飾】 감색과 흑적색으로 옷깃을 두르지 아니하다.

紺 : 감색. 검푸른 남색. 상복(喪服)이나 제복(祭服)에 쓴 색.

緅추 : 청적색(靑赤色). 검붉은 색. 상복(喪服)의 옷깃에 쓴 색.

飾 : 가선을 두르다. 목 옷깃이나 소매의 가선을 두르다.

주희(朱熹) - 紺은 짙게 푸르러 붉은 빛깔을 드러내는 것이니 재복(齊服, 제사에 앞서 목욕재계할 때 입는 옷)이다. 緅는 검붉은 색(진한 붉은색)이니 三年喪에 선을 두른 연복(練服)[상복(喪服)]이다. 飾은 옷깃에 가선을 두르는 것이다. [紺 深靑揚赤色 齊服也 緅 絳色 三年之喪 以飾練服也 飾 領緣也]

【以】 …으로(써). …을 가지고. …을 통하여. 전치사. 도구·수단·방법을 나타냄. 紅紫不以爲褻服 이하 以 다음에 紅紫, 狐貉之厚, 羔裘玄冠을 가리키는 지시대명사(之)가 생략되었음.

【褻服】 평상복. 집에서 입는 평상복. 평소에 입는 옷. 사복(私服).

褻설 : 평상복.

하안(何晏) - 褻服은 사사로이 있을 때 입는 옷이다. 공적(公的)인 모임의 옷이 아니다. [褻服 私居服 非公會之服]

【當】 만나다. 당면하다. 맞닥뜨리다. 부닥치다. 어떤 것을 해야 할 상황을 만나는 것.

【衫진】 홑옷. 홑옷을 입다. 동사로의 전용.

정현(鄭玄) - 衫은 홑옷이다. [衫 單也]

【絺綌치격】 가는 칡베[고운 갈포(葛布)]와 거친 갈포(葛布)를 통틀어 이르는 말. 갈포로 만든 옷.

絺치 : 가는[고운] 칡베[갈포(葛布)].

綌격 : 거친 갈포(葛布).

주희(朱熹) - 갈포(葛布)의 고운 것을 絺라 하고 거친 것을 綌이라 한다. [葛之精者 曰絺 麤者曰綌]

【必表而出之】 반드시 겉옷을 입고 나가다[외출하다].

表 : 겉옷. 겉옷을 입다.

而 : …하고서. 그리하여. …한 후에 곧. 순접(연관) 관계를 나타냄.

出 : 나가다. 나오다. 출입(出入)하다. 밖에 나가다. 외출(外出)하다.

85

之 : 어기조사. 앞의 단어를 동사로 만들어 종결어미의 역할을 함. [行之(간다. 갔다.), 生之(태어났다. 자란다.), 歸之(돌아간다. 돌아갔다.)]

하안(何晏) - 더울 때는 홑옷을 입는다. 絺綌은 갈포이다. 必表而出이란 웃옷을 더하는 것이다. [暑則單服 絺綌 葛也 必表而出 加上衣也]

황간(皇侃) - 表란 상의를 위에 더 껴입는 것이다. 옛사람들은 겨울은 갖옷을 여름은 갈포를 입었으나 집에 있을 때는 위에다 옷을 더 껴입지 않았다. 만일 출행(出行)하거나 접빈(接賓) 시에는 모두 상의를 더 껴입었으니 그러므로 必表而出이라 이른 것이다. 그러나 갖옷 또한 더 껴입어야 하는데도 유독 絺綌에 대하여 이처럼 말한 것은 더위를 싫어하여 더 껴입지 않을까 특별히 이를 밝힌 것이다. [表謂加上衣也 古人 冬則衣裘 夏則衣葛 若在家 則裘葛之上亦無加衣 若出行接賓 皆加上衣 故云 必表而出也 然裘亦加衣 而獨云絺綌者 嫌暑熱不加 故特明之也]

공안국(孔安國) - 必表而出之는 웃옷을 덧입는 것이다. [必表而出之 加上衣]

형병(邢昺) - 여름에는 홑겹의 옷을 입되 반드시 겉옷을 더 입은 연후에 외출하니 이는 그 모습이 속옷 같기 때문이다. [暑則單服 必加上表衣然後出之 爲其形褻 故也]

[참고] 表 : 겉. 겉으로 입다. 出 : 나타내다. (밖으로) 드러내다. 之 : 袗絺綌을 가리키는 지시대명사. ☞ 當暑袗絺綌 必表而出之 : 더울 때는 홑 갈포 옷을 입으시되 반드시 겉으로 입으셔서 그것을 (밖으로) 드러내셨다.

주희(朱熹) - 表而出之는 먼저 속옷을 입고 갈포 옷을 겉에 입어서 밖에 드러내는 것이니 그 몸을 나타내지 않고자 해서이다. [表而出之 謂先著裏衣 表絺綌而出 之於外 欲其不見體也]

【緇衣羔裘】 검정 옷은 검은 양[흑양(黑羊)]의 가죽으로 만든 옷을 입다.

緇치 : 검은색. 검게 물들다(黑染). 검은 비단. 검정 옷.

衣 : (옷을) 입다. 동사.

羔裘고구 : 검은 양의 가죽으로 만든 옷. 제후(諸侯)·경(卿)·대부(大夫)의 조복(朝服)으로 쓰였음.

　　羔 : 검은 양[흑양(黑羊)].

　　裘 : 가죽옷(皮服). 갖옷.

【麑裘예구】 어린 사슴의 가죽으로 만든 흰옷.

麛예 : 어린 사슴. 새끼 사슴.

【短右袂】 오른쪽 소매를 짧게 하다. 오른쪽 소매를 짧게 걷다.

　短 : 짧게 하다. 형용사의 사역동사로의 전용.

　袂메 : 소매.

【有】 ① 두다. 마련해 두다. 갖추다. 준비하다. 必有寢衣. ② …와[과]. 또. = 又. 접속사. 숫자의 중간에 들어가 정수(整數)와 우수리를 연결함. 해석하지 않아도 무방함. 長一身有半.

【寢衣】 잠옷.

　[참고] 寢衣 : 이불.

　　공안국(孔安國) - 지금의 이불이다. [今之被也]

　　양백준(楊伯峻) - 이불을 가리킨다. 고대에는 큰 이불을 금(衾)이라 했고, 작은 이불을 피(被)라고 했다.

【身】 길이의 단위. 길. 한 길은 사람의 키 정도의 길이임.

　一身 : 한 길.

【狐貉之厚以居】 여우와 담비의 두꺼운 모피는 (그것을) 깔고 앉다.

　貉학 : 담비. 식육목 족제비과 담비속(Genus Martes)의 포유류를 총칭한다. 족제비와 생김새가 거의 비슷하지만, 몸이 약간 크고 다리가 비교적 짧다. 약 7~8종으로 분류되는데 몸길이 35~60cm, 꼬리길이 12~37cm로, 종에 따라 크기와 색깔이 약간씩 다르다. 보통 귀는 털 밖으로 나와 있고, 머리는 가늘고 길며, 주둥이는 뾰족하다. 꼬리는 길고 끝이 가늘며, 몸의 털은 부드럽고 광택이 있어 고급 모피로 애용되는 경우가 많다. ⇒ 담비의 모피.

　居 : 자리에 앉다. 방석 등에 앉다. 자리를 깔고 앉다. 昔闔廬食不二味 居不重席 室不崇壇 (옛날에 합려는 식사 때 두 가지 음식을 먹지 않고 앉을 때 이중 방석을 깔지 않았으며 집을 지을 때 단을 쌓지 않았다.)[좌전(左傳) 哀公元年]

　정약용(丁若鏞) - 居는 앉음이다.[공자께서는 증자를 일컬어 말씀하시기를 '앉아라 내 너에게 말하리라.' 하셨다.] [居 坐也 子謂曾子曰 居 吾語女]

【去喪】 상(喪)을 마치다. 상복(喪服)을 벗다.

　去 : 벗다. 마치다.

【佩패】 차다. 허리에 매어달다. 패용(佩用)하다. ⇒ 패(佩, 큰 허리띠에 차는 장식품)를 차다.

鄕黨

【帷裳】 조회나 제사 때 입는 예복으로 통폭(온폭)의 천을 주름잡은 치마.

【必殺之】 반드시 그것을 잘라내다. 반드시 그 帷裳의 늘어진 천을 잘라내다.

　殺쇄 : 덜다. 줄이다. 잘라내다.

　之 : 그것. 지시대명사. 非帷裳을 가리킴.

【吉月】 매월 초하루.

　주희(朱熹) - 吉月은 달의 초하루이다. [吉月 月朔也]

【朝服而朝】 조복(朝服)을 입고 조정(朝廷)에 나가다.

　朝服 : 조정(朝廷)에 나갈 때 입는 예복(禮服).

　朝 : 조정에 들어가다. 입궐[입조]하다. 신하가 임금을 알현하다.

♣20090928月

1-7. 공자께서 재계齋戒하실 때

齊必有明衣 布 齊必變食 居必遷坐

齊(지) ᄒ실 제 반ᄃ시 明衣(명의)를 둣더시니 布(포)ㅣ러라
齊(지) ᄒ실 제 반ᄃ시 食(식)을 變(변) ᄒ시며 居(거) ᄒ옴을 반ᄃ시 坐(좌)를 遷(쳔) ᄒ더시다

(공자께서는) 재계(齋戒)하실 때에는 반드시 깨끗한 옷을 준비하셨는데 베옷이었다. 재계하실 때에는 반드시 음식을 평소와 달리 하시고 거처(居處)에서도 반드시 잠자리를 옮기셨다.

【齊재】 齋에 통함. 재계(齋戒, 제사를 지내기 전에 몸과 마음을 정결하게 하고 부정한 것을 멀리하는 일)하다. 목욕재계(沐浴齋戒)하다. 조상이나 신에게 제사를 드릴 때는 그 전후에 제주(祭主)가 재계(齋戒)를 10일간 하는데, 입재(入齋) 전에 7일간 산재(散齋)를, 입재하는 날로부터 파재(罷齋) 다음날까지 3일간 치재(致齋)를 하였음.

【有】 두다. 마련해 두다. 갖추다. 준비하다.

【明衣】 깨끗한 옷. 목욕재계(沐浴齋戒)한 뒤에 입는 깨끗한 옷.
　주희(朱熹) - 재계할 때는 반드시 목욕을 하고 목욕이 끝나면 명의를 입는다. [齊必沐浴 浴竟 卽著明衣]

【變食】 음식을 바꾸다. 음식을 평소와 다르게 하다. ① 술, 자극성 있는 채소(마늘, 파, 부추 등)를 먹지 않는 것. ② 술, 자극성 있는 채소뿐만 아니라 생선과 고기도 먹지 않는 것. ③ 먹다 남은 음식을 다시 데워서 먹지 않는 것.
　주희(朱熹) - 變食은 술을 마시지 않고 매운 채소(생강, 파, 마늘 등)를 먹지 않음을 일컫는다. [變食 謂不飮酒 不茹葷]

【遷坐】 자리를 옮기다. 잠자리를 옮기다. 坐 : = 座. 자리. 잠자리.
　주희(朱熹) - 遷坐는 평상시에 거처하던 곳을 바꾸는 것이다. [遷坐 易常處也]
　[참고] 평상시는 연침(燕寢)에서 부인과 생활을 하나 재계 때는 외침(外寢)[정침(正寢)이라고도 함]에서 생활하고 부인과 같은 방을 쓰지 않음. ♣20090930水

1-8. 공자의 평소 식생활은

食不厭精 膾不厭細 食饐而餲 魚餒而肉敗 不食 色惡 不食 臭惡 不食 失飪 不食 不時 不食 割不正 不食 不得其醬 不食 肉雖多 不使勝食氣 唯酒無量 不及亂 沽酒市脯 不食 不撤薑食 不多食 祭於公 不宿肉 祭肉 不出三日 出三日 不食之矣 食不語 寢不言 雖疏食菜羹 瓜祭 必齊如也

食(ㅅ)는 精(졍)홈을 厭(염)티 아니ᄒᆞ시며 膾(회)는 細(셰)홈을 厭(염)티 아니ᄒᆞ더시다 食(ㅅ)ㅣ 饐(애)ᄒᆞ야 餲(애)ᄒᆞ니와 魚(어)ㅣ 餒(뢰)ᄒᆞ며 肉(슉)이 敗(패)ᄒᆞ니를 食(식)디 아니ᄒᆞ시며 色(식)이 惡(악)ᄒᆞ니를 食(식)디 아니ᄒᆞ시며 臭(취)ㅣ 惡(악)ᄒᆞ니를 食(식)디 아니ᄒᆞ시며 飪(심)을 失(실)ᄒᆞ엿거든 食(식)디 아니ᄒᆞ시며 時(시)ㅣ 아니어든 食(식)디 아니터시다

割(할)ᄒᆞᆫ 거시 正(졍)티 아니커든 食(식)디 아니ᄒᆞ시며 그 醬(쟝)을 得(득)디 몯ᄒᆞ야든 食(식)디 아니터시다

肉(슉)이 비록 하나 ᄒᆞ여곰 食氣(ᄉ긔)를 勝(승)케 아니ᄒᆞ시며 오직 酒(쥬)는 量(량)업시 ᄒᆞ샤ᄃᆡ 亂(란)에 밋게 아니터시다

沽(고)ᄒᆞᆫ 酒(쥬)와 市(시)ᄒᆞᆫ 脯(포)를 食(식)디 아니ᄒᆞ시며 薑(강) 食(식)홈을 撤(텰)디 아니ᄒᆞ시며 해 食(식)디 아니터시다

公(공)애 祭(제)ᄒᆞ심애 肉(슉)을 宿(슉)디 아니ᄒᆞ시며 祭肉(졔슉)은 三日(삼실)에 出(츌)티 아니ᄒᆞ더시니 三日(삼실)에 出(츌)ᄒᆞ면 食(식)디 몯ᄒᆞᆯ 꺼시니라

食(식)ᄒᆞ심애 語(어)티 아니ᄒᆞ시며 寢(침)ᄒᆞ심애 言(언)티 아니터시다

비록 疏食(소ᄉ)와 菜羹(ᄎᆡ깅)이라도 반ᄃᆞ시 祭(제)ᄒᆞ샤ᄃᆡ 반ᄃᆞ시 齊(졔)틋 ᄒᆞ더시다

(공자께서는) 밥은 곱게 찧은 쌀로 지은 것을 싫어하지 않으시고 회(膾)는 잘게 썬 것을 싫어하지 않으셨다. 밥이 쉬어서 냄새가 나고 맛이 변한 것과 어물(魚物)이 썩은 것과 육류(肉類)가 부패한 것은 잡수지 않으셨다. 빛깔이 나쁜 것도 잡수지 않으시고 냄새가 나쁜 것도 잡수지 않으셨으며, 알맞게 익지 않은 것도 잡수지 않으시고 제 때가 아닌 것도 잡수지 않으셨다. 썰기를 바르게 한 것이 아니면 잡수지 않으셨고 그 장(醬, 소스)을 음식과 맞게 하지 않으면 잡수지 않으셨다. 고기가 비록 많을지라도 밥보다 많이 잡수지 않으셨으며 오직 술만은 양이 없으셨는데 어지러운 지경에 이르

게는 드시지 않으셨다. 사가지고 온 술과 포(脯)는 잡수지 않으시고, 생강은 잡수시기를 물리치지 않으셨는데 많이 드시지는 않으셨다. 나라 제사를 지내고 가져온 고기는 그 날을 재우지[넘기지] 않으셨으며, 제사 때 쓴 고기는 사흘을 넘기지 않으셨고 사흘이 지나면 잡수지 않으셨다. 식사하실 때는 대화를 나누지 않으시고 누워서도 말씀하시지 않으셨다. 비록 거친 밥과 나물국일지라도 식전 감사제(食前 感謝祭)[고수레]를 지내셨는데 반드시 엄숙하고 경건하게 하셨다.

【食不厭精】 밥은 고운 것을 싫어하지 않다. 밥은 곱게 찧은 쌀로 지은 것을 좋아하다.

食사 : 밥(飯也). 곡식을 익힌 주식.

不厭 : 싫어하지 않다. 좋아함을 역으로 강조한 말.

　주희(朱熹) - 不厭은 이것을 좋게 여김을 말한 것이요 반드시 이렇게 하고자 한다고 말한 것은 아니다. [不厭 言以是爲善 非謂必欲如是也]

精 : 잘 찧은 쌀. 곱게 잘 찧은 쌀.

　주희(朱熹) - 精은 찧은 것이다. [精 鑿也]

【膾】 잘게 저민(얇게 썰다.) 날고기. 육회(肉膾)와 생선회(生鮮膾).

　주희(朱熹) - 소와 양과 물고기의 날것을 저며 썰어 놓은 것을 膾라 한다. [牛羊與魚之腥 聶而切之 爲膾]

【饐而餲】 밥이 쉬어 냄새가 나는 것과 맛이 변한 것.

饐의(애) : 음식이 쉬다. [참고 ① 檀國大學校 東洋學硏究所 編纂, 漢韓大辭典 15, 檀國大學校出版部, 2008. p.355. - 음이 '의'로만 되어 있음. ② 張三植, 漢字大辭典, 省安堂, 2003. p.1707, 漢韓大字典, 民衆書林, 2005. p.2282, (주)두산동아 사서편집국, 東亞 百年玉篇, (주)두산동아, 2005. p.2042. - 음이 '의·애'로 되어 있음. ③ 大漢韓辭典編纂室 編, 敎學 大漢韓辭典, (株)敎學社, 2005. p.3708. - 음이 '의·에'로 되어 있음.

餲애 : 음식의 맛이 변하다.

　주희(朱熹) - 饐는 밥이 습기와 열에 상한 것이고 餲는 맛이 변한 것이다. [饐 飯傷熱濕也 餲 味變也]

【而】 와[과]. …하고. 그리고. 접속사. 병렬관계를 나타냄.

【餒뇌】 물고기가 썩어서 문드러지다. 생선이 썩다.

　주희(朱熹) - 물고기가 상해 문드러진 것을 餒라 한다. [魚爛曰餒]

【失飪】 음식이 익힘의 정도를 잃은 것. 음식이 너무 익거나 설익어 요리가 잘못되다.

飪임 : 잘 익힌 음식. 음식물을 삶아서 익히다.

주희(朱熹) - 飪은 음식을 삶아서 조리할 때 날것이 익는 알맞은 정도이다. [飪
烹調生熟之節也]

【不時】 ① 제 때가 아닌 음식. 제철 음식이 아닌 것. ② 곡식이 여물지 않은 것과
과일 등이 익지 않은 것. 먹을 때가 아직 되지 않은 것.

강희(江熙) - 不時란 날 때가 그 철이 아닌 것을 이르니, 겨울철의 매실과 오얏
같은 것이다. [不時 謂生非其時 若冬梅李實也] [皇侃 義疏]

주희(朱熹) - 不時는 오곡(五穀)이 여물지 않은 것과 과일이 미숙(未熟)한[익지
않은] 것 따위이다. [不時 五穀不成 果實未熟之類]

[참고] 아침, 점심, 저녁의 제 식사 때가 아닌 것.

정현(鄭玄) - 不時란 조석(朝夕)과 일중(日中, 정오)의 때가 아닌 때이다. [不時
非朝夕日中時] 하루 중에는 세 차례 식사를 한다. [一日之中三時食]

【割不正】 자른 것이 바르지 않다. 썰어 놓은 것이 반듯하지 않다. 고기를 자른
것이 방정(方正)하지 않다.

正 : 반듯하다. 방정하다. 모양이 네모져 가지런하고 반듯하다.

주희(朱熹) - 고기를 자른 것이 방정(方正)하지 않은 것을 먹지 않음은 잠깐이라도
바름에서 떠나지 않은 것이다. [割肉不方正者 不食 造次不離於正也]

정약용(丁若鏞) - 割不正이란 고깃덩이를 낱낱이 도막내는 것을 말함은 아니다.
단 자르는 고기가 너무 지나치게 비뚤어져 반듯하게 보이지 않는 것을 싫어한
것이다. 옛날에 脯(포)를 '尹祭'라 하니 尹이란 올바름이라는 말이다. 이 또한
고기를 자르되 반듯하게 함을 말한다. [割不正 非謂肉片箇箇中矩也 但 其所割敹
歪已甚 有不堪正視者惡之耳 古者脯曰 尹祭 尹者正也 亦謂所割方正也]

[참고] 자르는 방식이 올바르지 않다. 동물은 부위에 따라서 각각 써는 방식이
있으므로 그 써는 방식이 바르지 않으면 먹지 않았다는 것이다.

강희(江熙) - 올바른 방법으로 짐승을 죽이지 않은 것이 不正이다. [殺 不以道爲
不正]

【不得其醬】 그 장(醬)을 얻지 못하다. 그 음식에 맞는 장을 얻지 못하다. 고기나
생선을 먹을 때 거기에 마땅한(맞는) 장이 있는데 이를 구비(具備)하지 않은
것이다.

주희(朱熹) - 고기를 먹을 때에 장을 사용함은 각각 마땅한 것이 있으니 얻지 못하여서 곧 먹지 않음은 구비하지 않음을 싫어한 것이다. [食肉用醬 各有所宜 不得則不食 惡其不備也]

마융(馬融) - 생선회는 겨자 장이 아니면 먹지 않았다. [魚膾 非芥醬 不食]

예기(禮記) 내칙(內則) - 이계(濡鷄, 삶은 닭)에는 해장(醯醬, 젓갈장)을, 이어(濡魚)에는 난장(卵醬)을, 이별(濡鼈, 삶은 자라)에는 해장(醯醬)을, ……, 어회(魚膾)에는 개장(芥醬)을, 미성(麋腥)에는 해장(醯醬)을 사용한다.

【不使勝食氣】밥 기운을 이기도록 하지는 않다. ⇒ 밥보다 더 먹지는 않다.

食氣식희 - 밥. 또는 주식. 氣는 餼의 고자. [檀國大學校 東洋學硏究所, 漢韓大辭典 15, 檀國大學校出版部, 2008. p.247] ♣ 餼 : 남에게 보내는 양식. 또는 양식을 두루 이르는 말. [참고] 음을 '식기' 또는 '사기'로 한 곳도 있음.

양백준(楊伯峻) - 氣는 발음은 Xì(희)이고, 설문(說文)에서는 旣자로 인용해서 썼다. 旣·氣·餼 이 세 글자는 古書에서 통용했다. 食氣는 주식(主食)을 말한다.

주희(朱熹) - 음식은 곡류를 주로 삼는다. 그러므로 고기로 하여금 밥 기운을 이기게 하지 않는 것이다. [食 以穀爲主 故 不使肉勝食氣]

【唯】단지. 다만. 오직. 오로지. 부사. 범위의 제한이나 한정(어떤 범위에 국한됨)을 나타냄.

【不及亂】난잡한 지경에 이르지 않다. 정신이 어지러워질[혼미해질] 정도까지는 미치지 않도록 했다.

주희(朱熹) - 술은 사람을 기쁘게 하므로 일정한 양을 정하지 않고, 다만 취하는 것으로 절도를 삼아 어지러운 지경에 이르지 않게 하신 것이다. [酒以爲人合歡 故不爲量 但以醉爲節而不及亂耳]

【沽酒市脯】술장수에게서 사가지고 온 술과 저자에서 사가지고 온 포(脯). ⇒ 시장에서 사가지고 온 술과 포.

沽고 : 장사치에게 사다. 市 : 시장에서 사다. 脯 : 포. 저미어 말린 고기.

【不撤薑食】생강 먹는 것을 물리치지 않다.

撤철 : 걷어치우다. 거두어 치우다. 물리치다. [하안(何晏) - 撤 去也]

【祭於公】공적으로 제사 지내다. 나라에서 제사를 지내다. 나라에서 지내는 제사를 돕다.

於 : …에서. 전치사. 동작이나 행위가 일어나는 장소(범위)를 나타냄.

公 : 공적. 공적인 것. 곧 나라에서 하는 것. ⇒ 나라. 조정.

【不宿肉】고기를 하룻밤 재우지 않다.

宿 : 재우다. 오래두다.

【出】넘기다(過也). 기회나 시기를 지나가게 하다.

【不食之矣】그것을 먹지 않다. [참고] 그것을 먹지 못하기 때문이다.

矣 : …이다. 어기조사. 단정 또는 필연의 결과를 나타냄.

【語, 言】語 : 대답하다. 대화하다.　言 : 말하다.

주희(朱熹) - 대답하는 것을 語라 하고 스스로 말하는 것을 言이라 한다. [答述曰語
自言曰言]

【雖】비록 …일[할] 지라도. 접속사. 양보관계를 나타냄.

【疏食菜羹소사채갱】거친 밥과 나물국.

【瓜祭】간단하게 감사의 뜻을 표하는 제사를 지내다. ⇒ 식전(食前) 감사제(感謝
祭)를 지내다. 고수레를 하다.

교학 대한한사전(敎學 大漢韓辭典) - 오이가 익었을 때, 음식의 법을 처음으로 만든
옛 사람에게 맨 먼저 차례를 지내서 근본을 잊지 아니함을 나타내는 일. [大漢韓辭典
編纂室 編, 敎學大漢韓辭典, (株)敎學社, 2005. p.2062]

단국대학교 한한대사전 - 첫물의 오이를 따서 조상에게 지내는 제사. [檀國大學校
東洋學硏究所, 漢韓大辭典 9, 檀國大學校出版部, 2006. p.674]

예기(禮記) 옥조(玉藻) - 오이(瓜)는 상환(上環, 꼭지 있는 쪽으로 반을 자른 것)을
제(祭)한다. [瓜祭上環]

【齊如재여】정중하게 공경하는 모양. 엄숙하고 경건하게 하는 모양. 如는 형용사
접미사.

【也】…이다. 어기조사. 진술문의 끝에 쓰여 판단이나 단정 또는 긍정을 나타냄.

하안(何晏) - 齊(재)는 엄숙히 하고 공경하는 모양이다. [齊 嚴敬貌]

[참고] 雖疏食菜羹 瓜祭 必齊如也

① 육덕명(陸德明) - 노론(魯論)에는 瓜字가 必字로 되어 있다. [魯論 瓜作必]

　☞ 雖疏食菜羹 必祭 必齊如也 : 비록 거친 밥과 나물국이라도 반드시 제(祭)를 지냈는데
반드시 엄숙 경건히 하였다.

이돈(李惇) 군경식소(羣經識小) - 瓜, 必 두 글자의 전자(篆字) 모양이 비슷해서

혼동된 것이다.

주희(朱熹) - 옛사람들은 음식을 먹을 때에 모든 종류를 각기 조금씩 덜어내어 그릇 사이에 놓아서 선대(先代)에 최초로 음식을 만든 사람에게 제사를 지냈으니 이는 근본을 잊지 않으려는 것이다. 齊는 엄숙하고 공경하는 모양이다. 공자는 비록 하찮은 음식이라도 반드시 祭하시고 祭할 때는 반드시 공경하셨으니 이는 성인의 정성이다. [古人飮食 每種各出少許 置之豆間之地 以祭先代始 爲飮食之人 不忘本也 齊 嚴敬貌 孔子雖薄物 必祭 其祭必敬 聖人之誠也]

② 祭 앞에서 구두(句讀)함. ☞ 雖疏食菜羹瓜 祭 必齊如也 : 비록 거친 밥과 나물국, 오이반찬일지라도 제(祭)를 지냈는데 반드시 엄숙 경건히 하였다.

형병(邢昺) - 疏食, 菜羹, 瓜 세 가지의 음식은 비록 하찮은 것이지만 음식을 맨 먼저 만든 사람에게 제사할 때 반드시 엄숙하고 공경히 하는 것이다. [疏食也 菜羹也 瓜也 三物雖薄 將食祭先之時 亦必嚴敬]

정약용(丁若鏞) - 瓜라는 한 글자는 위의 두 음식물[疏食, 菜羹]과 같은 따위의 음식물로 배열을 이룰 수 없다. 그리고 祭라는 한 글자로는 문리(文理)를 이룰 수 없다. [瓜一字不得與上二物成列 祭一字不成文理] ♣20090930水

第 十 篇 鄕 黨

1-9. 자리는 바로 잡지 않고는 앉지 않으셨으니

席不正 不坐

席(석)이 正(정)티 아니커든 坐(좌)티 아니터시다

(공자께서는) 자리가 반듯하지 않으면 앉지 않으셨다.

【席】 자리. 방석(方席).

【不正】 바르게 되어 있지 않다. 반듯하지 않다. ⇒ 자리가 바르지 않으면 앉지 않았다. 방석이 바르게 되어 있지 않으면[자리가 반듯하지 않으면] 앉지 않았다.

예기(禮記) 곡례(曲禮) - 주인이 꿇어앉아 자리를 바로잡아 주면 손님이 꿇어앉아 자리를 손으로 눌러 사양한다.

황간(皇侃) - 구설에 의하면 '자리를 펴되 모두 반듯하지 않으면 앉지 않는다.'고 한다. [舊說 鋪之不周正 則不坐之]

사량좌(謝良佐) - 성인은 마음이 바름에 편안하므로 자리가 바르지 않은 것에는 비록 작은 것이라도 거처하지 않으신 것이다. [聖人心安於正 故於位之不正者 雖小不處]

형병(邢昺) - 대체로 자리에 관한 예는 천자의 자리는 오중, 제후는 삼중, 대부는 재중이니 남향·북향으로 자리를 펼 때에는 서쪽으로 윗자리를 하고 동향과 서향으로 폈을 때는 남쪽으로 윗자리를 하는 것이니, 이러한 것이 예의 바름이다. 만일 바르지 않으면 공자는 앉지 않았다. [凡爲席之禮 天子之席五重 諸侯之席三重 大夫再重 席南鄕北鄕 以西方爲上 東鄕西鄕 以南方爲上 如此之類 是禮之正也 若不正 則孔子不坐]

[참고] ① 앉기 전에 방석의 위치를 바르게 하여 앉는 것이 그 당시의 예의였으므로 방향을 똑바로 한 뒤에야 앉았지 그렇게 하기 전에는 앉지 않았다. ⇒ 자리를 바르게 하지 않고는 앉지 않았다. ② 좌석이 자기 신분에 맞게 배열되어 정해지지 않으면 앉지 않았다. ⇒ 자리가 자기 자리에 맞지 않으면 앉지 않았다.

[참고] 席을 '벼슬자리'로 본다면 '바르지 않은 벼슬자리는 오르지[앉지] 말라.'는 훈계의 말로 해석될 수도 있음. [김영일]

♣20091001木

第十篇 鄕黨

1-10. 향음주례鄕飮酒禮와 나례儺禮 때 공자께서는…

鄕人飮酒 杖者出 斯出矣 鄕人儺 朝服而立於阼階

鄕人(향신)이 酒(쥬)를 飮(음)홈애 杖(댱)혼 者(쟈)] 出(츌)ᄒ거든 이예 出(츌)ᄒ더시다
鄕人(향신)이 儺(나)홈애 朝服(됴복)ᄒ시고 阼階(조계)예 立(립)ᄒ더시다

(공자께서는) 마을 사람과 술을 마실 때는 지팡이를 짚는 노인이 나가시면 이에[그
다음에] 나가셨다. 마을 사람들이 역귀(疫鬼)를 쫓는 굿을 할 때는 조복(朝服)을
입고서 사당(祠堂) 동쪽 섬돌에 서 계셨다.

【鄕人飮酒】 향음주례(鄕飮酒禮). 마을 사람들이 모여 주연(酒宴)을 베푸는 행사.

【杖者】 지팡이를 짚은 사람[노인]. 연로자(年老者). 60세 이상의 노인.

　예기(禮記) 왕제(王制) - 50세에는 집안에서 지팡이를 짚고, 60세에는 향당에서
　　지팡이를 짚고, 70세에는 나라 안에서 지팡이를 짚고, 80세에는 조정에서 지팡
　　이를 짚는다. [五十杖於家 六十杖於鄕 七十杖於國 八十杖於朝]

【斯】 …하면 (곧). 이렇게 되면. 그렇다면. 접속사. 앞의 문장을 이어받아 조건에
　　따른 결과를 나타냄.

【矣】 …이다. 어기조사. 단정 또는 필연의 결과를 나타냄.

【儺나】 나례(儺禮). 역귀(疫鬼)를 몰아내기 위한 굿(놀이). 연말 또는 3월, 10월에
　　행해졌음.

　주희(朱熹) - 굿(儺)은 역귀(疫鬼)를 쫓는 것이니 주례(周禮)에 방상씨(方相氏)가
　　관장하였다. 阼階(조계)는 동쪽 섬돌[계단]이다. 굿(儺)은 비록 古禮이나 놀이
　　에 가까운데도 반드시 조복을 입고 임하신 것은 그 정성과 공경을 쓰지 않음이
　　없으신 것이다. 혹자가 말하기를 '선조(先祖)와 오사[五祀, 門·行·戶·竈(조)
　　·中霤(중류)의 신)를 놀라게 할까 두려워서 (그 신들이) 자신의 몸에 의지하여
　　편안하게 하고자 해서이다.' 하였다. [儺 所以逐疫 周禮 方相氏掌之 阼階 東階
　　也 儺雖古禮 而近於戲 亦朝服而臨之者 無所不用其誠敬也 或曰 恐其驚先祖五
　　祀之神 欲其依己而安也] 주례(周禮) 하관(夏官) - 方相氏는 곰 가죽을 뒤집어쓰고 황금의
　　네 눈에 검은 저고리와 붉은 치마를 입고는 창을 잡고 방패를 휘두르며, 많은 속관(屬官)을

거느리고 계절에 따라 나례(儺禮)를 거행하여 방을 뒤져 역귀(疫鬼)를 몰아내는 것을 관장한다.

[方相氏 掌蒙熊皮 黃金四目 玄衣朱裳 執戈揚盾 帥百隷而時儺 以索室毆疫]

예기(禮記) 교특생(郊特牲) - 향인이 양(禓, 길에서 지내는 제사)을 할 때 공자께서 조복을 입고 조계에 서서 사당 안의 신을 보존했다. [鄕人禓 孔子朝服立于阼 存室神也]

【而】 …하여서. 그리하여. 접속사. 순접(연관) 관계를 나타냄.

【於】 …에(서). 전치사. 동작이나 행위가 일어나는 장소(범위)를 나타냄.

【阼階조계】 당(堂)에 올라가는 동쪽 계단. 집주인이 당에 올라갈 때 사용함. 객(客)은 서계(西階)를 사용함.

阼조 : 동편 층계. 주인이 당(堂)에 올라가는 계단.   ♣20091001木

1-11. 사람을 다른 나라에 보내 문안하게 할 때

問人於他邦 再拜而送之 康子饋藥 拜而受之 曰 丘未達 不敢嘗

사룸을 다룬 나라히 무루실 시 再拜(지빈) 호야 보내더시다
康子(강조) | 藥(약)을 饋(궤) 호야놀 拜(빅) 호고 受(슈) 호샤 굴오샤딕 丘(구) | 達(달)티 몯흔 디라 敢(감) 히 嘗(샹)티 몯호노라 호시다

第 十 篇 ◉ 鄕黨

(공자께서는) 사람을 다른 나라에 보내 문안(問安)하게 할 때는 재배(再拜)를 하고 그를 보내셨다. 계강자(季康子)가 약(藥)을 보내옴에 절하고 그것을 받고 나서 말씀하시기를 "제가 (이 약에 대해) 알지 못하니 감히 맛보지 못하겠습니다[복용할 수 없습니다]." 라고 하셨다.

【問人】사람을 보내 문안(問安)하게 하다.

　형병(邢昺) - 이는 공자가 사람을 보내는 예를 기록한 것이다. 問은 遺(보내다)와 같다. 문안을 통해서 그에게 물건을 보내는 것을 이른다. [此記孔子遺人之禮也 問猶遺也 謂因問有物遺之也]

【於】…에(서). 전치사. 동작이나 행위가 일어나는 장소(범위)를 나타냄.

【而】…하여서. 그리하여. 접속사. 순접(연관) 관계를 나타냄.

【康子】노나라의 대부 계강자(季康子). [참고] 爲政-20.

【饋藥】약(藥)을 보내다.

　饋궤 : 음식이나 물건을 보내다.

　범조우(范祖禹) - 무릇 음식을 주면 반드시 맛보고 절하는데 약의 성분을 알지 못하면 감히 맛볼 수 없고 받고 먹지 않으면 남이 주는 것을 헛되게 한다. 그러므로 말씀하시기를 이와 같이 하신 것이다. 그렇다면 마실 수 있으면 마시고 마실 수 없으면 마시지 않는 것이 모두 이 가운데에 있는 것이다. [凡賜食 必嘗以拜 藥未達 則不敢嘗 受而不食 則虛人之賜 故 告之如此 然則可飮而飮 不可飮而不飮 皆在其中矣]

　양시(楊時) - 대부가 주거든 절하고 받는 것은 禮이고 알지 못하면 감히 맛보지 못하는 것은 병을 삼감이고, 반드시 알리는 것은 정직함이다. [大夫有賜 拜而受

第十篇 · 鄕黨

之 禮也 未達不敢嘗 謹疾也 必告之 直也]

【丘】 공자의 이름. 저는(제가). 나는(내가). 일인칭대명사. 자신을 가리킬 때 자기 이름을 씀.

【未達】 (약의 성분이나 효험을) 알지 못하다. 깨닫지 못하다. 무슨 약인지 모른다. 어떤 병에 맞는 약인지 모른다.

未 : = 不. …이 아니다. …하지 않다. 부사. 동작·행위·성질·상태 등에 대한 부정을 나타냄.

達 : 깨닫다. 알다. 분명하게 이해하다.

　정약용(丁若鏞) - 達이란 통함이니 藥性에 대하여 알 수 없음을 말한다.[처방을 볼 수 없기 때문이다.] [達 通也 言不能通知藥性 蓋不見其方]

[참고]

　未達 : 아직 약을 받을 만한 위치에 도달되지 않았다. 대부가 보내준 약을 받을 대상이 될 만큼 스스로가 존귀한 위치에 도달되지 않았다는 뜻. 이때의 未는 부사로 동작·행위·상황 등이 아직 발생하지 않았음을 나타내며, 達은 '도달하다'의 뜻. [李洙泰]

【敢】 감히. 함부로. 조동사. 동사 앞에 쓰여 어떤 일을 할 용기가 있음을 나타냄. 앞에 부정사가 오면 강한 반대의 뜻[할 용기가 없음]을 나타냄.

【嘗】 맛보다. ⇒ 먹다. 복용하다.

[참고]

　공안국(孔安國) - 그 연유(緣由)를 알지 못하므로 감히 맛보지 않는 것이 禮이다.

　　[未知其故 故不敢嘗 禮也]　　　　　　　　　　　　　　♣20091005月

1-12. 마구간이 불에 탐에 '사람은 다치지나 않았나?' 하시니

廐焚 子退朝 曰 傷人乎 不問馬

廐(구)ㅣ 焚(분)커늘 子(주)ㅣ 朝(됴)로 退(퇴)ᄒ샤 ᄀᆞᆯ୍ᄋᆞ샤ᄃᆡ 人(신)이 傷(샹)ᄒ냐 ᄒ시
고 馬(마)를 묻디 아니ᄒ시다

마구간이 불에 탔는데 선생님께서 조정에서 물러 나오셔서 말씀하시기를 "사람이
다쳤느냐?"라 하시고, 말에 대해서는 묻지 않으셨다.

【廐구】 마구간. 廐의 속자.

【焚분】 불에 타다.

【退朝】 조정에서 물러 나오다. 조정에서 퇴근하다. 퇴청하다.

【傷人乎】 (화재가) 사람을 다치게 하였느냐? ⇒ 사람이 다쳤느냐?

　傷 : 다치게 하다. 상하게 하다. 상처를 입다.

　乎 : …인가? …한가? 어기조사. 문장 끝에 쓰여 의문(질문)을 나타내며 시비(是非)
　　　판단의 어기를 도움.

【不問馬】 말에 대해서 묻지 않다.

정현(鄭玄) - 사람을 중시하고 가축을 천하게 여긴 때문이다. [重人賤畜]

주희(朱熹) - 말을 사랑하지 않는 것은 아니나, 사람이 상했을까 두려워하는 뜻이
　　　　많으므로 미처 묻지 못하는 것이니, 무릇 사람을 귀히 여기고 가축을 천히
　　　　여기는 것은, 도리(道理)가 마땅히 이와 같아야 하는 것이다. [非不愛馬 然恐傷
　　　　人之意多 故未暇問 蓋貴人賤畜 理當如此]

[참고] 傷人乎 不問馬

① 傷人乎不 問馬 : 사람을 다치게 했느냐? 그렇지 안했느냐? (그리고) 말을
　　물어보셨다. [陸德明]

② 傷人乎 不 問馬 : '사람을 다치게 했느냐?' 물으시니 '아닙니다.' 하자 (다시)
　　말에 대해서 물으셨다.

♣20091005月

第
十
篇

鄕
黨

1-13. 임금께서 음식을 하사하시면...

君賜食 必正席先嘗之 君賜腥 必熟而薦之 君賜生 必畜之 侍食於君
君祭 先飯 疾 君視之 東首 加朝服 拖紳 君命召 不俟駕行矣

君(군)이 食(식)을 賜(ᄉᆞ)하야시든 반ᄃᆞ시 席(셕)을 正(졍)히 ᄒᆞ고 몬져 嘗(샹)ᄒᆞ시고
君(군)이 腥(셩)을 賜(ᄉᆞ)ᄒᆞ야시든 반ᄃᆞ시 熟(슉)ᄒᆞ야 薦(쳔)ᄒᆞ시고 君(군)이 生(ᄉᆡᆼ)을
賜(ᄉᆞ)ᄒᆞ야시든 반ᄃᆞ시 畜(휵)ᄒᆞ더시다
君(군)ᄭᅴ 뫼셔 食(식)ᄒᆞ실 제 君(군)이 祭(졔)ᄒᆞ시거든 몬져 飯(반)ᄒᆞ더시다
疾(질)에 君(군)이 視(시)ᄒᆞ거시든 東(동)으로 首(슈)ᄒᆞ시고 朝服(됴복)을 加(가)ᄒᆞ시
고 紳(신)을 拖(타)ᄒᆞ더시다
君(군)이 命(명)ᄒᆞ야 召(쇼)ᄒᆞ거시든 駕(가)를 俟(ᄉᆞ)티 아니ᄒᆞ시고 行(ᄒᆡᆼ)ᄒᆞ더시다

(공자께서는) 임금께서 음식을 하사(下賜)하시면 반드시 자리를 반듯이 하고 먼저
그 음식을 맛보셨고, 임금께서 생고기를 하사하시면 반드시 익혀서 그 고기를 조상의
영전에 올렸으며, 임금께서 산 짐승을 하사하시면 반드시 그 짐승을 기르셨다. 임금
곁에서 모시고 식사를 할 때는 임금께서 감사제(感謝祭)[고수레]를 지내시면 먼저
시식(試食)하셨다. 병환이 심하시어 임금께서 와서 보시면 머리를 동쪽으로 두고
조복을 얹은 뒤 큰 띠를 펼쳐 놓으셨다. 임금께서 명(命)하여 부르시면 수레에 말을
매는 것을 기다리지 않고 바로 가셨다.

【之】 그. 그것(그 분). 지시(인칭) 대명사. *必正席先嘗之, 必熟而薦之, 必畜之, 君視之*
    순서대로 食, 腥, 生, 孔子를 가리킴.
【腥성】 날고기. 생고기.(生肉).
【而】 ...하여서[하고서]. 그리하여. 접속사. 순접(연관) 관계를 나타냄.
【薦천】 바치다. 올리다. 조상 영전에 제물로 올리다[바치다].
　공안국(孔安國) - 薦은 자신의 선조에게 제사지내는 것이다. [薦其先祖]
【生】 산 짐승. 생물(生物).
【畜휵】 기르다(養也). 사육(飼育)하다.
주희(朱熹) - 腥은 날고기이니, 익혀서 조상에게 올리는 것은 임금이 주심을 영화롭

게 하는 것이다. 기르는 것은 임금의 은혜를 사랑하여 연고가 없으면 감히
죽이지 않는 것이다. [腥生肉 熟而薦之祖考 榮君賜也 畜之者 仁君之惠 無故
不敢殺也]

【侍食시식】 배식(陪食). 손윗사람을 모시고 식사를 함.

侍 : 모시다.

【於】 …와 함께. …의 곁에서. 전치사. 동작이나 행위에 관련되는 대상을 나타냄.

【祭】 감사제(感謝祭). 고수레. 과제(瓜祭). [참고] 本篇-1-8.

【飯반】 밥을 먹다. ⇒ 시식(試食)하다.

주희(朱熹) - 주례(周禮)에 '왕은 매일 한 번씩 성찬(盛饌)을 드니 선부(膳夫)가
제(祭)할 물건을 올리고 맛을 보면 왕이 그제야 먹는다.' 하였다. 그러므로
군주를 모시고 먹는 자가 군주가 祭하면 자기는 祭하지 않고 먼저 밥을 먹어
마치 군주를 위하여 맛을 보는 것처럼 하는 것이니 감히 손님의 예(禮)를
감당하지 못해서이다. [周禮 王日一擧 膳夫授祭品嘗食 王乃食 故 侍食者 君祭
則己不祭而先飯 若爲君嘗食然 不敢當客禮也]

【疾】 병이 나다. 병환이 깊다.

【視】 보다. 찾아와서 보다. 병문안을 와서 보다.

【東首】 머리를 동쪽으로 하다[두다]. 머리를 동쪽으로 향하게 하다.

형병(邢昺) - 병자(病者)는 언제나 북쪽 창문 아래 거처하나 임금이 문병 오게
되면 잠시 남쪽 창문 아래로 환자를 옮기되 머리를 동쪽으로 눕혀 임금으로
하여금 남면(南面)하시게 하여 보시게 하는 것이다. [病者常居北牖下 爲君來
視 則暫時遷鄕南牖下 東首 令君得南面而視之]

【加】 더하다. 몸 위에 덮다[얹다]. 임금을 뵈올 때는 조복을 입고 배알하여야 하나
병이 깊어 조복을 입을 수 없으므로 조복을 몸 위로 덮고 큰 띠를 펼쳐 놓아
마치 조복을 입고 띠를 찬 것처럼 한 것임.

【拖紳타신】 큰 띠를 펼쳐 놓다. 조복 위에 큰 띠를 걸쳐 놓음.

拖타 : 풀어 놓다. 늘어놓다. 늘어뜨리다.

紳 : 예복에 갖추어 매는 큰 띠. 허리에 매고 남은 부분을 길게 늘어뜨린 큰 띠.

주희(朱熹) - 병들어 누워 있을 적에 옷을 입고 띠를 매는 것을 할 수 없고 또
평상복으로 임금을 뵐 수 없다. 그러므로 조복을 몸에 덮고 또 큰 띠를 그

위에 늘어놓은 것이다. [病臥 不能著衣束帶 又不可以褻服見君 故 加朝服於身 又引大帶於上也]

【俟駕】 수레의 멍에를 말에 매는 것을 기다리다. 수레에 말을 매는 것을 기다리다. 탈 것을 준비하는 것을 기다리다. 수레를 기다리다.

俟사 : 기다리다(待也). 대기하다.

駕가 : 멍에. ⇒ 탈 것. 수레.　　　　　　　　　　　　　♣20091006火

第十篇 ● 鄕黨

1-14. 태묘에 들어가서서는 모든 일을 물어서 하시었으니

入太廟 每事問

入太廟(입태묘) ᄒ샤 每事(미ᄉ)를 問(문)이러시다

(공자께서는) 태묘(太廟)에 들어가셔서는 모든 일을 물어서 하시었다.

[참고] 八佾 -15

【太廟】 천자나 제후의 시조를 모신 사당. 태조(太祖)의 사당. 여기서는 魯나라의 시조인 주공(周公)의 묘를 말함. 주(周)나라의 성왕(成王)이 주공의 공로가 크다고 하여 그 아들 백금(伯禽)을 노나라에 봉하였으므로 주공의 묘가 태묘에 해당됨.

정현(鄭玄) - 임금을 위하여 제사 지내는 것을 돕는 것이다. 太廟는 주공(周公)의 사당이다. [爲君助祭也 太廟 周公廟也] ♣20091006火

1-15. 벗이 죽음에 거두어 줄 사람이 없자 장례를 치르시고

朋友死 無所歸 曰 於我殯 朋友之饋 雖車馬 非祭肉 不拜

朋友(붕우)ㅣ 死(ᄉ)ᄒᆞ야 歸(귀)홀 빼 업거든 글ᄋᆞ샤ᄃᆡ 내게 殯(빈)ᄒᆞ라 ᄒᆞ더시다
朋友(붕우)의 饋(궤)ᄂᆞᆫ 비록 車馬(거마)ㅣ라도 祭肉(제육)이 아니어든 拜(빈)ᄐᆞᆯ 아니ᄒᆞ더시다

(공자께서는) 벗이 죽었는데 거두어 줄 사람이 없자 말씀하시기를 "내 집에서 장례를 치르리라." 하셨다. 벗이 보내 온 선물은 비록 수레나 말일지라도 제사 고기가 아니면 절을 하지 않으셨다.

【無所歸】 의탁할 곳[사람]이 없다. ⇒ 거두어 줄 사람이 없다.
　歸 : 몸을 의탁하다.
　공안국(孔安國) - 無所歸는 가까운 친척이 없는 것을 말한다. [無所歸 言無親昵]
【於我殯】 내 집에 빈소(殯所)를 차리다. ⇒ 내 집에서 장례(葬禮)를 치르다.
　於 : …에서. 전치사. 동작이나 행위가 일어나는 장소(범위)를 나타냄.
　殯빈 : 장사를 지내기 전에 시신을 관에 넣어 일정한 곳에 안치하는 일.
【之】 …하는[한]. …의. 조사. 관형어와 중심어 사이에 쓰여 중심어를 수식하거나
　　국한하는 관계를 나타냄. 앞의 말에 형용성(形容性)을 띠게 함.
【饋궤】 보낸 물품. 선물. [참고] 本篇-1-11.
【雖】 비록 …일[할] 지라도. 접속사. 양보관계를 나타냄.
　공안국(孔安國) - 不拜라는 것은 재물(財物)을 통용(通用)하는 의(義)가 있는 것이
　　다. [不拜者 有通財之義]
　주희(朱熹) - 친구 간에는 재물을 통하는 의가 있다. 그러므로 비록 수레와 말의
　　귀중한 물건이라도 절하지 않고 제사지낸 고기이면 절하는 것은 돌아가신
　　조부와 부친을 공경하기를 자기 어버이와 같이 하는 것이다. [朋友 有通財之義
　　故 雖車馬之重 不拜 祭肉則拜者 敬其祖考 同於己親也]　　♣20091007水

1-16. 집에 거처하실 때와 여러 사람을 만나실 때

寢不尸 居不容 見齊衰者 雖狎 必變 見冕者與瞽者 雖褻 必以貌 凶
服者式之 式負版者 有盛饌 必變色而作 迅雷風烈必變

寢(침)홈애 尸(시)티 아니ᄒ시며 居(거)홈애 容(용)티 아니터시다
齊衰(지최)ᄒ 者(쟈)를 보시고 비록 狎(압)ᄒ나 반ᄃ시 變(변)ᄒ시며 冕(면)ᄒ 者(쟈)와
다뭇 瞽(고)ᄒ 者(쟈)를 보시고 비록 褻(셜)ᄒ나 반ᄃ시 뼈 貌(모)ᄒ더시다
凶服(흉복)ᄒ 者(쟈)를 式(식)ᄒ시며 版負(판부)ᄒ 者(쟈)를 式(식)ᄒ더시다
盛(셩)ᄒ 饌(찬)이 잇거든 반ᄃ시 色(ᄉᆡᆨ)을 變(변)ᄒ시고 作(작)ᄒ더시다
迅(신)ᄒ 雷(뢰)와 風(풍)이 烈(렬)홈애 반ᄃ시 變(변)ᄒ더시다

 (공자께서는) 누워 계실 때는 시체처럼 하지 않으시며 댁에 계실 때는 근엄한 용모를 하지 않으셨다. 상복(喪服)을 입은 사람을 보시면 비록 친할지라도 반드시 태도를 바꾸셨고, 예모를 쓴 관리와 눈먼 소경을 보시면 비록 허물없는 사이라도 반드시 예의 있는 용모를 갖추셨다. (수레를 타고 가실 때) 상복(喪服)을 입은 사람에게는 수레의 식(軾)을 잡고 예를 표했으며, 나라의 지도나 호적(戶籍)을 지고 가는 사람에게도 수레의 식(軾)을 잡고 예를 표하셨다. 성찬(盛饌)이 나오면 반드시 정색하시고 일어서셨다. 심한 천둥이 치고 바람이 세차게 불면 반드시 정색하셨다.

【寢不尸】 누워 있을 때는 시체처럼 하지 않다.
 정약용(丁若鏞) - 寢은 눕는다는 뜻이다. [寢 臥也] [참고] 公冶長-10.
 포함(包咸) - 사지(四肢)를 눕히고 손발을 펴서 마치 죽은 사람처럼 하는 것이다.
  [偃臥四體 布展手足 似死人]
【居不容】 집에 거처할 때는 근엄한 용모를 하지 않다.
 정약용(丁若鏞) - 容은 주례(周禮)의 六容의 類이다.[春官保氏는 國子를 六容으로 가르치
  니 1. 제사의 용모, 2. 빈객의 용모, 3. 조정의 용모, 4. 초상의 용모, 5. 軍旅의 용모, 6. 車馬의
  용모이다.] [容 周禮六容之類也 春官保氏 敎國子以六容 一祭祀之容 二賓客之容 三朝廷之
  容 四喪紀之容 五軍旅之容 六車馬之容]
 주희(朱熹) - 居는 집에 거처하는 것이요 容은 容儀[용의, 바른 몸가짐(태도)]이다.

[居 居家 容 容儀]

범조우(范祖禹) - 居不容은 태만히 하는 것이 아니라 다만 제사를 받들고 손님을 만날 때처럼 하지 않으셨을 뿐이니 申申夭夭(용모가 펴지고 얼굴빛이 온화한 모양)가 그것이다. [居不容 非惰也 但不若奉祭祀 見賓客而已 申申夭夭 是也]

[참고]

① 집에 거처할 때는 얼굴을 치장하지 않으셨다. [容 : 얼굴을 꾸미다. 치장하다.]

② 육덕명(陸德明)의 경전석문(經典釋文)과 당 석경(唐 石經)에는 容이 아니고 客으로 되어 있음. 따라서 居不客이며 이때 居는 '앉다.' 라는 뜻이고 客은 손님이 되거나 손님을 접대할 때 앉는 자세임. ⇒ 앉을 때는 손님처럼 꿇어앉지 않았다.

③ 집에 거하실 때는 손님처럼 거하지 않았다. [居 = 居家, 容 ⇒ 客]

【齊衰자최】 상복(喪服). 굵은 생베로 짓되 아랫단을 좁게 접어서 꿰맨 상복.

【狎압】 친하다. 친숙하다. 친근하다. 친숙하여 어려워하지 않음.

【變】 용모를 고치다. 얼굴색을 바꾸다. ⇒ 정색(正色)하다.

【冕者면자】 예모(禮帽)[예관(禮冠)]를 쓴 사람. 곧 관리(官吏).

【與】 …와[과]. 접속사. 병렬관계를 나타냄.

【瞽者고자】 소경. 맹인(盲人). 판수.

【褻설】 무람없다(어른이나 친한 사이에 스스럼없고 버릇이 없다.). 친근하다. 허물없다. 자주 만나는 사이. 아주 가까운 사이.

주희(朱熹) - 褻은 私席에서 만나봄[보통 때 편안하게 항상 만나는 것]을 이른다. [褻 謂燕見]

주생렬(周生烈) - 褻은 자주 서로 보는 것을 말한다. [褻 謂數相見]

【必以貌】 반드시 (예의에 맞는) 용모를 갖추다.

以 : 가지다. 지니다. 以는 보통 수단이나 방법을 표시하는 전치사로 쓰이지만 여기서는 貌 뒤에 와야 할 동사가 생략됨으로써 동사적 용법으로 쓰인 것임.

君之門以九重(임금님의 문은 아홉 겹이 있다.)[초사(楚辭) 구변(九辯)]

貌 : 용모. 예의 바른 용모.

주희(朱熹) - 貌는 예모(禮貌)를 이른다. [貌 謂禮貌]

【凶服】 상복(喪服).

정약용(丁若鏞) - 凶服은 五服의 통칭이다. [凶服 通指五服]

♣ 五服 : 참최(斬衰, 3년 복상), 자최(齊衰, 3년), 대공(大功, 9개월), 소공(小功, 5개월), 시마(緦麻, 3개월).

【式】 수레 앞 쪽에 손을 잡을 수 있도록 가로댄 나무. ⇒ 수레의 식[式(軾)]을 잡고 경의(敬意)를 표하다[예를 표하다].

【之】 그. 그 사람. 인칭대명사. 凶服者를 가리킴.

형병(邢昺) - 式이란 수레 위에 가로지른 나무이다. 남자가 수레를 탈 때 공경할 대상이 있으면 몸을 구부려 式에 의지하는 것이므로 마침내 式을 공경의 대명사로 삼게 된 것이다. [式者 車上之橫木 男子立乘 有所敬 則俯而憑式 遂以式爲敬名]

황간(皇侃) - 옛날 사람들이 덮개 없는 수레를 탈 때 모두 수레 중앙에 몸을 기대고 선다. 기대고 서 있는 것은 오래하기 어려우므로 수레 위에 옆으로 가로지른 나무 하나를 고정시켜 이를 손으로 잡는데 이것을 교(較)라 하고, 또 교와 수레 바닥 중간 지점에 못 미쳐 가로지른 나무 하나를 고정시켜 묶어 놓으니 이것을 이름하여 軾(식)이라 한다. 만일 수레 위에서 공경을 표시해야 할 때는 손을 내려 軾(식)을 잡으면 저절로 몸이 구부러지게 되므로 이것을 式이라고 한다. [古人乘露車 皆於車中倚立 倚立難久 故於車箱安一橫木 以手隱憑之 謂之爲較 又於較之下 未至車床半 許安一橫木 名爲軾 若在車上 應爲敬時 落手憑軾 則身俯僂 故曰式之]

【負版者】 판(版)을 짊어진 사람. 나라의 도적(圖籍)을 짊어진 사람.

공안국(孔安國) - 負版者는 나라의 지도(地圖)와 호적(戶籍)을 짊어진 사람이다. [負版者 持邦國之圖籍]

유월(兪樾) - 負版이라는 글은 다른 책에 보이지 않는다. 孔安國 또한 문자만을 바라보고 해설한 것일 뿐이다. 負版은 아마도 負販의 잘못인 듯하다. 版과 販은 발음이 같아서 고문에서 통용되는 경우가 많다. 式負版者와 앞 구절의 凶服者式之는 한 가지 일로 공자가 상복을 입은 사람을 보면 반드시 공경하였는데 이는 그가 비록 등짐장수(負販者)라도 또한 공경하였다는 말이다. 예기(禮記) 곡례(曲禮) 篇에 '禮란 자신을 낮추고 남을 존중하는 것이니 비록 등짐장수라도 반드시 존중함이 있는 것이거늘 하물며 부유하고 존귀한 사람에 대해서야 그렇지 않겠는가?' 라는 구절이 있는데 바로 이것으로 이 경문을 설명할

수 있다. 공안국은 상복을 한 가지 일로 보고 負版을 또 다른 한 가지 일로 보았지만 경문에서 '式凶服者 式負版者' 라고 말하지 않은 것은 두 구절이 본래 병렬된 것이 아니기 때문이다. 구설이 자못 그 올바른 뜻을 얻지 못한 것이다. 이아(爾雅) 석충(釋蟲) 에서 '傅는 負版이다.' 라고 하였는데 이것이 또한 負販을 가리킨다. 이 벌레는 무거운 것을 짊어지기 좋아하여 사람 중에 등짐장수로 비유한 것일 뿐이다. [負版之文 他書未見 孔亦望文爲說耳 負版疑 負販之誤 或版販同聲 古文通用也 式負版者與上句凶服者式之 其爲一事 言子 見凶服者 必式 雖負販者亦式之也 禮記曲禮篇 夫禮者自卑而尊人 雖負販者必 有尊也 而況富貴乎 卽可以說此經矣 孔以凶服爲一事 負版爲一事 然經文不曰 式凶服者式負版者 是二句本不平列 舊說殆未得也 爾雅釋蟲傅 負版 亦卽負販 也 此蟲喜負重 故以人之負販者爲此耳]

☞ 凶服者式之 式負版者 : 상복을 입은 사람에게 식(式)의 예를 갖추었는데 그 사람이 설령 등짐장수인 천한 사람이라도 식(式)의 예를 갖추었다.

【盛饌】 풍성하게 잘 차린 음식. 훌륭한 요리.

盛 : 풍성하다. 많다.

饌찬 : 잘 차려진 음식. [참고] 爲政-8.

정약용(丁若鏞) - 饌은 음식을 진열(陳列)한 것이다. [饌者 飮食之陳列也]

【而】 …하고서. 그리하여. …한 후에 곧. 접속사. 순접(연관)관계를 나타냄.

【作】 일어나다(起也). 몸을 일으키다. 일어서다.

공안국(孔安國) - 作은 일어나는 것이다. [作 起也]

【迅雷신뢰】 갑자기 일어나는 심한 천둥.

迅 : 빠르다(疾也). 갑작스럽다.

【風烈】 바람이 매섭게 부는 것. 폭풍(暴風).

烈 : 사납고 맹렬하다(猛也).

정현(鄭玄) - 하늘의 노여움을 공경한 것이다. 바람이 거세고 천둥이 치는 것을 烈이라 한다. [敬天之怒 風疾雷爲烈]　　♣20091008木

1-17. 수레를 타실 때

升車 必正立 執綏 車中 不內顧 不疾言 不親指

車(거)에 升(승)호샤 반드시 正(정)히 立(립)호샤 綏(유)를 執(집)호더시다
車中(거듕)애 內顧(닉고)티 아니호시며 疾(질)히 言(언)티 아니호시며 親(친)히 指(지)
티 아니터시다

(공자께서는) 수레에 오르실 때는 반드시 단정히 서서 수레 손잡이 끈을 잡으셨다.
수레 안에서는 뒤돌아보시지 않으셨고 빠르게 말씀하시지 않으셨으며 친히 손가락질
하지 않으셨다.

【升】 오르다(登上).

　升車 : 수레에 오르다. 수레에 타다.

【必】 반드시. 꼭. 참으로. 과연. 동작·행위·성질·상태 등에 대한 결연한 의지나
　　　 확신을 나타냄.

【正】 단정하도록 하다. 의관(衣冠), 자세나 표정 등을 바르게 하다.

【綏수】 수레의 손잡이 끈.

　형병(邢昺), 주희(朱熹) - 綏는 붙잡고 수레에 오르는 끈이다. [綏 挽以上車之索也]

【內顧】 뒤돌아 보다. 돌아보다. 둘러보다. 머리를 돌려서 보다.

　형병(邢昺), 주희(朱熹) - 內顧는 돌아보는 것이다. [內顧 回視也]

　황간(皇侃) - 內는 後와 같다. [內猶後也]

【疾言】 ① 빨리[빠르게] 말하다. 급히 말하다.　② 높은 소리로 말하다. 큰 소리로
　　　　 말하다.

　疾 : ① 빨리. 빠르게.　② 높은 소리(激揚之聲)로. 큰 소리로.

【親指】 직접 손가락질하다.

　親 : 친히. 몸소. 직접. 스스로. 부사. 동작이나 행위가 스스로 진행되는 것을 나타냄.

　指 : 손가락. ⇒ 가리키다. 손가락질하다. 동사로의 전용.　　♣20091012月

1-18. 까투리를 보시며

色斯擧矣 翔而後集 曰 山梁雌雉 時哉時哉 子路共之 三嗅而作

色(쇡)하고 이에 擧(거)하야 翔(샹)흔 後(후)에 集(집)하느니라
굴ㅇ샤딕 山梁(산량)엣 雌雉(주티)ㅣ 時(시)ㄴ뎌 時(시)ㄴ뎌 子路(주로)ㅣ 共(공)혼대
세 번 嗅(후)하시고 作(작)하시다

(꿩이) 놀래서 이내 곧 날아오르고, 날개를 펴고 빙빙 돈 후에 떼 지어 내려앉았다. (공자께서) 말씀하시기를 "산 제곡 다리 위의 까투리가 제 시절이로구나! 제 시절이로구나!" 하시자, 자로(子路)가 그것(꿩)을 드리니 몇 번 냄새만 맡으시고 일어나셨다.

【色斯擧矣】놀래서 이에 곧 날아오르다.

色 : 놀라다(驚駭). 諸大夫見之 皆色然而駭(모든 대부들이 그것을 보고는 모두 색연하여 놀랬다.)[公羊傳 哀公 六年]

　정약용(丁若鏞) - 色은 놀래는 모양이다.[色 駭貌]

　[참고] 얼굴빛. 기색(氣色) ⇒ 기색(氣色)을 살피다. 동사로의 전용.

　주희(朱熹) - 새가 사람의 안색이 좋지 못한 것을 보면 곧 날아가 버린다는 것을 말한다.[言鳥見人之顔色不善 則飛去]

斯 : 비로소. 곧. …하면 곧. 이에 곧. 동작이나 행위가 일정한 조건을 갖춘 후에야 비로소 발생하는 것을 나타냄.

擧 : 오르다. 날아오르다.

矣 : 어기조사. 잠시 말을 멈추게 하는 느낌[짧은 휴지(休止)]을 주고 문장이 끝나지 않았음을 나타내며 다음 말을 일으키는 역할을 함.

[참고] 남회근(南懷瑾) - 산뜻하고 아름다운 날개를 펼치다.

【翔而後集】날개를 펴고 빙빙 선회하며 난 뒤에 떼 지어 내려앉았다. 날개를 펴고 빙빙 돌며 날다가 떼 지어 내려앉았다.

而後 : 이후에. 그런 다음에. …한 연후에. …하고 난 후에. = 以後. 단문을 연결시키며, 뒷일이 앞의 일에 이어서 발생하는 연관관계를 나타냄. 而는 조동사로 뒤에 上, 下, 往, 來, 前, 後 등을 동반하여 범위를 나타냄.

정약용(丁若鏞) - 翔이란 선회하며 나는 모양이다. [翔者 飛之盤廻也]

새가 훌쩍 날아오르는 것을 擧라 하며 새가 내리는 것을 集이라 하니. 이 두 구절은 고어로 새가 해(害)를 피하고 환란을 염려하는 것으로써 군자의 '易退難進'을 비유한 것이다. [鳥之騰翥曰 擧 其下止曰 集 此二句 蓋古語 以鳥之避害慮患 喩君子之易退難進也]

주희(朱熹) - (새가) 빙빙 돌며 날면서 살펴본 이후에 내려앉으니, 사람이 기미를 보고 일어나 거처할 곳을 살펴 선택함이 마땅히 이와 같아야 함을 말한 것이다. 그러나 이 글의 위나 아래에 반드시 빠진 글이 있을 것이다. [言鳥見人之顔色不善 則飛去 回翔審視而後下止 人之見幾而作 審擇所處 亦當如此 然此上下 必有闕文矣]

【山梁】 산 계곡의 다리.

형병(邢昺) - 梁은 다리이다. [梁 橋也]

정약용(丁若鏞) - 山梁이란 산 계곡의 작은 다리이다. [山梁 山谿之小橋也]

[참고] 山梁 : 산언덕[기슭]. [南懷瑾, 李澤厚]

【雌雉자치】 암꿩. 까투리.

【時哉】 때이로구나! 좋은 시절이로구나! 때를 만났구나[얻었구나]! 때를 아는구나! 제 시절이구나!

哉 : …이로다! …이구나! …이도다! …하구나! …로구나! …이여! 어기조사. 찬양·비통·분노·경악·감개 등의 감탄의 어기를 나타냄.

정약용(丁若鏞) - 時哉時哉란 떠나갈 때임을 말함이다. 공자는 꿩을 쏘는 사람이 山梁으로 가는 것을 보고 古語를 읊조리며 다음과 같이 말하였다. '꿩이여 꿩이여, 시절이 좋구나! 시절이 좋구나!' 라고 하니 이는 새가 장차 죽을 것을 슬퍼하며 새가 놀라서 날아가 해를 피하게 하고자 한 것이다. [時哉時哉 謂可去之時也 孔子見射雉者 行于山梁 爲誦古語曰 雉乎雉乎 時哉時哉 悲其將死 欲其色擧以避害也]

주희(朱熹) - 時哉는 꿩이 물을 마시고 모이를 쪼아 먹는 것이 제때를 얻었음을 말씀하신 것이다. 자로가 이것을 알지 못하고 시물(時物)이라 생각하여 마련해서 올리니 공자께서 먹지 않으시고 세 번 냄새를 맡고 일어나셨다. [時哉 言雉之飲啄得其時 子路不達 以爲時物而共其之 孔子不食 三嗅其氣而起]

113

【子路共之 三嗅而作】 자로가 그것을 드리니[올리니] 세 번[몇 번] 냄새를 맡고 그리고 일어나셨다.

共 : = 供. 바치다. 올리다.　嗅후 : 냄새를 맡다.

而 : …하고서. …한 후에 곧. 접속사. 순접(연관) 관계를 나타냄.

作 : 일어나다(起也). 몸을 일으키다. 일어서다.

정약용(丁若鏞) - 共이란 제공함[받치는 것]이며 嗅란 코로 냄새를 맡는 것이다.[형병(邢昺)이 말함] 꿩은 끝내 죽었던 것이다. 자로가 공자께서 時哉라고 누차 말씀하신 뜻이 시물(時物)[제철에 맞는 물건(음식)]이므로 잡수시고 싶어서 하신 말씀으로 착각하고 이를 익혀 드렸던 것이다. 공자께서는 말씀하신 본의와 달랐으므로 차마 먹지 못하시고 세 번 냄새만 맡으시고 일어서셨던 것이다. [共者 供也 嗅者 鼻歆其氣也 邢氏云 雉竟死矣 子路 謂孔子亟稱時哉意 其以時物而思食之 故熟而進之 孔子非本意 不忍食 故三嗅而作]

리쩌허우(李澤厚) - 자로가 그것(꿩)을 잡으려 하자 여러 차례 놀라서 날아가 버렸다. [共 : = 拱. 두 손을 맞잡다. 손을 내밀어 잡으려 하다. 嗅 : 狊자로 봄.] [유면지(劉勉之) - 嗅자는 마땅히 狊자가 되어야 하니 음은 古闃反(격)이고 두 날개를 펴고 날아가는 것이다. 이아(爾雅)에 보인다. (嗅當作狊 古闃反 張兩翅也 見爾雅)]

남회근(南懷瑾) - 자로가 읍(揖)하였는데 (공자께서 그 뜻을 알고) 감탄의 숨을 세 번이나 쉬셨다.

윤경혁(尹庚爀) - 자로가 재촉하니 세 번 (봄) 냄새를 맡고 일어나셨다. [共 : 공수(拱手)하다. ⇒ 읍(揖)하다. 두 손을 맞잡고 읍하며 가자고 재촉함.] [논어강설(李基東)]

♣20091013火

第十一篇
先進 선 진

過猶不及

지나침은 미치지
못함과 같으니

[先進-15]

1. 먼저 예악禮樂에 나아간 야인野人을 좇으리

> 子曰 先進於禮樂 野人也 後進於禮樂 君子也 如用之 則吾從先進

子(즈) ㅣ 골ㅇ샤ㄷㅣ 先進(션진)이 禮(례)와 樂(악)애 野人(야신)이오 後進(후진)이 禮
(례)와 <u>樂(악)애 君子(군즈) ㅣ라 ㅎㄴ니 만일 用(용)ㅎ면 내 先進(션진)을 조초리라</u>
[<u>___</u> 부분은 光海君 四年本]

선생님께서는 말씀하시기를 "예(禮)와 악(樂)에 먼저 나아가는 이는 야인(野人)이
요, 예와 악에 뒤에 나아가는 이는 군자(君子)이니라. 만약 등용하라 하면 곧 나는
먼저 나아간 이를 좇으리라." 하셨다.

【先進】 먼저 나아가다. (예악을) 먼저 학습하다. 먼저 예악을 학습하고 그 다음에
　　　　 벼슬을 하다. ⇔ 後進

【後進】 뒤에 나아가다. (예악을) 뒤에 학습하다. 벼슬길에 나아간 뒤에 예악을
　　　　 학습하다. ⇔ 先進

공안국(孔安國) - 先進後進이란 벼슬의 先後輩을 말한다. [先進後進 謂仕先後輩也]

[참고]

① 先進 : 선대의 사람. 周나라 초기의 사람들. ⇔ 後進 : 후대의 사람. 周나라
　　　후기의 사람들. [김영일, 金學主, 南懷瑾, 李起榮]

　형병(邢昺) - 先進이란 襄公·昭公, 後進이란 定公·哀公 때의 인물이다. [先進者
　　當襄昭之世 後進者 當定哀之世]

　정이(程頤) - 先進은 예악에 있어 文(문채, 꾸밈)과 質(바탕)이 마땅함을 얻었는
　　데 이제 도리어 그것을 질박하다고 말하여 야인이라 하고, 後進은 예악에 있어
　　文이 그 質을 넘는데 이제 도리어 彬彬하다고 말하여 군자라고 한다. 이는
　　周나라 말기에 文에 치우쳤으므로 당시 사람들의 말이 이와 같아서 文에 지나침
　　을 스스로 알지 못한 것이다. [先進於禮樂 文質得宜 今反謂之質朴 而以爲野人
　　後進之於禮樂 文過其質 今反謂之彬彬 而以爲君子 蓋周末文勝 故 時人之言
　　如此 不自知其過於文也] [集注] [참고] 雍也-16.

② 先進 : 공자가 천하유세를 떠나기 이전에 입문한 전기 제자들. 곧 子路, 顔淵,

冉有, 宰我, 子貢, 閔子騫, 冉伯牛, 仲弓, 原憲, 子羔, 公西華 등. ⇔ 後進 : 공자가 만년에 제자 교육에 주력함으로써 詩・書・禮・樂의 정규 교과목을 습득한 젊은 제자들. 곧 子游, 子夏, 子張, 曾參, 有若, 樊遲, 漆雕開, 澹臺滅明 등. [신동준, 金容沃] ☞ 선진(先進, 첫기 제자)들은 예악을 행하는 것이 야인과 같고, 후진(後進, 후기 제자)들은 예악을 행하는 것이 군자와 같다. 만일 예악을 쓰기로 한다면 나는 선진을 따르겠다.

【於】 …에[을, 를]. 전치사. 동작이나 행위에 직접 미치는 대상을 나타냄.

【禮樂】 예의 제도와 음악. 나라의 제도와 문화. 국가의 법률제도와 문화.

【野人】 농부. 평민. 성 밖에서 사는 사람. ⇔ 君子.

【君子】 경대부(卿大夫). 백성을 다스리는 위치에 있는 사람. 위정자(爲政者). 지위를 얻은 사회 지도층. 성안에서 사는 사람. ⇔ 野人.

정약용(丁若鏞) - 野人이란 농부, 君子란 사대부이다. [野人 農夫也 君子 士大夫也]

주희(朱熹) - 野人은 교외의 백성을 이르고 君子는 어진 사대부를 이른다. [野人 謂郊外之民 君子 謂賢士大夫也]

[참고] 野人 : 수수하고 다듬어지지 않아 촌스러워 보이는 사람. 소박한 사람. 君子 : 세련된 사람. 교양미를 갖춘 사람. ☞ 先進於禮樂 野人也 後進於禮樂 君子也 : 예악에 대해서 선진은 소박하고 촌스러워 보이는 사람들이다. 예악에 대해서 후진은 교양미를 갖춘 군자다워 보이는 사람들이다.

【也】 …이다. 어기조사. 진술문의 끝에 쓰여 판단이나 단정 또는 긍정을 나타냄.

【如用之】 만약 그들(野人, 君子)을 등용한다면.

如 : = 若. 만약[만일, 가령] …한다면. 접속사. 가설(가정)이나 조건을 나타냄.

用 : 쓰다. 등용(登用)하다. 기용(起用)하다.

之 : 그들. 인칭대명사. 앞의 野人과 君子를 가리킴.

[참고] 김영일, 李洙泰, 신동준, 李基東, 李起榮 ⇒ 如用之 : 만일 그것(예악)을 쓴다면. [用 : 쓰다. 사용하다. 之 : 지시대명사. 앞의 禮樂을 가리킴.]

주희(朱熹) - 用之는 예악을 사용함을 이른다. [用之 謂用禮樂]

황간(皇侃) - 제자의 교육에 사용하다. [用以敎]

【則】 …이면(하면) (곧). 그렇다면 곧. 접속사. 결과나 조건에 대한 상호 원인 등 앞뒤 문장의 전후 상황이 서로 연관됨을 나타냄.

【從】 좇다. 따르다. 택하여 따르다. 좇아가다. 추종하다.

정약용(丁若鏞) - 從이란 自(~부터)와 같은 뜻이다. 공자는 벼슬길에 있는 문인을 질책하되 '너희들이 예악에 익숙하다 하여 선진을 가벼이 대하여 야인이라 일컫고 스스로 군자라 자처하지만 만일 나로 하어금 등용하라면 반드시 선진으로부터 비롯될 것이다.' 라 하니 이는 먼저 선진을 등용하리라는 점을 말함이다. [從猶自也 孔子責門人仕者曰 爾曹習於禮樂 輕視先進 以爲野人[質勝文 則野] 自處以君子[自以爲文質彬彬] 如使我用之 則必自先進始 謂先用先進也]

양백준(楊伯峻) ☞ 먼저 예악을 배우고 나서 관직에 나아가는 것은 선조로부터 물려받은 특권[직록(爵祿)]이 없는 일반 사람들이고, 먼저 관직에 나간 뒤에 예악을 배우는 것은 경대부의 자제들이다. 나는 예악을 먼저 배운 사람을 쓰겠노라. [先進, 後進 이 두 술어에 대한 해석은 매우 많지만 모두 적당하지 않다. 이것은 유보남(劉寶楠)의 논어정의(論語正義)에 나오는 설을 약간 다듬은 것이다. 공자는 '공부해서 우수하면 벼슬한다(學而優則仕).' [子張-13]는 것을 주장한 사람으로, 당시 경대부의 자제들이 부모의 비호를 받아 벼슬을 하면서 공부하는 상황에 대해 불만을 가진 것 같다. 맹자(孟子) 고자 하(告子 下)에서 규구(葵丘) 회합의 맹약을 인용하면서 '선비의 관직은 세습하지 않는다(士無世官).' 라고 했으며, 또 '임용된 선비는 반드시 타당해야 한다(取士必得).' 고 했다. 그렇다면 공자가 말한 선진은 일반적으로 선비(士)를 가리키는 것이다.]

[참고]

주희(朱熹) ☞ 앞선 사람[先代]들은 예악에 있어 야인같이 질박(質朴)하고, 나중 사람[後代]들은 예악에 있어 군자같이 문식(文飾)을 갖추었다. 만일 내가 예악을 쓴다면 앞선 선대들(의 예악)을 따르겠노라. [李起榮 - 雍也 16의 '바탕이 외형보다 나으면 야(野)하고, 외형이 바탕보다 나으면 겉치레만 잘하는 것이니, 외형과 바탕이 조화를 이루어 빛난 뒤에야 군자니라(質勝文 則野 文勝質則史 文質彬彬然後君子).' 라는 구절을 생각하면 이해가 되는 말이다. 禮를 행할 때는 반드시 음악을 함께 연주하였는데, 周나라 초기에는 예를 행하는 정신 자세는 성실하고 경건함이 지극하였으나, 예와 악이 세련되게 발전하지 못했으므로 지금 사람들이 평가할 때는 야(野) 하다고 표현할 수 있을 것이다. 그리고 주나라 말기에는 음악이나 예가 형식을 갖추어 많이 세련되었으므로, 그 예악을 행하는 바탕인 정신만 성실하고 경건하다면 문질빈빈(文質彬彬)의 군자라고 해도 무방할 것이다. 그러나 주나라 말기는 예악의 정신보다 그 예악의 형식적인 세련됨만 중요시하여 당시 사람들이 後進을 군자답다고 평한 것은 잘못된 견해라고 생각하셨으므로 '내가 만약 예악을 행한다면 주나라 초기의 선진 사람들 것을 따르겠다.' 고 하신 것이다. 이 장 역시 해석이 다양하나 여기서는 정자(程子)의 말을 인용한 주자(朱子)의 주석이 옳다고 생각한다.]

♣20091013火

2. 진(陳)나라 채(蔡)나라에서 따르던 제자들

子曰 從我於陳蔡者 皆不及門也
德行 顏淵 閔子騫 冉伯牛 仲弓 言語 宰我 子貢 政事 冉有 季路
文學 子游 子夏

子(ᄌᆞ)ㅣ 굴ᄋᆞ샤ᄃᆡ 나를 陳(딘) 蔡(채)에 從(죵)ᄒᆞ얏던 者(쟈)ㅣ 다 門(문)에 밋디 아니
ᄒᆞ엿도다 |＿ 부분은 光海君 四年本|
德行(덕ᄒᆡᆼ)애ᄂᆞᆫ 顏淵(안연)과 閔子騫(민ᄌᆞ건)과 冉伯牛(셤ᄇᆡᆨ우)와 仲弓(듕궁)이오 言語
(언어)애ᄂᆞᆫ 宰我(ᄌᆡ아)와 子貢(ᄌᆞ공)이오 政事(정ᄉᆞ)애ᄂᆞᆫ 冉有(셤유)와 季路(계로)ㅣ오
文學(문ᄒᆞᆨ)애ᄂᆞᆫ 子游(ᄌᆞ유)와 子夏(ᄌᆞ하)ㅣ니라

선생님께서 말씀하시기를 "진(陳)과 채(蔡)나라에서 나를 좇았던 이들이 모두 문
(門)에 미치지 못하였도다!" 하셨다.

덕행(德行)에는 안연(顏淵)과 민자건(閔子騫)과 염백우(冉伯牛)와 중궁(仲弓)이
오, 언어(言語)에는 재아(宰我)와 자공(子貢)이며, 정사(政事)에는 염유(冉有)와
계로(季路)이오, 문학(文學)에는 자유(子游)와 자하(子夏)이다.

【於陳蔡】 진(陳)나라와 채(蔡)나라에서.

陳, 蔡 : 魯나라와 이웃하였던 제후국. 공자께서 제자들과 열국(列國)을 주유(周遊)
하던 중 채나라에서 진나라로 들어가는 길이었는데 초(楚)나라 소왕(昭王)이
공자를 초청하자, 진나라와 채나라 사람은 초나라가 공자를 중용(重用)하게
되면 자기들에게 아주 불리하다고 판단하고 군대를 출동시켜 공자 일행을
포위하였다. 그래서 양식이 떨어져 며칠을 굶는 지경에 이르렀다. 이에 자공(子
貢)을 초(楚)에 보내어 원병의 지원을 받아 겨우 위기를 면하였으나 스승과
제자 모두가 엄청난 고생을 겪었다.

【不及門】 문(門)에 미치지 못하다.

① 문하(門下)에 있지 않다.

주희(朱熹) - 공자께서 일찍이 진나라와 채나라 사이에서 곤액(困厄)을 당하셨
을 적에 제자 중에 따르는 자가 많았었는데 이때에 모두 문하에 있지 않았다.

그러므로 공자께서 그들을 생각하신 것이니 이는 환난(患難) 가운데 서로 따르던 것을 잊지 않으신 것이다. [孔子嘗厄於陳蔡之間 弟子多從之者 此時 皆不在門 故 孔子思之 蓋不忘其相從於患難之中也]

② 벼슬에 나아가는 문에 미치지 못하였다.

정현(鄭玄) - 나를 따라 진나라 채나라 사이에서 어려움을 겪었던 제자들이 모두 벼슬의 문에 미치지 못하여 제자리(마땅히 있어야 할 곳)를 잃게 되었다는 것을 말함이다. [言弟子從我 而厄於陳蔡者 皆不及仕進之門 而失其所]

유월(兪樾) - 門이란 대부의 사사로운 조정(朝廷)이다. … 여기에서 不及門이라 말한 것은 대부의 조정에 등용될 수 없었음을 말한다. [門者 大夫之私朝也 … 此云不及門者 言不得登大夫之朝也]

③ 성문(城門)에 다다르지[이르지] 못하다.

정약용(丁若鏞) - 공자께서 먼저 위(衛)나라에 돌아오셨는데 따르는 제자들은 서서히 하여 공자로 하여금 먼저 나라의 성문(國門)에 들어가게 하고 그들 스스로가 추격해 오는 무리를 막도록 성문을 닫아 오히려 이르지 못하게 된 것이니 그들의 충성과 용기를 기록할 만한 것이며 많은 사람이 모두 한마음이 되어 어떤 사람도 먼저 떠나는 자가 없었으므로 皆不及門이라 말한 것이다. [孔子先反乎衛 而從者緩行 使孔子得先入國門 而自捍追者門閉 而猶不至 其忠 勇可紀 而衆人一心 無或先者 此所謂 皆不及門也]

【文學】 학문. 詩·書·禮·樂 등 고대 문헌.

德行科	顔淵	안회(顔回). 19회 등장. [참고] 爲政-9.	
	閔子騫	민손(閔損). 5회 등장. [참고] 雍也-7.	
	冉伯牛	염경(冉耕). 2회 등장. [참고] 雍也-8.	
	仲弓	염옹(冉雍). 6회 등장. [참고] 公冶長-5.	
言語科	宰我	재여(宰予). 4회 등장. [참고] 八佾-21.	
	子貢	단목사(端木賜). 36회 등장. [참고] 學而-10.	
政事科	冉有	염구(冉求). 13회 등장. [참고] 八佾-6.	
	季路	자로(子路). 중유(仲由). 38회 등장. [참고] 爲政-17.	
文學科	子游	언언(言偃). 10회 등장. [참고] 爲政-7.	
	子夏	복상(卜商). 22회 등장. [참고] 學而-7.	

형병(邢昺) - 鄭氏(鄭玄)는 앞장(子曰 從我於陳蔡者 皆不及門也)과 합하였고, 皇氏(皇侃)는 별도로 한 장으로 하였다. [鄭氏 以合前章 皇氏別爲一章]

정약용(丁若鏞) - 열 사람 모두 字로 일컬었으니, 곧 공자의 말이 아니다. 마땅히 따로 한 章으로 해야 한다. [十人皆稱字 則非夫子言也 當別爲一章]

주희(朱熹) - 제자가 공자의 말씀에 의해 이 열 사람을 기록하고 아울러 그 장점을 지목하여 나누어 四科로 만들었으니, 공자께서 사람을 가르침에 각각 그 재질(材質)을 따르셨음을 여기에서 볼 수 있다. [弟子因孔子之言 記此十人 而幷目其所長 分爲四科 孔子敎人 各因其材 於此可見]   ♣20091014水

3. 안회顔回는 나를 돕는 자가 아니로다

子曰 回也 非助我者也 於吾言 無所不說

子(주) l 골ㅇ샤티 回(회)는 나를 돕는 者(쟈) l 아니로다 내 말애 說(열)티 아닐 빼 업곤여 [__ 부분은 光海君 四年本]

선생님께서는 말씀하시기를 "안회(顔回)는 나를 돕는 사람이 아니로다. 내 말에 기뻐하지 아니하는 바가 없구나!" 하셨다.

【回】 공자의 제자 안회(顔回).

【也】 ① …은(는). …이란. …이면. 어기조사. 음절을 조정하고 어기를 고르는(말을 잠깐 멈추고 다음 내용을 환기시키는) 역할을 함. 回也. ② …이다. 어기조사. 진술문의 끝에 쓰여 판단이나 단정 또는 긍정을 나타냄. 非助我者也.

【助】 도와주다. 유익하다.

　공안국(孔安國) - 助는 유익하다는 뜻이다. [助 益也]

【於】 …에. …에 대해(서). 전치사. 동작이나 행위에 관련되는 대상을 나타냄.

【所】 …하는 바. …하는 것. …한. 특수지시대명사. 주어와 술어 사이에 쓰여 주술구조를 명사구로 만들어 줌.

【說열】 = 悅. 기뻐하다. 즐겁다.

　[참고]

　　유보남(劉寶楠) - 說을 '설'로 읽고 '이해하다'라는 뜻으로 봄.

　　공안국(孔安國) - 안회는 말을 들으면 바로 이해하여 당신에게 새로운 내용을 드러내어 흥기시키거나 유익함을 더해 주는 것이 없음을 말씀하신 것이다. [言回聞言卽解 無發起增益於己]

주희(朱熹) - 顔子는 聖人의 말씀에 대해 묵묵히 알고 마음으로 통하여 의문함이 없었으므로 夫子께서 이렇게 말씀하신 것이다. 그 말씀은 유감이 있는 듯하나 그 실제로는 바로 매우 기뻐하신 것이다. [顔子於聖人之言 默識心通 無所疑問 故夫子云然 其辭若有憾焉 其實 乃深喜之]

♣20091015木

第 十 一 篇

先 進

4. 민자건閔子騫은 효성스러운 사람이니

第
十
一
篇

先
進

子曰 孝哉 閔子騫 人不間於其父母昆弟之言

子(주)ㅣ 글ㅇ샤디 孝(효)ㅎ다 閔子騫(민ᄌ건)이여 사름이 그 父母(부모)와 昆弟(곤뎨)의 말애 間(간)티 몯ㅎ놋다

선생님께서는 말씀하시기를 "효(孝)하도다! 민자건(閔子騫)이여! 그의 부모형제의 그 말에 사람들은 이의(異議)가 없구나." 하셨다.

【哉】 …이로다! …이구나! …이도다! …하구나! …로구나! …이여! 어기조사. 찬양·비통·분노·경악·감개 등의 감탄의 어기를 나타냄.

【閔子騫】 공자의 제자 민손(閔損).

【間】 틈. 틈에 끼다. ⇒ 딴말[다른 말]을 하다. 헐뜯다. 이의를 제기하다. 틈을 보아 흠을 잡다. 비난(非難)하다.

호인(胡寅) - 부모형제가 그의 효도와 우애를 칭찬하자 사람들이 모두 믿고 다른 말이 없었다. 무릇 그 효도와 우애의 실제가 심중에 쌓여 밖에 드러남이 있었기 때문이므로 夫子께서 감탄하고 찬미하신 것이다. [父母兄弟稱其孝友 人皆信 無異辭者 蓋其孝友之實 有以積於中而著於外 故夫子嘆而美之]

정약용(丁若鏞) - '孝哉閔子騫' 한 구절은 그 당시 사람의 말이며 또한 민자건의 부모형제가 한 말이다. 間이란 그 틈에 끼다는 말이다. 부모형제간이 '효성스럽다. 우리의 자건이여' 라고 말하자 그 당시 사람들 또한 '효성스럽다 민자건이여' 라고 하니 이는 다른 말이 부모형제의 말 틈에 끼어들 수 없는 것이다. 공자는 문인에게 일찍이 字를 부르지 않았다. 첫 구절은 곧 당시 사람들의 말이다. [孝哉閔子騫一句 蓋時人之言 亦閔子父母昆弟之言也 間者介於隙也 父母昆弟曰 孝哉吾子騫 時人亦曰 孝哉閔子騫 是不以異言 介之於其父母昆弟之言之間也 夫子於門人 未嘗稱字 首一句乃時人之言]

【於】 …에. …에 대해(서). 전치사. 동작이나 행위에 관련되는 대상을 나타냄.

【昆弟】 형제(兄弟). 昆 : 맏. 형.

♣20091015木

5. 남용南容에게 형의 딸을 시집보내셨으니

南容三復白圭 孔子以其兄之子妻之

南容(남용)이 白圭(빅규)를 세 번 復(복)ᄒ거늘 孔子(공ᄌ) ᅵ 그 兄(형)의 子(ᄌ)로써 妻(쳐)ᄒ시다

남용(南容)이 백규(白圭) 시(詩)를 여러 번 반복하자 공자께서는 그(당신) 형의 딸을 그에게 시집 보내셨다.

[참고] 公冶長-2.

【南容】 공자의 제자 남궁괄(南宮适).

【三復】 세 번 반복하다. 여러 번 되풀 이하여 읽다[읊조리다].

【白圭】 백규(白圭, 하얀 옥으로 만든 규)라는 시(詩). 시경(詩經) 대 아(大雅) 억(抑)의 제5장. 항상 말조심하여야 함을 경계한 시.

【其】 그. 그 사람. 인칭대명사. 공자를 가리킴.

質爾人民	그대 백성을 이루어주고
謹爾侯度	그대 제후로서의 법도를 삼가서
用戒不虞	뜻하지 않은 재난에 대비하라.
愼爾出話	그대 내뱉는 말에 신중히 하고
敬爾威儀	그대의 위의를 정중히 하여
無不柔嘉	편안하고 선하지 않음이 없도록 하라.
白圭之玷	하얀 옥에 티는
尙可磨也	오히려 갈아 없앨 수 있지만
斯言之玷	이내 말에 섞인 흠은
不可爲也	어찌 해 볼 수 없다네.

【子】 자식. 아들과 딸의 통칭. 여기서는 딸을 가리킴.

【妻】 사위로 삼다. 아내로 삼다. ⇒ 시집보내다. [참고] 公冶長-1.

【(妻)之】 그. 그 사람. 인칭대명사. 南容을 가리킴.

범조우(范祖禹) - 말은 행실의 표면이요 행실은 말의 실상(實相)이니, 그 말을 쉽게 [함부로] 하고서 행실을 삼가는 자는 없다. 남용(南容)이 그 말을 삼가고자 함이 이와 같았다면, 반드시 그 행실을 삼갔을 것이다. [言者 行之表 行者 言之實 未有易其言而能謹於行者 南容 欲謹其言如此 則必能謹其行矣]

♣20091016金

6. 안회顏回만한 호학자好學者는 없으나 이제 그가 없으니

季康子問 弟子孰爲好學 孔子對曰 有顔回者好學 不幸短命死矣 今也則亡

季康子(계강즈) ㅣ 묻즈오딕 弟子(뎨즈) ㅣ 뉘 學(혹)을 好(호) 호느닝잇고 孔子(공즈) ㅣ 對(딕) 호야 굴 오샤딕 顔回(안회)라 호리 이셔 學(혹)을 好(호) 호더니 幸(힝) 티 몯호야 命(명)이 短(단) 호야 죽은 디라 이제는 업스니라

계강자(季康子)가 묻기를 "제자 중에 누가 배우기를 좋아하니까?" 하니, 공자께서 대답하여 말씀하시기를 "안회(顔回)라는 이가 있어 배우기를 좋아하였는데 불행이 명(命)이 짧아 죽은지라 이제는 없습니다." 하셨다.

[참고] 雍也-2. 애공(哀公)이 똑같이 물음.

【季康子】 노(魯)나라 대부. 계손씨(季孫氏). 이름은 비(肥). 시호가 강(康). 노나라 세도가인 삼환씨(三桓氏) 중의 한 집안사람.

【好學】 배우기를 좋아하다. 학문(學文)을 좋아하다.

【者】 …한[하는, 이라 하는] 사람[일, 때, 곳, 것]. 특수지시대명사. 동사·형용사 혹은 각종 구와 결합하여 그 말의 수식을 받아 명사구를 이루며, 사람이나 사물을 나타냄.

황간(皇侃) - 또 일설에 '애공은 군주로서 지존하기 때문에 모름지기 갖추어 대답하였고, 계강자는 신하로서 그 지위가 낮기 때문에 대략 응수하였다.' 고 하였다. [又一云 哀公是君至尊 故須具答 而康子是臣爲卑 故略以相酬也]

범조우(范祖禹) - 애공과 계강자의 물음이 같은데 대답에 있어 상세함과 간략한 차이가 있음은 신하가 임금에게 말씀드릴 때는 극진하지 않을 수 없어서 이요, 강자(康子)와 같은 자는 반드시 그 묻기를 기다려야 말씀해 주시니, 이것은 가르침의 방법이다. [哀公康子問同而對有詳略者 臣之告君 不可不盡 若康子者 必待其能問 乃告之 此敎誨之道也] ♣20091017土

7. 안회顔回가 죽자 그 아버지가 공자께 청하기를...

顔淵死 顔路請子之車以爲之椁 子曰 才不才 亦各言其子也 鯉也死
有棺而無椁 吾不徒行以爲之椁 以吾從大夫之後 不可徒行也

顔淵(안연)이 죽거늘 顔路(안로) ㅣ 子(ᄌᆞ)의 車(거)를 請(청)ᄒᆞ야 써 椁(곽)을 ᄒᆞ여징이다
ᄒᆞᆫ대 子(ᄌᆞ) ㅣ ᄀᆞᆯᄋᆞ샤ᄃᆡ 才(ᄌᆡ)ᄒᆞ며 才(ᄌᆡ)티 몯홈애 ᄯᅩ한 각각 그 子(ᄌᆞ) ㅣ라 니를 ᄭᅥ시니
鯉(리) ㅣ 죽거늘 棺(관)이 잇고 椁(곽)이 업시호니 내 徒行(도ᄒᆡᆼ)ᄒᆞ야 써 椁(곽)을 ᄒᆞᄃᆡ
아니홈은 내 태우의 後(후)에 從(죵)ᄒᆞᆫ 디라 可(가)히 徒行(도ᄒᆡᆼ)티 몯호모로ᄡᅥ니라

안연(顔淵)이 죽자 안로(顔路)가 선생님의 수레로써 그에게 곽(椁)을 만들어주시기를 청하자 선생님께서 말씀하시기를 "재주가 있든 재주가 없든 역시 각각 제 자식이라 말하니, (내 아들) 리(鯉)가 죽었을 때 관(棺)은 있었으나 곽(椁)이 없었는데 내 걸어 다니기까지 하면서 곽(椁)을 만들어 주지는 않았다. 내 대부의 뒤를[말석을] 따르기 때문에 걸어서 다닐 수 없는 일이다." 하셨다.

【顔淵】 공자의 제자 안회(顔回). 자가 자연(子淵). 공자가 71세 때 죽음. [참고] 爲政-9.

【顔路】 안회(顔回)의 아버지. 이름은 무요(無繇). 자가 로(路). 공자보다 6세 연하로 초기 제자.

【子之車以爲之椁】 공자의 수레로써 그에게 곽을 만들어 주다. 以子之車가 도치됨.

(子)之 : …의. 조사. 관형어와 중심어 사이에 쓰여 종속관계를 나타냄.

以 : …으로써. …을 가지고. …을 통하여. 전치사. 도구·수단·방법을 나타냄.

爲 : 만들다. 제작하다.

(爲)之 : 그. 그 사람. 인칭대명사. 顔淵을 가리킴.

椁(槨)곽 : 덧널. 외관(外棺). 관(棺)을 담는 궤(櫃).

【亦】 또한. 역시. 부사. 몇 개 혹은 하나의 주체가 동일하거나 상이한 동작(행위)을 하고 있음을 나타냄.

형병(邢昺) - 顔淵은 재주가 있고 鯉는 재주가 없는 것이 비록 다르지만, 또한 각자 자기 아들이라고 말하는 것은 같다는 말이다. [言淵才鯉不才 雖異 亦各言

127

第
十
一
篇

先
進

其子則同]

【鯉】 공자의 아들. 자는 백어(伯魚). 공자가 70세 때 죽음.

【而】 그런데. 그러나. 그렇지만. 오히려. …하더라도[하지만]. 접속사. 전환을 나타
내어 앞뒤 문장의 의미가 상반되는 역접관계를 나타냄.

【吾不徒行以爲之椁】 나는 걸어 다니면서 그에게 곽을 만들어 주지 않았다. 내 걸어
다니면서까지 하면서 곽을 만들어 주지 않았다.

徒 : 걷다.　徒行 : 걸어서 다니다. 도보(徒步)로 길을 가다.

　형병(邢昺) - 徒行은 도보로 다니는 것이다. [徒行 步行也]

以 : = 而. 그리고. 그래서. 그리하여. …하여서. 접속사. 순접관계를 나타냄.

[참고] 以 : …으로써. …을 가지고. …을 통하여. 전치사. 도구·수단·방법을 나타냄.

　　☞ 그에게 곽을 만들어 줌으로써 내가 걸어 다니기까지는 하지 않았다.

【以吾從大夫之後】 내가 대부의 뒤[말석(末席)]을 따라다니기 때문에.

以 : … 때문에. …으로 인하여. 전치사. 동작이나 행위가 발생한 원인을 나타냄.

從 : 뒤따르다. 뒤쫓아 따라 붙다. 따라다니다.

後 : 뒤. 뒷자리. 말석(末席).　　　　　　　　　　♣20091017土

8. 아아! 하늘이여 나를 버리시나이까!

顔淵死 子曰 噫 天喪予 天喪予

顔淵(안연)이 죽거늘 子(주) l 글으샤디 噫(희)라 하늘히 나를 喪(상)호샷다 하늘히 나를 喪(상)호샷다

안연(顔淵)이 죽자 선생님께서 말씀하시기를 "아! 하늘이 나를 버리시는가! 하늘이 나를 버리시는가!" 하셨다.

【噫희】 아! 감탄사. 비통·분노·감격·놀라움·찬송·애석함 등의 감정을 나타냄.
【喪】 망하게 하다. 망치다. 파멸시키다. 버리다.
하안(何晏) - 天喪予는 자기를 잃은 것 같다는 것이다. 다시 그것을 말한 것은 애통함
이 심한 것이다. [天喪予者 若喪已也. 再言之者 痛惜之甚]

♣20091019月

9. 이 사람이 아니고서 뉘를 위해 애통해 하과

顔淵死 子哭之慟 從者曰 子慟矣 曰 有慟乎 非夫人之爲慟而誰爲

안연(顔淵)이 죽거늘 子(주)ㅣ 哭(곡)ㅎ심을 慟(통)ㅎ신대 從(죵)ㅎ 者(쟈)ㅣ 골ᄋ되 子(주)ㅣ 慟(통)ㅎ샤소이다 골ᄋ샤되 慟(통)홈이 인ᄂ냐 夫人(부신)을 爲(위)ㅎ야 慟(통)티 아니코 누를 爲(위)ㅎ야 ㅎ리오

안연(顔淵)이 죽자 선생님께서 곡(哭)하심을 몹시 애통(哀慟)하게 하셨는데 따르는 이가 말씀드리기를 "선생님께서 몹시 애통해 하셨습니다." 하니, (공자께서) 말씀하시기를 "그래 애통해 하더냐? 이 사람(顔淵)을 위해 애통해 하지 않으면 곧 누구를 위해 (애통해) 하리오!" 하셨다.

【哭之慟】 곡(哭)하심이 애통(哀慟)하다. 우시는 것이 몹시 애통하시다.

之 : …을[를]. 구조조사. 목적어를 강조하기 위하여 동사 앞으로 도치시킬 때 그 목적어와 동사 사이에 씀.

慟 : 서럽게 울다. 통곡(慟哭)하다. 몹시[지극히] 슬퍼하다. 지극히 애통(哀慟)해 하다. 지나치게 애통해 하다.

【從者】 따르는 사람. 수행원. 곧 수행한 제자.

【矣】 …이다. 어기조사. 단정 또는 필연의 결과를 나타냄.

【有慟乎】 애통함이 있었느냐? ⇒ 그래 애통해 하더냐?

乎 : …인가? …한가? 어기조사. 문장 끝에 쓰여 의문(질문)을 나타내며 시비(是非) 판단의 어기를 도움.

【非夫人之爲慟而誰爲】 이 사람을 위해 애통해 하지 않으면 곧 누구를 위해 (애통해) 하리오!

夫 : 이 (사람). 그 (사람). 저 (사람). 인칭대명사. 顔淵을 가리킴.

爲 : …을 위하여. …을 하기 위해서. 전치사. 동작이나 행위가 발생하는 목적을 나타냄.

而 : = 則. 이에 곧. …이면[하면] 곧. 접속사. 조건에 따른 결과를 나타냄.

♣20091019月

130

10. 안회顏回를 친자식같이 대하지 못하였으니

顏淵死 門人欲厚葬之 子曰 不可 門人厚葬之 子曰 回也視予猶父也
予不得視猶子也 非我也 夫二三子也

顏淵(안연)이 죽거늘 門人(문신)이 厚(후)히 葬(장)코져 ᄒᆞᆫ대 子(ᄌᆞ)ㅣ 굴ᄋᆞ샤ᄃᆡ 可(가)
티 아니ᄒᆞ니라 門人(문신)이 厚(후)히 葬(장)ᄒᆞᆫ대 子(ᄌᆞ)ㅣ 굴ᄋᆞ샤ᄃᆡ 回(회)ᄂᆞᆫ 나를 봄을
父(부)ᄀᆞ티 ᄒᆞ거늘 나ᄂᆞᆫ 시러곰 봄을 子(ᄌᆞ)ᄀᆞ티 몯호니 내 아니라 二三者(ᄋᆡ삼ᄌᆞ)ㅣ니라

第十一篇 ● 先進

안연(顏淵)이 죽자 문인(門人)들이 그를 후(厚)하게 장례를 치르려 하였는데 선생
님께서 말씀하시기를 "불가하다" 하셨다. 문인들이 후하게 장례를 치르자 선생님께서
말씀하시기를 "안회는 나를 아버지 같이 대했는데 나는 아들같이 대하지 못하였구나.
(이는) 내가 아니라 저 문하생들이니라." 하셨다.

【門人】 제자(들). 문하생(門下生). 공자의 제자들.

【之】 그. 그 사람. 인칭대명사. 顏淵을 가리킴.

하안(何晏) - 예에 의하면 빈부(貧富)에 따라 마땅함이 있어야 한다. 안연이 가난한
　　　데도 문인들이 그를 후하게 장사지내려 하기에 들어주지 않은 것이다. [禮
　　　貧富有宜 顏淵貧 而門人欲厚葬之 故不聽]

주희(朱熹) - 초상에 쓰는 도구는 가세(家勢)의 있고 없음에 맞추어야 하니, 가난하
　　　면서 후히 장사지냄은 이치를 따름이 아니므로 夫子께서 만류하신 것이다.
　　　[喪具 稱家之有無 貧而厚葬 不循理也 故夫子止之]

【視】 보다. 대하다. 대우하다.

【猶】 마치 …와 같이. …처럼. …와 마찬가지로. 부사. 서로 다른 상황에서 동작이나
　　　행위가 같음을 나타냄. [참고] 堯曰-2.

【得】 …할 수 있다. = 能. 조동사. 동작이나 행위에 대한 가능성을 나타냄.

【夫】 이 (사람). 그 (사람). 저 (사람). 인칭대명사.

【二三子】 너희들. 여러분. 그대들. 자네들. 본래의 의미는 '두세 아이' 라는 뜻으로
　　　공자가 문하의 제자들을 부를 때 사용하였음.

【也】 ① …은(는). …이란. …이면. 어기조사. 음절을 조정하고 어기를 고르는(말을

잠깐 멈추고 다음 내용을 환기시키는) 역할을 함. 回也. ② …이다. 어기조사. 진술문의 끝에 쓰여 판단이나 단정 또는 긍정을 나타냄. 視予猶父也, 予不得視猶子也, 非我也, 夫二三子也.

마융(馬融) - 안회는 그 자신에게 아버지가 살아 있으며, 그 아버지의 의도는 문인들이 후하게 장사지내려는 것을 허락하고자 하였는데, 내가 이를 제지하지 못하였음을 말한 것으로, 그들이 후하게 장사지내는 것을 꾸짖어 이렇게 말한 것이다. [言回自有父 父意欲聽門人厚葬 我不得割止 非其厚葬故云耳]

형병(邢昺) - '非我也 夫二三子也(나의 잘못이 아니라 저 몇몇 제자들이 한 것이다.)'라고 한 것은, 후장(厚葬)한 일이 내가 한 짓이 아니라 저 문인 몇몇 사람이 했음을 말한 것이다. [非我也 夫二三子也者 言厚葬之事 非我所爲 夫門人二三子爲之也]

주희(朱熹) - (아들) 이(鯉)를 장사지낼 적에 마땅함을 얻었던 것처럼 하지 못함을 탄식하여 제자들을 책망하신 것이다. [嘆不得如葬鯉之得宜 以責門人也]

[참고] 二三子 : 다른 나라의 제자들. ☞ 非我也夫 二三子也 : 나를 그르다고 하겠구나! 다른 나라에 있는 제자들이 말이다.

오규 나베마쓰(荻生雙松) - 非는 비의(非議, 비방하여 논함)를 말하고, 夫字는 위쪽으로 붙여서 구(句)를 만들어야 하며, 二三子는 문인으로서 다른 나라에 있는 자를 이른다. [非 謂非議也 夫字屬上爲句 二三子 謂門人在他邦者]

정약용(丁若鏞) - 공자가 이미 스스로 자기의 허물을 끌어와 말하고, 여기에 갑자기 또 허물을 몇몇 제자에게 돌릴 리가 있겠는가? (만약 이렇게 해석할 때) 그 어법을 살펴보면, 마치 송사(訟事)하는 법정에서 서로가 힐책하는 듯한 그런 현상이 있으니, 이는 반드시 성인의 말이 아닐 것이다. 당시 자로(子路)는 衛나라에서 벼슬하고, 자공(子貢)은 吳・楚나라에서 벼슬하고, 자고(子羔)도 또한 본래 衛나라 사람으로서 당시 또한 衛나라에서 벼슬하고 있었다. [이 일은 좌전(左傳) 哀公 15年條에 보임.] 二三子란 대개 제자 가운데 나이나 덕망으로 볼 때 조금 나은 사람들로서 다른 나라에 있는 자를 지칭한다. 문인소자(門人小子)들이 의리를 알지 못하고 이 큰일을 잘못 치렀는데, 공자는 이들 二三子가 돌아와 책망하여 말하기를 '선생님께서 계셨는데도 어찌 금지하지 않고 다만 수수방관하였느냐?'고 할까 염려한 것이니, 이것이 이 경문의 본지(本旨)이다.

오규 나베마쓰(荻生雙松)의 설은 바꿀 수 없다. [孔子旣自引其咎 忽又歸罪於 二三子 有是理乎 觀其語法 有若訟庭之相詰者然 必非聖人之言 時子路仕於衛 子貢游於吳楚 子羔亦本衛人 時亦仕衛 事見哀公十五 二三子者 蓋指弟子之年德稍 賢而在於他邦者 門人小子不知義理 誤此大事 孔子恐二三子歸而咎之曰 夫子旣 在 何不禁止 顧乃袖手而旁觀乎 此本旨也 荻氏之說不可易]

♣20091020火

11. 사람도 섬기지 못하면서 어찌 귀신을...

第十一篇

季路問事鬼神 子曰 未能事人 焉能事鬼 曰 敢問死 曰 未知生 焉知死

季路(계로)ㅣ 鬼神(귀신) 셤김을 묻ᄌ온대 子(ᄌ)ㅣ 골ᄋ샤ᄃᆡ 能(능)히 사ᄅᆞᆷ을 셤기디 몯ᄒ면 엇디 能(능)히 鬼(귀)를 셤기리오 敢(감)히 死(ᄉ)를 묻ᄌ옵노이다 골ᄋ샤ᄃᆡ 生(ᄉᆡᆼ)을 아디 몯ᄒ면 엇디 死(ᄉ)를 알리오

先
進

제로(季路)가 귀신(鬼神)을 섬기는 것에 대해 여쭙자, 공자께서 말씀하시기를 "사람을 능히 잘 섬기지 못한다면 어찌 귀신을 능히 섬길 수 있겠느냐?" 하셨다. 말씀드리기를 "감히 죽음에 대해 여쭙니다." 하니, 말씀하시기를 "삶을 알지 못한다면 어찌 죽음을 알겠느냐?" 하셨다.

【季路】 공자의 제자 중유(仲由). 자가 季路 또는 子路. [참고] 爲政-17.

【事】 섬기다(侍奉). 모시다.

【鬼神】 조상(祖上)의 영혼(靈魂)과 산천(山川)의 신(神). 天神과 地祇[地神]와 人鬼의 통칭(通稱).

【未能事人 焉能事鬼】 사람을 능히 잘 섬기지 못한다면 어찌 귀신을 능히 섬기리오. [섬기겠는가?] 귀신을 섬기는 것을 알기 전에 먼저 사람 섬기기를 다하라는 뜻이 숨어 있음.

未 : …이 아니다. 부사. 동작·행위·성질·상태 등에 대한 부정을 나타냄.

能 : 능히[충분히] …할 수 있다. 조동사. 어떤 일을 할 능력이 있거나 조건이 됨을 나타냄. 未能 : 능히[충분히] …할 수 없다. 능히[충분히] … 못하다.

焉 : 어찌. 어떻게. 어디. 부사. 반문의 어기를 강조하며 동사나 조동사 앞에 옴. 뒤의 焉도 같음.

【敢】 감히. 실례합니다만. 부사. 겸손하게 자신을 낮추고 상대방에 대한 존경을 나타냄. ♣ 論語集註에는 敢 앞에 曰자가 없음.

주희(朱熹) - 정성과 공경심이 사람을 섬기는데 충분하지 못하면 반드시 귀신을 섬기지 못할 것이요, 시초(始初)를 근원해 보아 삶을 알지 못하면 반드시 종(終)으로 돌아가 죽음을 알지 못할 것이다. [非誠敬足以事人 則必不能事神 非原始而知所以生 則必不能反終而知所以死] ♣20091020火

12. 민자건, 자로, 염유, 자공이 선생님을 모시는 모습

閔子侍側 誾誾如也 子路 行行如也 冉有子貢 侃侃如也 子樂 若由也 不得其死然

閔子(민ᄌ)는 側(측)에 뫼셔싣애 誾誾(은은)ᄐ 하고 子路(ᄌ로)는 行行(항항)ᄐ 하고 冉有(염유)와 子貢(ᄌ공)은 侃侃(간간)ᄐ 하거늘 子(ᄌ)ㅣ 樂(락)하시다 由(유)ᄀᄐ니는 그 死(ᄉ)를 得(득)디 몯홀듯 하도다

민자건(閔子騫)은 (선생님을) 측근에서 모실 때 온화하며 바르고 조리가 있었고, 자로(子路)는 굳세고 강하였으며, 염유(冉有)와 자공(子貢)은 화기애애한 모습이었으니 선생님께서 즐거워 하셨다. (한편) "유(由)와 같은 이는 제 명(命)대로 죽지 못할 것 같구나." 하시며 (걱정하셨다.)

【閔子】 민자건(閔子騫). 공자의 제자 민손(閔損).

【誾誾如也】 온화하며 바르고 조리 있게 말하는 모습이었다.

　誾誾은은 : 온화한 표정으로 바르고 분명하게[조리 있게] 말하는 모습.

　如 : 형용사 접미사. 상태를 나타냄. 이하 如도 같음.

　也 : …이다. 어기조사. 진술문의 끝에 쓰여 판단이나 단정 또는 긍정을 나타냄. 뒤의 行行如也, 侃侃如也의 也도 같음.

【子路】 공자의 제자. 성은 중(仲). 이름은 유(由). 자가 자로(子路) 또는 계로(季路). 노나라 사람으로 공자보다 9세 아래. [참고] 爲政-17.

【行行항항】 굳세고 강한 모양.

　정현(鄭玄) - 行行은 굳세고 강한 모습이다. [行行 剛强之貌]

【冉有】 공자의 제자 염구(冉求).

【子貢】 공자의 제자. 위(衛)나라 사람. 성은 단목(端木). 이름은 사(賜). 자가 자공(子貢). 공자보다 31세 아래.

【侃侃간간】 화락(和樂, 화목하고 즐거움)한 모습. 화기애애(和氣靄靄)한 모양.

【若由也】 유(由)[子路]와 같은 사람은.

　若 : …와 같다. 형용사. 어떤 일이나 상황이 대체로 이와 같음을 나타냄.

也 : …은(는). …이란. …이면. 어기조사. 음절을 조정하고 어기를 고르는(말을 잠깐 멈추고 다음 내용을 환기시키는) 역할을 함.

【不得】할 수 없다. 못하다.

得 : …할 수 있다. = 能. 조동사. 동작이나 행위에 대한 가능성을 나타냄.

【其死】기명(其命). 그 수명(壽命). 제 명[수명]대로 죽다. 천수(天壽)를 누리고 때가 되어 죽다.

양백준(楊伯峻) - 得死는 당시 속어(俗語)로 천수(天壽)를 누린다는 뜻이다.

【然】…이다. …일 것이다. = 焉. 어기조사. 서술문의 끝에 쓰여 종결의 어기를 나타냄. 여기서는 추측(아마도 그럴 것이다)의 의미가 내포 됨.

형병(邢昺) - 然은 焉자와 같다. [然猶焉也]

정약용(丁若鏞) - 맹자 '木若以美然(관을 짜는 나무가 너무 아름다운 것 같았다.)'의 然은 의심스럽다는 말이다. [孟子 木若以美然 然者疑辭] ⇒ 然 : 추측이나 의문을 나타내는 어기조사.

[참고] 황간본(皇侃本)에는 閔子 다음에 騫자가, 若由也 앞에 曰자가 있음.

홍흥조(洪興祖) - 漢書에 이 글귀를 인용하였는데 위에 曰자가 있다. 혹자는 윗글의 樂자는 바로 曰자의 잘못이라고 한다. [漢書 引此句 上有曰字 或云 上文樂字 卽曰字之誤]

[참고] 자로(子路)는 衛나라 공회(孔悝)의 가신(家臣)이었고 공회의 어머니는 공희(孔姬)로 위나라 영공(靈公)의 태자인 괴외(蒯聵)의 누이였다. 영공의 부인인 남자(南子)가 음란한 행실을 하자 괴외는 이것을 부끄러워하여 그녀를 시해하려다가 실패하고 진(晉)나라로 망명하였다. 그 후 영공이 죽자 손자(괴외의 아들) 첩(輒)이 즉위하여 출공(出公)이 되었다. [述而- 4 참고] 그때 공회가 출공의 집정대신(執政大臣)이 되었는데 공회의 외삼촌인 괴외가 위나라로 들어가 공회를 협박하여 출공을 축출하고 자신을 군주로 추대할 것을 강요하는 난이 일어났다. 그 와중에 석걸(石乞) 등의 공격으로 자로의 갓끈이 끊어졌다. 그때 자로는 '군자는 죽을 때에도 갓을 벗지 않는다.'고 말하고는 갓끈을 단정히 매고 그 자리에서 죽임을 당했다. ♣20091021水

13. 閔子騫(민자건)의 말이 맞으니

魯人爲長府 閔子騫曰 仍舊貫 如之何 何必改作 子曰 夫人不言 言必有中

魯人(로신)이 長府(댱부)를 爲(위)ᄒ더니 閔子騫(민ᄌ건)이 글오듸 녜 일을 인홈이 엇더ᄒ뇨 엇디 반ᄃ시 고쳐 作(작)ᄒ리오 子(ᄌ)ㅣ 글ᄋ샤듸 夫(부)人(신)이 言(언)티 아닐 ᄯᆞᆫ이언뎡 言(언)ᄒ면 반ᄃ시 中(듕)홈이 인ᄂ니라

　노나라 사람이 장부(長府)를 짓자 민자건이 말하기를 "옛것을 그대로 두면 어떠한가? 어찌하여 반드시 고쳐 지으려는 것인가?" 하였는데, 선생님께서 말씀하시기를 "이 사람(민자건)은 말을 (잘) 아니할 뿐이지 말을 하면 반드시 사리에 맞구나." 하셨다.

【魯人】 노나라 사람. 노나라의 어떤 사람. 노나라 고위 관리(官吏).
　양백준(楊伯峻) - 人은 그 나라의 정치를 하는 대신(大臣)을 가리키는 말이다.
　　　이때의 人은 피지배계층을 가리키는 民과 구별된다. [참고] 學而-5.
【爲】 만들다. 짓다. 손을 대다. ⇒ 건물을 (고쳐) 짓다.
　주희(朱熹) - 爲는 아마도 고쳐 지은 것이다. [爲 蓋改作之]
【長府】 창고(倉庫) 이름. 재화를 보관해 두는 곳의 이름. 長倉庫.
【仍】 인(因)하다. 그대로 따르다. 그대로 두다.
【舊貫】 이전부터 행해 오던 일. 전례(前例). 貫 : 일(事). 사정.
【如之何】 그것은 어떠한가? 대명사성 구조인 如何의 사이에 처리할 대상을 나타내는 지시대명사 之를 삽입한 형태로 의문을 나타내거나 방법을 물음.
【何必改作】 어찌하여 반드시 고쳐 지으려는 것인가?
　何必 : …할 필요가 있(겠)는가? 어찌하여 반드시 …하겠는가[하려는 것인가]?
　　　관용형식으로서 강한 반문의 어기를 나타냄.
　　何 : 어찌(하여) …하겠는가(하려는 것인가)? 부사. 강한 반문의 어기를 나타냄.
　　必 : 반드시. 꼭. 참으로. 과연. 동작·행위·성질·상태 등에 대한 결연한 의지나 확신을 나타냄.

정현(鄭玄) - 長府는 창고(倉庫)의 이름이다. 재화를 보관해 두는 곳을 府라 한다. 仍은 따름이다. 貫은 일이다. 옛일 그대로 따르는 것이 옳은데 어찌하여 다시 개작(改作)을 하려 하는가? [長府 藏名也 藏財貨曰府 仍 因也 貫 事也 因舊事則可也 何乃復更改作]

【夫人】 이 사람. 곧 민자건을 가리킴.

夫 : 이 (사람). 그 (사람). 저 (사람). 인칭대명사.

【有中】 적중함이 있다. 사리에 들어맞음이 있다. 부합함이 있다. 꼭 들어맞다.

주희(朱熹) - 말을 망발(妄發)하지 않고 말을 내면 반드시 이치에 맞음은 오직 덕(德)이 있는 자만이 능한 것이다. [言不妄發 發必當理 惟有德者 能之]

[참고]

정약용(丁若鏞) - 長府는 돈의 이름이다. 노 소공(魯 昭公)이 곧 계씨(季氏)를 정벌하려고 장부에 있었으며[昭公 25년], 閔子 당시 장부에서 화폐를 개주(改鑄)하고 이름을 長府라 하였다. 돈꿰미를 貫이라 한다. 仍舊貫이란 새 돈이 옛 돈보다 큼에도 백성에게 세금을 거두기는 변함없이 옛 돈의 꿰미 수와 같게 하였다는 말이다. 如之何란 염려하고 걱정하는 말이니, 돈을 새로 고쳐 만들 당초에는 백성들이 모두 이를 편리하다고 여겼으나 민자건만이 미리 이 점을 우려하여 '지금 비록 그 무게를 가산하여 그 꿰미를 감소한다 할지라도 훗날 반드시 옛 꿰미대로 한다면 백성이 장차 어떻게 되겠느냐?' 는 말이다. 改作이란 개주(改鑄)를 말한다. 그 후 노나라는 백성에게 과연 옛 돈의 꿰미대로 세금을 받았으므로 '言必有中' 이라 말씀하신 것이다. 夫人이란 '이 사람' 이라는 뜻이다. [長府 錢名 魯昭公 將伐季氏 居於長府 昭 二十五年 閔子之時 長府改鑄錢 名曰 長府 串錢曰 貫 仍舊貫 謂新錢大於舊錢 而其所以賦於民者 仍同舊錢之貫數也 如之何者 慮患之辭 方其改鑄之初 民皆便之 閔子豫憂之曰 今雖增其重而減其貫 他日必將仍舊貫 民將如之何 改作 改鑄也 其後魯果仍舊貫賦於民 故曰 言必有中 夫人 此人也] ☞ 노나라 관리가 장부(長府)의 돈을 새로 주조하려고[주조하여 세금을 거두려고] 하자, 민자건이 말하기를 "(지금 개주(改鑄)하여 무게는 늘리고 돈꿰미 수를 줄이면 백성들이 편하게 여길지 모르나) 장차 다시 옛 돈꿰미 수 그대로 세금을 거두면 그것을 어떻게 합니까?[그것을 어떻게 대처할 것이오] 어찌하여 꼭 개주하려는 것인가?" 하였다. (과연 민자건이 우려한 것과 같이 되자) 공자께서 말씀하시기를 "이 사람은 말은 잘 안하지만 말을 하면 반드시 적중한다." 하셨다.

남회근(南懷瑾) - 長府 : 지금의 재경부장관과 유사한 관리. 舊貫 : 관습(慣習). 관례(慣例). 전례(前例). 제도(制度). ☞ 노나라 어떤 사람이 장부(長府)가 되어 제도를 바꾸려 하자, 민자건이 말하기를 "옛날대로 그냥 두면 어떻겠는가? 고칠 필요가 어디 있겠는가!" 하였다. 공자께서 말씀하시기를 "이 사람은 말은 잘 안하지만 말을 했다 하면 꼭 핵심에 들어맞는다." 하셨다.   ♣20091022木

14. 자로子路는 당堂에 올랐으나 아직 실室에 들지는 못했으니

子曰 由之瑟奚爲於丘之門 門人不敬子路 子曰 由也升堂矣 未入於
室也

子(ᄌ)ㅣ ᄀᆞᆯ으샤딕 由(유)의 瑟(슬)을 엇디 丘(구)의 門(문)에 ᄒᆞᄂᆞ뇨 門人(문신)이 子路
(ᄌ로)를 敬(경)티 아니ᄒᆞᆫ대 子(ᄌ)ㅣ ᄀᆞᆯ으샤딕 由(유)ᄂᆞᆫ 堂(당)의 올으고 室(실)에 드디
몯ᄒᆞ연ᄂᆞ니라

선생님께서 말씀하시기를 "유(由)는 나의 문하에서 거문고를 어찌 그리 타는가?"
하셨는데, 문하생들이 자로(由)를 공경하지 않자 선생님께서 말씀하시기를 "유는
당(堂)에 (이미) 올라왔으며 아직 실(室)에 들어오지 못하였느니라." 하셨다.

【由】 공자의 제자 중유(仲由). 자가 자로(子路). [참고]爲政-17.

【瑟】 큰 거문고. 현(弦)이 25현 또는 27현이라 함.

【奚】 어찌하여. 어째서. 왜. 의문대명사. 어떤 일에 대한 원인이나 이유를 물음.
전치사의 목적어·관형어·부사어 등으로 쓰임.

【爲】 하다. ⇒ 연주(演奏)하다.

【於】 …에(서). 전치사. 동작이나 행위가 일어나는 장소(범위)를 나타냄. 뒤의 於도
같은 용법임.

【門】 문하(門下). 門人 : 제자(들). 문하생(門下生). 공자의 제자들.

【也】 ① …은(는). …이란. …이면. 어기조사. 음절을 조정하고 어기를 고르는(말을
잠깐 멈추고 다음 내용을 환기시키는) 역할을 함. 由也. ② …이다. 어기조사.
진술문의 끝에 쓰여 판단이나 단정 또는 긍정을 나타냄. 未入於室也.

【矣】 …이다. 어기조사. 동작이 이미 완료되었음(어떤 상황이 이미 실현되었거나
형성되었음)을 나타냄.

[참고] 升堂, 入室 : 학문이나 덕행의 수준을 가늠하는 말. 보통 대문으로 들어가[入
門] → 정원을 지나서 → 계단을 올라 대청마루를 지나면[升堂, 대의(大意)에
통달함.] → 주인의 방에 도달[入室, 오묘하고 정미(精微)한 경지에 이름.]한다.

♣20091026月

15. 지나침은 미치지 못함과 같으니

> 子貢問 師與商也孰賢 子曰 師也過 商也不及 曰 然則師愈與 子曰
> 過猶不及

子貢(ᄌ공)이 묻ᄌ오ᄃᆡ 師(ᄉ)와 다못 商(샹)이 뉘 賢(현)ᄒ닝잇고 子(ᄌ)ㅣ ᄀᆞᆯ으샤ᄃᆡ
師(ᄉ)ᄂᆞᆫ 넘고 商(샹)은 밋디 몯ᄒᄂᆞ니라 ᄀᆞᆯ오ᄃᆡ 그러면 師(ᄉ)ㅣ 나으닝잇가 子(ᄌ)ㅣ
ᄀᆞᆯ으샤ᄃᆡ 너믐이 밋디 못홈과 ᄀᆞᄐ니라

자공(子貢)이 여쭙기를 "사(師)와 상(商)은 누가 더 현명(賢明)합니까?" 하니, 선생
님께서 말씀하시기를 "師는 지나치고 商은 미치지 못하느니라." 하셨다. 말씀드리기
를 "그러면 師가 더 낫습니까?" 하니 선생님께서 말씀하시기를 "지나침은 미치지
못함과 같으니라." 하셨다.

【子貢】 공자의 제자 단목사(端木賜). 자가 자공(子貢).
【師】 공자의 제자 전손사(顓孫師). 자는 자장(子張). [참고] 爲政-18.
【與】 ① …와[과]. 접속사. 병렬관계를 나타냄. 師與商也孰賢. ② …인가? = 歟.
　　어기조사. 단독으로 쓰여 가벼운 의문(질문)의 어기를 나타냄. 然則師愈與.
【商】 공자의 제자 복상(卜商). 자는 자하(子夏). [참고] 學而-7.
【也】 …은(는). …이란. …이면. 어기조사. 음절을 조정하고 어기를 고르는(말을
　　잠깐 멈추고 다음 내용을 환기시키는) 역할을 함.
【孰】 누가 …인[한]가? 의문대명사. 사람에 대한 질문을 나타냄.
【賢】 어질다. 현명(賢明)하다. 덕행이 뛰어나고 재능이 많다. [참고] 더 낫다. 뛰어나
　　다. 훌륭하다.
【過】 지나치다. 넘치다. 한도를 넘다. ⇔ 不及.
【不及】 미치지 못하다. 모자라다. ⇔ 過.
주희(朱熹) - 子張은 재주가 높고 뜻이 넓었으나 구차히 어려운 일을 하기 좋아했으므
　　로 항상 중도(中道)에 지나쳤고, 子夏는 독실하게 믿고 삼가 지켰으나 규모가
　　협소했으므로 항상 미치지 못하였다. [子張才高意廣 而好爲苟難 故常過中 子
　　夏篤信謹守 而規模狹隘 故常不及]

141

【然則】 그러면. 그렇다면. 이와 같다면. 접속사. 뒷일이 앞일을 이어받는 것, 즉 연관관
계를 나타냄. 앞의 말을 근거로 어떤 결론을 이끌어 내는 역할을 함.

【愈】 …보다 낫다(우수하다) (勝也). 뛰어나다.

하안(何晏) - 愈는 勝(나음)과 같다. [愈 猶勝也]

【猶】 같다. …와 같다. 형용사.

공안국(孔安國) - 모두 중용의 도를 얻지 못했음을 말한다. [言俱不得中]

주희(朱熹) - 道는 중용(中庸)을 극치로 삼으니, 현자(賢者)와 지자(智者)의 지나침
이 비록 우자(愚者)와 불초(不肖)한 자의 미치지 못함보다 나을 것 같으나,
그 중도(中道)를 잃음은 똑같은 것이다. [道以中庸爲至 賢知之過 雖若勝於愚
不肖之不及 然其失中則一也]   ♣20091026月

16. 염구冉求는 나의 제자가 아니니

> 季氏富於周公 而求也爲之聚斂而附益之 子曰 非吾徒也 小子 鳴鼓
> 而攻之 可也

季氏(계시)ㅣ 周公(쥬공)에셔 가옴열거늘 求(구)ㅣ 爲(위)ᄒ야 聚斂(취렴)ᄒ야 附益(부익)ᄒ대 子(ᄌ)ㅣ 굴ᄋ샤ᄃᆡ 우리 물이 아니로소니 小子(쇼ᄌ)아 鼓(고)를 鳴(명)ᄒ야 攻(공)홈이 可(가)ᄒ니라

제씨(季康子)는 주공(周公)들보다 더 부유함에도 구(求)가 그(季氏)를 위하여 세금을 거두어들여서 더욱더 그 부(富)를 늘려주었다. 선생님께서 말씀하시기를 "내 무리[제자]가 아니니라. 제자들아, 북을 울리고 그(求)를 공박(攻駁)함이 옳으니라." 하셨다.

【季氏】 노나라의 세도가인 한 집안[대부]. 계손씨(季孫氏). 여기서는 季康子를 가리킴.

【於】 …와(과). …보다. …에 비해. 전치사. 사물의 성질이나 상태를 함께 비교하는 대상을 나타냄.

【周公】 당시 천자(天子)의 대신(大臣)들. [참고] 魯나라의 시조. 희단(姬旦). 공안국(孔安國) - 周公은 天子의 재(宰)이니 경사(卿士)이다. [周公 天子之宰卿士] 정약용(丁若鏞) - 周公은 천자의 삼공(三公)이다. … 형병(邢昺)이 이르기를 '魯나라는 그(周公)의 후예라 하니 周公은 원성(元聖)이다.'라 하였다. [周公 謂天子之三公 … 邢氏謂魯其後也 則周公者元聖也]

【而】 ① 그런데. 그러나. 그렇지만. 오히려. 접속사. 역접관계를 나타냄. 而求也. ② 그래서. 그리하여. …하여서. …하고서(야). …하면서. 곧. 이에. …하니 곧. …하자마자[한 후에]. 곧. 접속사. 이치상으로 앞뒤의 내용이나 시간의 흐름이 이어지는 순접(연관)관계를 나타냄. 而附益之, 而攻之.

【求】 공자의 제자 염구(冉求). 자는 자유(子有).

【也】 ① …은(는). …이란. …이면. 어기조사. 음절을 조정하고 어기를 고르는(말을 잠깐 멈추고 다음 내용을 환기시키는) 역할을 함. 求也. ② …이다. 어기조사.

진술문의 끝에 쓰여 판단이나 단정 또는 긍정을 나타냄. 徒也, 可也.

【爲】 …을 위하여. …을 하기 위해서. 전치사. 동작이나 행위가 발생하는 목적을 나타냄.

【之】 그. 그것(사람). 지시(인칭) 대명사. 순서대로 季氏, 富, 求를 가리킴.

【聚斂 취렴】 세금을 과중하게 거두어들임.

聚취 : 모으다. 축적하다.

斂렴 : 부과하다. 거두어들이다.

【附益】 더함. 보탬. ⇒ 재산을 더욱더 늘려줌.

附 : 붙이다. 늘게 하다.

益 : 더하다. 보태다.

【徒】 문도(門徒). 제자.

【小子】 젊은이(들). 제자(들). 너희들. 스승이 제자를 가리키거나, 아버지가 아들을 이르는 말. 또는 자기보다 나이 어린 사람을 친근하게 부르는 말.

【鳴鼓而攻之】 북을 울리고 그를 공박(攻駁, 남의 잘못을 몹시 따지고 공격함)하다. 전쟁에서 북을 울리며 적을 공격하듯이 잘못이나 죄를 공개적으로 꾸짖어 몰아세우는 것을 말함. ⇒ 공개적으로 비판하다.

攻 : 꾸짖다. 질책하다. 공박(攻駁)하다.

정약용(丁若鏞) - 북을 울리고 죄를 벌하는 것은 바로 군대의 일이다. … 염구의 죄는 백성에게 피해를 끼치는 조항을 범한 것이므로, 공자께서는 군대의 법으로 그를 바로잡고자 '그것은 周禮에 있어서 鳴鼓의 법(律)에 바로 들어맞는다.' 고 말씀하신 것이지 제자들이 정말로 북채를 들고 북을 치면서 冉子의 집을 징벌하여야 한다고 이른 것은 아니다. [鳴鼓伐罪 是軍旅之事 … 冉求之罪犯害民之條 故孔子繩之以軍旅之法 曰其在周禮正中鳴鼓之律 非謂小子眞可以援枹擊鼓以伐冉子之室也]　　　　　♣20091027火

17. 자고子羔와 증자曾子, 자장子張, 자로子路의 평은...

柴也愚 參也魯 師也辟 由也喭

柴(싀)는 愚(우)ᄒ고 參(슴)은 魯(로)ᄒ고 師(스)는 辟(벽)ᄒ고 由(유)는 喭(언)ᄒ니라

(공자께서 말씀하시기를) "시(柴, 子羔)는 고지식하고 삼(參, 曾子)은 아둔하며 사(師, 子張)는 한쪽으로 치우치고 유(由, 子路)는 속되고 거칠구나." (하셨다.)

【柴】 공자의 제자. 성은 고(高). 이름이 시(柴). 자는 자고(子羔). 공자보다 30세 아래. [참고] 家語 - 40세 아래.

【也】 …은(는). …이란. …이면. 어기조사. 음절을 조정하고 어기를 고르는(말을 잠깐 멈추고 다음 내용을 환기시키는) 역할을 함.

【愚】 어리석다. 우직(愚直)하다. 변통성이 없고 곧기만 하다. 정직하여 융통성이 없다. 고지식하다.
　주희(朱熹) - 愚는 지혜가 부족하고 덕의 두터움이 넉넉한 것이다. [愚者 知不足而 厚有餘]

【參】 공자의 제자 증삼(曾參). 자는 자여(子輿). [참고] 學而-4.

【魯】 아둔하다(영리하지 못하고 둔하다). 미련하다. 어리석고 둔하다. 어리석으면서도 곧고, 곧으면서도 좀 느리다. 주희(朱熹) - 魯는 둔(鈍)함이다. [魯 鈍也]

【師】 공자의 제자 전손사(顓孫師). 자는 자장(子張). [참고] 爲政-18.

【辟벽】 = 僻. 한 쪽으로 쏠리다. 치우치다. 형식에 치우치다. 편벽(偏僻) 되다. 겉치레에 익숙하나 성실성이 적다. 마음이 한 쪽으로 치우쳐 공정하지 못하다.
　주희(朱熹) - 辟은 남이 좋아하는 쪽으로만 치우치는 것이니 용모와 행동거지에는 익숙하나 성실성이 적은 것을 이른다. [辟 便辟也 謂習於容止 少誠實也]
　왕필(王弼) - 辟은 잘못(허물)을 꾸미는 것이다. [辟 飾過差]

【由】 공자의 제자 중유(仲由). 자가 자로(子路). [참고] 爲政-17.

【喭언】 세련미가 없고 거칠다. 거칠고 저속(低俗)하다.
　주희(朱熹) - 喭은 거칠고 속됨이다. [喭 粗俗也]

♣20091028水

18. 안회는 거의 완벽하고 자공은 재화를 늘렸으니

> 子曰 回也其庶乎 屢空 賜不受命 而貨殖焉 億則屢中

子(주)] 글 오샤딕 回(회)는 그 庶(셔)호고 주조 空(공)호느니라 賜(스)는 命(명)을 受
(슈)티 아니호고 貨(화)를 殖(식)호나 億(억)호면 주조 中(듕)호느니라

선생님께서 말씀하시기를 "안회(顔回)는 아마 완벽에 가까운 사람이리라! 그런데
늘 가난하구나. 자공(子貢)은 천운을 타고나지 않았으나 재화가 늘어나니, 헤아리면
곧 자주 들어맞았느니라." 하셨다.

【回】 공자의 제자 안회(顔回).

【其庶乎】 아마 완벽에 가까울 것이다. 아마도 완벽에 가까운 사람일 것이다.

其 : 아마(도). 어쩌면. 부사. 동작이나 행위 또는 어떤 상황에 대한 추측을 나타냄.

庶 : 가깝다. 거의 비슷하다.

  주희(朱熹) - 庶는 가까움이니 道에 가까움을 말한다. [庶 近也 言近道也]

乎 : …일 것이로다! 어기조사. 감탄의 어기를 나타냄. 其와 함께 쓰이는 경우
    추측의 어기를 내포함.

【屢空】 자주 비어있다. ⇒ 늘 가난하다.

屢 : 자주. 여러 차례. 누차(屢次·累次). 부사. 동작이나 행위가 항상 혹은 여러
    차례 발생함을 나타냄.

空 : 가진 것이 없다. 궁핍하다. 가난하다.

정약용(丁若鏞) - 屢는 자주하는 것이다.[邢昺] 空은 곤궁함이다.[시경(詩經) 소아(小
    雅)에 이르기를 '우리 무리들을 궁하게 해서는 안 된다.' 고 하였다.] 屢空은 자주 궁궤[窮
    匱, 몹시 궁핍(窮乏) 함]함에 이르는 것이다. [屢 數也 邢昺云 空 窮也 小雅云
    不宜空我師 屢空 謂數至窮匱也]

주희(朱熹) - 屢空은 자주 空匱(공궤, 쌀독이 빔, 곧 窮乏함)함에 이르는 것이다.
    [屢空 數至空匱也]

하안(何晏) - 안회는 성인의 도에 가까웠으니 비록 자주 쌀독이 빌 정도로 궁핍하였

으나 그 가운데에 즐거움이 있었다는 말이다. [言回庶幾聖道 雖數空匱而樂在
其中]

[참고] 하안(何晏) - 일설에 의하면 屢는 每와 같고 空은 虛中(마음을 비움)과
같다고 한다. [一曰 屢猶每也 空猶虛中也] ⇒ 其庶乎屢空으로 句讀. ☞ 屢空
: 거의 매번 마음을 비울 수 있었다.

【賜】 공자의 제자 단목사(端木賜). 자는 자공(子貢). [참고] 學而-10.

【受命】 천명(天命)을 받다. ⇒ 천운(天運)을 타고나다.

주희(朱熹) - 命은 천명(天命)을 이른다. [命 謂天命]

[참고]

하안(何晏) - 賜는 敎命을 받들지 않고서 오직 재화만을 늘렸다. [賜不受敎命
唯財貨是殖] ☞ 不受命 : 공자의 가르침을 받지 않고.

유월(兪樾) - 옛날에 상고(商賈)는 모두 관(官)이 주관하였다. … 무릇 관청(官
廳)에서 명을 받지 않고 혼자(스스로) 그 재물을 가지고 싸게 사고 비싸게
팔아 십분지 일 정도의 이익을 쫓으니, 이는 명을 받지 않고서 장사하여 재화를
늘렸다고 이르는 것이다. [古者 商賈皆官主之 … 若夫不受命於官 而自以其財
市賤鬻貴 逐什一之利 是謂不受命而貨殖] ☞ 不受命 : 관청의 명령을 받지 않고.

【而】 그런데. 그러나. 그렇지만. 오히려. 접속사. 역접관계를 나타냄.

【貨殖화식】 재화(財貨)가 늘어나다. 장사하여 재화를 늘리다.

貨 : 재화(財貨). 재물(財物).

殖식 : 불리다. 재산 등을 늘어나게 하다.

주희(朱熹) - 貨殖은 재화(財貨)를 생식(증식)하는 것이다. [貨殖 貨財生殖也]

정약용(丁若鏞) - 판매(販賣)하는 것을 貨라 하고 종축(種畜)하는 것을 殖이라
한다. [販賣曰 貨 種畜曰 殖]

【焉】 …이다. 어기조사. 진술문 끝에 쓰여 종결·판단·긍정의 어기를 나타냄.

【億】 臆과 통함. 헤아리다. 추측하다. 예측하다.

하안(何晏) - 億은 是非(옳고 그름)를 헤아리는 것이다. [億 度是非]

주희(朱熹) - 億은 뜻으로 헤아리는 것이다. [億 意度也]

【則】 …이면(하면) (곧). 그렇다면 곧. 접속사. 결과나 조건에 대한 상호 원인 등
앞뒤 문장의 전후 상황이 서로 연관됨을 나타냄.

第十一篇

先進

【屢中】 자주 적중하다. 자주 들어맞다. 자주 부합하다.

정약용(丁若鏞) - (앞 장) 네 사람 모두에게 제각기 병폐가 있었으나 回와 賜는 말할 만한 병폐가 없었다. 그러나 回의 병폐는 屢空에 있고 賜의 병폐는 貨殖에 있다는 것이다. … 위 네 구절 또한 공자의 말이다. 그러므로 그들의 이름을 부른 것이다. 그러나 중간에 子曰이라 한 것은 문장을 변화하여 顔子를 드러내려 함이다. 注疏에서는 원래 이를 합하여 한 장으로 하였다. [四子各有一病 回與賜無可言之病 然回之病在乎屢空 賜之病在乎貨殖 … 上四句 亦夫子所言 故稱名 中起子曰者 變其文 表顔子也 注疏本合爲一章] ♣20091028水

19. 선인善人의 도道는...

子張問善人之道 子曰 不踐迹 亦不入於室

子張(주댱)이 善人(션신)의 道(도)를 묻주온대 子(주)ㅣ 글으샤디 迹(젹)을 踐(쳔)티 아니하나 쏘흔 室(실)에 드디 몯하느니라

자장(子張)이 사람을 잘 다스리는 방법에 대해 여쭈니, 선생님께서 말씀하시기를 "옛사람(聖賢)의 자취를 밟아 따르지 않는다면 곧 높고 깊은 성인(聖人)의 경지에 들지 못하느니라." 하셨다.

【子張】 공자의 만년 제자. 성은 전손(顓孫). 이름은 사(師). 자가 자장(子張). 진(陳)나라 사람으로 공자보다 48세 아래.

【善人之道】 사람을 잘 다스리는 방법.

　善 : 다스리다(修治). 잘 다스리다.

　之 : …하는[한]. …의. 조사. 관형어와 중심어 사이에 쓰여 중심어를 수식하거나 국한하는 관계를 나타냄. 앞의 말에 형용성(形容性)을 띠게 함.

　道 : 길. 방법.

　정약용(丁若鏞) - 善人之道는 곧 사람을 가르치는 기술(방법)이다. [善은 善世(세상을 잘 다스림)의 善과 같이 읽는다.] … 역경에 '세상을 잘 다스려도 자랑하지 않는다.' [건괘]라 하였고, 또 '현덕(賢德)에 거하여 풍속을 잘 다스린다.' [점괘]하였으며 장자(莊子)에 '칼을 잘 고쳐서 간직한다.' 라고 하였으니 善이라는 것은 수선(修繕)을 말하는 것이다. 子張은 뛰어나고 호방한 사람이므로 그는 스스로 몸을 닦음에 규구(規矩)를 따라서 밟아나가지 않으려 하였던 것이다. 더구나 그가 사람을 가르침에 있어서 어찌 엽등(躐等, 등급을 건너뜀)의 근심이 없을 수 있겠는가? 이는 공자가 '옛 자취를 따라 밟아 나아가야 함'을 말씀하시게 된 까닭이다. [善人之道 卽敎人之術 善讀之 如善世之善 … 易曰 善世而不伐 乾卦文 易曰 居賢德善俗 漸卦文 莊子曰 善刀而藏之 善也者 繕也 修治之使之善曰 善也 子張磊落豪放之人也 其自修己 不欲循蹈規矩 況其敎人之法 豈無躐等之患 此

孔子所以告之 以踐迹也]

주희(朱熹) - 善人은 바탕은 아름다우나 배우지 못한 사람이다. [善人 質美而未學者也]

[참고]

　　① 선인(善人)의 도(道). 善人이 살아가는 길. 善人의 생활방법[태도]. [善人
　　：덕(德)을 이루어 행실에 악(惡)함이 없어 사람을 잘 다스리거나 정치를
　　잘하는 사람.] [朱熹]

　　② 사람을 선(善)하게 하는 방법. [善 : 선(착)하게 하다. 동사.] [李澤厚]

【踐迹】자취를 밟다. 옛 선인(先人) [聖人 또는 聖賢]의 자취를 밟아 따라가다.
　　정이(程頤) - 踐迹(천적)은 길을 따르고 바퀴자국을 지킨다는 말과 같다. 善人은
　　비록 반드시 옛 자취를 밟지 않더라도 스스로 악한 짓을 하지 않는다. 그러나
　　또한 성인의 방(경지)에 들어가지 못한다. [踐迹 如言循途守轍 善人 雖不必踐
　　舊迹 而自不爲惡 然亦不能入聖人之室也]

【亦】곧. 즉. 부사. 동작이나 행위가 일정한 조건이나 정황에서 갖추어져 저절로
　　그러함을 강조함. […하면 곧 ~한다.]

【入於室】방에 들어가다. 경지에 들어가다. 학문이나 덕행의 수준이[도(道)의 경지
　　가] 오묘하고 정미(精微)한 경지에 이름. [참고] 本篇-14.

[참고] 주희(朱熹)에 따른 해석 ☞ 자장(子張)이 성인(善人)의 도(道)[성인이 살아가는
길]에 대해 여쭈니, 공자께서 말씀하시기를 "(성인은) 옛 성인(聖人)의 자취를 밟지 않을지라도
스스로 악(惡)을 행하지는 않으나 또한 성인(聖人)의 경지에 들어가지 못하느니라." 하셨다.

♣♣20091029木

20. 언론言論을 독실篤實하게 하는 사람은

子曰 論篤是與 君子者乎 色莊者乎

子(즈)ㅣ 글ᄋ샤딕 論(론)이 篤(독)ᄒ니를 이예 與(여)ᄒ면 君子(군즈)ㄴ 者(쟈)가 色(식)이 莊(장)ᄒ 者(쟈)가

선생님께서 말씀하시기를 "언론(言論)이 독실(篤實)한 것을 칭찬하고들 있는데, (과연 그가) 군자다운 사람인가? (아니면) 외모(外貌)만 장엄(莊嚴)하게 한 사람인가?" 하셨다.

【論篤是與】 = 與論篤. 언론이 독실한 것을 허여(칭찬)하고들 있는데. 말을 믿음성 있고 후덕(厚德)하게 하는 것을 칭찬하고들 있는데.

論 : 말 하는 것. 언론(言論, 말이나 글로 자기의 주장이나 견해를 표현함). 주장.

篤 : 두텁다. 돈독(敦篤)하다. 독실(篤實)하다. 신실(信實)하다. 충실(忠實)하다. 믿음성[인정] 있고 후덕(厚德)하게 하다.

是 : 강조의 효과를 위하여 문장이 도치될 때(목적어를 동사 앞에 놓을 경우) 목적어와 동사 사이에 쓰는 구조조사. 之와 같음.

與 : 허락하다. 허여(許與, 마음으로 허락하고 인정하여 칭찬함) 하다. 칭찬하다. 인정하다. 받아들이다. 동의하다. 동사.

【乎】 …인가? …한가? 어기조사. 문장 끝에 쓰여 의문(질문)을 나타내며 시비(是非) 판단의 어기를 도움.

【色莊】 얼굴빛이 장엄(莊嚴) 하다. 얼굴빛이 엄숙하고 진지하다. [참고] 陽貨-12.

色 : 안색(顔色). 낯빛(얼굴빛). 기색(氣色).

莊 : 엄숙[장엄]하다. 위엄이 있다. 점잖고 무게가 있다. 드레가 있다.

　정약용(丁若鏞) - 色莊이란 외모는 위엄이 있으나 안으로는 겁 많고 나약한 것이다. [色莊 貌嚴而內荏者也]

주희(朱熹) - 다만 그 언론(言論)이 독실(篤實)하다고 하여 그를 허여(許與) 한다면, 곧 군자인 자인가 얼굴만 장엄(莊嚴)한 자인가를 알지 못한다고 말씀하신 것이다.

이는 말과 외모(外貌)로 사람을 취해서는 안 됨을 말씀하신 것이다. [言但以其言
論篤實而與之 則未知爲君子者乎 爲色莊者乎 言不可以言貌取人也]

정약용(丁若鏞) - 그 말만 듣고 가벼이 그를 허락한다면 곧 나는 그가 몸소 실천하는
사람인지 겉으로만 꾸민 사람인지 알 수 없다. [聽其言而輕許之 則吾未知 其爲
躬行者乎 外飾者乎]

[참고]

① 말하는 것이 독실한 것을 <u>허여한다면</u> (허여한 사람이) 군자다운 사람인가?
   (아니면) 얼굴빛만 장엄하게 한 사람인가?

② 말하는 것이 독실한 것을 <u>허여는 하겠지만</u> (언론이 독실한 사람이 과연) 군자다
   운 사람인가? (아니면) 얼굴빛만 장엄하게 한 사람인가?

③ 말하는 것이 독실한 것을 <u>허여하고들 있는데</u>, (언론이 독실한 사람이 과연)
   군자다운 사람인가? (아니면) 얼굴빛만 장엄하게 한 사람인가?

[참고]

하안(何晏) - 論篤이란 입에 선택할 말이 없이 모두 잘하는 것이며, 君子란 몸에
   거친[악한] 행동이 없는 자이며, 色莊이란 미워하지 않고 엄히 하여 소인을
   멀리함이니 이 세 가지는 모두 선인(善人)이 될 수 있는 것이다. [論篤者 謂口無
   擇言 君子者 謂身無鄙行 色莊者 不惡而嚴以遠小人 言此三者 皆可以爲善人]

형병(邢昺) - 이 또한 善人의 道이므로 윗글에 이어 모두 한 장이 되는 것이다.
   그 당시 다른 때의 말을 기록하였으므로 '子曰' 이라 구별하여 말한 것이다.
   [此亦善人之道 故同爲一章 當是異時之語 故別言子曰] ⇒ 與 : 어기조사. 의문
   의 어기를 나타냄. = 歟. ☞ (善人은) 언론이 독실한 사람인가? 군자다운 사람인가?
   색장(色莊)한 사람인가?   ♣20091102月

21. 들으면 곧 그것을 실행하여야 되는지요?

子路問 聞斯行諸 子曰 有父兄在 如之何其聞斯行之 冉有問 聞斯行
諸 子曰 聞斯行之 公西華曰 由也問聞斯行諸 子曰 有父兄在 求也問
聞斯行諸 子曰 聞斯行之 赤也惑 敢問 子曰 求也退 故進之 由也兼
人 故退之

子路(ᄌ로)ㅣ 묻ᄌ오ᄃᆡ 듣고 이예 行(ᄒᆡᆼ)ᄒ리잇가 子(ᄌ)ㅣ ᄀᆞᆯ으샤ᄃᆡ 父兄(부형)이 이시
니 엇디 그 듣고 이예 行(ᄒᆡᆼ)ᄒ리오 冉有(셤유)ㅣ 묻ᄌ오ᄃᆡ 듣고 이예 行(ᄒᆡᆼ)ᄒ리잇가
子(ᄌ)ㅣ ᄀᆞᆯ으샤ᄃᆡ 듣고 이예 行(ᄒᆡᆼ)ᄒᆞᆯ ᄯᆞ니라 公西華(공셔화)ㅣ ᄀᆞᆯ오ᄃᆡ 由(유)ㅣ 듣고
이예 行(ᄒᆡᆼ)ᄒ리잇가 묻ᄌ와ᄂᆞᆯ 子(ᄌ)ㅣ ᄀᆞᆯ으샤ᄃᆡ 父兄(부형)이 인ᄂ니라 ᄒ시고 求(구)
ㅣ 듣고 이예 行(ᄒᆡᆼ)ᄒ리잇가 묻ᄌ와ᄂᆞᆯ 子(ᄌ)ㅣ ᄀᆞᆯ으샤ᄃᆡ 듣고 이예 行(ᄒᆡᆼ)ᄒᆞᆯ ᄭᅥ시라
ᄒ시니 赤(젹)이 惑(혹)ᄒ야 敢(감)히 묻ᄌ노이다 子(ᄌ)ㅣ ᄀᆞᆯ으샤ᄃᆡ 求(구)ᄂ 退(퇴)ᄒ
ᄂ 故(고)로 進(진)ᄒ고 由(유)ᄂ 人(신)을 兼(겸)ᄒᄂ 故(고)로 退(퇴)호라

자로(子路)가 여쭙기를 "들으면 곧 실행하여야 합니까?" 하자, 선생님께서 말씀하시
기를 "부모형제가 살아 계신데 어찌 들으면 곧 실행하리오." 하셨다. 염유(冉有)가
여쭙기를 "들으면 곧 실행하여야 합니까?" 하자, 선생님께서 말씀하시기를 "(그래)
들으면 곧 실행하여야 하니라." 하시니, 공서화(公西華)가 말씀드리기를 "유(由, 子
路)가 '들으면 곧 실행하여야 합니까?' 하고 여쭙자, 선생님께서 말씀하시기를 '부모
형제가 살아 계시지 않느냐?' 하시고, 구(求, 冉有)가 '들으면 곧 실행하여야 합니까?'
하고 여쭙자 선생님께서 말씀하시기를 '들으면 곧 실행하여야 하니라.' 하시니, 적(赤,
公西華)이 미혹(迷惑)하여 감히 여쭙니다." 하였다. 선생님께서 말씀하시기를 "구
(求)는 머뭇거려 소극적이므로 나아가게 하였고, 유(由)는 남들보다 너무 앞서려
하므로 물러나게 하였느니라." 하셨다.

【子路】 공자의 제자 중유(仲由). 자가 자로(子路). [참고] 爲政-17.
【聞斯行諸】 들으면 이에 곧 그것을 실행하여야 합니까?
　聞 : 듣다. ⇒ 옳은 것을 듣다. 가르침이나 훌륭한 말을 듣다.
　　정약용(丁若鏞) - 聞이란 義를 들음이니 이를테면 어려운 일을 급히 보살펴

주고 궁한 일은 구제하는 것이 모두 義를 행하는 것이다. [聞 謂聞義 如急難振窮 凡可以行其義者]

斯 : 비로소. 곧. …하면 곧. 이에 곧. 동작이나 행위가 일정한 조건을 갖춘 후에야 비로소 발생하는 것을 나타냄.

諸저 : 之乎(그것을 …한가?). 합음사(合音詞). 之는 지시대명사로 聞을 가리키고, 乎는 어기조사로 의문 또는 반문의 어기를 나타냄.

【有父兄在】 부형(父兄)이 계시다. ⇒ 부모형제가 살아 계시다.

有 : 어기조사. 명사, 형용사, 동사 등의 앞에 쓰여 어조를 고르는 역할을 함. [참고] [金元中 編著, 虛辭大辭典, 현암사, 2007. p.647] [延世大學校 虛詞辭典編纂室 編, 虛詞大辭典, 成輔社, 2001. p.548]

父兄 : 아버지와 형님. ⇒ 부모형제(父母兄弟).

在 : 있다. 살아있다[계시다]. 생존해 있다.

【如之何其聞斯行之】 = 如何聞斯行之. 어찌하여 들으면 곧 그것을 실행하겠는가? 앞의 之와 其는 어기조사로 어세를 강하게 하거나 고르는 역할을 함. 뒤의 之는 지시대명사로 聞을 가리킴.

如之何 : 어찌하여[왜] 그렇게 합니까[할 것입니까]? 대명사성 구조인 如何의 사이에 처리할 대상을 나타내는 지시대명사 之를 삽입한 형태로 원인을 묻거나 반문을 나타냄.

【冉有】 공자의 제자 염구(冉求). 자가 자유(子有).

【公西華】 공자의 제자. 노나라 사람. 성이 공서(公西). 이름은 적(赤). 자는 자화(子華). [참고] 公冶長-8.

【也】 …은(는). …이란. …이면. 어기조사. 음절을 조정하고 어기를 고르는(말을 잠깐 멈추고 다음 내용을 환기시키는) 역할을 함.

【惑】 미혹(迷惑)하다. 헷갈리어 헤매다.

【敢】 감히. 실례합니다만. 부사. 겸손하게 자신을 낮추고 상대방에 대한 존경을 나타냄.

【退】 움츠리다. 머뭇거리다. 위축되어 소극적이다.

[참고] 뒤의 退之의 退는 '나서지 않게 하다.' 곧 '물러나게 하다.'의 뜻으로 피동임. 이때의 之는 지시대명사로 앞의 由를 가리킴.

【兼人】 다른 사람보다 두 배로 앞서가다. 남보다 뛰어나다. 혼자서 몇 사람을 당해내
　　　다. ⇒ 다른 사람보다 너무 앞서려 하다.

　兼 : 겸하다. 두 배로 하다. 두 가지 이상을 한꺼번에 지니거나 맡다.

　人 : 사람. ⇒ 남. 다른 사람. 나와 대조되는 개념.

　　[참고] 兼人之勇 : 혼자서 능히 몇 사람을 당해낼 만한 용기.

　주희(朱熹) - 兼人은 다른 사람보다 나은 것을 이른다. [兼人 謂勝人也]

　정약용(丁若鏞) - 兼人이란 한 사람이 두 사람 몫의 짐을 드는 것을 이른다. 이른바
　　　'겸인의 용기'를 말한다. [兼人 謂一人擧二人之任 所謂兼人之勇也]

　장식(張栻) - 의(義)를 들으면 진실로 마땅히 용감하게 행하여야 한다. 그러나 부형
　　　(父兄)이 계시면 독단적으로 할 수 없는 경우가 있으니, 부형(父兄)의 명령을
　　　받지 않고 행한다면 도리어 의(義)를 해치게 된다. 자로(子路)는 들음이 있고
　　　아직 그것을 다 행하지 못했으면 행여 다른 말을 들을까 두려워하였으니, 그렇
　　　다면 마땅히 해야 할 일에 있어 실행할 수 없음을 근심할 것이 아니요, 다만
　　　실행하려는 뜻이 혹 지나쳐서 마땅히 명령을 받아야 할 것에 빠뜨림이 있을까
　　　근심할 뿐이다. 염구(冉求)의 자품(資稟)으로 말하면 나약함에 결함이 있으니,
　　　부형(父兄)의 명령을 받지 않을까를 근심할 것이 아니요, 마땅히 실행해야
　　　할 일에 있어 머뭇거리고 위축되어 그것을 실행하는데 용감하지 못할까 근심할
　　　뿐이다. 성인(聖人)이 한 사람은 나아가게 하시고 한 사람은 물러나게 하셨으
　　　니, 의리(義理)의 중도(中道)에 요약하여 그들로 하여금 지나치거나 미치지
　　　못하는 병통이 없게 하려고 하신 것이다. [聞義 固當勇爲 然有父兄在 則有不可
　　　得而專者 若不稟命而行 則反傷於義矣 子路 有聞 未之能行 唯恐有聞 則於所當
　　　爲 不患其不能爲矣 特患爲之之意或過 而於所當稟命者 有闕耳 若冉求之資稟
　　　失之弱 不患其不稟命也 患其於所當爲者 逡巡畏縮 而爲之不勇耳 聖人一進之
　　　一退之 所以約之於義理之中 而使之無過不及之患也]

♣20091103火

22. 선생님이 계신데 제가 어찌 감히 죽을 수 있겠습니까

子畏於匡 顏淵後 子曰 吾以女爲死矣 曰 子在 回何敢死

子(조)ㅣ 匡(광)에 畏(외)ㅎ실 시 顏淵(안연)이 後(후)ㅎ얏더니 子(조)ㅣ 굴ㅇ샤디 내 널로 뻐 死(ᄉ)ㅎ니라 호라 굴오디 子(조)ㅣ 겨시거니 回(회)ㅣ 엇디 구틱여 死(ᄉ)ㅎ리잇고

선생님께서 광(匡) 지방에서 조심하고 계실 때 안연(顏淵)이 뒤늦게 오자, 선생님께서 말씀하시기를 "나는 네가 죽은 줄 알았노라." 하시니 (안연이) 말씀드리기를 "선생님께서 (살아) 계신데 제가 어찌 감히 죽을 수 있겠습니까?" 하였다.

【畏於匡】 광읍(匡邑)에서 구류(拘留)의 두려움에 처하다. [참고] 子罕-5. ⇒ 광(匡) 지방에서 조심하고 계실 때.

　畏 : 두려움에 처하다. 두려운 일을 당하다. ⇒ 경계하는 마음을 품다.

　⇒ 자한편(子罕篇) 5장의 연장선에서 자한편 5장은 현재진행의 상황인데 여기서는 그 위기를 벗어난 다음의 일이므로 匡을 '匡 지방'으로, 畏를 '조심하고 있다.', '경계하는 마음을 품고 있다.'로 해석하는 견해를 따랐음.

【顏淵】 공자의 제자 안회(顏回). 자가 자연(子淵). [참고] 爲政-9.

【後】 늦다. 시간적으로 뒤늦다. 시간에 대지 못하다. 뒤늦게 따라오다.

　주희(朱熹) - 後는 서로 잃어 뒤에 처져 있음을 말한다. [後 謂相失在後]

【以女爲死矣】 네가 죽었다고 생각하다[여기다]. ⇒ 네가 죽은 줄 알았다.

　以 … 爲 ~ : …으로써 ~을 삼다[여기다]. …을 ~으로 삼다[여기다]. …을 ~(이)라고 여기다[간주하다, 생각하다]. …이(가) ~하다고 여기다[간주하다, 생각하다]. 以는 전치사. 爲는 동사.

　女 : 너. = 汝. 이인칭대명사.

　矣 : …이다. 어기조사. 단정 또는 필연의 결과를 나타냄.

【何】 어찌(하여) …하겠는가(하려는 것인가)? 부사. 강한 반문의 어기를 나타냄.

【敢】 감히. 함부로. 조동사. 동사 앞에 쓰여 어떤 일을 할 용기가 있음을 나타냄.

♣20091105木

23. 대신大臣은 도道로써 임금을 섬기니...

季子然問 仲由冉求可謂大臣與 子曰 吾以子爲異之問 曾由與求之
問 所謂大臣者 以道事君 不可則止 今由與求也 可謂具臣矣 曰 然則
從之者與 子曰 弒父與君 亦不從也

季子然(계ᄌ연)이 묻ᄌ오되 仲由(듕유)와 冉求(염구)ᄂᆞᆫ 可(가)히 大臣(대신)이라 니ᄅᆞ
리잇가 子(ᄌᆞ)ㅣ 길으샤ᄃᆡ 내 子(ᄌᆞ)로ᄡᅥ 異(이)를 무ᄅᆞᆯ리라 ᄒᆞ다니 由(유)와 다믓 求(구)
를 묻놋다 닐운 밧 大臣(대신)은 道(도)로ᄡᅥ 님금을 섬기다가 可(가)티 아니커든 그치ᄂᆞ
니 이제 由(유)와 다믓 求(구)ᄂᆞᆫ 可(가)히 具臣(구신)이라 닐엄즉 ᄒᆞ니라 길오듸 그러면
從(죵)홀 者(쟈)ㅣ 니잇가 子(ᄌᆞ)ㅣ 길으샤ᄃᆡ 父(부)와 다믓 君(군)을 弒(시)홈은 ᄯᅩᄒᆞᆫ
좃디 아니ᄒᆞ리라

제자연(季子然)이 여쭙기를 "중유(仲由), 염구(冉求)는 가히 대신(大臣)이라 말할
수 있습니까?" 하니, 선생님께서 말씀하시기를 "나는 그대가 색다른 것을 물을 줄
알았는데 겨우 유(由)와 구(求)에 대해 물으시군요. 이른바 대신(大臣)이라는 것은
도(道)로써 임금을 섬기다가 그리(道로써) 할 수가 없으면 그만두는 것입니다. 지금
由와 求는 숫자나 채우는 신하라 할 수 있습니다." 하셨다. (제자연이) 말씀드리기를
"그러면 그(季氏)를 따르기만 하는 사람일까요?" 하자, 선생님께서 말씀하시기를
"아버지와 임금을 죽이는 일이라면 결코 따르지 않을 것이리라." 하셨다.

【季子然】 삼환(三桓)이라 불리는 노(魯)나라의 세도가 계손씨(季孫氏)의 일족(一
族). 이름은 평자(平子), 자는 자연(子然)으로 계환자(季桓子)의 동생이며
계강자(季康子)의 숙부라는 설이 있음.
【仲由】 공자의 제자. 자는 자로(子路) 또 계로(季路). [참고] 爲政-17.
【冉求】 공자의 제자. 자는 자유(子有).
【謂】 이르다. 일컫다. 말하다. …라고 하다. …라고 생각하다.
【大臣】 큰 신하. 훌륭한 신하.
【與】 ① …인가? …입니까? = 歟. 어기조사. 의문문 끝에 쓰여 시비(是非)의 판단을
묻는 어기를 나타냄. 仲由冉求可謂大臣與, 然則從之者與. ② …와[과]. 및.

접속사. 병렬관계를 나타냄. 由與求, 弑父與君.

주희(朱熹) - 그의 집안에서 두 사람을 신하로 삼은 것을 스스로 자랑스럽게 여겼으므로 물은 것이다. [自多其家得臣二子 故問之]

【吾以子爲異之問】 나는 그대가 특이한[색다른] 것을 물으리라고 생각했다.

以 … 爲 ~ : …으로써 ~을 삼다[여기다]. …을 ~으로 삼다[여기다]. …을 ~(이)라고 여기다[간주하다, 생각하다]. …이(가) ~하다고 여기다[간주하다, 생각하다]. 以는 전치사. 爲는 동사.

子 : 그대. 당신. 선생. 이인칭대명사. 상대방을 높여 부르는 존칭.

異 : 다른 것[사람]. 새로운 것. 색다른 것. 특이한 것. 대명사.

주희(朱熹) - 異는 보통이 아닌 것이다. [異 非常也]

[참고] 다른 사람, 비상(非常)한 사람에 대한 물음. [楊伯峻, 金學主] ☞ **나는 당신이 다른 사람에 대해 물을 줄 알았는데 겨우 유(由)와 구(求)를 묻는군요.**

之 : …을[를]. 구조조사. 목적어를 강조하기 위하여 동사 앞으로 도치시킬 때 그 목적어와 동사 사이에 씀. 問異의 도치.

【曾】 곧. 바로. 결국. 고작. 부사. 주희(朱熹) - 曾은 乃와 같다. [曾 猶乃也]

공안국(孔安國) - '그대가 다른 일을 묻지 않을까 하였더니 기껏해야 이 두 사람을 가지고 질문하는가?' 라는 말이다. [謂子問異事耳 則此二人之問]

【所謂】 이른바. 소위. 관용형식으로 재차 말해서 인증함을 나타냄.

【者】 …은. …이란[이라는 것은]. 어기조사. 제시와 아울러 문(文)을 잠깐 멈추게 하고 다음 말을 환기시키는 역할을 함.

【以】 …(으)로(써). …을(에) 따라. …을 사용하여. …에 근거하여. 전치사. 동작이나 행위가 발생할 때 사물이나 어떤 준칙(기준이나 근거)에 의거하는 것을 나타내며 간혹 강조를 위해 뒤의 목적어와 도치되기도 함.

【事】 섬기다(侍奉). 모시다.

형병(邢昺) - 正道로써 임금을 섬기고 만일 임금이 자신의 道를 써주지 않으면 당연히 물러나야 하는 법이다. [以正道事君 君若不用己道 則當退之也]

【則】 …이면(하면) (곧). 그렇다면 곧. 접속사. 결과나 조건에 대한 상호 원인 등 앞뒤 문장의 전후 상황이 서로 연관됨을 나타냄.

【具臣】 숫자나 채우는 신하. 신하의 수나 채우는 신하.

공안국(孔安國) - 其臣은 신하의 숫자만 채울 뿐임을 이른다. [其臣 謂備臣數而已]

[참고] 일정한 조건을 구비(具備)한 신하, 곧 관직을 맡을 재능(才能)이 있는 신하. 재능을 갖춘 신하. [楊伯峻, 東方晨悟] ☞ 可謂具臣矣 : (대신은 못되어도 어느 정도) 능력을 갖춘 신하라 할 만하다.

【矣】 …이다. 어기조사. 단정 또는 필연의 결과를 나타냄.

【然則】 그러면. 그렇다면. 이와 같다면. 접속사. 뒷일이 앞일을 이어받는 것, 즉 연관관계를 나타냄. 앞의 말을 근거로 어떤 결론을 이끌어 내는 역할을 함.

정약용(丁若鏞) - 從之란 이 두 사람은 그들이 섬긴 이의 뜻을 순종하고 받들 것인가를 말함이다. [從之 謂二子唯其所事者之意是順是承也]

주희(朱熹) - 두 사람이 이미 대신이 아니라면 계씨가 하는 바를 따를 뿐이라고 여긴 것이다. [意二子旣非大臣 則從季氏之所爲而已]

【亦】 또한. 역시. 부사. 몇 개 혹은 하나의 주체가 동일하거나 상이한 동작(행위)을 하고 있음을 나타냄.

【也】 ① 어기조사. 음절을 조절하고 어기를 고르는 역할을 함. 由與求也. ② …이다. 어기조사. 판단이나 단정[긍정]의 어기를 나타냄. 亦不從也.

♣20091106金

24. 나는 말 잘하는 사람을 싫어하노니

子路使子羔爲費宰 子曰 賊夫人之子 子路曰 有民人焉 有社稷焉 何必讀書然後爲學 子曰 是故惡夫佞者

子路(ᄌ로)ㅣ 子羔(ᄌ고)로 ᄒᆞ여곰 費宰(비ᄌᆡ)를 삼은대 子(ᄌ)ㅣ ᄀᆞᆯᄋᆞ샤ᄃᆡ 人(ᅀᅵᆫ)의 子(ᄌ)를 賊(적)홈이로다 子路(ᄌ로)ㅣ ᄀᆞᆯ오ᄃᆡ 民人(민ᅀᅵᆫ)이 이시며 社稷(샤직)이 이시니 엇디 반ᄃᆞ시 書(셔)를 讀(독)ᄒᆞᆫ 然後(션후)에 學(ᄒᆞᆨ)을 ᄒᆞ리잇고 子(ᄌ)ㅣ ᄀᆞᆯᄋᆞ샤ᄃᆡ 이런 故(고)로 佞(녕)ᄒᆞᆫ 者(쟈)를 惡(오)ᄒᆞ노라

자로(子路)가 자고(子羔)로 하여금 비읍의 읍재(邑宰)를 하게 하자 선생님께서 말씀하시기를 "저 남의 자식을 해치는 것이로다." 하셨다. (이에) 자로가 말씀드리기를 "그곳에 백성이 있고 사직(社稷)이 있는데 어찌 꼭 책을 읽은 후에야 배웠다고 하겠습니까?" 하니, 선생님께서 말씀하시기를 "이래서 말 잘하는 사람을 싫어하노라." 하셨다.

【子路】 공자의 제자 중유(仲由). 자가 자로(子路). [참고] 爲政-17.

【子羔】 공자의 제자 고시(高柴). 자가 자고(子羔). [참고] 先進-17.

【使…爲~】 …로 하여금 ~하게 하다. …을(를) ~하게 시키다. …로 하여금 ~으로 삼다.

【費】 비읍(費邑). 계씨의 식읍(食邑). 지금의 산동성(山東省) 비현(費縣) 서북쪽 20리에 옛 성이 있음.

【宰】 경대부(卿大夫)의 채읍(采邑)을 관장하는 우두머리[읍재(邑宰)]. [참고] 公冶長-8.

【賊】 해치다. 상(傷)하게 하다. 주희(朱熹) - 賊은 해치는 것이다. [賊 害也]

【夫】 이 (사람). 그 (사람). 저 (사람). 인칭대명사.

형병(邢昺) - 夫人之子란 子羔를 가리킨다. [夫人之子 指子羔也]

주희(朱熹) - 子羔는 자질은 아름다우나 아직 배우지 않았는데, 갑자기 백성을 다스리게 하면 다만 그를 해칠 뿐임을 말씀한 것이다. [言子羔質美而未學 遽使治民 適以害之]

【民人】 인민. 백성. 국민.

【焉】 그곳에. 於之. 합음사. 於는 전치사로 동작이나 행위가 일어나는 장소(범위)를 나타내며, 之는 지시대명사로 費를 가리킴.

【社稷】 ① 토지의 신(社)과 곡식의 신(稷), 신을 섬기는 일. 나라에서 신에게 제사 지내는 일. ② 나라나 조정(朝廷). 여기서는 ①의 뜻임.

[참고] 民人은 통치의 대상이고 社稷은 받들어야 할 대상임.

【何必】 …할 필요가 있(겠)는가? 어찌하여 반드시 …하겠는가[하려는 것인가]? 관용형식으로서 강한 반문의 어기를 나타냄.

何 : 어찌(하여) …하겠는가(하려는 것인가)? 부사. 강한 반문의 어기를 나타냄.

必 : 반드시. 꼭. 참으로. 과연. 동작·행위·성질·상태 등에 대한 결연한 의지나 확신을 나타냄.

【然後】 …한 후에야[뒤에야, 다음에야]. 비로소. 접속사. 뒷일의 발생이 앞일을 전제로 함을 나타냄.

【爲學】 학문을 한다고 할 수 있다. 배웠다고 말하다.

爲 : = 謂. 이르다. 일컫다. 말하다. …라고 말하다.

【是故】 이렇기 때문에. 이로 인해. 이런 까닭으로. 이래서. 접속사. 원인과 결과를 이어주는 역할을 함.

【惡오】 미워하다. 싫어하다.

【佞】 말재주(口才). 말을 잘하다(善辯). 말재주가 좋다. 구변(口辯)이 좋다. 아첨하다. 교묘한 말로 알랑거리다.

범조우(范祖禹) - 옛날에는 배운 뒤에 政事에 들어갔으니 정사로써 배운다는 것은 듣지 못하였다. 道의 근본이 몸을 닦는 데 있으니 그런 뒤에 사람을 다스림에 미치는 것이다. 그 내용이 책에 갖추어져 있으니 책을 읽어서 안 뒤에 실행할 수 있는 것인데 어찌 책을 읽지 않을 수 있겠는가. 子路가 마침내 子羔로 하여금 정사로써 학문을 하게 하려고 하였으니 先後와 本末의 차례를 잃은 것이다. 그런데도 그 잘못을 알지 못하고 口給(口辯)으로 남의 말을 막으려 하였다. 그러므로 부자께서 그의 말재주를 미워하신 것이다. [古者 學而後入政 未聞以 政學者也 蓋道之本 在於修身 而後及於治人 其說具於方冊 讀而知之然後能行 何可以不讀書也 子路乃欲使子羔 以政爲學 失先後本末之序矣 不知其過 而以 口給禦人 故 夫子惡其佞也] ♣20091110火

第十一篇 先進

25. 자로, 증석, 염유, 공서화가 각각 자기 뜻을 말하니

子路曾晳冉有公西華侍坐 子曰 以吾一日長乎爾 毋吾以也 居則曰
不吾知也 如或知爾 則何以哉 子路率爾而對曰 千乘之國 攝乎大國
之間 加之以師旅 因之以饑饉 由也爲之 比及三年 可使有勇 且知方
也 夫子哂之 求爾何如 對曰 方六七十 如五六十 求也爲之 比及三年
可使足民 如其禮樂 以俟君子 赤爾何如 對曰 非曰能之 願學焉 宗廟
之事 如會同 端章甫 願爲小相焉 點爾何如 鼓瑟希 鏗爾 舍瑟而作
對曰 異乎三子者之撰 子曰 何傷乎 亦各言其志也 曰 莫春者 春服旣
成 冠者五六人 童子六七人 浴乎沂 風乎舞雩 詠而歸 夫子喟然歎曰
吾與點也 三子者出 曾晳後 曾晳曰 夫三子者之言何如 子曰 亦各言
其志也已矣 曰 夫子何哂由也 曰 爲國以禮 其言不讓 是故哂之 唯求
則非邦也與 安見方六七十 如五六十而非邦也者 唯赤則非邦也與
宗廟會同 非諸侯而何 赤也爲之小 孰能爲之大

子路(ᄌ로)와 曾晳(증셕)과 冉有(염유)와 公西華(공셔화)ㅣ 뫼셔 안잣더니 子(ᄌ)ㅣ 골ᄋ
샤ᄃᆡ 날로써 ᄒᆞᆫ 날이 네게 長(댱)ᄒᆞ다 ᄒᆞ나 날로써 말라 居(거)ᄒᆞ야셔ᄂᆞᆫ 골오ᄃᆡ 나를
아디 몯ᄒᆞᆫ다 ᄒᆞᄂᆞ니 만일 或(혹) 너를 알면 곧 엇디 써 ᄒᆞ료 子路(ᄌ로)ㅣ 率爾(솔ᅀᅵ)히
對(ᄃᆡ)ᄒᆞ야 골오ᄃᆡ 千乘(쳔승)ㅅ 나라히 大國(대국) ᄉᆞ이예 攝(셥)ᄒᆞ야 師旅(ᄉ려)로써
加(가)ᄒᆞ고 饑饉(긔근)으로써 因(인)ᄒᆞ야거든 由(유)ㅣ ᄒᆞ면 三年(삼년)에 미츰애 다ᄃᆞ
라 可(가)히 ᄒᆡ여곰 勇(용)이 잇고 ᄯᅩ 方(방)을 알게 호리이다 夫子(부ᄌ)ㅣ 哂(신)ᄒᆞ시다
求(구)아 너는 엇디료 對(ᄃᆡ)ᄒᆞ야 골오ᄃᆡ 方(방)이 六七十(륙칠십)과 혹 五六十(오륙십)
에 求(구)ㅣ ᄒᆞ면 三年(삼년)에 미츰애 다ᄃᆞ라 可(가)히 ᄒᆡ여곰 民(민)을 足(죡)게 ᄒᆞ려니
와 만일 그 禮(례)와 樂(악)애ᄂᆞᆫ 써 君子(군ᄌ)를 俟(ᄉ)호리이다 赤(젹)아 너는 엇디료
對(ᄃᆡ)ᄒᆞ야 골오ᄃᆡ 能(능)ᄒᆞ노라 닐ᄋᆞᄂᆞᆫ 줄이 아니라 學(혹)홈을 願(원)ᄒᆞ노이다 宗廟
(종묘)앳 일와 혹 會同(회동)애 端(단)과 章甫(쟝보)로 小相(쇼샹)이 되욤을 願(원)ᄒᆞ노
이다 點(뎜)아 너는 엇디료 瑟(슬) 鼓(고)홈이 希(희)ᄒᆞ얏더니 鏗(킹)히 瑟(슬)을 舍(샤)
ᄒᆞ고 닐어 對(ᄃᆡ)ᄒᆞ야 골오ᄃᆡ 三子者(삼ᄌ쟈)의 撰(션)에서 달오이다 子(ᄌ)ㅣ 골ᄋ샤ᄃᆡ
므서시 傷(샹)ᄒᆞ리오 ᄯᅩᄒᆞᆫ 각각 그 ᄠᅳᆮ을 닐올 디니라 골오ᄃᆡ 莫春(모츈)에 봄오시 이믜
일거든 冠(관)ᄒᆞᆫ 者(쟈) 五六人(오륙신)과 童子(동ᄌ) 六七人(륙칠신)으로 沂(긔)예 浴
(욕)ᄒᆞ야 舞雩(무우)에 風(풍)ᄒᆞ야 詠(영)ᄒᆞ고 歸(귀)호리이다 夫子(부ᄌ)ㅣ 喟然(위연)
히 嘆(탄)ᄒᆞ야 골ᄋ샤ᄃᆡ 내 點(뎜)을 與(여)ᄒᆞ노라 三子(삼ᄌ)ㅣ 出(츌)커늘 曾晳(증셕)
이 後(후)ᄒᆞ얏더니 曾晳(증셕)이 골오ᄃᆡ 三子(삼ᄌ)의 말이 엇더ᄒᆞ니잇고 子(ᄌ)ㅣ 골ᄋ

샤티 또흔 각각 그 뜯을 니를 ᄹ름이니라 ᄀᆞᆯ오디 夫子(부ᄌᆞ)ㅣ 엇디 由(유)를 哂(신) ᄒᆞ시니잇고 ᄀᆞᆯᄋᆞ샤디 나라흘 홈이 禮(례)로써 ᄒᆞ거늘 그 말이 ᄉᆞ양티 아닌 디라 이런 故(고)로 哂(신)호라 오직 求(구)는 나라히 아니니잇가 어듸 方(방)이 六七十(륙칠십)과 혹 五六十(오륙십)이오 나라히 아닌 者(쟈)를 보리오 오직 赤(젹)은 나라히 아니니잇가 宗廟(종묘)와 會同(회동)이 諸侯(져후)ㅣ 아니오 므섯고 赤(젹)이 小(쇼)ㅣ 되면 뉘 能(능)히 大(대)ㅣ 되리오

자로(子路), 증석(曾晳), 염유(冉有), 공서화(公西華)가 (공자를) 모시고 앉아 있을 때, 선생님께서 말씀하셨다. "내가 너희들보다 나이가 좀 많다고 하여 나를 그렇게 생각하지 마라. 앉기만 하면 곧[평소에] 말하기를 '나를 알아주지 않는구나.' 하고들 있는데, 만일 어떤 사람이 너희를 알아준다면 어떻게 하겠느냐?" 하시니, 자로가 지망지망(경솔하게) 대답하여 말씀드리기를 "제후(諸侯)의 나라가 대국(大國)들 사이에서 부대끼고 있으면서 군대가 들이닥치고 흉년과 굶주림이 겹쳐도 제가[由가] 다스린다면 삼년에 이르러[삼년 안에] (백성들로 하여금) 용기 있게 할 수 있고 또 떳떳하게 사는 법을 알도록 하겠습니다." 하였다. (이에) 선생님께서 씁쓰레 웃으셨다. (말씀하시기를) "구(求)야, 너는 어떻게 하겠느냐?" 하시니, 대답하여 말씀드리기를 "사방 육칠십 리나 혹은 오륙십 리 되는 지역을 제가[求가] 다스린다면 삼년 안에 (백성들을) 풍족하게 할 수 있으며 예악(禮樂)에 대해서는 군자(君子)를 기다리겠습니다." 하였다. (말씀하시기를) "적(赤)아, 너는 어떻게 하겠느냐?" 하시니, 대답하여 말씀드리기를 "능숙(能熟)하다고 말씀드리는 것은 아니고, 배우기를 원합니다. 종묘(宗廟)의 일이나 또는 제후들이 회동(會同)하는 일에서 예복과 예모를 쓰고 작은 보좌관을 하기를 원합니다." 하였다. (말씀하시기를) "점(點)아, 너는 어떻게 하겠느냐?" 하시니 (점이) 큰 거문고를 소리 낮게 타다가 조심스레 거문고를 내려놓고 일어나 말씀드리기를 "(저는) 저 세 사람의 갖추어진 재질과는 다릅니다." 하였다. (이에) 선생님께서 말씀하시기를 "무엇이 걱정 되느냐? 또한 각자 자기의 뜻을 말한 것뿐이니라." 하시니, (점이) 말씀드리기를 "늦은 봄에 봄옷을 모두 갖추고 어른 대여섯 명과 동자 예닐곱 명과 함께 기수(沂水)에서 몸을 씻고 무우(舞雩)에서 바람을 쐬고 노래를 부르다가 돌아오겠습니다." 하였다. 저희 선생님께서 위연(喟然)히

탄식하시며 말씀하시기를 "내 점과 함께하리라!" 하셨다.

　세 사람은 나가고 증석이 뒤에 남았다. 증석이 말씀드리기를 "저 세 사람의 말은 어떻습니까?" 하니, 선생님께서 말씀하시기를 "또한 각자 자기의 뜻을 말한 것일 뿐이니라." 하셨다. (증석이) 말씀드리기를 "선생님께서는 어찌하여 유(由)를 비웃었습니까?" 하니 (공자께서) 말씀하시기를 "나라는 예로써 다스려야 하는데 그의 말은 겸손하지 않았느니라. 그래서 그를 비웃었느니라." 하셨다. (증석이 말씀드리기를) "대저 구가 말한 것은 나라에 관한 것이 아닙니까?" 하니, (공자께서 말씀하시기를) "사방 육칠십 리나 혹은 오륙십 리가 되면서 나라가 아닌 것을 어디서 보겠느냐?" 하셨다. (증석이 말씀드리기를) "대저 적이 말한 것은 나라에 관한 것이 아닙니까?" 하니, (공자께서 말씀하시기를) "종묘나 회동의 일이 제후의 나랏일이 아니고 무엇이겠느냐? 적이 그 일의 소상(小相)이 된다면 누가 그 일의 대상(大相)이 될 수 있겠느냐?" 하셨다.

[참고] 公冶長-8,26.

【子路】 공자의 제자 중유(仲由). 자가 자로(子路). [참고] 爲政-17.

【曾晳】 공자의 제자. 이름은 점(點). 자가 자석(子晳). 증삼(曾參)의 아버지.

【冉有】 공자의 제자 염구(冉求). 자가 자유(子有).

【公西華】 공자의 제자 공서적(公西赤). 자가 자화(子華). [참고] 公冶長-8.

【侍坐】 모시고 앉다. 옆에 앉아서 시중들다.

【以吾一日長乎爾】 내가 너희보다 나이가 조금 더 많은 것 때문에. 내가 너희들보다
　　　나이가 좀 많다고 하여.

　以 : … 때문에. …으로 인하여. 전치사. 동작이나 행위가 발생한 원인을 나타냄.

　一日長 : 하루가 더 어른이다. 하루라도 더 나이를 먹음. 나이가 조금 더 많음을
　　　겸손하게 표현한 것임.

　乎 : = 於. …보다. 전치사. 사람 혹은 사물의 성질이나 상태와 함께 비교하는
　　　대상을 나타냄.

　爾 : 너. 그대. 너희(들). 당신. 이인칭대명사.

　정약용(丁若鏞) - 以吾란 謂我(나를 …라 한다)라는 말과 같다. [以吾 猶言謂我也]

【毋吾以也】 나를 그렇게 생각하지 마라. 나를 너희보다 나이가 조금 많다고 생각하지 마라. 내가 너희보다 어른이라고 마음 쓰지 마라. 온전한 문장은 毋以吾一日 長乎爾也로 '부정사(금지사)+술어+직접목적어+간접목적어+어기조사' 인데, 직접목적어와 술어가 도치되고 간접목적어가 생략된 구문임.

　毋 : …하지 마라. …해서는 안 된다. 부사. 勿의 뜻으로 동작이나 행위에 대한 금지·훈계·충고 등을 나타냄.

　以 : 用과 같이 '쓰다. 사용하다.' 가 본래의 의미인데 여기에서는 '마음을 쓰다. 생각하다. 염두에 두다.' 라는 의미가 파생됨. 동사.

공안국(孔安國) - 너희들은 내가 어른이라 해서 대답하기를 어려워하지 마라. [女無 以我長故難對]

【也】 ① …하라. …하시오. …해야 한다. 어기조사. 명령문 끝에 쓰여 충고나 금지의 어기를 나타냄. 일반적으로 부정을 나타내는 無, 毋, 不 등의 부사와 호응함. 毋吾以也. ② …이다. 어기조사. 진술문의 끝에 쓰여 판단이나 단정 또는 긍정의 어기를 나타냄. 不吾知也. ③ …은(는). …이란. …이면. 어기조사. 음절을 조정하고 어기를 고르는(말을 잠깐 멈추고 다음 내용을 환기시키는) 역할을 함. 由也爲之, 赤也爲之. ④ …일 뿐이다. …일 따름이다. 어기조사. 진술문 끝에 쓰여 제한의 어기를 나타냄. 亦各言其志也. ⑤ …이여! …이구나! …이도다! …로구나! 어기조사. 감탄문 끝에 쓰여 비통·찬송·감탄·놀람 등의 어기를 나타냄. 吾與點也. ⑥ …한가[인가]? 어기조사. 의문문의 끝에 쓰여 의문(질문)의 어기를 나타냄. 일반적으로 何, 誰, 奚, 焉 등의 의문대명사와 같이 씀. 夫子何哂由也.

【居則曰】 앉으면 곧 말하다. 앉기만 하면 곧 말들을 한다. 평소에 말들을 한다.

　居 : 앉다. ⇒ 평소. 평상시(平常時). 平居.

【則】 ① …이면(하면) (곧). 그렇다면 곧. 접속사. 결과나 조건에 대한 상호 원인 등 앞뒤 문장의 전후 상황이 서로 연관됨을 나타냄. 居則曰, 則何以哉. ② 곧. 부사. 사람 또는 사물에 대한 강조를 나타냄. 則非邦也與.

【不吾知】 나를 알아주지 않다. 不知吾의 도치. 고어에서는 부정문에서 목적어가 대명사일 경우 술어와 목적어가 도치됨.

【如或知爾 則何以哉】 만약 어떤 이가 너희를 알아주면 곧 무엇을[어떻게] 하겠느냐?

先
進

如 : = 若. 만약[만일, 가령] …한다면. 접속사. 가설(가정)이나 조건을 나타냄.

或 : 혹자(或者). 어떤 사람(이). 누군가. 인칭대명사. 특정대상을 가리키지 않는
　　것을 나타냄.

何以 : 무엇으로. 어떻게. 무엇을 사용하여. 무엇에 의지하여. 관용형식으로 쓰이며,
　　전치사 '以'가 '用'의 뜻을 지닌 경우로서 어떤 행위를 할 때 어떤 방식이나
　　방법에 따르는 것을 나타냄. 의문문이므로 '以何'가 도치되었음.

哉 : …입니까? …인가? 어기조사. 질문(의문)의 어기를 나타냄. 일반적으로 의문대
　　명사 安, 何 등과 호응함.

【率爾】 경솔하고 급한 모양. 지망지망(조심성이 없고 경박하게 출랑대는 모양).
　　서슴지 않고. 거리낌 없이. 爾는 부사[형용사] 접미사.

　주희(朱熹) - 率爾는 경솔하고 급한 모양이다. [率爾 輕遽之貌]

【而】 ① 수식이나 한정관계를 나타내어 부사어와 술어를 이어주는 역할을 함. 이
　　경우는 해석하지 않음. 子路率爾而對曰. ② …하여서. 그리하여. …하고서.
　　…한 후에 곧. 접속사. 순접(연관)관계를 나타냄. 舍瑟而作, 詠而歸, 如五六十而
　　非邦也者.

【千乘之國】 전차(戰車) 천대(千臺)를 가진 나라. 제후(諸侯)의 나라. 천자(天子)
　　는 만승(萬乘), 대부(大夫)는 백승(百乘).

【攝섭】 사이에 끼어 있다. ⇒ 부대끼다. 위협과 압박을 받고 있다.

　포함(包咸) - 攝은 핍박(逼迫(압박(壓迫))받는 것이다. [攝 迫也]

　주희(朱熹) - 攝은 관속(管束, 속박)이다. [攝 管束也]

　정약용(丁若鏞) - 攝은 인지(引持)이다. [대국이 좌우에 있어 서로 견제하는 것을 일컫는다.]
　　　[攝 引持也 謂大國在左右 相牽製]

　유월(兪樾) - 攝은 爾[집개]과 같다. … 爾(섭)은 '夾[끼다]'라는 뜻을 가지고
　　있으니, 爾乎大國之間은 夾乎大國之間이라고 말하는 것과 같다. [攝 猶爾也
　　… 是爾有夾義 爾乎大國之間 猶云夾乎大國之間]

【加之以師旅 因之以饑饉】 그 나라에 군대(군사적 침략)를 더하고 그 나라에 기근
　　(흉년으로 굶주림)을 뒤따르게 하다. ⇒ 그 나라에 군대의 침략이 가해지고
　　흉년과 굶주림이 겹치게 되다.

　加 : 더하다. 보태다. 입히다. 겹치다. 가하다. ⇒ 치다. 공격하다.

之 : 그것. 그 나라. 지시대명사. 앞의 千乘之國을 가리킴.

以 : …을(를). 전치사. 동작이나 행위가 발생할 때, 직접 파급되거나 목적이 되는 대상을 나타냄.

師旅 : 군대(軍隊).

　[참고] 周나라의 군사제도 - 오(伍) (5명), 양(兩) (25명), 졸(卒) (100명), 여(旅) (500명), 사(師) (2,500명), 군(軍) (12,500명). [주례(周禮)]

因 : 이어받다. 연달다. 뒤따르다. 뒤를 잇다. 겹치다.

饑饉기근 : 흉년으로 먹을 양식이 없어 굶주림.

정약용(丁若鏞) - 加之란 이웃나라에서 병력으로 우리를 침범해 오는 것이다. [加之 謂鄰國加兵於我也]

주희(朱熹) - 因은 잉(仍, 따르다, 거듭되다) 이다. [因 仍也]

주희(朱熹) - 곡식이 익지 않음을 饑라 하고, 채소가 익지(자라지) 않은 것을 饉이라 한다. [穀不熟曰饑 菜不熟曰饉]

【爲之】 그 나라를 다스리다.

爲 : 정사(政事)를 행하다. 다스리다(治理). 통치하다.

之 : 그것. 그 나라. 지시대명사. 앞의 千乘之國을 가리킴.

【比及】 …의 때에 이르다. 比 와 及 둘 다 '미치다. 이르다.'의 뜻으로 이 둘을 합하여 한 의미가 됨. 동사.

정약용(丁若鏞) - 比는 至(이르다)와 같다. [比 猶至也]

【可使有勇】 용기가 있게 할 수 있다.

可 : 가히 …할 수 있다. 가능하다. 조동사. 허가나 가능을 나타냄.

使 : …에게[으로 하여금] ~하도록 하다. …에게 ~을 시키다. 사역동사.

【且知方也】 또 방도(方道)를 알게 할 수 있다. 且 다음에 可使가 생략됨.

且 : 또. 게다가. 뿐만 아니라. 접속사. 체증(遞增) [점층]관계를 나타냄.

方 : ① 방도(方道). 방책(方策). 곧 환란에서 벗어날 수 있는 해결책. ② 도리(道理). 바른 길. 바른 방향. 떳떳한 길. 의(義)로 향하는 길.

포함(包咸) - 方은 義方이다. [方 義方也]

주희(朱熹) - 方은 향함이니 의리로 향함을 일컫는다. [方 向也 謂向義也]

정약용(丁若鏞) - 方은 사람이 향하는 곳이니 사람이 향하는 바는 의(義)인 것이다.

그러나 이를 의방(義方)이라고 말하는 것은 옳지 않다. [方者 人所嚮也 人所嚮
者 義也 然謂之義方 則不可]

【哂之신지】 웃다. 비웃다. 씁쓰레 웃다. 넌지시 나무라는 의미의 미소를 짓다.

之 : 어기조사. 앞의 단어를 동사로 만들어 종결어미의 역할을 함. [行之(간다. 갔다.),
生之(태어났다. 자란다.), 歸之(돌아간다. 돌아갔다.)]

마융(馬融) - 哂은 웃음이다. [哂 笑也]

황간(皇侃) - 잇몸을 哂이라 말하니 크게 웃어 입을 벌리면 곧 잇몸이 보인다.
[齒本曰哂 大笑口開 則哂見]

주희(朱熹) - 哂은 미소(微笑)이다. [哂 微笑也]

박유리 - 주희(朱熹)의 이 '微笑'란 말은 가볍게 쓴웃음을 지었다는 것에 가깝다.

요시가와 고오지로오(吉川行次郎) - 자로를 대하는 공자의 태도에는 언제나 그의
성격의 좋은 면인 적극성에 대한 칭찬과 좋지 않은 면인 경솔함에 대한 곤혹과
경고를 동시에 지니고 있었다. 그러므로 이때의 웃음 또한 바로 그러한 심리의
표현이며 공자가 무조건 비웃었던 것은 아니었을 것이다.

타자이 준(太宰純) - 곡례(曲禮)의 '웃을 때에 잇몸이 보일 때까지 웃어서는 안
뒤다.'에서 鄭玄이 주석하기를 '잇몸을 矧이라 말하는데 크게 웃으면 곧 보인
다.'라 하였고. 석문(釋文)에서는 '矧이란 원래 哂자로 쓰기도 한다.'고 하였
다. 그렇다면 馬融의 注와 皇侃의 의소(義疏)는 모두가 옳은 것이며 朱子 注의
'哂은 微笑이다.'는 잘못된 것이다. [曲禮云 笑不至矧 鄭注 齒本曰矧 大笑則
見 釋文 矧本又作哂 然則馬注皇疏皆是 朱注哂微笑謬矣]

정약용(丁若鏞) - 字書에 哂이 听(은)으로도 되어 있고, 欤(신)으로도 되어 있으며,
吲(신)으로도 되어 있는데, 웃으면서도 얼굴이 일그러지지 않은 것을 欤이라
하니 이는 미소라는 뜻이다. 총괄하여 보면 矧이란 잇몸이다. 큰 웃음이나
미소를 막론하고 모두 잇몸을 드러내는 웃음을 哂이라 한다. 미소는 소리가
없지만 또한 간혹 잇몸을 드러내기도 하니, 어찌 반드시 큰 웃음만을 哂이
될 수 있겠는가? [字書 哂或作听 或作欤 或作吲 而笑不壞顔 謂之欤 此微笑之義
也 總之矧者 齒齦也 無論大笑微笑 凡露齦曰哂也 微少無聲 亦或露齦 豈必大笑
爲哂乎]

【何如】 ① 어떻게 합니까? 관용형식으로 방법[방식]에 대해 물음. 술어나 부사어로

쓰임. 求爾何如, 赤爾何如, 點爾何如. ② 어떠합니까? 어떻습니까? 관용형식으로 의견이나 견해를 물음. 夫三子者之言何如.

【方六七十 如五六十】 사방 육칠십 리 또는 오륙십 리 (되는 나라).

方 : 사방. 方六七十은 매 변의 길이가 육칠십 리라는 말이다.

如 : …이거나. …이 아니면, 또는. 혹은. 접속사. 선택관계를 나타냄. 밑 구절의 宗廟之事 如會同의 如도 이와 같음.

　주희(朱熹) - 如는 或과 같다. [如 猶或也]

【足民】 백성을 풍족하게 하다.

　공안국(孔安國) - 의식이 넉넉함을 일컫는다. [謂衣食足也]

　주희(朱熹) - 足은 풍족한 것이다. [足 富足也]

【如其禮樂 以俟君子】 그 예악(禮樂) [문화수준의 향상] 에 대해서는 군자를 기다리겠습니다.

如 : = 若. …에 대해서[있어서는]. …으로 말하자면[말할 것 같으면]. …의 경우는. 접속사. 상황(話題화제)의 전환이나 대비를 나타냄. [참고] 述而-33. 修五禮五玉三帛二生一死贄 如五器 卒乃復 (오례, 오옥, 삼백, 이생, 일사의 예물 제도를 제정하였으며, 다섯 가지 기물에 대해서는 의식이 끝나자 곧 제후들에게 돌려주었다.) [書經 舜典]

以 : = 則. …하면 곧. …으로 말하자면 곧. 접속사. 두 가지 또는 여러 가지 사실의 대비(대응)관계를 나타냄. 戰而不勝 以亡隨其後 (싸워서 이기지 못하면 곧 그 뒤를 따르는 사람이 없다.) [戰國策 齊策1]

俟사 : 기다리다(待也). 대기하다.

박유리 - 其와 以는 리듬을 채워서 한 구를 네 음절로 만들기 위하여 들어가 있는 것이지 결코 뜻을 위해서 들어가 있는 것이 아니다.

주희(朱熹) - 군자를 기다린다는 것은 자신이 능한 바가 아님을 말한다. 冉有는 겸손하였고 또 자로가 비웃음을 당하는 것을 보았으므로 그 말이 더욱 겸손한 것이다. [俟君子 言非己所能 冉有謙退 又以子路見哂 故其辭益遜]

【非曰能之】 그것을 할 수 있다고 말씀드리는 것은 아니다. 능숙(能熟) 하다고 말씀드리는 것이 아니다.

【焉】 …이다. 어기조사. 진술문 끝에 쓰여 종결·판단·긍정의 어기를 나타냄.

【宗廟之事 如會同】 종묘의 제사나 혹은 제후들이 회동할 때.

宗廟 : 천자나 제후의 조상을 모시는 사당(祠堂) 으로 제례를 행하는 곳.

정현(鄭玄) - 종묘의 일이란 제사를 말한다. 제후들이 수시로 알현(謁見)하는 것을 會, 제후가 그의 경(卿)과 함께 알현하는 것을 同이라 한다. [宗廟之事 謂祭祀也 諸侯時見曰 會 衆覜曰 同]

【端章甫】 예복과 예관. 예복과 예관을 착용하다.

端 : 고대 예복의 이름. 玄端服.

章甫 : 예모(禮帽)[예관(禮冠)]의 이름.

【願爲小相焉】 의식 진행의 작은 보좌관을 하기를[보좌관이 되기를] 원하다.

相 : 고대, 의식절차를 진행하는 진행자[보좌관].

小相 : 하급 보좌관.

정현(鄭玄) - 小相이란 임금을 도와 예를 행하는 것이다. [小相 謂相君之禮]

형병(邢昺) - 周禮(주례)에서 '司儀(사의)는 擯相(빈상)의 예를 관장한다.' 의 주석에 '나아가 손님을 맞이하는 사람을 擯이라 하고 조정에 들어와 예를 돕는 사람을 相이라 한다.' 하였다. 빙례(聘禮)에 '卿은 上擯, 大夫는 承擯, 士는 소빈이 되는 것이다.' 하였다. 여기에서 小相이 되기를 원한다고 한 것은 겸손하여 상빈이 될 수 없음을 말한 것이다. [周禮 司儀 掌擯相之禮 注云 出接賓 曰 擯 入贊禮曰 相 聘禮云 卿爲上擯 大夫爲承擯 士爲紹擯 此云 願爲小相者 謙不敢爲上擯也]

정약용(丁若鏞) - 小相이란 周禮 小宗伯의 종류로, 제사 때 임금을 도와 예의 진행을 고하고 빈객을 접대할 때는 임금을 도와서 擯이 되는 관리이니, 相이란 보좌(補佐)이다. [小相 周禮小宗伯之類 祭祀相君以詔禮 賓客相君以作擯 相者佐也]

【鼓瑟希】 거문고를 타는 소리가 나지막하다.

鼓 : 타다. 탄주(彈奏)하다. 연주하다.

瑟 : 큰 거문고. 현(弦)이 25현 또는 27현이라 함.

希 : = 稀. 드물다. 성기다. ⇒ 희미하다. 소리가 나지막하다. [참고] 속도가 느리다.

공안국(孔安國) - 대답할 바를 생각하였기에 그 소리가 희미한 것이다. [思所以對 故其音希]

주희(朱熹) - 希는 간헐(間歇, 일정한 시간을 두고 멎다 계속되다 하는 일)이다. [希 間歇也]

【鏗爾갱이】 침착하고 조심스러운 모양. 거동이 찬찬하고 조심스러운 모양.

유월(兪樾) - 鏗爾는 소리를 말한 것이 아니다. 이 부분은 子路率爾(而作)과 對를 이루는 것이다. 鏗爾라는 것은 일어나는 모양이지 거문고를 놓는 소리가 아니다. … 鏗爾舍瑟而作은 擎擎然舍瑟而作을 말한 것으로 침착하고 조심스러운 모습이 자로가 率爾而作한 것과는 氣象이 다르다. [鏗爾不以聲言 此本與子路率爾而作 相對 鏗爾者 作之貌 非舍瑟之聲 … 鏗爾舍瑟爾作 言擎擎然舍瑟而作也 安詳審愼 與子路之率爾而作 氣象不同矣]

[참고] ① 거문고를 내려놓을 때 나는 소리. ② 거문고를 뜯는 소리. [金容沃]

공안국(孔安國) - 鏗爾란 거문고를 놓는 소리이다. [鏗者 投瑟之聲]

【舍瑟而作】 큰 거문고를 내려놓고 일어나다.

舍 : 버리다. ⇒ 놓다. 내려놓다.

作 : 일어나다(起也). 몸을 일으키다. 일어서다.

주희(朱熹) - 作은 일어나는 것이다. [作 起也]

【異乎三子者之撰】 세 사람의 갖추어진 재질과 다르다. 세 사람이 갖추고 있는 것과는 다르다. 세 사람이 갖고(품고) 있는 것과 다르다.

異 : 다르다. 같지 않다. 색다르다. 형용사.

乎 : = 於. …와[과]. 전치사. 서로 다른 대상의 비교를 나타냄.

者 : …(두, 세, …) 사람[일, 가지, 곳]. 특수지시대명사. 복수의 수량명사와 함께 명사구를 이룸. 앞의 나열한 사람 또는 사물(사건)을 합산함.

撰선 : ① 갖추다. 갖추어지다. 재질(才質)이 갖추어지다. ⇒ 갖추어진 재질(才質).
    ② 진열하다. 늘어놓다. ⇒ (앞서 말한 이들이) 늘어놓은 말.

공안국(孔安國) - 撰은 갖춤이다. [撰 具也] [朱熹]

정약용(丁若鏞) - 撰과 譔(선)자는 통하는 글자이니 선유(先儒)들은 '논선(論譔)' 또는 '찬술(撰述)'이라 말하기도 하나, 그 본의가 모두 명백하지 못하다. 음식을 진열한 것을 饌이라 한다. 그러므로 말을 진열한 것은 撰이라 할 수 있으니, 이는 옛날에 말하는 해성법(諧聲法)이다. [撰與譔通 先儒謂之論譔 或謂之撰述 其本義皆不明也 陳列飮食謂之饌 故陳列言辭謂之撰 古之所謂諧聲也] ☞ 異乎三子者之撰 : 세 사람이 즉 늘어놓은 말과는 다릅니다.

【何傷乎】 무엇이 걱정인가[되는가]? 무엇을 걱정하느냐?

何 : 무엇[어느 것]이 …한가[인가]? 누구[무엇, 어디]인가? 누구를[무엇을] …한

가? 의문대명사. 주어나 술어, 목적어로 쓰여 사람이나 사물, 장소에 대해 물음. 목적어로 쓰일 때는 일반적으로 도치되어 동사나 전치사 앞에 옴.

傷 : 생각하다. 걱정하다. 근심하다.

【亦】 또한. 역시. 부사. 몇 개 혹은 하나의 주체가 동일하거나 상이한 동작(행위)을 하고 있음을 나타냄.

【莫春者】 늦은 봄에.

莫모 : = 暮. 저물다. 늦다.

者 : …에[는]. 어기조사. 시기·시간 등을 나타내는 말 뒤에 붙어서 그 말을 부사어로 만들어 주는 역할을 함.

주희(朱熹) - 莫春(모춘)은 온화하고 따뜻한 시절이다. [莫春 和煦之時]

【春服既成】 봄옷이 모두 갖추어지다. 봄옷을 모두 갖추다.

既 : 모두. 전부. 부사. 주어가 가리키는 것이 모두 어떤 동작이나 행위를 하고 있거나, 혹은 이어받았음을 나타냄. 宋人既成列 楚人未既濟 (송나라의 군대는 대열을 모두 갖추고 있었으나, 초나라 군대는 모두 강물을 건너지 못했다.) [左傳 僖公二十二年]

成 : 갖추다. 구비되다.

[참고] ① 봄옷이 이미 만들어지면. [既 : 이미. 成 : 완성되다. 만들어지다].
       ② 봄옷을 이미 갖추어 입고. [既 : 이미. 成 : 갖추다. 구비되다.]

주희(朱熹) - 春服은 홑옷과 겹옷이다. [春服 單袷之衣]

【冠者】 관례를 끝낸 성년 남자.

【浴乎沂】 기수에서 몸을 씻다.

浴 : 몸을 씻다.

沂 : 강 이름. 기수(沂水). 산동성 추현(鄒縣) 동북 니구산(尼丘山)에서 발원하여 서쪽 곡부(曲阜)를 거쳐 사수(泗水)로 흘러드는 강.

乎 : …에서. …에. 전치사. 동작이나 행위가 발생하는 장소나 범위 또는 어떤 상황에 처함을 나타냄.

주희(朱熹) - 浴은 세수하고 씻는 것이다. [浴 盥濯也]

【風乎舞雩】 무우(舞雩)에서 바람을 쐬다.

舞雩무우 : 지명. 기수가 북쪽으로 마주한 직문(稷門). 일명 우문(雩門)이라고도 함. 기우제(祈雨祭)를 지내는 곳(제단). 지금의 곡부현 남쪽에 있음.

주희(朱熹) - 風은 시원한 바람을 쐬는 것이다. 舞雩는 하늘에 기우제를 지내는
　　곳이니 제단과 터를 닦아 놓은 자리와 수목이 있다. [風 乘涼也 舞雩 祭天禱雨之
　　處 有壇墠樹木也]

【詠而歸】 노래를 부르고 돌아오다.

주희(朱熹) - 詠은 노래하는 것이다. [詠 歌也]

【喟然歎曰】 위연히 탄식[감탄]하며 말씀하시기를.

　喟然위연 : 속 깊은 데서 절로 나오는 감탄이나 탄식의 소리. 한숨 쉬며 탄식하는
　　　　모양. 위연히.

　歎 : 놀라며 내지르는 소리. 탄식하다.

【吾與點也】 나도 점에(點의 말에) 동의하노라. ⇒ 나도 점과 함께하리라.

　與 : 허락하다. 허여(許與, 마음으로 허락하고 인정하여 칭찬함) 하다. 칭찬하다.
　　　인정하다. 받아들이다. 동의하다. 동사.

【後】 뒤에 있다. 뒤에 남다. 뒤에 처지다.

【也已矣】 …일 따름이다[뿐이다]. 어기조사. 긍정이나 제한의 의미를 나타냄. 간혹
　　개탄의 의미를 겸하기도 함.

【爲國以禮】 예로써 나라를 다스리다. 예에 따라 나라를 다스리다.

　爲 : 정사(政事)를 행하다. 다스리다(治理). 통치하다.

　以 : …(으)로(써). …을(에) 따라. …을 사용하여. …에 근거하여. 전치사. 동작이
　　　나 행위가 발생할 때 사물이나 어떤 준칙(기준이나 근거)에 의거하는 것을
　　　나타내며 간혹 강조를 위해 뒤의 목적어와 도치되기도 함.

【其言不讓 是故哂之】 그의 말이 겸손하지 않았다. 그래서 그를 비웃었다.

　是故 : 이렇기 때문에. 이로 인해. 이런 까닭으로. 이래서. 접속사. 원인과 결과를
　　　이어주는 역할을 함.

주희(朱熹) - 夫子는 그의 능력을 허여하시고 다만 그 겸손하지 못함을 비웃으신
　　것이다. [夫子蓋許其能 特哂其不遜]

【唯求則非邦也與】 대저 求는 곧 나라가 아닙니까? ⇒ 대저 求가 말한 것은 곧 나라에
　　관한 것이 아닙니까?

　唯 : 구(句) 앞에 쓰여 어기를 강화시키는 작용을 한다. [金元中 編著, 虛辭大辭典,
　　　현암사, 2007. p.653]. 조사로 문장의 맨 앞에 쓰이며 이 경우 해석하지 않는다.

[延世大學校 虛詞辭典編纂室 編, 虛詞大辭典, 成輔社, 2001. p.556] ⇒ 문장의 첫머리에서 이야기를 이끌어 내고 듣는 이의 주의를 환기시키는 역할을 하는 어기조사로 보아 '이', '대저', '대체', '도대체' 정도로 해석할 수 있음.

也與 : …인가? …입니까? 어기조사. 의문문의 끝에 쓰여 옳고 그름의 판단이나 선택적 의문을 나타냄.

【安見…也者】 어디에서 …을 볼 수 있겠는가?

安 : 어디에서. 어느 곳에서. 의문대명사. 장소에 대한 물음을 나타냄. 목적어로 쓰이며 일반적으로 동사나 전치사 앞에 위치함.

也者 : …하겠는가? 어기조사. 문장의 끝에 쓰여 의문의 어기를 나타냄.

【非諸侯而何】 제후의 나랏일이 아니면(아니고) 무엇이겠는가?

而 : = 則. 이에 곧. …이면[하면] 곧. 접속사. 조건에 따른 결과를 나타냄.

何 : 무슨. 어떤. 어느. 의문대명사. 관형어로 쓰여 사람이나 사물을 수식함.

非 A 而 B
A 가 아니면 B 이다.[not…but~]

凡天下强國 非秦而楚 非楚而秦 [戰國策 楚策]
무릇 천하의 강국은 진(秦)이 아니면 초(楚)요, 초가 아니면 진이다.
[참고] '非 A 而 B' 형식은 B가 주로 의문대명사로 나타나는 경우가 몹시 많다.
  예) 非子而誰(그대가 아니라면 누구요?) [左傳 宣公二年]

【赤也爲之小 孰能爲之大】 적(赤)이 그 일의 小相(작은 보좌관)이 된다면 누가 그 일의 大相(큰 보좌관)이 될 수 있겠는가? 적이 그 일의 소상을 맡는다면 누가 그 일의 대상을 맡을 수 있겠는가?

爲 : 되다.

之 : 그것. 그러한 일. 지시대명사. 宗廟會同을 가리킴.

孰 : 누가 …인[한]가? 의문대명사. 사람에 대한 질문을 나타냄. 반문의 어기가 내포됨.

[참고]

① 赤이 하고자 하는 일이 작은 것이라면 어떤 것이 큰일이라고 할 수 있겠는가?

② 赤이 하고자 하는 일이 작은 것이라면 누가 큰일을 한다고 할 수 있겠는가?

③ 赤이 그 일을 작다고 여긴다면 누가 그것을 크다고 여기겠는가?

④ 赤이 조금밖에 도울 수 없다면 누가 크게 돕는 일을 할 수 있겠는가?

⑤ 赤이 조그마한 일을 할 수 있는 인물이라면 누가 큰일을 할 수 있는 인물이겠는가?

[참고] 唯求則非邦也與, 唯赤則非邦也與

① 양백준(楊伯峻) 등은 唯求, 唯赤의 두 구절을 증석의 말로 해석함.

　주희(朱熹) - 이 또한 증석(曾晳)이 묻자 공자께서 답하신 것이다. [此亦曾晳問
　而夫子答也] [唯赤則非邦也與 宗廟會同 非諸侯而何 赤也爲之小 孰能爲之大에 대한 注임.]

② 정약용(丁若鏞) - 唯求, 唯赤 두 구절은 모두 공자의 말이다. 자로의 말에 대하여
　비웃었던 뜻은 겸손하지 않은 데에 있지 爲邦의 능력을 말하는 것에 있지
　않음을 밝힌 것이다. [唯求唯赤二節 皆孔子言也 明所以哂由之意 在乎不讓 而
　不在乎說爲邦也]

　요시가와 고오지로오(吉川行次郞) - 唯 이하 구절은 모두 공자의 말이다.

♣20091119木

克己復禮

자기를 이기어 예(禮)로 되돌아가니 [顔淵-1]

第十二篇

顔淵 안연

以文會友 以友輔仁

(군자는) 학문을 통하여 벗을 모으고[사귀고], 벗을 통하여 인(仁)을 증진시키니

[顔淵-24]

1. 자기를 이기어 예禮로 되돌아가는 것이 인仁이 되니

顏淵問仁 子曰 克己復禮爲仁 一日克己復禮 天下歸仁焉 爲仁由己 而由人乎哉 顏淵曰 請問其目 子曰 非禮勿視 非禮勿聽 非禮勿言 非禮勿動 顏淵曰 回雖不敏 請事斯語矣

顏淵(안연)이 仁(신)을 묻ᄌᆞ온대 子(ᄌᆞ)ㅣ 글ᄋᆞ샤ᄃᆡ 己(긔)를 克(극)ᄒᆞ야 禮(례)예 復(복)홈이 仁(신)을 ᄒᆞ욤이니 一日(일실)에 己(긔)를 克(극)ᄒᆞ야 禮(례)예 復(복)ᄒᆞ면 天下(텬하)ㅣ 仁(신)을 歸(귀)ᄒᆞᄂᆞ니 仁(신)을 ᄒᆞ욤이 己(긔)로 말미암ᄂᆞ니 人(신)을 말미암ᄂᆞ냐 顏淵(안연)이 글오ᄃᆡ 請(청)컨댄 그 目(목)을 묻ᄌᆞ노이다 子(ᄌᆞ)ㅣ 글ᄋᆞ샤ᄃᆡ 禮(례) 아니어든 視(시)티 말며 禮(례) 아니어든 聽(텽)티 말며 禮(례) 아니어든 言(언)티 말며 禮(례) 아니어든 動(동)티 말올 ᄯᅵ니라 顏淵(안연)이 글오ᄃᆡ 回(회)ㅣ 비록 敏(민)티 몯ᄒᆞ나 請(청)컨댄 이 말ᄉᆞᆷ을 事(ᄉᆞ)호리이다

안연(顏淵)이 인(仁)에 대해 여쭙자 선생님께서 말씀하시기를 "자기를 이기어 예(禮)로 되돌아가는 것이 인(仁)을 행하는 것이니 어느 날이라도 자기를 이기어 예로 되돌아간다면 천하가 모두 인으로 되돌아올 것이니라. 인을 행하는 것이 자기로부터 말미암는 것이지 남으로부터 말미암는 것이겠느냐?" 하셨다. 안연이 말씀드리기를 "삼가 바라건대 그 세목을 여쭙니다." 하니, 선생님께서 말씀하시기를 "예가 아니면 보지 말고 예가 아니면 듣지 말며 예가 아니면 말하지 말고 예가 아니면 움직이지 말 것이니라." 하셨다. 안연이 말씀드리기를 "회(回)는 비록 영민(英敏)하지 못하나 삼가 이 말씀을 늘 일삼겠습니다." 하였다.

【顏淵】 공자의 제자 안회(顏回). 자가 자연(子淵). [참고] 爲政-9.
【克己復禮】 자기를 이기고 예(禮)로 되돌리다[되돌아가다].
  克 : 이기다. 극복하다.
  己 : 자기 자신. 이기심. 자신의 욕망. 사욕(私慾).
  復 : 돌아가다. 원래의 상태로 돌아가다. 되돌리다. 되돌아가다.
  유현(劉炫) - 克은 이기는 것[勝]이다. 己는 몸[身]을 일컫는다. 몸에 기욕(嗜慾)이 있으면 예의(禮義)로써 이를 가다듬어야 하는 법이다. 기욕과 예의가 다투게 되면

예의로 하여금 기욕을 이기게 하여 그 몸이 예에 복귀(復歸)하도록 하는 것이다. 이와 같이 하는 것이 인(仁)이다. [克 勝也 己謂身也 身有嗜慾 當以禮義齊之 嗜慾與禮義戰 使禮義勝其嗜慾 身得歸復於禮 如是乃爲仁也] [論語古今註(丁若鏞)]

범녕(范甯) - 克은 꾸짖는 것[자기를 따져보는 것]이다. [克 責也]

마융(馬融) - 克己는 約身(약신, 자신을 잡도리하다·다잡다·몸가짐을 단속하다·절제하다)이다. [克己 約身]

주희(朱熹) - 己는 자신(一身)의 사욕(私慾)을 일컫는다. [己 謂身之私欲也]

정약용(丁若鏞) - 己는 自我이다. 自我에는 두 개의 몸과 두 개의 마음이 있으니 도심(道心)이 인심(人心)을 극복하면 대체(大體)가 소체(小體)를 극복하게 된다. [己者 我也 我有二體 亦有二心 道心克人心 則大體克小體也]

공안국(孔安國) - 復은 되돌리는 것이다. 자신이 禮로 되돌아갈 수 있다면 곧 仁하게 될 것이다. [復反也 身能反禮 則爲仁矣]

주희(朱熹) - 禮는 天理의 절문(節文, 법도의 규정)이다. [禮者 天理之節文也]

정약용(丁若鏞) - 克己復禮는 원래부터 전해 내려온 말인데 공자가 이를 다시 인용한 것이다. [克己復禮 本是古語 孔子再用之也] [참고] 춘추 좌전 소공(春秋左傳 昭公) 12년 - 仲尼曰 古也有志 克己復禮 仁也

【爲仁】 인을 행하다[실천하다]. 인의 정신을 실현하다.

爲 : 하다. 행하다. 실천하다. 동사.

공안국(孔安國) - 爲仁을 '仁하게 된다.'는 뜻으로 풀이함.

[참고] 克己復禮爲仁의 爲 : …이다. 동사. 일반적으로 뒤에 명사나 대명사가 옴. 뒤에 형용사나 명사로 전용된 형용사가 오는 경우 '…하다'라는 뜻의 술어를 이룸. 是의 용법과 같음. ☞ 克己復禮가 곧 인(仁)이다.

【一日】 ① 어느 날이라도. 일조(一朝)에. 일단(一旦). ② 하루라도.

정약용(丁若鏞) - 一日克己란 일조(一朝)에 분발하여 이를 힘껏 실행하는 것이다. [一日克己 謂一朝奮發用力行之]

【天下歸仁焉】 천하가 모두 인으로 되돌아올 것이다.

① 천하가 인으로 돌아갈 것이다. ⇒ 천하의 온 백성이 인으로 되돌아 올 것이다. ⇒ 천하의 온 백성이 인으로 귀화할 것이다. [焉을 진술문의 끝에 쓰여 종결의 어기나 판단의 어기를 나타내는 어기조사(…이다)로 해석하는 경우] ② 천하가 인을 이 사람에게

第十二篇 顔淵

되돌릴 것이다. ⇒ 천하가 이 사람을 인하다고 할 것이다. ⇒ 천하가 이 사람을 인하다고 허여할 것이다. ⇒ 천하의 모든 백성들이 그 사람을 인하다고 칭찬(칭송)할 것이다. 모두 너를 어진 사람이라고 칭찬할 것이다. [焉을 합음사로 於之의 뜻으로 해석하는 경우]

정약용(丁若鏞) - 歸는 歸化(귀화, 감화되어 붙좇음, 감화하여 돌아옴)이다. 天下歸仁이란 가깝게는 구족(九族), 멀리는 백성 어느 한 사람이라도 仁에 귀화하지 않는 이가 없음을 말한다. [歸者 歸化也 天下歸仁 謂近而九族 遠而百姓 無一人 不歸於仁]

황간(皇侃) - 임금이 만약 하루라도 克己復禮를 할 수 있으면 곧 천하의 백성이 모두 어진 임금에게로 돌아온다는 말이다. [言人君若能一日克己復禮 則天下之民咸歸於仁君也] [邢昺 - 言人君若能一日行克己復禮 則天下皆歸此仁德之君也]

주희(朱熹) - 歸는 허여(許與)함과 같다. [歸 猶與也]

焉 : …이다. 어기조사. 진술문 끝에 쓰여 종결·판단·긍정의 어기를 나타냄.

【爲仁由己 而由人乎哉】 인을 하는 것이 나로부터 말미암는 것이지 남으로부터 말미암는 것이겠는가? 인을 행하는 것이 자기에게 달려 있지 남에게 달려 있는 것이겠는가?

由 : 말미암다(어떤 현상이나 사물이 원인이나 이유가 되다). 연고가 된다. 시초가 된다. 유래가 된다.

而 : 그러나. 접속사. 역접관계를 나타냄.

　[참고] 원래 爲仁由己 而不由人으로 될 문장에서 不由人을 강조하기위하여 반문형인 由人乎哉로 바뀌면서 而의 기능도 조금 달라진 것처럼 보이지만 실상 여전히 역접관계를 나타내고 있다.

乎哉 : …인가? …이겠는가? 어기조사. 반문의 어기를 나타냄. 의문을 나타내는 어기조사인 '乎' 와 반문 및 감탄을 나타내는 어기조사인 '哉' 로 이루어졌는데 중점은 '哉' 에 있음.

정약용(丁若鏞) - 由己는 나로 말미암음을 말한다. 仁이란 두 사람 사이에서 발생하는 것이나 仁을 행하는 것은 나로 말미암은 것이며 남으로 말미암은 것이 아니다. [由己 謂由我也 仁生於二人之間 然爲仁由我 不由人也]

【請】 청컨대. 바라건대. 부디. 모쪼록. 부사. 희망과 상대방에 대한 존경을 나타냄.

【目】 조목(條目). 세목(細目).

　정약용(丁若鏞) - 目은 克己의 조목(條目)이다. [目 克己之條目也]

【勿】 …하지 마라. …해서는 안 된다. 부사. 동작이나 행위에 대한 금지 및 충고를 나타냄.

【動】 행동(行動)하다. 실행하다.

【雖】 비록 …일[할]지라도. 접속사. 양보관계를 나타냄.

【敏】 영민(英敏, 穎敏, 영특하고 민첩하다)하다. 명민(明敏)하다. 총명(聰明)하다. 영리하다.

【事】 종사(從事)하다. 일삼다(해야 할 일로 여겨서 하다). 실천하다.

　정약용(丁若鏞) - 事란 전심전력으로 그 일에 따르는 것이다. [事者 專心專力以從 事也]

【斯】 이것[이 사람. 이 일]. 이. 이러한. 이렇게. 여기. 지시대명사. 앞의 非禮勿視~非 禮勿動을 가리킴.

【矣】 …이다. 어기조사. 단정 또는 필연의 결과를 나타냄. 　　♣20091119木

2. 자기가 하기 싫은 바를 남에게 시키지 말지니

> 仲弓問仁 子曰 出門如見大賓 使民如承大祭 己所不欲 勿施於人 在邦無怨 在家無怨 仲弓曰 雍雖不敏 請事斯語矣

仲弓(듕궁)이 仁(신)을 묻주온대 子(주)ㅣ 굴ᄋ샤디 門(문)에 出(츌)홈애 大賓(대빈)을 見(견)홈 ᄀ티 ᄒ며 民(민)을 使(ᄉ)호디 大祭(대졔)를 承(승)홈 ᄀ티 ᄒ고 己(긔)의 欲(욕)디 아니ᄒ는 바를 人(신)의게 베프디 마롤 띠니 邦(방)의 이셔 怨(원)이 업스며 家(가)의 이셔 怨(원)이 업ᄂ니라 仲弓(듕궁)이 굴오디 雍(옹)이 비록 敏(민)티 몯ᄒ나 請(쳥)컨댄 이 말ᄉ믈 事(ᄉ)호리이다

중궁(仲弓)이 인(仁)에 대해 여쭙자 선생님께서 말씀하시기를 "문을 나서서는 큰 손님을 뵙듯이 하고, 백성을 부릴 때는 큰 제사를 받들듯이 하며, 자기가 하고자 하는 것이 아닌 바를 남에게 베풀지(하지) 말아야 하느니라. (이리 하면) 나라에 있을 때도 원망하는 이 없을 것이고, 집안에 있을 때도 원망하는 이 없을 것이니라." 하셨다. 중궁이 말씀드리기를 "옹(雍)은 비록 영민(英敏)하지 못하나 삼가 이 말씀을 늘 일삼겠습니다." 하였다.

【仲弓】 공자의 제자 염옹(冉雍). 자가 중궁(仲弓). [참고] 公冶長-5, 雍也-1.
【出門如見大賓 使民如承大祭】 문을 나서서는 큰 손님을 뵙는 것 같이 하고 백성을 부릴 때는 큰 제사를 받들 듯이 하다.
　如 : 마치 …와 같다. (마치) …처럼[같이] 하다. 부사. 한 사물(대상)을 다른 사물(대상)과 직접 비유함을 나타냄.
　大賓 : 큰 손님. 임금을 찾아온 이웃나라의 중요한 손님. 천자나 제후의 손님을 賓, 일반적인 손님을 客이라함.
　使 : (사람을) 부리다. (일을) 시키다. 동사.
　承 : 받들다. 공경하여 높이 모시다.
　大祭 : 큰 제사. 하늘과 땅의 신에게 지내는 제사 또는 종묘의 제사와 같은 큰 제사.
　형병(邢昺) - 大賓이란 公侯의 빈객이며 大祭란 禘郊(체교) 따위이다. [大賓 公侯之

賓也 大祭 禘郊之屬也] ♣ 禘郊체교 : 임금이 시조와 천신에게 지내는 제사.

범녕(范甯) - 大賓은 군신(君臣)의 중요한 연회이고 大祭는 나라의 제사이다. [大賓
君臣之嘉會也 大祭 國祭也]

정약용(丁若鏞) - 이 두 구절은 원래 고어였는데 공자가 인용한 것이다. [此二句
本亦古語 孔子用之] [참고] 춘추 좌전(春秋 左傳) 희공(僖公) 33년 - [曰季見冀缺 言諸文公
曰 敬德之聚也 臣聞 出門如賓 承事如祭 仁之則也(구계는 기결을 보고 문공에게 말하기를 '공경
은 덕의 모임이라 신은 듣자오니 집 문을 나서서는 손님을 대하듯 하고 일은 제사를 받들듯
함은 仁의 준칙이다.'고 하였다.)]

【己所不欲 勿施於人】자기가 하고자 하지 않는 바를 남에게 베풀지 마라. [참고]
公冶長-12.

所 : …하는 바. …하는 것. …한. 특수지시대명사. 주어와 술어 사이에 쓰여 주술구조
를 명사구로 만들어 줌.

勿 : …하지 마라. …해서는 안 된다. 부사. 동작이나 행위에 대한 금지 및 충고를
나타냄.

施 : 베풀다. 행하다. 가하다. 하게 하다. 시키다. 끼치다.

於 : …에게. 전치사. 동작이나 행위에 관련되는 대상을 나타냄.

[참고] 관자 소문(管子 小問) - 非其所欲 勿施於人 仁也

【在邦無怨 在家無怨】나라에 있어서 원망하는 이 없고 집안에 있어서 원망하는
이 없다.

在邦 : 나라에서. 나라에 있어서. 나라에 나가 정사를 볼 때. 벼슬자리에 있을 때.

在 : 있다. 지위나 벼슬 등에 자리하고 있다.

在家 : 집안에서. 집안에 있어서. 집에서 거처할 때.

在 : 있다. …에 있다. 어떤 장소에 있거나 어떤 상황 등에 처해 있음을 나타냄.

無怨 : ① (내가) 원망하는 것이 없다. ② (나를) 원망하는 사람이 없다. (내가)
원망을 받는 일이 없다.

정약용(丁若鏞) - 在邦이란 나라에서 벼슬함이며 在家란 집에 거처함이다. 在邦이
란 조정(朝廷)을 在家란 규문(閨門)을 말한다. [在邦 謂仕於國 在家 謂居其家
在邦以朝廷而言 在家以閨門而言]

[참고]

포함(包咸) - 在邦이란 諸侯를 말하고, 在家란 卿大夫를 말한다. [在邦 謂諸侯

在家 謂卿大夫]

유보남(劉寶楠) - 在邦은 제후의 나라에서 벼슬하는 것을 말하고, 在家는 경대부의 집안에서 벼슬하는 것을 말한다. [在邦 謂仕於諸侯之邦 在家 謂仕於卿大夫 之家也]

동방신오(東方晨悟) - 邦은 제후가 통치하는 국가이고 家는 경대부가 통치하는 봉지(封地)이다.

주희(朱熹) - 敬으로써 자기 몸을 지키고 恕로써 남에게 미친다면 私意가 용납할 곳이 없어서 마음의 德이 온전해질 것이다. 안에서나 밖에서나 원망함이 없다는 것은 또한 그 효험으로써 말씀한 것이니 스스로 상고하게 한 것이다. [敬以持己 恕以及物 則私意無所容而心德全矣 內外無怨 亦以其效言之 使以自考也]

정이(程頤) - 극기복례(克己復禮)는 건도(乾道)요, 경(敬)을 주로하고 서(恕)를 행함은 곤도(坤道)이다. 안회(顔回)와 염옹(冉雍)의 학문이 그 높고 낮음과 얕고 깊음을 여기에서 볼 수 있다. 그러나 배우는 자가 진실로 敬과 恕의 사이에서 종사하여 얻음이 있으면 또한 장차 이길 만한 사욕이 없게 될 것이다. [克己復禮 乾道也 主敬行恕 坤道也 顔冉之學 其高下淺深 於此可見 然學者誠能從事於 敬恕之間 而有得焉 亦將無己之可克矣]

[참고] 出門如見大賓 ~ 在家無怨

이기동(李基東) - 朱子는 在邦無怨 在家無怨을 仁을 실천한 결과 나타나는 효과로 보았으나 不怨天 不尤人이라고 한 孔子의 말을 참고한다면 원망하지 않는 것 자체를 인자(仁者)의 모습으로 이해할 수 있다. ☞ 문을 나갔을 때에는 큰 손님을 뵌듯하며, 백성에게 일을 시킬 때에는 큰 제사를 받들 듯하고, 자기가 하고자 하지 않는 것을 남에게 베풀지 말아야 하며, 나라에 있어서도 원망함이 없으며 집에 있어서도 원망함이 없어야 한다. ♣20091120金

185

3. 인자仁者는 그 말을 참고 조심히 하느니

司馬牛問仁 子曰 仁者 其言也訒 曰 其言也訒 斯謂之仁矣乎 子曰
爲之難 言之得無訒乎

司馬牛(亽마우)] 仁(신)을 묻즈온대 子(즈)] 골ᄋ샤디 仁(신)ᄒ 者(쟈)ᄂ 그 言(언)이
訒(신)ᄒᄂ니라 골오디 그 言(언)이 訒(신)ᄒ면 이 仁(신)이라 닐ᄋ리잇가 子(즈)] 골ᄋ샤
디 爲(위)홈이 어려우니 言(언)홈이 시러곰 訒(신)티 아니랴

사마우(司馬牛)가 인(仁)에 대해 여쭙자 선생님께서 말씀하시기를 "인자(仁者)는
할 말을 참고 신중하게 하느니라." 하셨다. (사마우가) 말씀드리기를 "말을 참고
신중하게 하면 곧 그것을 인(仁)이라 합니까?" 하니 선생님께서 말씀하시기를 "그것
을 행하는 것이 어려우니 어찌 말을 참고 신중하게 하지 않을 수 있겠느냐?" 하셨다.

【司馬牛】 공자의 제자. 성이 사마(司馬). 이름은 경(耕). 자가 자우(子牛).

　　공안국(孔安國) - 牛는 宋나라 사람으로 (공자의) 제자 사마리(司馬犂)이다. [牛
　　　　宋人 弟子司馬犂]

　　황간(皇侃) - 司馬牛는 바로 환퇴(桓魋)의 동생이다. [司馬牛是桓魋弟也]

　　사기(史記) 중니제자열전(仲尼弟子列傳) - 사마경(司馬耕)은 자가 자우(子牛)이
　　　　다. [司馬耕 字子牛]

　　주희(朱熹) - 司馬牛는 공자의 제자로 이름이 리(犂)이니 상퇴(向魋)의 아우이다.
　　　　[司馬牛 孔子弟子 名犂 向魋之弟]

　　양백준(楊伯峻) - 공자의 학생 사마우와 환퇴의 동생 사마우는 아마도 다른 인물로,
　　　　같은 사람으로 보기는 어렵다. [참고] 本篇-5.

【其言也訒】 그의 말은 참고 신중히 해야 된다. ⇒ 그는 할 말을 참고 신중하게
　　　　한다. 그 말을 함부로 하지 아니하고 머뭇거리다. 訒其言也 ⇒ 其言也訒

　　其 : 그. 그 사람. 인칭대명사. 仁者를 가리킴.

　　也 : …은(는). …이란. …이면. 어기조사. 음절을 조정하고 어기를 고르는(말을
　　　　잠깐 멈추고 다음 내용을 환기시키는) 역할을 함.

　　訒 : (함부로 말하지 않고) 조심스럽고 어렵게 말하다. 할 말을 참고 신중히 하다.

주희(朱熹) - 訒은 참음이며 어려워하는 것이다. [訒 忍也 難也]

정약용(丁若鏞) - 訒이란 말을 어렵게 하는 것이다. [訒者 言難出也]

주희(朱熹) - 인자(仁者)는 마음이 보존되어 잃지 않는다. 그러므로 그 말이 마치 참는 바가 있어서 쉽게 내지 않는 듯하니, 이는 그 덕(德)의 일단(一端)이다. 夫子께서는 사마우(司馬牛)가 말이 많고 조급하기 때문에 이것으로써 말씀해 주어서 이[말]에 삼가게 하신 것이니, 그렇다면 仁을 행하는 방법도 여기에서 벗어나지 않을 것이다. [仁者 心存而不放 故其言 若有所忍而不易發 蓋其德之一端也 夫子以牛多言而躁 故告之以此 使其於此而謹之 則所以爲仁之方 不外是矣]

【斯謂之仁矣乎】 이에 곧 그것을 인이라 합니까?

斯 : …하면 (곧). 이렇게 되면. 그렇다면. 접속사. 앞의 문장을 이어받아 조건에 따른 결과를 나타냄.

之 : 그것. 지시대명사. 其言也訒을 가리킴.

矣乎 : …했다고 할 수 있습니까? …합니까? …입니까? 판단문 끝에 쓰여, 矣는 이미 그러한 것 혹은 장차 그러할 것을 나타내고, 乎는 의문을 나타냄.

【爲之難】 그것을 행하는 것은 어렵다.

爲 : 하다. 행하다. 실천하다. 동사.

之 : 그것. 지시대명사. 仁을 가리킴.

難 : 어렵다. 곤란하다.

공안국(孔安國) - 行仁難이란 仁 또한 어렵지 않을 수 없음을 말한다. [行仁難 言仁亦不得不難]

【言之得無訒乎】 그것을 말하는 것이 어찌 참고 신중히 하게 되지 않을 수 있겠는가?
⇒ 어찌 말을 참고 신중하게 하지 않을 수 있겠는가?

之 : 그. 그것. 지시대명사. 일반적인 사실·사물·사람을 가리킴. [참고] 논어에서는 공자의 기본 사상인 '道'나 '仁' 등을 가리키기(의미하기)도 함.]

得無…乎 : 어찌 …하지 않을 수 있는가? 관용형식으로 추측이나 반문을 나타냄. 得은 가능을, 無는 부정의 의미를, 乎는 반문을 나타냄.

강희(江熙) - 禮記에 의하면 仁의 그릇 됨됨은 무겁고 그 道 됨됨은 遠大하기에 들려고 해도 들 수 없고 행하려 해도 이를 수 없으니 仁에 힘쓰는 일 또한 어려운 일이 아니겠는가? 쉽사리 仁을 이야기하는 사람은 인을 실행하지 못한

자이다. 인을 실행해 보아야 인에 힘쓴다는 것이 어려운 줄 깨닫게 되므로 감히 가볍게 말할 수 없는 법이다. [禮記云 仁之爲器重 其爲道遠 學者莫能勝也 行者莫能致也 勉於仁者不亦難乎 夫易言仁者 不行之者也 行仁然後 知勉仁爲 難 故不敢輕言也]   ♣20091123月

4. 군자君子는 근심하지 아니하며 두려워하지 아니하니

司馬牛問君子 子曰 君子 不憂不懼 曰 不憂不懼 斯謂之君子矣乎
子曰 內省不疚 夫何憂何懼

司馬牛(스마우) ㅣ 君子(군즈)를 묻즈온대 子(즈) ㅣ 글ᄋᆞ샤ᄃᆡ 君子(군즈)는 憂(우)티 아니
ᄒᆞ며 懼(구)티 아니ᄒᆞᄂᆞ니라 글오ᄃᆡ 憂(우)티 아니ᄒᆞ며 懼(구)티 아니ᄒᆞ면 이 君子(군즈)
ㅣ라 닐으리잇가 子(즈) ㅣ 글ᄋᆞ샤ᄃᆡ 內(ᄂᆡ)로 省(셩)ᄒᆞ야 疚(구)티 아니ᄒᆞ거니 므슴 憂
(우)ᄒᆞ며 므슴 懼(구)ᄒᆞ리오

사마우(司馬牛)가 군자(君子)에 대해 여쭙자 선생님께서 말씀하시기를 "군자(君
子)는 근심하지 아니하며 두려워하지 않느니라." 하셨다. (사마우가) 말씀드리기를
"근심하지 않고 두려워하지 않으면 이에 곧 그를 군자(君子)라 합니까?" 하니 선생님
께서 말씀하시기를 "안으로[마음속을] 살펴보아 꺼림칙하지 않다면 무엇이 근심되고
무엇이 두렵겠느냐?" 하셨다.

【內省不疚】안으로[마음속으로] 살펴보아 잘못[꺼림칙함]이 없다.

省 : 살피다. 살펴보다. 반성(反省)하다. 자신을 돌아보다.

疚구 : 병. 마음의 병. 잘못. 양심의 가책. 꺼림칙함.

포함(包咸) - 疚는 病든 것이니 스스로 반성하여 죄악이 없다면 근심과 두려움이
없다는 것이다. [疚 病也 自省無罪惡 無可憂懼]

공안국(孔安國) - 司馬牛의 형 환퇴(桓魋)는 장차 亂을 일으키려 하였으므로 牛는
송나라에서 수학하러 왔으면서도 항시 이를 걱정하고 두려워했다. 때문에 공자
도 그의 마음을 풀어준 것이다. [牛兄桓魋將爲亂 牛自宋來學 常憂懼 故孔子解之]

【夫】도대체. 대체. 대체로. 무릇. 어기조사(발어사). 문장의 첫머리에 쓰여 이야기
를 이끌어 내기 위하여 듣는 이의 주의를 환기시키는 역할을 함.

【何】무엇[어느 것이 …한가[인가]? 누구[무엇, 어디]인가? 누구를[무엇을] …한
가? 의문대명사. 주어나 술어, 목적어로 쓰여 사람이나 사물, 장소에 대해
물음. 목적어로 쓰일 때는 일반적으로 도치되어 동사나 전치사 앞에 옴.

[참고] 述而-22,36, 子罕-28, 憲問-30.　　♣20091124火

5. 군자君子가 어찌 형제兄弟 없음을 걱정하는가?

司馬牛憂曰 人皆有兄弟 我獨亡 子夏曰 商聞之矣 死生有命 富貴在
天 君子敬而無失 與人恭而有禮 四海之內 皆兄弟也 君子何患乎無
兄弟也

司馬牛(ᄉᆞ마우)ㅣ 憂(우)ᄒᆞ야 ᄀᆞᆯ오ᄃᆡ 사ᄅᆞᆷ이 다 兄弟(형뎨)를 둣거늘 내 홀로 업도다 子夏
(ᄌᆞ하)ㅣ ᄀᆞᆯ오ᄃᆡ 商(샹)은 드런노니 死(ᄉᆞ)와 生(ᄉᆡᆼ)이 命(명)이 잇고 富(부)와 貴(귀)ㅣ
天(텬)에 잇다 ᄒᆞ라 君子(군자)ㅣ 敬(경)ᄒᆞ고 失(실)홈이 업스며 사ᄅᆞᆷ으로 더브러 恭(공)
ᄒᆞᄃᆡ 禮(례)ㅣ 이시면 四海(ᄉᆞ히)ㅅ 안히 다 兄弟(형뎨)니 君子(군자)ㅣ 엇디 兄弟(형뎨)
업슴을 患(환)ᄒᆞ리오

사마우(司馬牛)가 근심하며 말하기를 "남들은 다 형제가 있는데 나만 유독 없도다."
하니, 자하(子夏) 말하기를 "내가(商이) 들으니, '죽고 삶이 운명(運命)에 있고 부
(富)하고 귀(貴)히 됨이 하늘에 달려있다.' 하더이다. 군자가 경건하고 정성스레
하여 끊임이 없으며 남에게 공손하게 하여 예의가 있으면 온 세상이 다 형제이니,
군자가 어찌 형제 없음을 걱정하는가?" 하였다.

【司馬牛】양백준(楊伯峻) - 공자의 학생 司馬牛와 환퇴(桓魋)의 동생 司馬牛는
아마도 다른 인물로, 같은 사람으로 보기는 어렵다. 그 이유로는 첫째, 史記
仲尼弟子列傳에서는 사마우가 송나라 사람이라고 언급하고 있지 않으며, 더욱
이 左傳에서의 사마우의 일을 시기적으로 앞에 기록하지 않았다. 태사공(太史
公)이 만약 이러한 사료들을 보고 취하지 않았다면, 사마천은 두 명의 사마우를
각기 다른 사람으로 보았다는 것을 알 수 있다. 둘째, 論語에서의 사마우가
바로 左傳에서의 사마우라고 말한 것은 공안국(孔安國)에서 비롯되었다. 공안
국은 또 사마우의 이름은 리(犂)이고, 史記 仲尼弟子列傳의 사마우 이름은
경(耕)으로 서로 다르다고 했다. 만약 공안국의 말에 근거가 있었다면, 원래
두 명의 사마우가 있었던 것으로 한 명은 이름이 耕으로 공자의 제자이고,
다른 한 명은 이름이 犂이고 환퇴(桓魋)의 동생이 된다. 그러나 공안국 이후에
도 여전히 이름이 犂인 사람도 공자의 학생이었다고 오해하는 사람이 있었다.

[참고] 本篇-3.

【獨】 홀로. 혼자서. 단독으로. 유독(惟獨).

【亡무】 = 無. 없다.

【子夏】 공자의 제자. 성이 복(卜). 이름이 상(商). 자가 자하(子夏). 위(衛)나라
사람으로 공자보다 44세 아래.

【商聞之矣】 商이 그것(에 관한 말)을 들었다. 내가 그것을 들었다.

之 : 그것. 지시대명사. 뒤의 死生有命 富貴在天을 가리킴.

矣 : …이다. 어기조사. 동작이 이미 완료되었음(어떤 상황이 이미 실현되었거나
형성되었음)을 나타냄.

【君子敬而無失 與人恭而有禮】 군자가 경건하고 정성스레 하여 끊임이 없고 남에게
공손하게 하여 예의가 있다.

敬 : 지극히 삼가다. 신중히 하다. 경건(敬虔)하게 하다. 공경하는 마음으로 깊이
삼가고 조심하는 태도가 있게 하다. 예의 바르고 신중(愼重)히 하다. 삼가고
정성(精誠)을 다하여 처리하다.

而 : …하여서. 그리하여. 이에. 접속사. 순접(연관)관계를 나타냄.

失 : 잃다. 마음을 잃음. 마음이 그침[끊임].

주희(朱熹) - 만일 몸가짐을 敬으로써 하고 간단(間斷, 잠시 그치거나 끊어짐)하지
않으며 사람을 대하기를 恭으로써 하고 절문(節文)이 있게 하면 천하의 사람들
이 모두 자신을 사랑하고 공경하기를 형제와 같이 한다. [苟能持己以敬而不間
斷 接人以恭而有節文 則天下之人 皆愛敬之 如兄弟矣] ☞ 失 : 間斷.

정약용(丁若鏞) - 無失이란 내 자신에 있어서의 도리를 잃지 않음이다. [無失者
無失在我之道]

[참고]

형병(邢昺) - 군자는 다만 공경하고 신중히 하여 과실(過失, 잘못과 실수)이
없어야 한다. [君子但當敬慎而無過失]

유월(俞樾) - 失은 佚(편안하다)로 해석해야만 한다. 주례(周禮) 대종백(大宗
伯)의 정주(鄭注)에 보이는 '以防其淫失(그 방종함을 막다)'에 대한 석문(釋
文)에서 '失은 판본에 따라 佚로 쓰여 있다.'라고 하였고, 또 장자(莊子) 서무
귀(徐無鬼)편의 '若卹若失(없는 듯 잃어버린 듯)'에 대한 석문(釋文)에서는

'失은 司馬本에는 佚로 쓰여 있다.' 라고 하였다. 이는 失과 佚이 통용된 예이다. 본문은 君子는 행동을 공경하는 태도로 하여 감히 편안하게 즐길 수 없음을 말한 것이다. 敬而無佚과 恭而有禮는 상대가 되는 문장이다. 無佚은 敬을 다시 한 번 말한 것이고 有禮는 恭을 다시 한 번 말한 것이다. 만약 이것(失)이 '과실(過失)' 의 뜻이라면 敬과 恭은 모두 완전하게 敬에 속하는 일이 아닐 수 없게 된다. [失當讀爲佚 周官大宗伯 鄭注 以防其淫失 釋文曰 失本亦作佚 莊子徐無鬼篇 若卹若失 釋文曰 失司馬本作佚 是失與佚通 言君子敬而無敢佚樂也 敬而無佚與恭而有禮 對文 無佚 申言敬 有禮 申言恭也 若過失 則 敬與恭 皆不可有不得專屬之敬矣]

與 : …에 대해. …에게. 전치사. 동작이나 행위가 발생할 때 직접 파급되는 대상을 나타냄.

恭 : (다른 사람에게) 공손(恭遜) 히 하다. 겸손(謙遜) 히 하다. 공순(恭順) 히 하다.

이기영(李起榮) - 敬은 자신의 참 마음을 항상 깨끗이 지키는 경건하고 정성스러운 태도이다. 즉 내면적인 자기완성의 노력을 하는 자세를 말한다. 반면에 恭은 敬의 마음이 외부로 나타나는 공손하고 예의 바른 태도를 말한다.

【四海之內】 사방 바다의 안. ⇒ 온 세계. 온 세상 사람들. 천하의 사람들. 옛날에는 땅이 바다로 둘러싸였다고 생각하였음.

【君子何患乎無兄弟也】 군자가 어찌하여 형제가 없는 것에 대하여 걱정을 하는가? 군자가 어찌 형제 없음을 걱정하는가?

何 : 어찌하여[왜] …한가? 의문대명사. 어떤 일의 이유나 원인에 대해 물음.

患 : 근심하다. 걱정하다. 憂는 내부에서 생겨나는 근심을 말하고 患은 외부에서 들어오는 근심을 말함. 內憂外患.

乎 : …에 대해(서). …에 관해. 전치사. 사람·사물·행위 사이의 상응관계를 나타내어 대상이나 사물의 관계를 이끌어 냄.

也 : …한가[인가]? 어기조사. 의문문 끝에 쓰여 의문(질문)의 어기를 나타냄. 일반적으로 何, 誰, 奚, 焉 등의 의문대명사와 같이 씀. 앞의 也는 진술문의 끝에 쓰여 판단이나 단정 또는 긍정을 나타냄. ♣20091125水

6. 참언讒言과 하소연이 먹혀들지 않는 이

子張問明 子曰 浸潤之譖 膚受之愬 不行焉 可謂明也已矣 浸潤之譖
膚受之愬 不行焉 可謂遠也已矣

子張(ᄌ댱)이 明(명)을 묻ᄌ온대 子(ᄌ)ㅣ 굴ᄋ샤ᄃ 浸潤(침슌)ᄒᄂ 譖(춤)과 膚(부)의
受(슈)ᄒ 愬(소)ㅣ 行(ᄒᆡᆼ)티 몯ᄒ면 可(가)히 明(명)이라 닐으리니라 浸潤(침슌)ᄒᄂ 譖
(춤)과 膚(부)의 受(슈)ᄒ 愬(소)ㅣ 行(ᄒᆡᆼ)티 몯ᄒ면 可(가)히 遠(원)이라 닐으리니라

　자장(子張)이 밝음(현명함)에 대해 여쭈니, 선생님께서 말씀하시기를 "서서히 은근
하게 자주 말하는 비방(誹謗)과 살갗으로 전해오는 절절한 무고(誣告)의 호소(呼訴)
가 그에게서 행해지지[그에게 먹혀들지] 않으면 가히 현명(賢明)하다 말할 수 있을
것이니라. 서서히 은근하게 자주 말하는 비방과 살갗으로 전해오는 절절한 무고의
호소가 그에게서 행해지지[그에게 먹혀들지] 않으면 가히 지극한 현명함이라 말할
수 있을 것이니라." 하셨다.

【子張】 공자의 제자 전손사(顓孫師). 자가 자장(子張).

【明】 밝음. 사리에 밝음. 현명(賢明)함.

【浸潤之譖】 서서히 스며들어 젖어 들어가는 비방(誹謗)[참언(讒言)]. 물이 스며들
　　어 적시듯 은근히 빈번하게 남을 헐뜯는 말. ⇒ 서서히 은근하게 자주 말하는
　　비방.

　浸 : 스며들다. 배어들다.　潤 : 젖다. 물에 젖다.

　之 : …하는[한]. …의. 조사. 관형어와 중심어 사이에 쓰여 중심어를 수식하거나
　　국한하는 관계를 나타냄. 앞의 말에 형용성(形容性)을 띠게 함.

　譖참 : 참언(讒言, 남을 헐뜯는 말). 비방(誹謗, 남을 헐뜯음).

　주희(朱熹) - 浸潤은 물이 배어들고 적셔지는 것과 같아서 점점 스며들고 갑자기
　　하지 않는 것이다. 譖은 남의 행실을 헐뜯는 것이다. [浸潤 如水之浸灌滋潤
　　漸漬而不驟也 譖 毀人之行也]

【膚受之愬】 피부에 와 닿는 하소연. 피부로 느끼게 절실히 남을 일러바쳐 억울함을

호소하는 것. ⇒ 살갗으로 전해오는 절절한 무고(誣告) 의 호소(呼訴).

膚부 : 피부. 살갗.

受 : 받다. 어떤 행동·영향 등을 당하거나 입다.

愬소 : 남을 일러바쳐 억울함을 호소함. 하소연. 무고(誣告) 의 호소(呼訴).

주희(朱熹) - 膚受는 피부로 받는 바의 이해(利害) 가 몸에 간절함을 말한다. … 愬는 자신의 억울함을 하소연하는 것이다. [膚受 謂肌膚所受利害切身 … 愬 愬己之冤也]

정약용(丁若鏞) - 譖이란 남들의 잘못을 파헤치는 것이며 愬란 자신의 원한을 하소연 하는 것이니 그 실상은 하나다. [譖者 訐人之惡也 愬者 訴己之冤也 其實一也]

【不行焉】 그에게서 행해지지 않다. 그에게 통하지 않다. 그에게 먹혀들지 않다.

焉 : 그에게서. 於之. 합음사. 於는 전치사로 동작이나 행위에 관련되는 대상을 나타내며, 之는 지시대명사로 明者를 가리킴.

【可】 가히 …할 수 있다. 가능하다. 조동사. 허가나 가능을 나타냄.

【也已矣】 …이다. 어기조사. 긍정적 단정의 어기를 나타냄.

【遠】 멀리 내다봄. 멀리 미침. 밝음이 멀리 미침. 멀리 내다보는 식견. 멀리 내다보는 현명함. 명지(明智) 의 최고의 경계(境界) ⇒ 지극한 현명함.

양시(楊時) - 遠은 곧 밝음이 지극한 것이다. [遠則 明之至也]

서경(書經) 태갑(太甲) - 멀리 봄은 오직 밝음이다. [視遠惟明]

주희(朱熹) - 사람을 비방하는 자가 점점 배어들게 하고 갑작스럽게 하지 않는다면 그 말을 듣는 자가 거기에 빠져 들어감을 깨닫지 못해서 믿기를 깊게 하게 되고 자기의 억울함을 하소연하는 자가 급박히 하여 몸에 간절하게 하면 듣는 자가 미처 상세함을 살피지 못하고 성내기를 갑자기 할 것이다. 이 두 가지는 살피기 어려운 것인데 능히 살핀다면 그 마음이 밝아서 가까움에 가려지지 않음을 볼 수 있다. 이 또한 반드시 자장(子張) 의 결함을 인하여 말씀하였을 것이다. 그러므로 그 말씀이 번잡함에도 줄이지 않아서 정녕(丁寧, 충고하는 태도가 간곡하여 여러 번 되풀이함)한 뜻을 지극히 한 것이다. [毁人者漸漬而不 驟 則聽者不覺其入而信之深矣 愬冤者急迫而切身 則聽者不及致詳而發之暴矣 二者 難察而能察之 則可見其心之明而不蔽於近矣 此亦必因子張之失而告之 故 로 其辭繁而不殺 以致丁寧之意云] ♣20091126木

7. 백성을 믿게 하는 것이...

子貢問政 子曰 足食 足兵 民信之矣 子貢曰 必不得已而去 於斯三者
何先 曰 去兵 子貢曰 必不得已而去 於斯二者何先 曰 去食 自古皆
有死 民無信不立

子貢(ᄌ공)이 政(졍)을 묻ᄌ온대 子(ᄌ)ㅣ ᄀᆞᆯᄋᆞ샤ᄃᆡ 食(식)을 足(죡)
게 하며 兵(병)을 足(죡)게 ᄒᆞ면 民(민)이 信(신)ᄒᆞ리라 子貢(ᄌ공)이 ᄀᆞᆯ오ᄃᆡ 반ᄃᆞ시 시러곰 마디몯ᄒᆞ야
去(거)홀띤댄 이 三者(삼쟈)애 어ᄂᆞ를 몬져 ᄒᆞ리잇고 ᄀᆞᆯᄋᆞ샤ᄃᆡ 兵(병)을 去(거)홀띠니라
子貢(ᄌ공)이 ᄀᆞᆯ오ᄃᆡ 반ᄃᆞ시 시러곰 마디몯ᄒᆞ야 去(거)홀띤댄 이 二者(ᅀᅵ쟈)애 어ᄂᆞ를
몬져 ᄒᆞ리잇고 ᄀᆞᆯᄋᆞ샤ᄃᆡ 食(식)을 去(거)홀띠니 녜로브터 다 死(ᄉ)홈이 잇거니와 民(민)
이 信(신)이 업스면 立(립)디 몯ᄒᆞᄂᆞ니라

　자공(子貢)이 정사(政事)에 대해 여쭈니, 선생님께서 말씀하시기를 "식량(食糧)을
풍족하게 하고 군비(軍備)를 넉넉하게 하고 백성들을 믿게 하여야 하느니라." 하셨다.
자공이 말씀드리기를 "부득이하여 꼭 버린다면 이 세 가지에서 어느 것이 먼저입니
까?" 하니, 말씀하시기를 "군비를 버릴지니라." 하셨다. 자공이 말씀드리기를 "부득이
하여 꼭 버린다면 이 두 가지에서 어느 것이 먼저입니까?" 하니, 말씀하시기를 "식량을
버릴지니, 예로부터 모두 죽음이 있거니와 백성이 믿음이 없으면 (나라가) 설 수
없느니라." 하셨다.

【子貢】 공자의 제자 단목사(端木賜). 자가 자공(子貢).

【政】 정사(政事). 정무(政務). 정치(政治).

【足食】 식량을 풍족[충분]하게 하다.

　食 : 식량.

　예기(禮記) 왕제(王制) - (식량이) 나라에 9년 치를 축적한 것이 없으면 부족(不足)
　　　이고, 6년 치를 축적한 것이 없으면 급(急)이며, 3년 치를 축적한 것이 없으면
　　　그 국가는 국가가 아니다. [國無九年之蓄曰不足. 無六年之蓄曰急. 無三年之蓄
　　　曰國非其國也]

【兵】 군사(軍士)와 병장기(兵仗器). 군대(軍隊). 국방(國防). 군비(軍備).

양백준(楊伯峻) - 오경(五經)과 논어(論語), 맹자(孟子) 중의 兵자는 대부분 병기(兵器)를 가리키는 말이지만 간혹 병사(兵士)로 해석되는 경우도 있다. 예를 들면 좌전(左傳) 은공(隱公) 4년 '諸侯之師敗鄭徒兵(제후의 군대는 정나라의 보병을 패배시키고)'와 은공(隱公) 원년 '敗其徒兵於洧上(그 보병을 유수(洧水) 가에서 패배시켰다)' 등이 있다. 고염무(顧炎武)와 염약거(閻若璩)는 모두 오경(五經)에 나오는 兵자 중에는 '병사'로 해석할 수 있는 것이 없다고 여겼는데 아마도 자세하지는 않은 듯하다. [유보남(劉寶楠)의 설] 그러나 이 兵자를 여전히 군대 무기로 해석하는 것이 적절한 것 같아 군비(軍備)로 번역했다.

【民信之矣】백성들을 믿게 하라. 백성들로 하여금 믿게 하여야 한다.

信 : 믿게 하다. 신뢰하도록 하다. 타동사의 사역동사로의 전용.

之 : …을[를]. 구조조사. 목적어를 강조하기 위하여 동사 앞으로 도치시킬 때 그 목적어와 동사 사이에 씀.

矣 : …해라. …해야 한다. 어기조사. 명령문의 끝에 쓰여 청유나 명령의 어기를 나타냄.

[참고] ① 백성이 그것을 믿다(신뢰하다). 이때 之는 자공이 질문한 정치(政)를 가리키는 지시대명사 ② 백성이 위정자(임금)를 믿다. 이때 之는 위정자, 국가, 임금 등을 가리키는 지시대명사.

정약용(丁若鏞) - 백성에게 윗사람을 신임하는 마음이 없으면 무너져서 서지 못한다. 백성이 서지 못하면 비록 군대가 있어도 우환을 막을 수 없으며 비록 음식이 있어도 즐거움을 누릴 수 없다. [民無信上之心 則頹墮而不立 民不立 則雖有兵 無以禦患 雖有食 無以享樂]

[참고] 足食 足兵을 조건절로 보는 경우 [矣 : …일 것이다. …이다. 어기조사. 진술문의 끝에 쓰여 긍정의 어기를 나타냄.] ☞ 足食 足兵 民信之矣 : 식량을 풍족하게 하고 군비를 넉넉하게 하면 백성들이 (임금을) 믿을 것이다. ※ 뒤의 斯三者, 斯二者로 볼 때 足食, 足兵, 民信之 세 가지가 확실하므로 이렇게 보는 것은 타당하지 않음.

【必不得已而去 於斯三者何先】참으로(꼭) 부득이하여 만약 버리게 된다면, 이 세 가지에서 어느 것이 먼저입니까?

必 : 반드시. 꼭. 참으로. 과연. 동작·행위·성질·상태 등에 대한 결연한 의지나 확신을 나타냄.

不得已 : 어쩔 수 없이. 하는 수 없이. 마지못하여. 부득이하여.

而 : = 如. 만일(만약) …이면(…하면). 접속사. 가설(가정)이나 조건을 나타냄.

去 : 제거하다. 없애다. 버리다. 선택[시행]하지 않다.

[참고] 必 : 만약 정말로 …라면. 만약. 가령. 접속사. 가정문의 첫 문장에 쓰여
　　가설을 나타냄. 王必無人 臣願奉璧往使(왕께서 만약 사람이 없다면, 신이 원컨대 구슬을 받들고
　　사신으로 가겠습니다.)[史記 廉頗藺相如列傳] 　而 : 접속사. 부사어와 술어를 이어주어
　　수식이나 한정관계를 나타냄. ☞ 만약 부득이하여서 버린다면.

於 : …에서. 전치사. 동작이나 행위가 일어나는 장소(범위)를 나타냄.

斯 : 이것[이 사람. 이 일]. 이. 이러한. 이렇게. 여기. 지시대명사. 앞의 足食,
　　足兵, 民信之를 가리킴.

何 : 무엇, 무슨. 어느. 의문대명사. 질문을 나타냄. 주어·술어·목적어·관형어
　　등으로 쓰임.

先 : 먼저 하다. 의미상으로 '먼저 버리다.'는 뜻임.

[참고] 必不得已而去於斯三者 何先 ☞ 참으로 부득이하여 만약 이 세 가지에서 버린다면,
　　어느 것이 먼저입니까?

[참고] 何先 : ① 무엇이(어느 것이) 먼저입니까? [何를 주어, 先을 술어(형용사로 객어
　　역할을 함)로 보아 영어에서의 2형식 문장과 같이 해석.] 　② (제가) 무엇을[어느 것을]
　　먼저 해야 되겠습니까(먼저 버려야 되겠습니까)? [말하는 이를 의미상 주어로,
　　先을 술어(先 다음에 去가 있으면 先이 부사어가 되겠지만 去가 생략되었으므로 先이 동사
　　역할을 함)로, 의문대명사 何를 목적어로 보아 영어에서의 3형식 문장과 같이 해석(의문문이므
　　로 何가 도치됨).]

【自古皆有死】 예로부터 모두 죽음이 있다. 예로부터 누구에게나 죽음은 있기 마련이다.

自 : …(으)로부터. …이후로. 전치사. 동작이나 행위가 발생하는 시간을 나타냄.

【不立】 설 수 없다. 존립(存立)할 수 없다. ⇒ 나라가 설 수 없다. ⇒ 위정자가
　　설 수 없다.

[참고] ① 나라나 사회가 존립하지 못한다. ② 위정자가 존립하지 못한다. ③
　　백성이 서지 못한다. 백성이 존립하지 못한다.

형병(邢昺) - 믿음을 잃으면 국가는 설 수 없다. [失信則國不立]

정약용(丁若鏞) - 立이란 興起 向上하며 마음을 검속하여 명을 듣는다는 뜻이다.
　　백성이 윗사람을 믿는 마음이 없으면 무너지고 흩어져 이루어질 수 없다. [立也
　　者 興起向上束心聽命之意 民無信上之心 則頹墮渙散 而無束立之勢也]

第十二篇 ❀ 顔淵

주희(朱熹) - 사람은 양식이 없으면 반드시 죽는다. 그러나 죽음이란 사람이 반드시 면할 수 없는 것이요, 사람이 신의가 없으면 비록 살더라도 스스로 설 수가 없으니, 죽음이 편안함만 못하다. 그러므로 차라리 죽을지언정 백성들에게 신의를 잃지 않아서 백성들로 하여금 또한 차라리 죽더라도 나에게 신의를 잃지 않게 하여야 하는 것이다. [民無食必死 然死者 人之所必不免 無信則雖生而無以自立 不若死之爲安 故寧死而不失信於民 使民亦寧死而不失信於我也]

♣20091130月

8. 文문이 質질과 같고 質질이 文문과 같다

棘子成曰 君子質而已矣 何以文爲 子貢曰 惜乎 夫子之說君子也 駟
不及舌 文猶質也 質猶文也 虎豹之鞟猶犬羊之鞟

棘子成(극ㅈ성)이 글오딕 君子(군ㅈ)는 質(질)일 ᄯᆞᄅᆞᆷ이니 엇디 뻐 文(문)을 ᄒᆞ리오 子貢
(ᄌ공)이 글오딕 惜(셕)홉다. 夫子(부ㅈ)의 말슴이 君子(군자)ㅣ나 駟(ᄉ)도 舌(셜)에
밋디 몯ᄒᆞ리로다 文(문)이 質(질) ᄀᆞᆺᆞ며 質(질)이 文(문) ᄀᆞᆺᆞ니 虎豹(호표)의 鞟(곽)이
犬羊(견양)의 鞟(곽) ᄀᆞᆺᆞ니라

극자성(棘子成)이 말하기를 "군자는 질(質)일 뿐이니 어찌하여 문(文)이겠는가?"
자공(子貢)이 말하기를 "애석(哀惜)하구나! 그대가 군자를 말한 것이! 사두마차(四
頭馬車)도 혀끝에 나온 말을 따라잡지 못한다 하지 않는가! 文이 質과 같고 質이
文과 같으니 (마치) 호랑이와 표범의 털을 민 가죽이 개나 양의 털을 민 가죽과
같은 것이오이다." 하였다.

【棘子成】극자성. 위(衛)나라의 대부(大夫).

　정현(鄭玄) - 구설(舊說)에 의하면 극자성은 위나라 대부라 한다. [舊說云 棘子成
　　衛大夫]

【質】바탕. 본바탕. 사물의 본질. 기본[근본].

【而已矣】…일 뿐이다. …할 따름이다. '而已'는 제한의 어기를 나타내고, '矣'는
　　긍정의 어기를 나타내는데 이 둘이 연용되어 제한의 어기를 강조함.

【何以文爲】어찌하여 문(文)이겠는가? 어찌하여 겉꾸밈일 필요가 있겠는가?

　何以 : 왜. 어찌하여. 무슨 이유로. 무엇 때문에. 무슨 까닭으로. 관용형식으로
　　쓰이며, 전치사 '以'가 '因'의 뜻을 지닌 경우로서 이유나 원인에 대한 질문이
　　나 반문을 나타냄. 문장 속에서 부사어로 쓰임.

　文 : 겉꾸밈. 무늬. 문채(文彩). 형식적(외형적)인 면. ⇔ 質.

　爲 : …한가[인가]? 의문문의 끝에 쓰여 의문이나 반문의 어기를 나타냄. 일반적으
　　로 矣, 何 등과 같이 씀.

何以…爲 : 어찌. 관용형식으로서 반문을 나타내는 문장에 쓰임. ① [구문 사이에
　　동사나 동사구문이 올 경우] 어찌하여 …해야 하는가? 무엇 때문에 …해야
　　하는가? 어디 …할 필요가 있겠는가? ② [구문 사이에 명사나 명사구문이
　　올 경우] 어찌하여 …이겠는가? 어디 …일 필요가 있겠는가?

　[참고] 爲는 동사(하다). 爲의 목적어는 何. 以文爲何에서 의문대명사 何가 의문문
　　에서 앞으로 도치된 것임. ☞ 문(文)으로써 무엇을 할 것이냐? [李基東, 李起榮]

주희(朱熹) - (극자성이) 당시 사람들이 문(文)에 치우치는 것을 싫어했으므로
　　이러한 말을 한 것이다. [疾時人文勝 故爲此言]

【子貢】 공자의 제자 단목사(端木賜). 자가 자공(子貢).

【惜乎 夫子之說君子也】 애석(애석)하도다! 그대가 군자를 이야기한 것이!

　乎 : 아! …이도다! …이(로)구나! 어기조사. 비분·찬양·감격 등의 감탄 어기를
　　나타냄.

　夫子 : 그분. 저분. 그대. 당신. 제3자의 존칭. 棘子成을 가리킴.

　之 : …은[는]. …이[가]. 구조조사(주격조사). 주술구조 사이에 쓰여 이를 명사구
　　(절)로 만들어 주는 역할을 함.

　정약용(丁若鏞) - 惜乎夫子之說君子也의 아홉 자로 한 구절을 이루고 있다. [惜乎夫
　　子之說君子也 九字共一句]

【駟不及舌】 사두마차(四頭馬車)가 혀에 미치지 못하다. 사두마차가 혀를 따라가지
　　못하다. 네 필의 말이 끄는 마차가 아무리 빨라도 혀끝에서 나온 말을 쫓아가서
　　수습할 수가 없다. 말이란 일단 자기 입에서 나가면 되돌아오게 할 수 없으니
　　신중하게 하라는 당시의 속담.

　駟 : 사마(駟馬). 한 수레에 메우는 네 마리의 말. ⇒ 네 필의 말이 끄는 수레,
　　곧 사두마차(四頭馬車)를 가리킴.

【也】 ① …은(는). …이란. …이면. 어기조사. 음절을 조정하고 어기를 고르는(말을
　　잠깐 멈추고 다음 내용을 환기시키는) 역할을 함. 夫子之說君子也. ② …이다.
　　어기조사. 진술문의 끝에 쓰여 판단이나 단정 또는 긍정을 나타냄. 文猶質也,
　　質猶文也.

【鞟곽】 鞹의 略字. 털을 제거한 짐승의 가죽. 무두질(모피를 칼로 훑어서 털과 기름
　　을 뽑고 가죽을 부드럽게 다루는 일)한 가죽.

공안국(孔安國) - 털을 제거한 가죽을 鞟이라 한다. [皮去毛曰 鞟]

주희(朱熹) - 극자성은 당시의 폐단을 바로잡음에 진실로 과(過)함에 잘못되었고, 子貢은 자성의 폐단을 바로잡음에 또 本末과 輕重의 차이가 없었으니, 모두 잘못된 것이다. [夫棘子成 矯當時之弊 固失之過 而子貢 矯子成之弊 又無本末 輕重之差 胥失之矣]　　　　　　　　　　　　　　　　♣20091201火

9. 백성이 부족한데 임금이 어찌 풍족하기만 하겠는가

哀公問於有若曰 年饑 用不足 如之何 有若對曰 盍徹乎 曰二 吾猶
不足 如之何其徹也 對曰 百姓足 君孰與不足 百姓不足 君孰與足

第十二篇

顔淵

哀公(애공)이 有若(유약)의게 무러 글오듸 年(년)이 饑(긔)ᄒ야 用(용)이 足(족)디 몯ᄒ
니 엇디ᄒ료 有若(유약)이 對(듸)ᄒ야 글오듸 엇디 徹(텰)티 아니ᄒ시ᄂᆞ니잇고 글오듸
二(싀)도 내 오히려 足(족)디 몯ᄒ거니 엇디 그 徹(텰)을 ᄒ리오 對(듸)ᄒ야 글오듸 百姓
(빅셩)이 足(족)ᄒ면 君(군)이 눌로 더브러 足(족)디 몯ᄒ시며 百姓(빅셩)이 足(족)디
몯ᄒ면 君(군)이 눌로 더브러 足(족)ᄒ시리잇고

애공(哀公)이 유약(有若)에게 물어 말하기를 "올해 기근(饑饉)이 들어 재정(財政)
이 부족한데 어떻게 하여야겠는가?" 하시니, 유약이 대답하여 말씀드리길 "어찌하여
십일법을 시행하지 않으십니까?" 하였다. (애공이) 말하기를 "십분의 이도 내 오히려
부족한데 어떻게 그 십일법을 시행한단 말인가?" 하시니, (유약이) 대답하여 말씀드
리길 "백성(百姓)이 풍족한데 임금께서 어찌 부족하기만 하겠으며, 백성이 부족한데
임금께서 어찌 풍족하기만 하겠습니까?" 하였다.

【哀公】 노(魯)나라 임금(B.C. 494~468 재위). 성은 희(姬). 이름은 장(蔣). 시호가
　　　　애공(哀公). 정공(定公)의 아들.

【有若】 공자의 제자 유약(有若). 자는 자유(子有). [참고] 學而-2. 有子.

【年饑】 올해의 수확이 기근이 듦. (말하는) 그 해가 흉년이 됨.

　年 : 해. 수확. 연곡(年穀). 그[한] 해의 곡물 수확. 올해의 수확. 작황(作況).

　饑기 : 곡식이 익지 않음. 기근(饑饉)이 듦. 흉년이 됨.

【用】 비용. 쓸 비용. 나라에서 쓸 비용. 국가의 재정(財政).

　주희(朱熹) - 用은 국가의 재용(財用)을 일컫는다. [用 國用也]

【如之何】 그것을 어떻게 합니까? 대명사성 구조인 如何의 사이에 처리할 대상을
　　　　　나타내는 지시대명사 之를 삽입한 형태로 의문을 나타내거나 방법을 물음.

【盍徹乎】 어찌하여 철법을 하지 않는가? 어찌하여 십일법을 시행하지 않는가?

　盍합 : 왜 …하지 않는가. 어찌 …하지 않는가. 합음사(合音詞). 대명사나 부사의

역할을 하는 '何'와 부사인 '不'의 역할을 겸함. 곧 '何不'의 뜻임. [참고] 公冶長-26.

徹 : 철법. 주(周)나라의 조세법(租稅法). 매년 수확의 10분의 1을 징수하던 제도. 사방 1리(里)의 농지를 井자로 9등분하여 8가에 사전(私田) 100묘(畝)씩 나누어 주고 나머지 100묘는 공전(公田)으로 하고, 20묘의 택지를 뺀 80묘의 공전을 8가에서 공동으로 경작하여 그 수확을 조세로 함. 여기서는 동사로 '철법을 시행하다.'의 뜻임.

주희(朱熹) - 徹은 통한다의 뜻이며 균등하다의 뜻이다. [徹 通也 均也]
정약용(丁若鏞) - 徹은 취한다는 뜻이다. [徹 取也]

乎 : …인가? …한가? 어기조사. 의문(질문)을 나타냄.

【二】10분의 2. 2/10. 10분의 2를 세금으로 거둬들이다. 동사적 의미.

【猶】오히려. 반대로. 그래도. 그렇지만. 부사. 전환을 나타내어 앞뒤 문장의 의미가 상반되는 느낌을 자아냄.

【其】그. 그렇게. 어기조사. 음절을 조정하고 어세를 강하게 함.

【也】…이겠는가? 어기조사. 의문문 끝에 쓰여 반문의 어기를 나타냄. 乎의 용법과 같음.

【百姓足 君孰與不足】백성이 풍족한데 임금이 누구와 더불어 부족하겠는가? ⇒ 백성이 풍족한데 임금이 어찌 부족하기만 하겠는가?

孰與 : 어찌 …만하겠는가? 함께 선택된 둘 사이에서 전자가 후자를 능가할 수 없음을 나타냄. (직역을 하면 '누구와 더불어, 누구와 함께'라는 뜻임.) [참고] 동사성 어구로서 '어찌 …에 비길 수 있겠는가?'로 해석되는 경우가 있음. 즉, 후자가 전자를 능가할 수 없음을 나타냄. 且貧者士之常 賤者道之實 處常得實 沒齒不憂 孰與富貴而擾神耗精者乎(하물며 가난함은 선비의 통례이고 비천함은 도의 실질이니, 선비가 항상 실질을 구하여 평생토록 근심하지 않는 것을 어찌 부귀하면서도 정신을 어지럽히고 소모하는 것에 비길 수 있겠는가?) [晋書 皇甫謐傳]

주희(朱熹) - 유약(有若)은 군주와 백성은 일체(一體)인 뜻을 깊이 말하여 공(公)이 세금을 많이 거두려는 것을 만류한 것이니, 사람의 위가 된 자들은 마땅히 깊이 생각하여야 할 것이다. [有若 深言君民一體之意 以止公之厚斂 爲人上者 所宜深念也]

♣20091202水

10. 덕德을 숭상崇尙하고 미혹迷惑됨을 변별辨別하려면

子張問崇德辨惑 子曰 主忠信 徙義 崇德也 愛之欲其生 惡之欲其死
旣欲其生 又欲其死 是惑也 誠不以富 亦祇以異

子張(자댱)이 德(덕)을 崇(슝)ᄒ며 惑(혹)을 辨(변)홈을 묻ᄌ온대 子(ᄌ)ㅣ 길ᄋ샤ᄃᆡ 忠
信(튱신)을 主(쥬)ᄒ며 義(의)예 徙(ᄉ)홈이 德(덕)을 崇(슝)홈이니라 愛(ᄋᆡ)ᄒᄂᆞᆫ 이란
그 살며 ᄒ고 惡(오)ᄒᄂᆞᆫ 이란 그 죽과며 ᄒᄂᆞ니 이믜 그 살과며 ᄒ고 ᄯᅩ 그 죽과며
홈이 이 惑(혹)이니라 진실로 뻐 富(부)케 몯ᄒ고 ᄯᅩᄒᆞᆫ 마치 뻐 異(이)홈이로다
[十六篇釋(십륙편셕) 진실로 富(부)로뻐 ᄒᄂᆞᆫ 줄이 아니라 ᄯᅩᄒᆞᆫ 다믄 異(이)야로ᄢᅦ라 ᄒᆞ니]

자장(子張)이 덕(德)을 숭상(崇尙)하고 미혹(迷惑)을 변별(辨別)하는 것에 대해
여쭙자, 선생님께서 말씀하시기를 "충성(忠誠)과 믿음을 주로 하고 의(義)를 실천하
는 것이 덕을 숭상하는 것이니라. 그를 사랑할 때는 그가 살기를 바라고 그를 미워할
때는 그가 죽기를 바라니, 이미 살기를 바라다 또 죽기를 바라는 것 이것이 미혹이니라.
(詩에) '진실로 부유(富裕)한 것 때문이 아니네. 단지 색다른 것 때문일 뿐이네.'라
하였느니라." 하셨다.

【子張】 공자의 제자 전손사(顓孫師). 자가 자장(子張).
【崇德辨惑】 덕(德)을 높이고 미혹(迷惑)을 가림. 덕을 숭상(崇尙)하고 미혹을 변별
　　　(辨別) 함.
　崇 : 높이다. 세우다. 쌓아올리다. 숭상(崇尙) 하다.
　辨 : 분별(分別) 하다. 변별(辨別) 하다.
　惑 : 미혹(迷惑) 하다. 헷갈리어 헤매다.
　형병(邢昺) - 崇은 充(가득 채우다) 이다. [崇 充也]
　정약용(丁若鏞) - 崇은 높음이니 崇德은 進德과 같다. [崇 高也 崇德猶進德也]
　공안국(孔安國) - 辨은 구별이다. [辨 別也]
【主忠信】 충성(忠誠)과 신의(信義)을 주로[근본으로] 함. 진심으로 정성을 다하는
　　　것과 말과 행동이 같아 거짓이 없음에 주력(主力) 함.
　主 : 주(主)로 한다. 위주(爲主)로 한다. 주축(主軸)으로 하다. 주장으로 삼다.

忠信 : 충성(忠誠)과 신의(信義). 진심으로 정성을 다하는 것과 말과 행동이 같아 거짓이 없는 것. 참되고 미쁘다.

【徙義】 의(義)로 옮김. 의를 실천함. [참고] 述而-3.

포함(包咸) - 義를 보면 마음을 옮겨[바꿔] 그것을 따르는 것이다. [見義 則徙意而 從之]

【愛之欲其生】 그를 사랑할 때는 그가 살기를 바람.

之, 其 : 그. 그 사람. 인칭대명사. 불특정의 일반적인 사람을 가리킴. 之는 목적어, 其는 주어.

欲 : …하기를 바라다. 바라다(希望). 원하다.

【惡오】 미워하다. 싫어하다.

【既… 又~ 】 이미 …한데다가 또 ~도 하다. …하기도 하고 ~하기도 하다. = 既… 且~, 終… 且~.

既 : 이미. 접속사. 흔히 亦, 又, 終, 則, 且, 或 등의 접속사와 함께 쓰여 두 상황이 동시에 존재하거나 출현함을 나타냄.

주희(朱熹) - 사랑함과 미워함은 사람의 떳떳한 情이다. 그러나 사람의 生과 死는 天命에 달려 있어서 바란다고 될 수 있는 것이 아니다. 사랑하고 미워함에 따라 그 살고 죽기를 바란다면 미혹된 것이요, 이미 그 살기를 바라다가 또 그 죽기를 바란다면 미혹됨이 심한 것이다. [愛惡 人之常情也 然人之生死有命 非可得而欲也 以愛惡而欲其生死 則惑矣 既欲其生 又欲其死 則惑之甚也]

【誠不以富 亦祇以異】 진실로 부유(富裕)함 때문이 아니고 다만 색다른[새로운] 것 때문임. 시경(詩經) 소아(小雅) 아행기야(我行其野)의 3장의 시. [詩經에는 誠이 成으로 되어 있음.]

誠 : 진실로. 정말로. 부사. 동작·행위·성질·상태 등에 대한 강조나 긍정을 나타냄.

以 : … 때문에. …으로 인하여. 전치사. 동작이나 행위가 발생한 원인을 나타냄.

亦 : 단지. 다만. 부사. 사람 혹은 동작이나 행위의 대상이 어떤 범위에 한정되어 있음을 나타냄.

祇지 : = 只. 다만. 오직. 다만 …에 불과하다. 다만 …에 지나지 않는다. 오로지.

行其野我	내 들길을 가다가
言采其葍	메꽃 잎을 따지요
不思舊姻	옛 혼인사랑 생각지 않고
求爾新特	그대 새 여자를 구함은
成不以富	진정 돈 때문도 아니요
亦祇以異	단지 색다른 여인 맛 때문일 뿐이지요.

다만 …할 뿐이다. 부사. 술어 앞에 쓰여 동작이나 행위가 어떤 범위에 국한됨을 나타냄.

異 : 다른 것[사람]. 새로운 것. 색다른 것. 특이한 것. 대명사.

주희(朱熹) - 夫子가 이것을 인용하여 그 상대방이 살거나 죽기를 바라는 자는 상대로 하여금 살게 하고 죽게 할 수 없으니, 이 시(詩)에서 말한 바와 같이 부유함을 이루지도 못하면서 다만 남에게 괴이함을 취할 뿐임과 같음을 밝힌 것이다. [夫子引之 以明欲其生死者不能使之生死 如此詩所言不足以致富而適足以取異也]

정이(程頤) - 이는 착간(錯簡)이니 마땅히 제16편(季氏 12章)의 齊景公有馬千駟의 위에 있어야 한다. 여기에도 아래 글에 또한 齊景公이란 글자가 있으므로 인하여 잘못된 것이다. [此 錯簡 當在第十六篇齊景公有馬千駟之上 因此下文亦有齊景公字而誤也]

정약용(丁若鏞) - 辨惑의 뜻을 분명하게 알지 못하였으므로 程子가 이렇게 말한 것이다. 그러나 이 장은 상하의 모든 구절(9장과 11장)이 모두 國政을 논(論)한 것이니 愛惡生死는 공연한 설로 나와 있는 것이 아니다. [辨惑之義不明故 程子爲此言也 然此章上下諸節 皆論國政 愛惡生死 非懸空說也]

정천구(丁天求) - 정이천은 이를 착간이라 하였으나 그것은 지나치게 관념적으로 해석하려고 했기 때문이다. 〈중략〉 한 여인을 사랑하기도 하고 미워하기도 한다, 사랑할 때는 이 세상을 다 줄 것처럼 하다가도 미움이 일어나면 죽었으면 하고 바란다. 어찌 똑같은 여인에 대해 이리도 다른 마음이 일어나는가? 사랑도 미움도 결국 상대인 여인에게서 비롯되는 것이 아니라 바로 내 마음의 변덕에서 비롯된 것임을 모르기 때문이다. 바로 그것이 갈피를 잡지 못하고 헤매는 마음이요 헷갈림이다. 바로 이것과 시경(詩經)의 구절은 어떤 관계에 있는가? 내가 덕을 갖추면 덕이 있는 여인을 만나게 된다. 내가 새로워지면 어떤 여인이라도 새롭게 느껴지고 늘 만나는 여인조차 늘 새롭게 느껴진다. 그러나 내게 덕이 없다면 덕 있는 여인은 나를 만나려 하지 않는다. 내가 새롭지 않으면 새로 만난 여인도 금세 따분한 여인이 된다. 새로움을 찾느라고 새 여인을 끊임없이 찾지만, 모두 허사이다. 새로움은 맞닥뜨리는 순간, 이미 새로움이 아니기 때문이다. 도대체 새로움이 무엇인지도 모르면서 새로움을 구하니, 이것이야말

로 헷갈림이요 헤맴이다. 내가 새로운 남자가 되지 못하는데, 어떤 여인인들
나에게서 새로워지겠는가? 이것이 덕이 없고 어리석어서 헤매는 것이다.
정약용(丁若鏞) - '旣欲其生(이미 그 살기를 바라다)'은 전지(田地)를 분배해 주는
　　　것이고, '又欲旣死(또 그 죽기를 바라다)'는 과세(課稅)를 무겁게 하는 것이
　　　다. [旣欲其生 分田也 又欲其死 重斂也] 세금을 취렴(聚斂, 재물을 탐내어 마구
　　　거두어들임)하는 정치는 진실로 부(富)도 이루지 못하고, 다만 선왕이 정해
　　　놓은 제도를 어겨서 백성에게 이상하게만 보일 뿐이다. [取斂之政 誠不足以致富
　　　適足以違先王之定制 而見異於百姓也]　　　　　　　　　♣20091203木

11. 임금, 신하, 아버지, 아들, 꼭꼭 그 다워야 하니

> 齊景公問政於孔子 孔子對曰 君君 臣臣 父父 子子 公曰 善哉 信如
> 君不君 臣不臣 父不父 子不子 雖有粟 吾得而食諸

齊景公(제경공)이 政(정)을 孔子(공주)ㅅ끠 묻즈온대 孔子(공주)ㅣ 對(딕)ㅎ야 골ㅇ샤딕 君(군)이 君(군)ㅎ며 臣(신)이 臣(신)ㅎ며 父(부)ㅣ 父(부)ㅎ며 子(주)ㅣ 子(주)홈이니이다 公(공)이 골ㅇ딕 善(션)ㅎ다 진실로 만일 君(군)이 君(군)티 몯ㅎ며 臣(신)이 臣(신)티 몯ㅎ며 父(부)ㅣ 父(부)티 몯ㅎ며 子(주)ㅣ 子(주)티 몯ㅎ면 비록 粟(속)이 이시나 내 시러곰 食(식)ㅎ랴

제(齊)나라 경공(景公)께서 정사(政事)에 대해 공자께 묻자, 공자께서 말씀드리기를 "임금은 임금다워야 하고 신하(臣下)는 신하다워야 하며 아버지는 아버지다워야 하고 아들은 아들다워야 합니다." 하셨다. 공(公)께서 말씀하시기를 "훌륭하도다! 진실로 만약 임금이 임금답지 못하고 신하가 신하답지 못하며 아버지가 아버지답지 못하고 아들이 아들답지 못하면 비록 양식(糧食)이 있다 한들 내 그것을 먹을 수 있겠는가?" 하였다.

【齊景公】 제(齊)나라 임금 경공(景公). 성이 강(姜), 이름은 저구(杵臼)로 58년간
　　(B.C 547 ~ 490, 공자 5세 ~ 62세) 재위(在位)하였음.

　주희(朱熹) - 노(魯)나라 소공(昭公) 말년에 공자께서 제(齊)나라에 가셨다. [魯昭
　　公末年 孔子適齊] [참고] 昭公末年 : 소공(昭公) 25년(B.C 517. 공자 35세). [孔子世家]

【君君】 임금이 임금답다. 임금은 임금다워야 함. 임금이 임금노릇을 하다. 뒤의
　　君은 명사가 형용사로 전용된 것으로 술어로 쓰였음.

【臣臣, 父父, 子子】 위와 같음. 즉 신하는 신하답고, 아버지는 아버지다우며, 아들은
　　아들다워야 한다.

　주희(朱熹) - 이것은 인륜의 큰 법이요, 정사의 근본이다. 이때에 경공(景公)은
　　정치를 잘못하고, 대부인 진씨(陳氏)가 나라에 (은혜를) 후하게 베풀었다.
　　경공은 또 안에 총애하는 여자가 많아서 태자를 세우지 못하였으니, 군신간(君
　　臣間)과 부자간(父子間) 모두에 다 그 도(道)를 잃었던 것이다. 그러므로 夫子

께서 이것으로 말씀하신 것이다. [此 人道之大經 政事之根本也 是時 景公失政 而大夫陳氏厚施於國 景公又多內嬖 而不立太子 其君臣父子之間 皆失其道 故 夫子告之以此]

【善哉】 훌륭하도다! 훌륭한 말이로다!

善 : 좋다. 훌륭하다. 아주 좋아서 나무랄 것이 없다.

哉 : …이로다! …이구나! …이도다! …하구나! …로구나! …이여! 어기조사. 찬양
　· 비통 · 분노 · 경악 · 감개 등의 감탄의 어기를 나타냄.

【信】 진실로. 참으로. 정말로. 부사. 동작·행위·성질·상태 등에 대한 강조 및 긍정을
　나타냄.

【如】 = 若. 만약[만일, 가령] …한다면. 접속사. 가설(가정)이나 조건을 나타냄.

【雖】 비록 …일[할]지라도. 접속사. 양보관계를 나타냄.

【粟】 조(오곡五穀의 하나). 겉곡식(찧지 않은 곡식). 인신(引伸)하여 '곡식'을 가
　리킴. 식량(양식糧食)의 총칭.

【得而】 = 得以. …할 수 있다. 관용형식으로서 동사 앞에 쓰이는데 이때 得은 가능성
　을 나타내는 조동사이며, 而는 조동사와 동사를 연결시키는 역할을 함. 간혹
　得 앞에 可가 오기도 함.

【諸저】 之乎(그것을 …하겠는가?). 합음사(合音詞). 之는 지시대명사로 '粟'을 가
　리키고, 乎는 어기조사로 의문 또는 반문의 어기를 나타냄.

공안국(孔安國) - 장차 위태로워질 것을 말한 것인데, 나중에 陳氏가 정말로 齊나라
　를 멸망시켰다. [言將危也 陳氏果滅齊]

주희(朱熹) - 경공(景公)은 공자의 말씀을 훌륭하게 여겼으나 능히 수용하지 못하였
　는데, 그 뒤에 과연 후계자를 정하지 못함으로 인하여 진씨(陳氏)가 임금을
　시해하고 나라를 찬탈하는 화를 열게 해주었다. [景公 善孔子之言 而不能用
　其後에 果以繼嗣不定 啓陳氏弑君簒國之禍]　　　♣20091203木

12. 한 마디 말로 옥사獄事를 판결할 자 유由이리라

子曰 片言 可以折獄者 其由也與 子路無宿諾

子(ᄌᆞ)ㅣ ᄀᆞᆯᄋᆞ샤ᄃᆡ 片言(편언)애 可(가)히 ᄡᅥ 獄(옥)을 折(졀)ᄒᆞᆯ 者(쟈)ᄂᆞᆫ 그 由(유)ㄴ뎌 子路(ᄌᆞ로)ᄂᆞᆫ 諾(락)을 宿(슉)홈이 업더라

선생님께서 말씀하시기를 "한마디 말로 옥사(獄事)를 판결할 사람은 아마도 유(由)일 것이니라." 하셨다. 자로는 승낙한 것을 미루어 두지 않았다.

【片言】 한마디 말. 간단한 말.

　주희(朱熹) - 片言은 반 마디 말이다. [片言 半言] 반 마디 말이란 아직 그 말이 끝나지 아니하였는데 사람들이 이미 그 말을 믿는 것을 말한다. [半言 辭未畢而人已信之]

　황간(皇侃) - 자로는 성품이 곧고 마음에 숨기는 바가 없는 이다. 만약 자로의 말을 듣는다면, 그의 한마디 말만으로도 또한 족할 것이다. 그러므로 손작(孫綽)은 이르기를 '자로는 마음이 높고 말이 신실하여, 일찍이 허물을 꾸며 스스로 자신을 막아 변명하려 함이 없었다. 그래서 송사를 판결하는 자는 곧 마땅히 자로의 한마디 말로 바른 것을 삼았으며, 양쪽의 증거를 기다린 뒤에 분명한 판결을 내지 않았다.' 라고 하였으니, 이는 자로가 남의 짤막한 조각 말을 듣고 곧 능히 옥사를 결단할 수 있었음을 말한 것이 아니다. [子路性直 情無所隱者 若聽子路之辭 則一辭亦足也 故孫綽云謂 子路心高而言信 未嘗文過以自衛 聽訟者便宜以子路單辭爲正 不待對驗而後分明也 非謂子路聞人片言而使能斷獄也]

　[참고] 어느 한 쪽 사람의 말.

　　공안국(孔安國) - 片이란 偏(치우침, 한쪽)과 같으니 송사에서는 반드시 두 사람의 말을 듣고 시비를 정하는 법인데 한 사람의 치우친 말만 듣고 옥사(獄事)를 결정할 수 있는 사람은 오직 자로만이 할 수 있다. [片猶偏也 聽獄必須兩辭以定是非 偏信一言以折獄者 唯子路可也]

【可以】 가히[능히] …할 수 있다. …해도 좋다. 조동사. 조건의 허가를 나타냄.

【折獄】 옥사(獄事)를 판결(判決)하다. 송사(訟事)를 판결하다.

　折 : 자르다. 결단하다. 판단하다. 판결하다.

獄 : 옥사(獄事). 송사(訟事). 재판(裁判).

주희(朱熹) - 折은 결단함이다. 子路는 충신(忠信)하고 밝게 결단하였다. 그러므로
　　말을 하면 사람들이 그것을 믿고 복종하여 그 말이 끝나기를 기다리지 않은
　　것이다. [折 斷也 子路忠信明決 故 言出而人信服之 不待其辭之畢也]

【其】아마(도). 어쩌면. 부사. 동작이나 행위 또는 어떤 상황에 대한 추측을 나타냄.

【也與】…일 것이다. 어기조사. 긍정적인 추측의 어기를 나타냄.

【無宿諾】승낙한 것을 묵혀 두지 않다. 허락한 것을 망설이는 일이 없다. 남에게
　　승낙한 것(일)을 미루어 두지 않고 그 즉시 시행하다. 약속한 말을 유예하는
　　일이 없다.

주희(朱熹) - 宿은 留(머물다)이니 宿怨의 宿자와 같다. 말을 실천함에 급하여
　　그 승낙함을 머물러 두지 않은 것이다. [宿 留也 猶宿怨之宿 急於踐言 不留其諾
　　也] [참고] 맹자(孟子) 만장 상(萬章 上) 3章 - 不藏怒焉 不宿怨焉

양백준(楊伯峻) - 이 말이 위의 문장과 어떤 논리적 관계가 있는지에 대해 분명하게
　　설명한 사람이 없었다. 육덕명(陸德明)의 경전석문(經典釋文)에서는 '아마
　　다른 장에서 나눈 것이다[或分此爲別章].'라고 했다.

[참고] ① 대답하는데 망설임이 없다. 승낙하는 말을 질질 끄는 법이 없다. [楊伯峻]
　　　② 미리 승낙하지 않다. 미리 승낙하는 일이 없다. [何晏, 丁若鏞]

　하안(何晏) - 宿은 豫(미리 함)와 같다. 子路는 돈독하고 신실하여, 일에 닥쳐서
　　는 변고가 많을까 걱정하여 미리 승낙하지 않았다. [宿猶豫也 子路篤信 恐臨
　　時多故 故不豫諾]

　정이(程頤) - 宿은 豫를 말함이다. 一宿(한 번 묵다)의 宿자가 아니다. [宿謂豫也
　　非一宿之宿也]　　　　　　　　　　　　　　　　　♣20091205土

13. 반드시 송사訟事가 없도록 할 것이니

子曰 聽訟 吾猶人也 必也使無訟乎

子(주)] 골 ㅇ샤 딕 訟(숑)을 聽(텽)홈이 내 사름과 ㄱ 튼나 반ㄷ시 히여곰 訟(숑)을 업게 호린뎌

선생님께서 말씀하시기를 "송사(訟事)를 듣고 처리함은 나도 남과 같겠지만, 반드시 (백성들로) 하여금 송사(訟事)가 없도록 할 것이로다." 하셨다.

【聽】 듣다. 귀 기울여 듣다. ⇒ 듣고 처리하다. 듣고 판결하다. 재판하다.

　[참고] 聞 : 들리는 것을 듣다. 들리다.

【訟】 송사(訟事). 시비(是非)를 다투는 일. 분쟁이 있을 때, 관(官)에 호소하여 판결을 구하는 일.

【猶】 같다. …와 같다. 형용사.

【也】 …이다. 어기조사. 진술문의 끝에 쓰여 판단이나 단정 또는 긍정을 나타냄.

【必也使無訟乎】 반드시 송사가 없게[없도록] 하겠다. 반드시 사람들로 하여금 송사 하는 것이 없도록 하겠다. ⇒ 반드시 사람들이 송사하지 않도록 해야 할 것이다.

　必也 : 만약 …이 있다면 틀림없이 …일 것이다. 꼭[굳이] …한다면 반드시[틀림없 이] …할 것이다. 그렇다면 반드시. 굳이 말하자면. = 必是. 必은 부사로 사람이 나 사물에 대한 행위의 필요성·결연한 의지·확신 등을 나타내며, 也는 어기조사 로 음절을 조정하고 어기를 고르는 역할을 함. [참고] 雍也-28.

　使 : …에게[으로 하여금] ~하도록 하다. …에게 ~을 시키다. 사역동사. 뒤에 民이나 人과 같은 목적어가 생략되었음.

　乎 : …이다. …하리라! …일 것이다! 어기조사. 단정이나 강조의 어기를 나타냄.

왕숙(王肅) - 그를 감화시키는 것을 우선으로 삼는다. [化之在前]

범조우(范祖禹) - 송사를 들어 관결함은 그 지엽적인 것을 다스려서 그 흐름[폐단]을 막는 것이니, 그 근본을 바로잡고, 그 근원을 맑게 한다면 송사함이 없어질 것이다. [聽訟者 治其末 塞其流也 正其本 淸其源 則無訟矣] ♣20091207月

14. 정사政事를 행行할 때에는 충심忠心으로 할지니

子張問政 子曰 居之不倦 行之以忠

子張(ᄌᆞ댱)이 政(졍)을 묻ᄌᆞ온대 子(ᄌᆞ) | 글ᄋᆞ샤ᄃᆡ 居(거)ᄒᆞ욤을 倦(권)홈이 업스며 行(ᄒᆡᆼ)호ᄃᆡ 忠(튱)으로써 홀 ᄠᅵ니라

자장(子張)이 정사(政事)에 대해 여쭙자 선생님께서 말씀하시기를 "그 자리에 앉았을 때는 게을리 하지 않으며, 그 업무를 할 때는 충심(忠心)으로 할지니라." 하셨다.

【子張】 공자의 제자 전손사(顓孫師). 자가 자장(子張).

【居之不倦】 그 자리에 앉았을 때는 게을리 하지 않는다. 그 직위[지위]에 있을 때는 게을리 하지 않는다.

居 : 자리에 앉다[있다]. 벼슬자리[관직]에 앉다[있다]. 어떤 직위[지위]에 있다.

之 : 그것. 지시대명사. 앞의 政을 가리킴. 行之의 '之' 도 같음. [참고] 而와 같다. 말에 가락이나 어조를 더해주는 역할을 함. 해석하지 않음.

황간(皇侃) - 몸이 정사를 맡은 자리에 있게 되면 게으름이 없어야 한다. [身居政事 則莫懈倦]

[참고] ① 居 : 마음에 두다. 마음속에 보존하다. ☞ (정사를) 마음에 두기를 게을리 하지 않는다. ② 居 : 별일이 없는 평범한 일상. 평상시. 일이 없을 때. ☞ 일이 없을 때는 게으르지 않는다. ③ 居 : 머무르다. ☞ 머무를 때는 게으름이 없어야 한다.

【行之以忠】 그것을 행할 때는 충심(忠心)으로써 하다. 정사를 집행할 때는 충심으로 하다. 업무를 할 때는 충심으로 하다. 일을 할 때는 진심으로 정성을 다하여 미덥게 하다.

行 : 집행하다. 업무를 하다. 정사를 처리하다.

以 : …으로써. …을 가지고[통하여]. 전치사. 도구·수단·방법을 나타냄.

왕숙(王肅) - 政事를 행하는 道는 그것(정사)에 몸을 둠에 자신에 대해서는 나태하지 않으며 백성들에게 행하는 때는 반드시 충성스럽고 신실하게 하는 것이라고 말한 것이다. [言爲政之道 居之於身 無得解倦 行之於民 必以忠信]

주희(朱熹) - 居는 마음에 보존함을 일컬으니 게으름이 없으면 시종(始終)이 여일

(如一)한 것이요, 行은 일에 나타남을 일컬으니 충(忠)으로써 하면 표리(表裏)가 똑같은 것이다. [居 謂存諸心 無倦則始終如一 行 謂發於事 以忠則表裏如一]

정약용(丁若鏞) - 政이란 正(올바름)이니 자신을 바르게 하고 남을 바르게 하는 것이다. 居란 자신을 올바른 데 거하게 하는 것이며, 行이란 남을 올바르게 하는 것이다. 無倦이란 맡은 일을 부지런히 함이며, 以忠이란 진실한 마음으로 정성을 다하는 것이다. [政者正也 正己而物正者也 居者 身居正也 行者 以正物也 無倦者 勤於職也 以忠者 孚以誠也] ☞ 바른 데에다 몸을 두는 것을 게을리 하지 말고 그것[남을 바르게 하는 일]을 실행할 때에는 충심으로써 하라.

♣20091208火

15. 문文을 널리 배우고 그것을 예禮로써 잡도리한다면

子曰 博學於文 約之以禮 亦可以弗畔矣夫

없음.

공자께서 말씀하시기를 "문(文)을 널리 배우고 그것을 예(禮)로써 잡도리한다면 역시 가히 도(道)를 어기지 않을 수 있을 것이로다!" 하셨다.

【雍也篇 25章과 같은 문장이 다시 나왔음】雍也篇에는 子曰 다음에 君子 두 자가 더 있음. [참고] 子罕-10.

정현(鄭玄) - 弗畔(불반)은 道를 어기지 않는 것이다. [弗畔 不違道]

♣20091208火

16. 군자君子와 소인小人

> 子曰 君子成人之美 不成人之惡 小人反是

子(주)ㅣ 골ㅇ샤딕 君子(군ㅈ)는 사룸의 美(미)를 일우고 사룸의 惡(악)을 일우디 아니ㅎ
ㄴ니 小人(쇼인)은 이예 反(반)ㅎ니라

선생님께서 말씀하시기를 "군자(君子)는 다른 사람의 좋은 점을 이루도록 해주고
다른 사람의 나쁜 점을 이루도록 하지 아니 하나니, 소인(小人)은 이와 반대이니라."
하셨다.

【成】 완성시켜주다. 이루도록 해주다. 되게 해주다.

　주희(朱熹) - 成은 이끌어 주고 권장하며 그 일을 이루는 것이다. [成者 誘掖獎勸
　　以成其事也]

【(成)人】 남. 다른 사람. 나와 대조되는 개념.

【美, 惡】 ① 아름다운 점[일]과 악한 점[일]. 좋은 일과 나쁜 일. 좋은 점과 나쁜
　　점. ② 아름다움과 추함(美醜). 옳음과 그름.

　정약용(丁若鏞) - 美란 美名이며 惡이란 惡名이다.[美惡과 善惡은 다르다.] 成美란
　　찬양(贊揚=讚揚)하여 그것(美名)을 이루도록 하는 것이며, 成惡이란 단련(助
　　長)하여 그것(惡名)을 이루도록 하는 것이다. [美者 美名也 惡者 惡名也 美惡與
　　善惡不同 成美者 贊揚以成之 成惡者 鍛鍊以成之]

[참고] 君子成人之美 不成人之惡 ☞ 군자(君子)는 다른 사람의 아름다움[아름다운 측면]을
　　이루도록 해주고, 다른 사람의 측함[측한 측면]을 이루도록 하지 않는다.

　신동준 - 주희는 '人之惡'의 '惡'자를 '善惡(선악)'의 '惡(악)'으로 해석했다. 그
　　러나 이는 지나친 선악관에서 비롯된 것이다. '美(미)'의 대칭 개념은 '醜
　　(추)'이다. '惡(오)'는 '醜'의 동의어이다. '오'로 읽는 것이 타당하다.

　김용옥(金容沃) - 미(美)의 반대가 오(惡)이고, 선(善)의 반대가 불선(不善)이
　　다. '선과 악'의 짝은 없다.

【是】 이것. 지시대명사. 앞의 '成人之美 不成人之惡'을 가리킴. ♣20091208火

17. 정치政治관 올바름이다

季康子問政於孔子 孔子對曰 政者正也 子帥以正 孰敢不正

季康子(계강ᄌ)] 政(졍)을 孔子(공ᄌ)ᄭ씌 묻ᄌ온대 孔子(공ᄌ)] 對(되) ᄒᆞ야 ᄀᆞᆯᄋᆞ샤ᄃᆡ 政(졍)은 正(졍)홈이니 子(ᄌ)] 帥(솔)호ᄃᆡ 正(졍)으로써 ᄒᆞ면 뉘 敢(감)히 正(졍)티 아니ᄒᆞ리오

계강자(季康子)가 정치(政治)를 공자께 묻자 공자께서 대답하여 말씀하시기를 "정치란 올바름입니다. 대부께서 올바름으로 솔선수범하시면 누가 감히 올바르지 않겠습니까?" 하셨다.

【季康子】 노(魯)나라 대부. 계손씨(季孫氏). 이름은 비(肥). 시호가 강(康). 노나라 세도가인 삼환씨(三桓氏) 중의 한 집안사람.

　　정현(鄭玄) - 康子는 노나라의 상경(上卿)이니 모든 신하의 우두머리이다. [康子 魯上卿 諸臣之帥也]

【於】 …에게. 전치사. 동작이나 행위에 관련되는 대상을 나타냄.

【者】 …은. …이란[이라는 것은]. 어기조사. 제시와 아울러 문(文)을 잠깐 멈추게 하고 다음 말을 환기시키는 역할을 함.

【正】 올바름. 올바르다. 바르게 하다. 도리에 맞게 행하다.

【也】 …이다. 어기조사. 판단이나 단정 또는 긍정의 어기를 나타냄.

【子帥以正】 대부께서 올바름으로 솔선수범한다면.

　子 : 그대. 당신. 선생. 이인칭대명사. 상대방을 높여 부르는 존칭. 계강자를 가리킴.

　帥솔 : 통솔하다. 거느리다. 이끌다. ⇒ 앞장서다. 솔선하다.

　　정약용(丁若鏞) - 帥는 솔(率, 통솔하다, 앞장서다) 이다. [帥率也]

　以 : …(으)로(써). …을(에) 따라. …을 사용하여. …에 근거하여. 전치사. 동작이나 행위가 발생할 때 사물이나 어떤 준칙(기준이나 근거)에 의거하는 것을 나타내며 간혹 강조를 위해 뒤의 목적어와 도치되기도 함.

【孰】 누가 …인[한]가? 의문대명사. 사람에 대한 질문을 나타냄. 반문의 어기가 내포됨.

【敢】 감히. 함부로. 조동사. 어떤 일을 할 용기가 있음을 나타냄.

범조우(范祖禹) - 자신이 바르지 못하고서 남을 바르게 할 수 있는 자는 아직 있지 않다. [未有己不正而能正人者]

호인(胡寅) - 魯나라는 중엽 때부터 政事가 大夫에게서 나오니, 家臣들이 나쁜 버릇을 본받아서 邑을 접거하고 배반하여 바르지 못함이 심하였다. 그러므로 공자가 이것으로써 말씀해 주신 것이니, 康子가 올바름으로써 스스로 극복하여 三家의 옛 버릇을 고치게 하고자 하신 것이었다. [魯自中葉 政由大夫 家臣效尤 據邑背叛 不正甚矣 故孔子以是告之 欲康子以正自克 而改三家之故]

♣20091209水

218

18. 대부가 욕심을 내지 않으면 백성이 훔치지 않을 것이니

> 季康子患盜 問於孔子 孔子對曰 苟子之不欲 雖賞之不竊

季康子(계강주) l 盜(도)를 患(환)호야 孔子(공주)ㅅ띄 묻주온대 孔子(공주) l 對(되)호야 골으샤디 진실로 子(주) l 欲(욕)디 아니호면 비록 賞(샹)호야도 竊(졀)티 아니호리라

第 十 二 篇 ☯ 顔 淵

계강자(季康子)가 도둑을 걱정하여 공자께 묻자, 공자께서 대답하여 말씀하시기를 "진실로 만약 대부께서 욕심(慾心)을 내지 않는다면 비록 상(賞)을 준다 할지라도 훔치지 않을 것입니다." 하셨다.

【苟子之不欲】 진실로 만약 대부께서 욕심(慾心)을 내지 않는다면.

　苟 : (진실로) 만약[가령] …이라면. 접속사. 가정이나 조건을 나타냄. 본래의 뜻인 '진실로'의 의미도 내포하고 있음.

　之 : …가 ~하면. 구조 조사(주격조사). 조건을 나타내는 부사절을 만듦.

　欲 : = 慾. 욕심. 탐욕. ⇒ 욕심을 내다. 탐욕을 부리다. 게걸들이다.

【雖賞之】 비록 그들을 상(賞)을 줄지라도. 비록 그들에게 상(賞)을 준다 할지라도.

　雖 : 비록 …일[할]지라도. 접속사. 양보관계를 나타냄.

　賞 : 상(賞)주다. 잘한 일을 기리어 주는 것.

　之 : 그것. 그들. 인칭대명사. 盜를 가리킴.

【竊절】 훔치다. 몰래 가져가다. 도둑질하다.

주희(朱熹) - 그대가 탐욕을 부리지 않는다면 비록 백성들에게 상을 주면서 도둑질하게 하더라도 백성들은 또한 부끄러움을 알아서 도둑질하지 않을 것임을 말씀한 것이다. [言子不貪欲 則雖賞民 使之爲盜 民亦知恥而不竊]

호인(胡寅) - 季氏는 정권을 도둑질하고 康子는 적자(嫡子)를 빼앗았으니 백성들이 도둑질하는 것은 진실로 당연한 것이다. 어찌 그 근본을 돌이키지 않는가? 공자께서 탐욕을 부리지 말라는 말씀으로써 계도(啓導)해 주셨으니 그 뜻이 깊다. 적자를 빼앗은 사실은 춘추 좌전(春秋 左傳)에 보인다. [季氏竊柄 康子奪嫡 民之爲盜 固其所也 盍亦反其本邪 孔子以不欲啓之 其旨深矣 奪嫡事 見春秋傳]

　♣20091210木

219

19. 군자君子의 덕德은 바람이요 소인小人의 덕德은 풀이라

季康子問政於孔子曰 如殺無道 以就有道 何如 孔子對曰 子爲政 焉
用殺 子欲善 而民善矣 君子之德風 小人之德草 草上之風 必偃

季康子(계강즈)ㅣ 政(정)을 孔子(공즈)ㅅ끠 묻즈와 글오듸 만일 道(도) 업슨 이를 殺(살)
하야 뻐 道(도)인는듸 就(취)ㅎ게 홀 떤댄 엇더ㅎ니잇고 孔子(공즈)ㅣ 對(듸)ㅎ야 글ㅇ샤
듸 子(즈)ㅣ 政(정)을 홈애 엇디 殺(살)을 쁘리오 子(즈)ㅣ 어딜고져 ㅎ면 民(민)이 어딜리
니 君子(군즈)의 德(덕)은 브름이오 小人(쇼신)의 德(덕)은 플이라 플에 브름이 더으면
반듸시 偃(언)ㅎㄴ니라

제강자(季康子)가 정치(政治)를 공자께 물어 말하기를 "무도(無道)한 이를 죽여서
도(道)가 있는 데로 나아가게 한다면 어떻겠소?" 하니, 공자께서 대답하여 말씀하시
기를 "대부께서는 정치를 함에 있어 어찌하여 살육(殺戮)하려 하십니까? 대부께서
선(善)하고자 하면 이에 곧 백성들도 선(善)하게 될 것이니, 군자(君子)의 덕(德)은
바람이요 소인의 덕은 풀이라 풀은 바람이 불면 반드시 바람 따라 쏠리는 법입니다."
하셨다.

【如殺無道 以就有道】 만약 무도(無道)한 사람을 죽이고, 그렇게 하여서 (백성을)
　　道가 있는 데로(사람에게로) 나아가게 한다면.

如 : = 若. 만약[만일, 가령] …한다면. 접속사. 가설(가정)이나 조건을 나타냄.

無道 : 무도한 사람. 도(道)가 없는 사람. 행실이 거칠며 사납고 나쁜 사람. 막된
　　것[사람]. 꺼덕친 짓 또는 그런 짓을 일삼는 사람. 꺼덕친 사람.

以 : = 而. 그리고. 그래서. 그리하여. …하여서. 접속사. 순접관계를 나타냄.

　[참고] = 以之. 그렇게 함으로써. 앞의 殺無道를 받음. 殺無道함으로써.

就 : 나아가다. 그쪽으로 가다. 이루다. 어떤 상태나 결과로 되게 하다.

有道 : 도덕과 학문을 몸에 갖추고 있음 또는 그 사람. 올바른 도를 지닌 사람.
　　세상살이의 이치를 아는 사람.

就有道 : ① 올바른 도로 나아가게 하다. 도가 있는 곳(사람)으로 나아가게 하다.
　　② 올바른 도를 지닌 사람 등이 뜻을 성취하게 해 주다. 도가 있는 사람들을

이루어 주다.

공안국(孔安國), 황간(皇侃) - 就는 이루는 것이다. [就 成也]

정약용(丁若鏞) - 就는 卽(나아가다)이며 從(좇다)이니 惡한 이를 죽여 (백성
으로) 하여금 義에 옮기고 善을 따르게 함이다. [就 卽也 從也 謂誅惡使徒義而
徒善] 백성들은 교화됨이 쉬우니, 반드시 죽일 필요가 없다. [民之從化也輕
不必殺]

【何如】 어떠합니까? 어떻습니까? 관용형식으로 의견이나 견해를 물음.

【焉用殺】 어찌 죽임을 쓰려 하십니까? 어찌하여 죽임의(사람을 죽이는) 방법을
쓰려 하십니까? 어찌하여 살육(殺戮)하려 하십니까?

焉 : 어찌. 어떻게. 어디. 부사. 반문의 어기를 강조하며 동사나 조동사 앞에 옴.

주희(朱熹) - 정사를 하는 자는 백성들이 보고 본받는 것이니, 어찌 죽임을 쓰겠는가?

[爲政者 民所視效 何以殺爲]

【而】 = 則. 이에 곧. …이면[하면] 곧. 접속사. 조건에 따른 결과를 나타냄.

【矣】 …하게 된다. …일[할] 것이다. …하게 될 것이다. 어기조사. 상황의 변화나
새로운 상황의 출현(어떤 사건이 발전·변화하는 과정이나 그것이 장차 발생하려
함)을 나타냄. 간혹 미래나 어떤 조건 하에서의 결과가 긍정적임을 나타냄.

【君子】 경대부(卿大夫). 백성을 다스리는 위치에 있는 사람. 위정자(爲政者). 지위
를 얻은 사회 지도층.

【小人】 일반 백성. 평민. 서민. 신분이 낮은 사람.

황간(皇侃) - 君子는 임금이요 小人은 아래 백성이다. [君子人君也 小人民下也]

【(君子)之(德)】 …의. 조사. 관형어와 중심어 사이에 쓰여 종속관계를 나타냄. 小人
之德의 之도 같음.

【草上之風 必偃】 草, 上之風, 必偃 ⇒ 풀은 그것에 바람이 가해지면 반드시 눕는다[쓰
러진다. 쏠린다]. 풀은 바람이 불면 반드시 바람 따라 쏠린다.

上 : 더하다. 가하다.

[참고] 황간본(皇侃本), 고려본(高麗本)에는 上이 尙으로 되어 있음.

之 : 그것. 지시대명사. 草를 가리킴.

[참고] …을[를]. 구조조사. 목적어를 강조하기 위하여 동사 앞으로 도치시킬
때 그 목적어와 동사 사이에 씀. 風草上의 도치. ☞ 풀 위를 바람이 불다. 풀 위에

바람이 불다.

必 : 반드시. 필연적으로. 일반적으로 뒷 문장의
　　처음에 쓰여, 전후 상황간의 필연적인 관계를
　　나타냄.

偃언 : 쓰러지다. 한 쪽으로 쏠리다. 눕다.

맹자(孟子) 등문공 상(滕文公 上) - 君子之德 風也
　　小人之德 草也 草尙之風 必偃

주희(朱熹) - 上은 어떤 본(本)에는 尙으로 되어
　　있으니 가(加)한다는 뜻이다. 偃은 쓰러짐이
　　다. [上 一作尙 加也 偃 仆也]

황간(皇侃) - 偃은 눕는 것이다. [偃 臥也]

♣20091210木

> **풀**
> *김수영(1921~1968)*
>
> 풀이 눕는다
> 비를 몰아오는 동풍에 나부껴
> 풀은 눕고
> 드디어 울었다
> 날이 흐려서 더 울다가
> 다시 누웠다
>
> 풀이 눕는다
> 바람보다도 더 빨리 눕고
> 바람보다도 더 빨리 울고
> 바람보다 먼저 일어난다
>
> 날이 흐리고 풀이 눕는다
> 발목까지
> 발목까지 눕는다
> 바람보다 늦게 누워도
> 바람보다 먼저 일어나고
> 바람보다 늦게 울어도
> 바람보다 먼저 웃는다
> 날이 흐리고 풀뿌리가 눕는다

20. 어떻게 하면 통달通達할 수 있나이까

子張問 士何如斯可謂之達矣 子曰 何哉 爾所謂達者 子張對曰 在邦
必聞 在家必聞 子曰 是聞也 非達也 夫達也者 質直而好義 察言而觀
色 慮以下人 在邦必達 在家必達 夫聞也者 色取仁而行違 居之不疑
在邦必聞 在家必聞

子張(ᄌ댱)이 묻ᄌ오ᄃᆡ 士(ᄉᆞ)ㅣ 엇더ᄒᆞ야ᅀᅡ 이에 可(가)히 達(달)이라 니ᄅᆞ리잇고 子
(ᄌᆞ)ㅣ 글ᄋᆞ샤ᄃᆡ 엇디오 네 닐온 밧 達(달)이여 子張(ᄌ댱)이 對(ᄃᆡ)ᄒᆞ야 글오ᄃᆡ 나라해
이셔도 반ᄃᆞ시 聞(문)ᄒᆞ며 집의 이셔도 반ᄃᆞ시 聞(문)홈이니이다 子(ᄌᆞ)ㅣ 글ᄋᆞ샤ᄃᆡ 이ᄂᆞᆫ
聞(문)이라 達(달)이 아니니라 達(달)이란 거슨 質(질)ᄒᆞ며 直(딕)ᄒᆞ고 義(의)를 됴히
너기며 말ᄊᆞᆷ을 ᄉᆞᆯ피며 ᄂᆞᆺ빗츨 보와 慮(려)ᄒᆞ야 ᄡᅥ 사ᄅᆞᆷ의게 下(하)ᄒᆞᄂᆞ니 邦(방)애 이셔
도 반ᄃᆞ시 達(달)ᄒᆞ며 家(가)애 이셔도 반ᄃᆞ시 達(달)ᄒᆞᄂᆞ니라 聞(문)이란 거슨 色(식)으
로 仁(신)을 取(ᄎᆔ)호ᄃᆡ 行(ᄒᆡᆼ)이 違(위)ᄒᆞ고 居(거)ᄒᆞ야 疑(의)티 아니ᄒᆞᄂᆞ니 邦(방)애
이셔도 반ᄃᆞ시 聞(문)ᄒᆞ며 家(가)애 이셔도 반ᄃᆞ시 聞(문)ᄒᆞᄂᆞ라

자장(子張)이 여쭙기를 "선비가 어떻게 하여야 이에 곧 가히 통달한다고 말할 수
있습니까?" 하였다. 선생님께서 말씀하시기를 "무엇인가? 네가 말하는 통달이라는
것은." 하시니, 자장이 대답하여 말씀드리기를 "제후의 나라에서도 반드시 알려지며,
대부의 집안에서도 반드시 알려지게 되는 것입니다." 하였다. 선생님께서 말씀하시기
를 "그것은 명성이지 통달은 아니니라. 무릇 통달이라는 것은 질박(質朴)하고 곧으며
의(義)를 좋아하고, 말을 살펴 (그 속뜻을) 알며 낯빛을 자세히 보아 (그 감정을)
이해하여 다른 사람에게 (자신을) 낮출 것을 생각하는 것이니, (그러면) 제후의
나라에서도 반드시 통달하다 하며 대부의 집안에서도 반드시 통달하다 할 것이니라.
무릇 명성이라는 것은 얼굴빛에 인(仁)함을 띠지만 행동은 어긋나 그렇게 처신하면서
도 의심하거나 망설이지 않는 것이니, 제후의 나라에서도 반드시 이름은 나며, 대부의
집안에서도 반드시 이름은 나느니라." 하셨다.

【子張】 공자의 제자 전손사(顓孫師). 자가 자장(子張).
【士】 선비. 지식인. 학문하는 사람(책을 읽는 지식인)의 통칭으로 언제든지 벼슬길

에 나아갈 가능성을 가진 사람.

【何如】 어떻게 합니까? 관용형식으로 방법[방식]에 대해 물음. 술어나 부사어로
　　쓰임.

【斯】 비로소. 곧. …하면 곧. 이에 곧. 동작이나 행위가 일정한 조건을 갖춘 후에야
　　비로소 발생하는 것을 나타냄.

【可謂之】 그가 …하다고 말할 수 있다.

可 : 가히 …할 수 있다. 가능하다. 조동사. 허가나 가능을 나타냄.

之 : 그. 그 사람. 인칭대명사. 士를 가리킴.

【達】 통달(通達)하다. 달관(達觀)하다. 꿰뚫다. 사통팔달(四通八達)하다. 사물의
　　이치에 통하다(通事理). 사물의 이치를 깨달아 막힘없이 환히 꿰뚫어 알다.

【矣】 …인가? 어기조사. 의문의 어기를 나타냄.

【何哉 爾所謂達者】 爾所謂達者 何哉. 무엇인가? 네가 말하는 통달이란. ⇒ 네가
　　말하는 통달이란 무엇인가?

何 : 무엇[어느 것이 …한가[인가]? 누구[무엇, 어디]인가? 누구를[무엇을] …한
　　가? 의문대명사. 주어나 술어, 목적어로 쓰여 사람이나 사물, 장소에 대해
　　물음. 목적어로 쓰일 때는 일반적으로 도치되어 동사나 전치사 앞에 옴.

哉 : …입니까? …인가? 어기조사. 질문(의문)의 어기를 나타냄. 일반적으로 의문대
　　명사 安, 何 등과 호응함.

所謂 : 말하는 바. 말하는 것. 이른바. 소위. 관용형식으로 재차 말해서 인증함을
　　나타냄.

者 : …은. …이란[이라는 것은]. 어기조사. 제시와 아울러 문(文)을 잠깐 멈추게
　　하고 다음 말을 환기시키는 역할을 함.

주희(朱熹) - 자장은 외면을 힘썼으니, 夫子가 이미 그 질문한 뜻을 아셨다. 그러므로
　　도리어 힐문(詰問)해서 장차 그 병통을 드러내어 치료해주려고 하신 것이다.
　　[子張務外 夫子蓋已知其發問之意 故反詰之 將以發其病而藥之也]

【邦, 家】 제후의 나라와 대부의 집안. 邦은 제후국 중에서 큰 나라를, 家는 제후로부
　　터 분봉(分封)받아 대부가 다스리는 지역, 곧 식읍(食邑)을 가리킴.

【必】 반드시. 꼭. 참으로. 과연. 동작·행위·성질·상태 등에 대한 결연한 의지나
　　확신을 나타냄.

【聞】 듣다. 들리다. 들어 알다. 알려지다. 소문나다. 유명함. 명성(名聲).

　주희(朱熹) - 명예가 드러남을 말한다. [言名譽著聞也]

【是】 이것. 지시대명사. 在邦必聞 在家必聞을 가리킴.

【也】 …이다. 어기조사. 진술문의 끝에 쓰여 판단이나 단정 또는 긍정을 나타냄.

【夫】 도대체. 대체. 대체로. 무릇. 어기조사(발어사). 문장의 첫머리에 쓰여 이야기
　　를 이끌어 내기 위하여 듣는 이의 주의를 환기시키는 역할을 함.

【也者】 = 也. …은. …이라는 것은. …이란. 어기조사. 제시와 아울러 문(文)을 잠깐
　　멈추게 하고 다음 말을 환기시키는 역할을 함.

　마융(馬融) - 항상 겸손하게 물러나려는 뜻(마음)이 있으므로 언어를 살피고
　　안색을 관찰하여 그가 무엇을 바라는지 알려고 해야 하니, 그 마음의 염
　　려하는 바는 항상 남에게 자신을 낮추고자 하는 것이다. [常有謙退之志
　　察言語觀顏色 知其所欲 其志慮 常欲以下人]

【質直而好義】 꾸밈이 없이 순수(純粹)하고 올곧으며 의로움을 좋아한다.

　質 : 질박(質朴)하다. 꾸밈이 없이 순수(純粹)하고 수수하다.

　直 : 곧고 바르다. 올곧다. 정직(正直)하다.

　[참고] '바탕이 정직하고 의를 좋아하다.' 로 해석하는 이도 있음.

【而】 와[과]. …하고. 그리고. 접속사. 병렬관계를 나타냄. 質直而好義, 察言而觀色.

【察言而觀色】 말을 살펴 알고 낯빛을 자세히 보아 이해하다. ⇒ 말을 살펴 그 속뜻을
　　알고 낯빛[얼굴빛]을 자세히 보아 그 감정을 이해하다.

【慮以下人】 다른 사람에게 낮출 것을 생각하다. ⇒ 다른 사람에게 자신을 낮출
　　것을 생각하다. 以下人은 명사구로 慮의 목적어임.

　慮려 : 생각하다. 근심하다. 염려하다. 깊이 생각하다.

　以 : …을(를). 전치사. 동작이나 행위가 발생할 때, 직접 파급되거나 목적이 되는
　　대상을 나타냄.

　下 : 아래로 하다. 낮추다. 겸양[겸손]해 하다. 동사.

　[참고] '깊이 생각하고 남에게 자신을 낮추는 것이다.', '깊이 생각하여서 자신을
　　남보다 낮추는 것이다.' 로 해석하는 이도 있음.

【色取仁而行違】 낯빛은 仁을 취하나 행실은 어긋나다. ⇒ 얼굴빛은 인함을 띠지만
　　행동은 어긋나다.

而 : 그러나. 접속사. 역접관계를 나타냄.

【居之不疑】(스스로) 그것에 처하여 의심하지 않다. ⇒ 그렇게 처신하면서 의심하
　　　거나 망설이지 않다.

居 : 처(處)하다. 처신(處身)하다. 자처(自處)하다.

之 : 그것. 지시대명사. 앞의 色取仁而行違을 가리킴.

주희(朱熹) - 얼굴빛을 좋게 하여 仁을 취하나 행실은 실제로 위배되며, 또 스스로
　　　이것을 옳다고 여겨 기탄(忌憚)하는 바가 없으니 이는 실제를 힘쓰지 않고
　　　오로지 이름을 구함을 힘쓰는 자이다. 그러므로 헛된 명예가 비록 높으나 실제
　　　덕은 병든 것이다. [善其顏色以取於仁 而行實背之 又自以爲是而無所忌憚 此
　　　不務實而專務求名者 故虛譽雖隆 而實德則病矣]　　　♣20091211金

第十二篇 ● 顔淵

21. 숭덕崇德, 수특修慝, 변혹辨惑에 대해 여쭈니

樊遲從遊於舞雩之下曰 敢問崇德修慝辨惑 子曰 善哉問 先事後得
非崇德與 攻其惡 無攻人之惡 非修慝與 一朝之忿 忘其身 以及其親
非惑與

樊遲(번디)ㅣ 舞雩(무우)아래 從遊(죵유)ᄒ더니 글오듸 敢(감)히 德(덕)을 崇(슝)ᄒ며
慝(특)을 脩(슈)ᄒ며 惑(혹)을 辨(변)홈을 묻즙노이다 子(즈)ㅣ 글ᄋ샤듸 善(션)타 물음
이여 일은 몬져ᄒ고 得(득)을 後(후)에 홈이 德(덕)을 崇(슝)홈이 아니가 그 惡(악)을
攻(공)ᄒ고 人(신)의 惡(악)을 攻(공)티 아니홈이 慝(특)을 脩(슈)홈이 아니가 一朝(일
됴)엣 忿(분)으로 그 몸을 니저 써 그 어버의게 밋게 홈이 惑(혹)이 아니가

번지(樊遲)가 무우단(舞雩壇) 아래에서 (선생님의) 산책을 따를 때[모실 때] 말씀
드리기를 "감히 덕을 숭상(崇尙)하는 것과 사특(邪慝)함을 다스리는 것과 미혹(迷
惑)을 변별(辨別)하는 것을 여쭙니다." 하였다. 공자께서 말씀하시기를 "훌륭하구나!
물음이. 일을 먼저하고 얻음을 뒤로하는 것이 숭덕(崇德)이 아니겠느냐? 자신의
악함을 따지고 꾸짖으며 남의 악함은 따지고 꾸짖지 않음이 수특(修慝)이 아니겠느
냐? 일시(一時)의 분(忿)함으로 자기를 잊고 그로 인해 어버이까지 미치게 하는
것이 미혹(迷惑)함이 아니겠느냐?" 하셨다.

【樊遲】 공자의 제자 번수(樊須). 자가 자지(子遲).

【從遊】 산책을 따르다. (선생님께서) 산책하실 때 수행(遂行)하다.

　從 : 따르다. 수행(遂行)하다. 모시다.

　遊 : 걷다. (유유히) 노닐다. 산책하다. [참고] 里仁-19.

【於】 …에서. 전치사. 동작이나 행위가 일어나는 장소(범위)를 나타냄.

【舞雩무우】 지명. 기수가 북쪽으로 마주한 직문(稷門). 일명 우문(雩門)이라고도
　　함. 기우제(祈雨祭)를 지내는 곳(제단). 지금의 곡부현 남쪽에 있음.

【敢】 감히. 실례합니다만. 부사. 겸손하게 자신을 낮추고 상대방에 대한 존경을
　　나타냄.

【崇德】 덕(德)을 높임. 덕을 숭상(崇尙)함. [참고] 顔淵-10.

【修慝수특】간악(奸惡)함을 닦아 없앰. 사특(邪慝)함을 다스려 없앰.

　修 : 닦다. 수련하다. 다스리다. 다스려 없애다.

　주희(朱熹) - 修는 다스려 제거함이다. [修者 治而去之]

　慝특 : 간악(奸惡)함. 간특(奸慝)함. 사특(邪慝)함. 간사하고 악한 생각.

　공안국(孔安國) - 慝은 악함이요 修는 다스리는 것이니 惡을 다스려 善하게 하는
　　　것이다. [慝 惡也 修 治也 治惡爲善]

【辨惑】미혹(迷惑)을 가림. 미혹을 변별(辨別)함.

【善哉問】좋도다! 질문이. 훌륭하도다! 질문이. [참고] 顔淵-11.

【先事後得】일을 먼저하고 얻는 것을 뒤로하다. [참고] 雍也-20.

　주희(朱熹) - 先事後得은 어려운 일을 먼저하고 얻은 것을 뒤에 하라는 말과 같다.
　　　[先事後得 猶言先難後獲也]

　정약용(丁若鏞) - 先事後得은 노고(勞苦)는 남보다 앞서고 이록(利祿)은 남보다
　　　뒤로 한다는 것이다. [先事後得者 勞苦先於人 利祿後於人也]

【與】…이겠는가? 어기조사. 반문의 어기를 나타냄. 豈, 非 등과 같이 쓰이며 완곡한
　　　긍정이 의미를 내포함.

【攻】공박(攻駁)하다. 책(責)하다. 책망(責望)하다. 따지고 꾸짖음.

　정약용(丁若鏞) - 攻은 다스린다는 뜻이다. [攻 治也] [朱熹]

【其】자신. 자기. 일인칭대명사.

【一朝】하루 아침. 일시(一時). 짧은 시간을 말함. 【忿】성냄. 분노(忿怒).

【以及其親】그것으로 인해 자기 어버이에게 (그 화가) 미치다. 以之及其親(以 다음
　　　에 忘其身을 가리키는 지시대명사 之가 생략되었음).

　以 : … 때문에. …으로 인하여. 전치사. 동작이나 행위가 발생한 원인을 나타냄.

　주희(朱熹) - 당연히 해야 할 바를 하고, 그 공효를 계산하지 않는다면, 덕(德)이
　　　날로 쌓이되 스스로 알지 못할 것이다. 자기 몸을 다스림에 오로지 하고 남을
　　　책하지 않는다면, 자기의 악(惡)이 숨겨질 곳이 없을 것이다. 하루아침의 분노
　　　는 매우 작고 화가 그 부모에게까지 미침은 매우 큼을 안다면, 미혹됨을 분별하
　　　여 그 분함을 징계함이 있을 것이다. [爲所當爲而不計其功 則德日積而不自知
　　　矣 專於治己而不責人 則己之惡 無所匿矣 知一朝之忿爲甚微而禍及其親爲甚大
　　　則有以辨惑而懲其忿矣]
　　　　　　　　　　　　　　　　　　　　　　　　♣20091214月

22. 인仁은 사람을 사랑함이요 지知는 사람을 앎이라

樊遲問仁 子曰 愛人 問知 子曰 知人 樊遲未達 子曰 擧直錯諸枉
能使枉者直 樊遲退 見子夏曰 鄕也吾見於夫子而問知 子曰 擧直錯
諸枉 能使枉者直 何謂也 子夏曰 富哉言乎 舜有天下 選於衆 擧皐陶
不仁者遠矣 湯有天下 選於衆 擧伊尹 不仁者遠矣

樊遲(번디)ㅣ 仁(신)을 묻ᄌᆞ온대 子(ᄌᆞ)ㅣ ᄀᆞᆯᄋᆞ샤ᄃᆡ 사름을 ᄉᆞ랑홈이니라 知(디)를 묻ᄌᆞ
온대 子(ᄌᆞ)ㅣ ᄀᆞᆯᄋᆞ샤ᄃᆡ 사름을 알옴이니라 樊遲(번디)ㅣ 達(달)티 몯ᄒᆞ거늘 子(ᄌᆞ)ㅣ
ᄀᆞᆯᄋᆞ샤ᄃᆡ 直(딕)ᄒᆞᆫ 이를 擧(거)ᄒᆞ고 모든 枉(왕)ᄒᆞᆫ 이를 錯(조)ᄒᆞ면 能(능)히 枉(왕)ᄒᆞᆫ
이로 ᄒᆞ여곰 直(딕)게 ᄒᆞᄂᆞ니라 樊遲(번디)ㅣ 믈러 子夏(ᄌᆞ하)를 보와 ᄀᆞᆯ오ᄃᆡ 아래 내
夫子(부ᄌᆞ)ㅅ긔 뵈ᄋᆞ와 知(디)를 묻ᄌᆞ오니 子(ᄌᆞ)ㅣ ᄀᆞᆯᄋᆞ샤ᄃᆡ 直(딕)ᄒᆞᆫ 이를 擧(거)ᄒᆞ고
모든 枉(왕)ᄒᆞᆫ 이를 錯(조)ᄒᆞ면 能(능)히 枉(왕)ᄒᆞᆫ 이로 ᄒᆞ여곰 直(딕)게 ᄒᆞᆫ다 ᄒᆞ시니
엇디 니ᄅᆞ심고 子夏(ᄌᆞ하)ㅣ ᄀᆞᆯ오ᄃᆡ 富(부)타 말숨이여 舜(순)이 天下(텬하)를 두심애
衆(즁)에 選(션)ᄒᆞ샤 皐陶(고요)를 擧(거)ᄒᆞ시니 仁(신)티 아니ᄒᆞᆫ 者(쟈)ㅣ 遠(원)ᄒᆞ고
湯(탕)이 天下(텬하)를 두심애 衆(즁)에 選(션)ᄒᆞ샤 伊尹(이윤)을 擧(거)ᄒᆞ시니 仁(신)
티 아니ᄒᆞᆫ 者(쟈)ㅣ 遠(원)ᄒᆞ니라

번지(樊遲)가 인(仁)에 대해 여쭈니, 선생님께서 말씀하시기를 "사람을 사랑하는
것이니라." 하셨다. 지(知)에 대해 여쭈니, 선생님께서 말씀하시기를 "사람을 알아보
는 것이니라." 하셨는데, 번지가 아직 깨닫지 못하자 선생님께서 말씀하시기를 "곧은
이를 굽은 이 위에 놓으면 능히 굽은 사람을 곧게 할 수 있느니라." 하셨다. 번지가
물러나 자하(子夏)를 보자 말하기를 "아까 선생님을 뵙고 지(知)를 여쭈었더니 선생
님께서 말씀하시기를 '곧은 이를 굽은 이 위에 놓으면 능히 굽은 사람을 곧게 할
수 있다.' 하셨는데 무엇을 말씀하신 것이요?" 하니, 자하가 말하기를 "풍부한 뜻이로
다! 말씀이여, 순(舜) 임금이 천하를 얻고서 여럿 가운데 가려 고요(皐陶)를 기용(起
用)하였더니 인(仁)하지 않은 이가 멀어졌고, (또) 탕(湯) 임금이 천하를 얻고서 여럿
가운데 가려 이윤(伊尹)을 기용(起用)하였더니 인(仁)하지 않은 이가 멀어졌다네."
하였다.

[참고] 子路-19.
【樊遲】공자의 제자 번수(樊須). 자가 자지(子遲).

【知】① = 智. 지혜. ② 알다. 알아보다. 분별하다.

問知 : 지혜에 대해서 묻다.

知人 : 사람을 알다. 사람을 알아보다.

【未達】 아직 통달하지 못하다. 아직 깨닫지 못하다. 바로 알아듣지 못하다.

未 : 아직 …하지 않다[못하다]. 아직 …이 아니다. 부사. 동작·행위·상황 등이
　　아직 발생하지 않았음을 나타냄.

達 : 깨닫다. 알다. 분명하게 이해하다.

【舉直錯諸枉】 곧은 것을 들어 굽은 것 위에 두다[놓다]. 곧은 사람을 등용[거용,
　　기용]하여 굽은 사람 위에 놓다. 정직(正直)한 사람을 기용(起用)하여 사곡(邪
　　曲)한 사람 위에 앉히다. [참고] 爲政-19.

舉 : 들어 쓰다. 천거(薦擧)하다. 거용(擧用)하다. 기용(起用)하다. 등용(登用)하다.

直 : 곧고 바른 사람. 올곧은 사람. 정직(正直)한 사람.

錯조 : = 置. 놓다. 두다. 놓아두다.

諸저 : 之於(…에 그를). 합음사. 之는 지시대명사로 直을 가리키고, 於는 전치사로
　　동작이나 행위가 발생할 때 직접 미치는 대상을 나타냄.

枉 : 굽다. ⇒ 굽은 사람. 사곡(邪曲)한 사람. 사악하고 올바르지 못한 사람.

【能使枉者直】 능히 굽은 것으로 하여금 곧게 할 수 있다. 능히 사곡한 사람을 정직한
　　사람이 되게 할 수 있다.

能 : 능히[충분히] …할 수 있다. 조동사. 어떤 일을 할 능력이 있거나 조건이
　　됨을 나타냄.

使 : …에게[으로 하여금] ~하도록 하다. …에게 ~을 시키다. 사역동사.

【子夏】 공자의 제자 복상(卜商). 자가 자하(子夏).

【鄉也】 = 曏, 嚮. ≒ 向. 지난번에. 접때. 이전에. 아까. 조금 전. 방금. 막. 문장의
　　맨 앞에 쓰여 동작이나 행위가 오래되지 않은 과거에 발생한 것임을 나타냄.
　　也는 접미사로 때를 나타냄.

　정약용(丁若鏞) - 鄉은 접때이다. [鄉 曩也]

【吾見於夫子而問知】 내가 선생님을 뵙고 지(知)에 대해서 묻다.

見현 : (웃어른을) 뵙다. 찾아뵙다. 알현(謁見)하다. 뵈러 오다.

於 : …을. 전치사. 동작이나 행위에 직접 미치는 대상을 나타냄.

而 : …하여서[하고서]. 그리하여. 접속사. 순접(연관)관계를 나타냄.

【何謂也】 무엇을 말하는[일컫는] 것입니까? 무엇을 뜻합니까? 무슨 뜻입니까?

何 : 무엇[어느 것]이 …한가[인가]? 누구[무엇, 어디]인가? 누구를[무엇을] …한
가? 의문대명사. 주어나 술어, 목적어로 쓰여 사람이나 사물, 장소에 대해
물음. 목적어로 쓰일 때는 일반적으로 도치되어 동사나 전치사 앞에 옴.

也 : …한가[인가]? 어기조사. 의문문 끝에 쓰여 의문(질문)의 어기를 나타냄.
일반적으로 何, 誰, 奚, 焉 등의 의문대명사와 같이 씀.

【富哉言乎】 풍부하도다! 그 말씀이! 넉넉하도다! 말씀이여! 言乎富哉의 도치.

富 : 많다. 풍부하다. 넉넉하다. 성(盛)하다. 많은[풍부한] 뜻을 지니다. 의미가
넓다. 의미심장하다.

　　공안국(孔安國) - 富는 성함이다. [富 盛也]

哉 : …이로다! …이구나! …이도다! …하구나! …로구나! …이여! 어기조사. 찬양
·비통·분노·경악·감개 등의 감탄의 어기를 나타냄.

乎 : 아! …이도다! …이(로)구나! 어기조사. 비분·찬양·감격 등의 감탄 어기를
나타냄.

【有天下】 천하를 소유하다. 천하를 두다. 천하를 얻다. 천하를 다스리다.

有 : 얻다. 갖고 있다. 소유하다. 다스리다.

【選於衆】 여럿 가운데서 가리다. 많은 사람들 중에서 가려서 뽑다.

選 : 가리다. 가려 뽑다.

於 : …에서. 전치사. 동작이나 행위가 일어나는 장소(범위)를 나타냄.

【皐陶고요】 고대 중국의 전설적 현신(賢臣). 순(舜)임금의 신하로 형정(刑政)을
담당하는 사(士)의 직에 있었다 함. 서경에 고요가 순임금 앞에서 우(禹)와
대화한 기록인 고요모(皐陶謨)편이 있음.

【伊尹】 은나라 탕(湯)임금의 현신(賢臣). 이(伊)는 성이며 윤(尹)은 벼슬 이름.
이름은 지(摯). 탕임금은 초야에 묻혀 살던 그를 재상으로 삼았으며 탕임금이
죽은 후에도 탕의 적손(嫡孫)을 세워 극진히 보필하였음.

【遠】 멀어지다. 사라지다. 없어지다.

주희(朱熹) - 不仁者遠은 사람들이 모두 감화하여 仁하게 되니 不仁한 자가 있음을
볼 수 없어서 멀리 사라진 것과 같음을 말하는 것이다. 이것이 이른바 '부정한

자로 하여금 곧게 한다.' 는 것이다. [不仁者遠 言 人皆化而爲仁 不見有不仁者 若其遠去爾 所謂使枉者直也]

【矣】 …하게 되다. …일[할] 것이다. …하게 될 것이다. 어기조사. 상황의 변화나 새로운 상황의 출현(어떤 사건이 발전·변화하는 과정이나 그것이 장차 발생하려 함)을 나타냄. 간혹 미래나 어떤 조건 하에서의 결과가 긍정적임을 나타냄.

♣20091221月

第十二篇 顔淵

23. 벗은 충심으로 일러주고 잘 인도하되

子貢問友 子曰 忠告而善道之 不可則止 毋自辱焉

子貢(ᄌ공)이 友(우)를 묻ᄌ온대 子(ᄌ)ᅵ 글ᄋ샤ᄃᆡ 忠(튱)히 告(곡)ᄒ고 善(션)히 道(도)호ᄃᆡ 可(가)티 아니커든 止(지)ᄒ야 스스로 辱(쇽)디 마롤 ᄯᅵ니라

자공(子貢)이 벗에 대해 여쭈니, 선생님께서 말씀하시기를 "충심으로 일러주고 그를 잘 인도하되 가능하지 않으면 곧 그만 둘지니, 이것으로 인해 스스로를 욕(辱)되게 하지 말지니라." 하셨다.

【子貢】 공자의 제자 단목사(端木賜). 자가 자공(子貢).

【友】 벗. 친구. 학우(學友).

【忠告而善道之】 충심으로 일러주고 그를 잘 인도하다.

忠 : 충성심(忠誠心). 정성(精誠)을 다하는 마음. 성실(誠實)한 자세로 최선(最善)을 다하는 마음. 다른 사람에 대해서, 특히 윗사람에 대해서 전심전력을 다함. 충심으로 정성을 다하다. [참고] 里仁-15.

告 : 일러주다. 일깨우다. 허물을 고치도록 타이르다. 권고하다. 충고하다.

而 : …하여서. 그리하여. 접속사. 순접(연관) 관계를 나타냄.

善 : 잘. 잘하다. …에 능하다. …에 뛰어나다. 부사. 어떤 동작이나 행위에 능함을 나타냄.

道 : = 導. 이끌다. 인도(引導)하다.

之 : 그. 그 사람. 인칭대명사. 앞의 友를 가리킴.

포함(包咸) - 忠告란 옳고 그름을 알려주고 善道로 이끌어주는 것이다. 따르지 않으면 그만두어야 하니 꼭 그것을 말하고자 한다면 혹 모욕을 당할 수도 있다. [忠告以是非告之 以善道導之 不見從則止 必言之 或見辱]

타자이 준(太宰純) - 註疏本에는 以자가 빠져 있는데 朱子는 古本을 보지 못하였으므로 善을 虛字라 한 것이다. 맹자에서는 '責善은 朋友의 도'라고 하니 責善이란 善으로 引導하는 것이다. [註疏本闕以字 朱子不見古本 故 以善爲虛字 孟子

曰 責善 朋友之道也 責善者以善道之也]

정약용(丁若鏞) - 以자를 첨가해서 쓸 수 없다. 皇氏本이 誤字이다. [以字不可加
　　皇本誤也]

【則】 …이면(하면) (곧). 그렇다면 곧. 접속사. 결과나 조건에 대한 상호 원인 등
　　앞뒤 문장의 전후 상황이 서로 연관됨을 나타냄.

【毋】 …하지 마라. …해서는 안 된다. 부사. 勿의 뜻으로 동작이나 행위에 대한
　　금지·훈계·충고 등을 나타냄.

【自】 자기 자신. 일인칭대명사. 자신을 가리킴. 부사적 성격이 강하기 때문에 목적어로
　　쓰일 경우 동사 앞에 놓임.

【辱】 욕을 보다. 욕되게 하다. 욕됨을 당하다. 곤욕을 당하다. 곤욕을 치르다.

【焉】 이것으로 인해. 於是. 합음사. 於는 전치사로 동작이나 행위가 일어나는 원인을
　　나타내며, 是는 지시대명사로 앞의 忠告而善道之를 가리킴.

주희(朱熹) - 벗은 仁을 돕는 것이다. 그러므로 그 마음을 다하여 말해 주고 그
　　말을 잘하여 인도할 것이다. 그러나 의리로써 합한 것이므로 불가능하면 그만두
　　어야 하니 만일 자주 말하다가 소원함을 당한다면 스스로 욕되는 것이다. [友
　　所以輔仁 故 盡其心以告之 善其說以道之 然 以義合者也 故 不可則止 若以數而
　　見疏 則自辱矣]　　　　　　　　　　　　　　　　　♣20091222火

24. 글로써 벗을 모으고 벗으로써 인을 증진시키니

> 曾子曰 君子以文會友 以友輔仁

曾子(증즈)ㅣ 글ᄋᆞ샤디 君子(군즈)는 文(문)으로써 友(우)를 會(회)ᄒᆞ고 友(우)로써 仁(신)을 輔(보)ᄒᆞᄂᆞ니라

증자(曾子)가 말씀하기를 "군자(君子)는 학문을 통하여 벗을 모으고[사귀고], 벗을 통하여 인(仁)을 증진시킨다." 하였다.

【曾子】 공자의 제자 증삼(曾參). 자는 자여(子輿).

【以】 …으로써. …을 가지고[통하여]. 전치사. 도구·수단·방법을 나타냄.

【文】 학문(學文). [참고] 문화(文化). [丁天求, 金容沃]

【會】 모이다. 모으다. 회합(會合)하다. ⇒ 사귀다.

【輔仁】 인(仁)을 돕다. 인(仁)한 길로 나아가는 데 도움을 받다. 仁이 배양(증진) 되도록 (서로) 돕다. 인을 증진시키다.

　輔 : 덧방나무(수레에 무거운 짐을 실을 때 바퀴살의 힘을 돕기 위해 바퀴 양쪽에 덧대는 나무). ⇒ 돕다. 도와서 바르게 하다. 도와서 증진시키다. 도움을 받다.

정약용(丁若鏞) - 文은 詩書禮樂을 말하며 仁은 孝弟忠信을 말한다. 文이 아니면 벗이 모일 수 없으며 벗이 모이면 仁을 도울 수 있으니 文으로 주장하지 않는다. 輔란 수레의 보조적 기구로 수레의 전복(顚覆)을 막아주는 것이니 벗이란 이와 같이 자신을 도와주는 사람이다. [文謂詩書禮樂 仁謂孝弟忠信 非文則無以會友 旣會則以之輔仁 不以文爲主也 輔者 車之助也 所以扶車之顚覆也 友所以輔己]

공안국(孔安國) - 벗이란 文과 德으로 결합된 사람이다. 벗이란 서로 강마(講磨)하는 도가 있으므로 나의 인을 도와서 성숙하게 하는 것이다. [友以文德合 友相切磋之道 所以輔成己之仁]

황간(皇侃) - 학문을 講하여 벗을 모으면 도가 더욱 밝아지고 善을 취하여 仁을 도우면 德이 날로 진전된다. [講學以會友 則道益明 取善以補仁 則德日進]

♣20091223水

235

身正

자신이 바르면

[子路-6]

第十三篇

子路 자로

(君子)和而不同

(군자는) 어우러지나 똑같아지지 않으니 [子路-23]

1. 정사政事는 솔선하고 힘써 노력하는 것이니...

> 子路問政 子曰 先之勞之 請益 曰 無倦

子路(자로)ㅣ 政(정)을 묻주온대 子(자)ㅣ 글으샤티 先(선)하며 勞(로)홀 띠니라 더음을 請(청)흔대 글으샤티 倦(권)티 마롤 띠니라

자로(子路)가 정사(政事)에 대해 여쭈니, 선생님께서 말씀하시기를 "솔선(率先)하고 힘써 노력할지니라." 하셨다. 더 (말씀해 주시기를) 청(請)하니, 말씀하시기를 "게을리 하지 말아야 하느니라." 하셨다.

【子路】 공자의 제자 중유(仲由). 자가 자로(子路). [참고] 爲政-17.

【先】 앞장서다. 솔선하다. 솔선수범하다.

【勞】 힘을 다하여 애쓰다. 힘써 노력하다. (몸소) 애써 수고하다.

소식(蘇軾) - 백성들이 행해야 할 것을 자신이 먼저 솔선하면 명령하지 않아도 행해지고, 백성들이 해야 할 일을 자신이 몸소 애써 수고하면 백성들은 비록 부지런히 일해도 원망하지 않는다. [凡民之行 以身先之 則不令而行 凡民之事 以身勞之 則雖勤不怨]

공안국(孔安國) - 먼저 德으로 인도하여 백성들로 하여금 믿게 한 연후에 백성들을 부리는 것이다(수고롭게 한다, 일을 시키다). 역경(易經)에 이르기를 '말로 설득하여 백성을 부리면 백성은 그 수고로움을 잊게 된다.'고 하였다. [先導之 以德 使民信之 然後勞之 易曰 說以使民 民忘其勞]

자하(子夏) - 군자는 믿음을 얻은 후에 그 백성을 수고롭게 한다(일을 시킨다). [君子 信而後勞其民] [참고] 子張-10.

정약용(丁若鏞) - 이는(윗말은) 勞자를 평성(平聲)으로 본 것이니 勞자를 평성으로 보면 이 뜻은 백성을 부리는 데 있는 것이며 백성을 사랑하는데 있는 것이 아니다. 이는 결국 백성을 수고롭게 하는데 있을 뿐이니 어찌 경전(經典)의 본지(本旨)라 할 수 있겠는가? 또한 先이라는 한 글자로써 孔氏가 말하는 13자의 의미를 포괄할 수는 없는 것이니 어떻게 자하(子夏)의 말을 인증할

수 있겠는가? 역경의 說以先民이란 勞來(백성을 위로하여 오도록 한다)의 뜻이다. 이제 說以先民 이외에 다시 노역(勞役)으로써 덕정(德政)을 삼으려 하니 勞役을 어떻게 德政이라 할 수 있겠는가? 군대(軍隊)와 건축(建築)은 어쩔 수 없이 백성을 부려야 할 일이지만 군자는 그들을 위로하고 어루만져 주면서 그들의 수고로움을 이야기하며 위로하는 것이니 이와 같은 것이 德政이다. 蘇氏의 뜻은 바뀔 수 없다. [是以勞爲平聲也 勞爲平聲 則是志在役民 不在愛民 究竟在勞民 而已豈經旨乎 且先一字 無以包函 孔所言十三字之意味 豈可以子夏之言 引之爲證乎 易所謂說以先民 卽勞來之義 今欲於說以先民之外 復以勞役一事爲德政 勞役 豈足爲德政乎 師旅完築 不得不有役民之事 君子於此 慰之撫之 說其勞而勞之 此方 是德政 蘇氏之義 不可易]

[참고]

① 그(백성)들을 수고롭게 하다. 그(백성)들에게 일을 시키다. 그(백성)들로 하여금 열심히 일하게 하다. 勞 = 勞役. [孔安國, 김영일, 류종목, 李起榮, 동양고전연구회, 丁天求, 楊伯峻, 南懷瑾, 東方晨悟]

② 그(백성)들을 위해 수고하다(일하다). [金學主]

③ 자신이 수고하여야 한다. 열심히 노력하여야 한다. 몸소 부지런히 애써 일을 하여야 한다. [蘇軾, 集註, 신동준, 유교문화연구소]

④ 그(백성)들을 위로하다. 백성들의 마음을 헤아려 주다. 勞 = 慰勞. [鄭玄, 丁若鏞, 劉寶楠, 宮崎市定, 李基東, 오성수, 박유리]

⑤ 유월(兪樾) - 先之勞之는 백성들보다 앞서서 그 수고로움을 맡는 것을 말한다. [先之勞之 謂先民而任其勞也] [先之勞之를 한 구(句)로 봄. 爲之載之(그를 위해서 수레를 태우다.) [詩經 小雅 緜蠻], 與之食之(그것을 주어서 그에게 먹도록 한다.) [孟子 滕文公下]]

【之】 어기조사. 앞의 단어를 동사로 만들어 종결어미의 역할을 함. [行之(간다. 갔다.), 生之(태어났다. 자란다.), 歸之(돌아간다. 돌아갔다.)]

[참고] ① 일반적으로 백성을 가리키는 지시대명사. ② 政을 가리키는 지시대명사. [李洙泰] ③ 先之의 之는 백성을, 勞之의 之는 자신을 가리키는 지시대명사.

【請益】 더 요청하다. 더 (말씀해 주시기를) 청하다.

【無倦】 게을리 하지 않는다. 게을리 하지 마라. [참고] 顔淵-14.

공안국(孔安國) - 無倦이란 윗사람의 일을 행하되 게을리 하지 않아야 되는 것이다. [無倦者 行此上事 無倦則可]

정약용(丁若鏞) - 無倦이란 맡은 일에 게을리 하지 않는 것을 말한다. [無倦 謂不懈
　　於職事]

[참고] ① (政事를 함에 있어) 게을리 하지 마라.　② (先之勞之 함에 있어) 게으름을
　　피우지 마라.　　　　　　　　　　　　　　　　　　　　♣20100104月

2. 관리에 솔선하고 소과를 용서하며 현재를 천거하여야 하니

仲弓爲季氏宰 問政 子曰 先有司 赦小過 擧賢才 曰 焉知賢才而擧之
曰 擧爾所知 爾所不知 人其舍諸

仲弓(듕궁)이 季氏(계시)의 宰(ᄌᆡ) 되얏ᄂᆞ 디라 政(졍)을 묻ᄌᆞ온대 子(ᄌᆞ)ㅣ ᄀᆞᆯ오샤ᄃᆡ 有司(유ᄉᆞ)의게 몬져ᄒᆞ고 젹은 허믈을 赦(샤)ᄒᆞ며 賢(현)과 才(ᄌᆡ)를 擧(거)홀 ᄯᅵ니라 ᄀᆞᆯ오ᄃᆡ 엇디 賢(현)과 才(ᄌᆡ)를 아라 擧(거)ᄒᆞ리잇고 ᄀᆞᆯ오샤ᄃᆡ 네 아ᄂᆞᆫ 바ᄅᆞᆯ 擧(거)ᄒᆞ면 네 아디 몯ᄒᆞᄂᆞᆫ 바ᄅᆞᆯ 사ᄅᆞᆷ이 그 舍(샤)ᄒᆞ랴

중궁(仲弓)이 계씨(季氏)의 가재(家宰)가 되어 정사(政事)에 대해 여쭈니, 선생님께서 말씀하시기를 "해당 관리에게 솔선(率先)하고 작은 허물은 용서하며 현재(賢才)를 천거(薦擧)할지니라." 하셨다. 말씀드리기를 "어떻게 현재(賢才)인가를 알아서 그를 천거하나이까?" 하니, 말씀하시기를 "네가 아는 바를[현재(賢才)를] 천거하면 네가 알지 못하는 사람들도 남들이 어찌 그들을 내버려두겠느냐?" 하셨다.

【仲弓】 공자의 제자 염옹(冉雍). 자가 중궁(仲弓). [참고] 公冶長-5, 雍也-1.
【宰재】 대부(大夫) 집안 가신(家臣)의 우두머리[가재(家宰)]. [참고] 公冶長-8.
【先有司】 실무 담당 관리에 앞서다. 실무 담당 관리보다 먼저 하다. 실무담당 관리에게 솔선(率先)하다.
　有司 : 일 주관하는 실무 담당자. 주관(主管)하는 사람. 소관 직책의 해당 관리. 전담자(專擔者).
　정약용(丁若鏞) - 先이란 앞서서 한다는 것이니 정사를 할 때 당연히 몸소 솔선(帥先)하여서 유사가 인도[창도(倡導, 앞장서서 주장하고 부르짖어 사람들을 이끌어 나감)]되도록 하여야 한다. [先者先之也 爲政當躬自帥先 以爲有司倡]
　[참고]
　　① 유사에게 먼저 일을 시키다. 먼저 담당 관리에게 맡기다. 유사를 앞세우다. 해당 관리가 책임지고 일하도록 하다. [何晏, 朱熹, 동양고전연구회, 신동준, 李基東, 南懷瑾, 李起榮, 유교문화연구회, 오성수, 李敏弘]
　　왕숙(王肅) - 정사를 함에 마땅히 유사에게 먼저 맡기고 그 후 그 일에 대하여 책임을 묻는

것을 말한다. [言爲政當先任有司 而後責其事]

주희(朱熹) - 有司는 여러 직책이다. 宰는 여러 직책을 겸(총괄)하는 것이나 일은 반드시 그[有司]에게 먼저 시키고 뒤에 그 이룬 공적을 살핀다면 곧 자신은 수고롭지 않고서도 일이 다 거행될 것이다. [有司 衆職也 宰兼衆職 然事必先之於彼 而後考其成功 則己不勞而事畢擧矣]

② 유사에 앞서 먼저 솔선하다. [丁若鏞, 楊伯峻, 金學主, 류종목, 김영일, 丁天求]

③ 유사들을 우선[먼저] 한다. 관리들 배치를 먼저 한다. 관리를 적재적소에 배치하는 것이 먼저다. [金容沃, 박유리]

④ 먼저의 유사는. 이제까지 있던 관리는. [미야자키 이치사다(宮崎市定)]

【赦小過】작은 허물은 용서하다. 사소한 잘못은 용서해 주다.

赦사 : 용서하다. 잘못을 용서하다.

【擧賢才】현재(賢才)를 기용(起用)[등용(登用)]하다. 현명한 인재를 천거(薦擧)하다. 덕이 있고 능력이 있는 사람을 천거하다.

擧 : 들어 쓰다. 천거(薦擧)하다. 거용(擧用)하다. 기용(起用)하다. 등용(登用)하다.

賢才 : 현명한 인재. 덕이 있고 능력이 있는 사람.

정약용(丁若鏞) - 작은 허물을 용서한다는 것은 아랫사람을 대함에 너그럽게 하고자 함이며, 현재를 천거한다는 것은 인재를 얻어서 정사를 도우려 함이다. [赦小過 臨下欲寬也 擧賢才 欲得人以輔政也]

【焉】어떻게. 의문대명사. 방식이나 상황에 대한 물음을 나타냄.

【而】…하여서. 그리하여. 접속사. 순접(연관)관계를 나타냄.

【爾】너. 그대. 너희(들). 당신. 이인칭대명사.

【所】…하는 바. …하는 것. …한. 특수지시대명사. 주어와 술어 사이에 쓰여 주술구조를 명사구로 만들어 줌.

【人其舍諸】사람들이 어찌 그들을 버리겠는가? 사람들이[남들이] 어찌하여 현재(賢才)를 내버려두겠는가? [참고] 雍也-4.

其 : 어찌 …하리오. 어찌 …하겠는가? 豈와 같음. 부사. 강한 반문의 어기를 나타내며 의문대명사의 역할을 함.

舍 : 버리다(放棄). 내버리다. 내버려두다. 捨와 통용.

諸저 : 之乎(그것을 …하겠는가?). 합음사(合音詞). 之는 지시대명사로 '爾所不知'를 가리키고, 乎는 어기조사로 의문 또는 반문의 어기를 나타냄.

♣20100105火

3. 반드시 이름을 바르게 할 것이니

子路曰 衛君待子而爲政 子將奚先 子曰 必也正名乎 子路曰 有是哉
子之迂也 奚其正 子曰 野哉 由也 君子於其所不知 蓋闕如也 名不正
則言不順 言不順 則事不成 事不成 則禮樂不興 禮樂不興 則刑罰不
中 刑罰不中 則民無所措手足 故君子名之必可言也 言之必可行也
君子於其言 無所苟而已矣

子路(즈로)ㅣ 골오디 衛君(위군)이 子(즈)를 기드려 政(졍)을 호려 흐시노니 子(즈)ㅣ
쟝촛 므서슬 몬져 흐시리잇고 子(즈)ㅣ 골ㅇ샤디 반드시 名(명)을 正(졍)홀 띤뎌 子路(즈
로)ㅣ 골오디 이러홈이 잇다 子(즈)의 迂(오)흐심이여 엇디 그 正(졍) 흐시리잇고 子(즈)ㅣ
골ㅇ샤디 野(야) 흐다 由(유)ㅣ여 君子(군즈)ㅣ 그 아디 몯흐논 바애 闕(궐) 흐느니라 名
(명)이 正(졍)티 아니흔 則(즉) 言(언)이 順(순)티 아니흐고 言(언)이 順(순)티 아니흔
則(즉) 事(스)ㅣ 成(셩)티 몯흐고 事(스)ㅣ 成(셩)티 몯흔 則(즉) 禮樂(례악)이 興(흥)티
몯흐고 禮樂(례악)이 興(흥)티 몯흔 則(즉) 刑罰(형벌)이 中(듕)티 몯흐고 刑罰(형벌)이
中(듕)티 몯흔 則(즉) 民(민)이 手足(슈족)을 措(조)홀 빼 업느니라 故(고)로 君子(군즈)
ㅣ 名(명)홀띤댄 반드시 可(가)히 言(언)홀 거시며 言(언)홀띤댄 반드시 可(가)히 行(힝)
홀 거시니 君子(군즈)ㅣ 그 言(언)에 苟(구)흔 배 업슬 쯔름이니라

　　자로(子路)가 말씀드리기를 "위(衛)나라 임금이 선생님을 맞이하여 정사(政事)를
하려 하신데 선생님께서는 장차 무엇을 먼저 하시겠나이까?" 하니, 선생님께서 말씀
하시기를 "반드시 이름을 바르게 할 것이니라." 하셨다. 자로가 말씀드리기를 "이에
있도다! 선생님께서 물정에 어두우심이! 어찌 바르게 하시리이까?" 하니, 선생님께서
말씀하시기를 "교양이 없도다! 너 유(由)여! 군자는 그 알지 못하는 바에는 대개
말하지 아니하고 놓아두느니라. 이름이 바르지 아니하면 곧 말이 순리(順理)에 맞지
아니하고, 말이 순리에 맞지 아니하면 곧 일이 이루어지지 아니하며, 일이 이루어지지
아니하면 곧 예악(禮樂)이 일어나지(시행되지) 아니하고, 예악이 일어나지(시행되
지) 아니하면 곧 형벌(刑罰)이 알맞지 아니하며, 형벌이 알맞지 아니하면 곧 백성들이
어떻게 행동해야 할 바를 모르게 되느니라. 그런고로 군자는 이름을 붙이면 반드시
가히 말할 수 있어야 하며 말을 하면 반드시 가히 실천할 수 있어야 하나니, 군자는

그 말에 있어 구차스러운 바를 없이 할 뿐이니라." 하셨다.

【子路】공자의 제자 중유(仲由). 자가 자로(子路). [참고] 爲政-17.

【衛君】위(衛)나라 출공(出公) 첩(輒). [참고] 先進-12.

[참고] 신동준 - 주희는 여기의 衛君을 두고 위 출공 첩으로 간주해 공자가 귀국하기 직전인 노
애공 10년 때의 일로 추정했다. [衛君 謂出公輒也 是時 魯哀公之十年 孔子自楚反乎衛 (集註)]
주희는 공자가 말한 '정명(正名)'에 지나치게 비중을 두어 이같이 해석한 듯하다. 그러나 그의
이런 분석은 역사적 사실과 동떨어진 것이다. 공자가 가까이 지낸 衛君은 어디까지나 위(衛)
영공(靈公) 원(元)이었다. 공자가 천하유세를 끝마칠 즈음에 즉위한 위 출공 첩은 공자에게
정사를 맡기려고 한 적이 없었다. 공자 역시 그 밑에서 정사를 맡을 생각을 하지 않았다. 춘추시대
역사에 대한 주희의 지식이 깊지 못했음을 보여주는 대목이 아닐 수 없다. 이 일화는 대략
공자가 천하유세에 처음으로 나서서 위나라로 갔을 때의 일로 보인다. [南懷瑾]

【待】기다리다. 기대다. ⇒ 의지하다. 맞이하다. 모시다.

【將】장차[앞으로] …하려고 하다. 조동사. 앞으로 어떤 일을 하려는 의지를 나타냄.

【奚해】무엇. 무슨. 의문대명사. 사물에 대한 물음을 나타내며 주어·술어·목적어
·관형어 등으로 쓰임.

【必也】만약 …이 있다면 틀림없이 …일 것이다. 꼭[굳이] …한다면 반드시[틀림없
이] …할 것이다. 그렇다면 반드시. 굳이 말하자면. = 必是. 必은 부사로 사람이
나 사물에 대한 행위의 필요성·결연한 의지·확신 등을 나타내며, 也는 어기조사
로 음절을 조정하고 어기를 고르는 역할을 함. [참고] 雍也-28.

【正名】이름을 바르게 함. 명분(名分)을 바로 세움. 명분을 바로 잡음.

正 : 바로잡다. 법도 등에 맞게 바로잡다. 바로 세우다.

名 : 이름. 명의(名義). 명분(名分). [참고] 雍也-23, 顔淵-11.

춘추 좌전 성공 2년(春秋 左傳 成公 二年) - 예기(禮器)와 명의(名義)는 다른
사람에게 함부로 빌릴 수 없다. [唯器與名 不可以假人]

정약용(丁若鏞) - 名이란 父子·君臣이라고 정해 놓은 그 이름을 말한다. 이때
(아들) 괴첩(蒯輒)은 위나라 임금이라 일컬어지고, (아비) 괴외(蒯聵)는 위나
라 세자라 일컬어졌다. 부자·군신의 이름이 거꾸로 전도되어 인륜을 상실하였는
데, 이 이름을 바르게 하고자 한다면 괴첩이 마땅히 아비를 맞아들여 왕위를
양보하고 물러나 세자의 자리에 처해야 한다. [名 謂父子君臣之定名 是時 蒯輒
稱衛君 蒯聵稱衛世子 父子君臣之名 顚倒失倫 欲正此名 則輒當迎父以讓位 退

處世子之位也]

　사량좌(謝良佐) - 이름을 바로잡는 일은 비록 위나라 군주 때문에 하신 말씀이나, 정사(政事)를 하는 도리는 모두 당연히 이것을 우선으로 삼아야 하는 것이다. [正名 雖爲衛君而言 然爲政之道 皆當以此爲先]

　남회근(南懷瑾) - 사상적 개념의 확립. 문화 사상 노선을 올바르게 함.

【乎】…이다. …하리라! …일 것이다! 어기조사. 단정이나 강조의 어기를 나타냄.

【有是哉】이에 있도다! 이렇구나! 이러하도다!

　有 : 어기조사. 명사, 형용사, 동사 등의 앞에 쓰여 어조를 고르는 역할을 함.

　哉 : …이로다! …이구나! …이도다! …하구나! …로구나! …이여! 어기조사. 찬양·비통·분노·경악·감개 등의 감탄의 어기를 나타냄.

【子之迂也】선생님은 물정에 어둡구나! 선생님의 말씀은 정사와 거리가 멀구나!

　之 : …은[는]. …이[가]. 구조조사(주격조사). 주술구조 사이에 쓰여 이를 명사구(절)로 만들어 주는 역할을 함.

　迂 : 우원(迂遠)하다. 우활(迂闊)하다. ⇒ 실지의 사정과 멀다. 물정에 어둡다.

　주희(朱熹) - 迂는 사정(事情)과 거리가 멂을 이르니 오늘의 급선무(急先務)가 아님을 말한 것이다. [迂 謂遠於事情 言非今日之急務也]

　也 : …이여! …이구나! …이도다! …로구나! 어기조사. 감탄문 끝에 쓰여 비통·찬송·감탄·놀람 등의 어기를 나타냄.

【奚其正】어찌 바로 하겠는가? 어찌 바로 잡겠는가? 어찌 이름을 바로 하겠는가?

　正 다음에 앞의 名이 생략되어 있음.

　奚其 : 어찌. 어떻게. 얼마나. 부사. 반문이나 감탄을 나타냄. 奚는 부사로 강한 반문의 어기를 나타내며, 其는 어기조사로 어기를 강화하는 작용을 함.

【野】촌스럽고 거칠다. 거칠고 세련되지 못하다. 천박하고 경솔하다. 야하다(不合禮節). ⇒ 교양이 없다.

　주희(朱熹) - 野는 비속(鄙俗)함을 이르니 의심스러운 것을 제쳐놓지 못하고 경솔하게 함부로 대답함을 책망하신 것이다. [野 謂鄙俗 責其不能闕疑 而率爾妄對也]

　정약용(丁若鏞) - 野는 문(文)이 없고 예(禮)를 알지 못함을 일컫는 말이다. [野者無文不知禮之稱]

【君子於其所不知】군자는 그 알지 못하는 바[것]에는. 군자는 그(자기가) 모르는

것에 대해서는.

於 : …에. …에 대해서. 전치사. 동작이나 행위에 관련되는 대상을 나타냄.

【蓋】 대개. 대체로. 대략. 부사. 술어 앞에 쓰여 사람이나 사물의 수량에 대한 추측을
　　　나타냄.

【闕如】 제쳐놓고 말하지 않다. 의심스러워서 말을 하지 않고 보류해 두다. 말하지
　　　않고 그대로 두다.

闕 : 비워두다. 빼다. 제외하다. 제쳐놓다. 보류하다. 그대로 두다. 제쳐놓고 말을
　　　하지 않다.

如 : 형용사 접미사. 상태를 나타냄.

【則】 …이면(하면) (곧). 그렇다면 곧. 접속사. 결과나 조건에 대한 상호 원인 등
　　　앞뒤 문장의 전후 상황이 서로 연관됨을 나타냄.

【順】 이치(理致)에 따르다. 도리에 따르다. 순리(順理)에 맞다.

【成】 이루다. 완성하다. (일 등을) 성취하다. 성사(成事)시키다.

【興】 일어나다. ⇒ 행하여지다. 시행되다. 널리 베풀어져 행하여지다.

【中】 알맞다. 적절하다. 합당하다.

【民無所措手足】 백성들이 손발을 둘 곳이 없다. ⇒ 백성들이 몸 둘 곳이 없다.
　　　⇒ 백성들이 어떻게 행동해야 할지를 모르다.

措 : 두다. 놓다. 일정한 자리에 두다.

【名之必可言也】 이름을 붙이면 반드시 말할 수 있어야 한다.

名 : 이름을 짓다. 이름을 붙이다. 명칭을 붙이다. 명분을 세우다. 명사의 동사로의
　　　전용.

之 : 그것. 어떤 것. 지시대명사. 일반적인 사실·사물·사람을 가리킴.

也 : …이다. 어기조사. 진술문의 끝에 쓰여 판단이나 단정 또는 긍정을 나타냄.

【苟】 구차(苟且, 말이나 행동이 떳떳하거나 버젓하지 못함)하다. 구차스럽다. 구차
　　　하게 미봉책으로 넘어가려 하다.

【而已矣】 …일 뿐이다. …할 따름이다. ‘而已’는 제한의 어기를 나타내고, ‘矣’는
　　　긍정의 어기를 나타내는데 이 둘이 연용되어 제한의 어기를 강조함.

♣20100106水

第十三篇

子路

4. 윗사람이 예(禮)·의(義)·신(信)을 좋아하면...

樊遲請學稼 子曰 吾不如老農 請學爲圃 曰 吾不如老圃 樊遲出 子曰 小人哉 樊須也 上好禮 則民莫敢不敬 上好義 則民莫敢不服 上好信 則民莫敢不用情 夫如是 則四方之民襁負其子而至矣 焉用稼

樊遲(번디)ㅣ 稼(가)를 學(흑)ᄒᆞ야지라 請(쳥)ᄒᆞᆫ대 子(ᄌᆞ)ㅣ ᄀᆞᆯᄋᆞ샤ᄃᆡ 내 老農(로농)만 ᄀᆞᆮ디 몯호라 圃(포)ᄒᆞ욤을 學(흑)ᄒᆞ야지라 請(쳥)ᄒᆞᆫ대 ᄀᆞᆯᄋᆞ샤ᄃᆡ 내 老圃(로포)만 ᄀᆞᆮ디 몯호라 樊遲(번디)ㅣ 出(츌)커늘 子(ᄌᆞ)ㅣ ᄀᆞᆯᄋᆞ샤ᄃᆡ 小人(쇼신)이라 樊須(번슈)ㅣ여 上(샹)이 禮(례)를 됴히 너기면 民(민)이 敢(감)히 敬(경)티 아니홀 이 업고 上(샹)이 義(의)를 됴히 너기면 民(민)이 敢(감)히 服(복)디 아니홀 이 업고 上(샹)이 信(신)을 됴히 너기면 民(민)이 敢(감)히 情(졍)을 쓰디 아니홀 이 업스리니 이러ᄐᆞᆺ ᄒᆞ면 四方(ᄉᆞ방)엣 民(민)이 그 子(ᄌᆞ)를 襁(강)으로 負(부)ᄒᆞ야 니르리니 엇디 稼(가)를 쓰리오

번지(樊遲)가 농사일을 배우고자 청(請)하니 선생님께서 말씀하시기를 "내 노련한 농부(農夫)만 못하노라." 하시고, 채전(菜田) 일을 배우고자 청하니 말씀하시기를 "내 노련한 원예가만 못하노라." 하셨다. 번지가 나가자 선생님께서 말씀하시기를 "소인이로다! 번수(樊須)는. 윗사람이 예(禮)를 좋아하면 곧 백성들이 공경(恭敬)하지 아니하는 이 없고, 윗사람이 의(義)를 좋아하면 곧 백성들이 복종(服從)하지 아니하는 이 없으며, 윗사람이 신(信)을 좋아하면 곧 백성들이 사실대로 하지 아니하는 이 없으리니라. 대저[무릇] 이와 같이 한다면 사방(四方)의 백성들이 그 자식을 강보(襁褓)에 업고 모여들게 되느니, 어찌 농사일을 쓰려는가?" 하셨다.

【樊遲】 공자의 제자 번수(樊須). 자가 자지(子遲).

【稼가】 곡식을 심다. ⇒ 농사일. 동사의 명사로의 전용.

【圃포】 채마밭(菜田). ⇒ 채소(菜蔬)를 심는 일(가꾸는 일). 채전(菜田) 일.

마융(馬融) - 오곡을 심는 것을 稼라 하고 채소를 심는 것을 圃라 한다. [種五穀曰稼 種蔬菜曰圃] [朱熹]

【不如】 …(함)만 못하다. …하는 것이 차라리 낫다. 부사. 앞에서 말한 사건이 뒤에서 말한 사건에 미치지 못함을 나타냄.

【老農, 老圃】 노련한 농부, 노련한 원예가.

老 : 늙은. ⇒ 경험이 많은. 노련한. 익달한.

農 : 농사일을 하는 사람, 곧 농부(農夫).

圃 : 채소를 가꾸는 사람, 곧 포정(圃丁). 원예가(園藝家).

【哉, 則】 앞 장 참조.

【也】 …은(는). …이란. …이면. 어기조사. 음절을 조정하고 어기를 고르는(말을 잠깐 멈추고 다음 내용을 환기시키는) 역할을 함.

【上】 위. 윗사람. 주상(主上). 임금. 통치자. [참고] 憲問-44.

【莫】 아무도 …한 사람이 없다. 아무도 …하지 않다. 지시대명사.

【敢】 감히. 함부로. 조동사. 동사 앞에 쓰여 어떤 일을 할 용기가 있음을 나타냄. 앞에 부정사가 오면 강한 반대의 뜻[할 용기가 없음]을 나타냄.

【用情】 사실대로 하다. 실정(實情) 대로 하다.

用 : 쓰다. ⇒ 하다. 행하다. 情 : 사정(事情). 실제(實際). 사실(事實).

공안국(孔安國) - 情은 情實(실제의 사정)이니 백성들이 윗사람에게 받는 감화는 각자 자신의 實情에 따라 나타난다는 말이다. [情 情實也 言民化於上 各以實應]

[참고] 情 : 진정(眞情). 성실(誠實). 충정(忠情).

주희(朱熹) - 情은 성실함이다. [情 誠實也]

【夫】 도대체. 대체. 대체로. 무릇. 어기조사(발어사). 문장의 첫머리에 쓰여 이야기를 이끌어 내기 위하여 듣는 이의 주의를 환기시키는 역할을 함.

【如】 …와 같다. 형용사.

【襁負강부】 강보(襁褓)로 업다. 강보에 싸 업다. 포대기에 싸 업다.

襁 : 포대기. 강보(襁褓).

負 : 지다. 등에 짐을 지다. 업다.

【而】 …하여서[하고서]. 그리하여. 접속사. 순접(연관) 관계를 나타냄.

【至】 (장소에) 이르다. 도착하다. 오다. (사람들이) 모여들다.

【矣】 …하게 되다. …일[할] 것이다. …하게 될 것이다. 어기조사. 상황의 변화나 새로운 상황의 출현(어떤 사건이 발전·변화하는 과정이나 그것이 장차 발생하려 함)을 나타냄. 간혹 미래나 어떤 조건 하에서의 결과가 긍정적임을 나타냄.

【焉】 어찌. 어떻게. 어디. 부사. 반문의 어기를 강조하며 동사나 조동사 앞에 옴.

포함(包咸) - 예절과 의리, 그리고 신뢰로 족히 덕을 이룰 수 있는데, 어찌 농사일을 배워 백성을 가르치겠는가? [禮義與信 足以成德 何用學稼以教民乎]

양시(楊時) - 번수가 성인의 문하에 있으면서 농사일과 채전(菜田) 일을 물었으니 뜻이 비루하다. (공자께서) 말씀하여 열어줌이 옳을 터인데 그가 나가기를 기다린 뒤에 그의 잘못을 말씀하신 것은 어째서인가? 그가 물었을 때 스스로 농부와 원예사만 못하다고 말씀하셨으니 거절하기를 지극히 하신 것이다. 번수의 학문이 미혹하여 이에 미치지 못하고서 능히 묻지 못하였으니 (한 귀퉁이를 들어 일러줌에) 능히 세 모퉁이로 반증하지 못한 것이다. 그러므로 다시 말씀해 주지 않으셨고 그가 이미 나감에 미쳐서는 끝내 깨닫지 못하고 늙은 농부와 늙은 원예사를 찾아가 배운다면 그 잘못됨이 더욱 커질까 두려우셨다. 그러므로 다시 말씀하시어 앞에서 말한 것이 뜻이 다른 데에 있음을 알게 하신 것이다. [樊須遊聖人之門而問稼圃 志則陋矣 辭而闢之 可也 待其出而後 言其非 何也 蓋於其問也 自謂農圃之不如 則拒之者至矣 須之學 疑不及此 而不能問 不能以三隅反矣 故不復 及其既出 則懼其終不喩也 求老農老圃而學焉 則其失愈遠矣 故復言之 使知前所言者意有在也]

정약용(丁若鏞) - 번지는 대개 신농(神農)·후직(后稷)의 술(術)을 공부하여 사방의 백성을 불러들이려고 한 것이다. 번지가 농사일을 배우려는 것은 농업을 하려 함이 아니다. 后稷은 몸소 농사를 지으면서 천하를 소유하였던 것은 원래 또한 성문(聖門)에서 칭술(稱述, 찬양함) 해 온 바인데, 그 당시 일종의 학문으로서 원래 신농의 설(說)을 공부하여 생각을 순화시켜 순박한 데로 돌아가려는 사람들이 있었던 것이다. 공자는 젊어서 미천하였기에 비루한 일에 능함이 많았던 것이다. 번지는 도가 시행되지 못할 것을 알고 농사짓는 법을 배워 사방의 백성들이 찾아오도록 하려고 하였던 것이며, 이 또한 선왕의 도를 배워 능히 널리 다스릴 수 있게 하려 함이다. 공자가 이를 배척한 것은 예의(禮義)를 앞세우고 식화(食貨)를 뒤로 하고자 함뿐이었다. [樊遲盖欲治神農后稷之術 以招徠四方之民 樊遲學稼 非欲自修農業也 后稷躬稼而有天下 本亦聖門之所稱述 而當時一種學問 原有治神農之說 思以回淳而反朴者 而夫子少也賤 多能鄙事 樊遲知道不行 欲學稼穡之術以來四方之民 斯亦學先王之道者 可以旁治者也 孔子斥之者 欲先禮義後食貨而已] ♣20100107木

5. 시詩 삼백편을 외고 있는 들...

子曰 誦詩三百 授之以政 不達 使於四方 不能專對 雖多 亦奚以爲

子(ᄌᆞ)ㅣ 길ᄋᆞ샤ᄃᆡ 詩三百(시삼ᄇᆡᆨ)을 誦(숑)호ᄃᆡ 政(졍)으로ᄡᅥ 授(슈)홈애 達(달)티 몯
ᄒᆞ며 四方(ᄉᆞ방)에 使(시)홈애 能(능)히 專對(젼ᄃᆡ)티 몯ᄒᆞ면 비록 多(다)ᄒᆞ나 ᄯᅩ 므서싀
ᄡᅳ리오

선생님께서 말씀하시기를 "시(詩) 삼백 편을 외웠음에도, 정사(政事)를 맡기면 잘
처리하지 못하고 사방(四方)의 국가에 사신(使臣)으로 가서도 능히 오롯하게 맞설
수 없다면, 비록 많이 외웠을지라도 또한 무엇에 쓰겠는가?" 하셨다.

【誦】 외다. 암송(暗誦) 하다.

　형병(邢昺) - 주례(周禮) 注에 이르기를 '책을 보지 않고 등을 돌려 외우는 것을
　　諷, 소리를 절도 있게 하여 외우는 것을 誦이라 한다.' 하였다. [周禮注云 倍文曰
　　諷 以聲節之曰 誦]

　황간(皇侃) - 책을 보지 않고 등을 돌려 외우면서 생각하는 것을 誦이라 한다.
　　[背文而念曰 誦]

【詩三百】 시경(詩經) 삼백 편. [참고] 爲政-2.

【授之以政】 그에게 정사(政事)를 맡기면.

授 : 주다. ⇒ 임무를 주다. 일을 맡기다. 일임하다.

之 : 그. 지시대명사(의미상 인칭대명사). 앞의 誦詩三百을 가리킴. 곧 詩 삼백
　　편을 외고 있는 사람을 가리킴.

以 : …을(를). 전치사. 동작이나 행위가 발생할 때, 직접 파급되거나 목적이 되는
　　대상을 나타냄.

【達】 잘하다. 잘 처리하다. 제대로 해내다.

　황간(皇侃) - 達은 曉와 같다. [達 猶曉也]

【使시】 사신(使臣)으로 가다. 사신으로 보내다. 동사.

【於】 …에. …로. 전치사. 동작이나 행위가 일어나는 장소(범위)를 나타냄.

【專對】 ① 온전하게 응대하다. 제대로 응대하다. 오롯하게 맞서다. ② 단독으로

第十三篇

子路

응대하다. 독자적으로 응대하다. 혼자 힘으로 잘 대처하다.

하안(何晏) - 專은 獨(홀로 하다, 독자적으로 행하다)과 같다. [專 猶獨也] (朱熹)

정약용(丁若鏞) - 專이란 擅(천, 자신의 판단으로 처리하다)과 같다. 대부가 사방의
나라로 사신 갈 때 명을 받을 뿐 말하는 것까지 받는 것은 아니다.[公羊傳]
그 나라에 이르러 묻는데 따라서 자신의 판단으로 이를 대답해야 하는 것이다.
[專 猶擅也 大夫使於四方 受命不受辭 公羊傳 至彼隨問而擅對之]

【雖】 비록 …일[할]지라도. 접속사. 양보관계를 나타냄.

【亦】 또한. 역시. 부사. 반문의 어기를 강조함.

【奚以爲】 무엇[어디]에 쓰겠는가? 무슨 소용이 있겠느냐?

奚 : 무엇. 무슨. 의문대명사. 사물에 대한 물음을 나타내며 주어·술어·목적어
·관형어 등으로 쓰임.

以 : = 用. 쓰다. 사용하다. 동사.

爲 : …한가[인가]? 의문문의 끝에 쓰여 의문이나 반문의 어기를 나타냄. 일반적으
로 奚, 何 등과 같이 씀.

양백준(楊伯峻) - 以는 동사로 '쓰다'라는 뜻이다. 爲는 의문을 나타내는 어기사로
단지 奚, 何 등의 글자와 연용하여 쓰인다.

형병(邢昺) - 만약 많이 배우고도 이를 능히 쓰지 못하면, 곧 배우지 아니한 것과
같다. [若多學而不能用 則如不學也]

주희(朱熹) - 시경(詩經)의 詩는 인정(人情)에 근본하고 사물의 이치를 포괄하여,
풍속의 성쇠를 징험하고 정치의 잘잘못을 볼 수 있으며, 그 말[내용]들이 온후
(溫厚)하고 화평(和平)하여 풍자해서 깨우침에 뛰어나다. 그러므로 詩를 외우
는 자는 반드시 정치에 통달하고 언어에 능한 것이다. [詩本人情 該物理 可以驗
風俗之盛衰 見政治之得失 其言溫厚和平 長於風諭 故誦之者必達於政而能言也]

♣♣20100108金

6. 자신이 바르면 시키지 않아도 행하여지나니...

子曰 其身正 不令而行 其身不正 雖令不從

子(ᄌᆞ)ㅣ 글ᄋᆞ샤ᄃᆡ 그 몸이 正(정)ᄒᆞ면 슈(령)티 아니ᄒᆞ야도 行(ᄒᆡᆼ)ᄒᆞ고 그 몸이 正(정)티 아니ᄒᆞ면 비록 슈(령)ᄒᆞ나 존디 아니ᄒᆞᄂᆞ니라

선생님께서 말씀하시기를 "그 자신이 바르면 시키지 아니하여도 행하여지고, 그 자신이 바르지 아니하면 비록 시킬지라도 따르지 아니하느니라." 하셨다.

【其】 그. 그 사람. 인칭대명사. 일반적인 사람을 가리킴. 여기서는 위정자(爲政者) 등을 가리킴.

【身】 몸. 자기 자신. 본인.

【正】 올바르다. 바르게 하다. 도리에 맞게 행하다.

　남회근(南懷瑾) - 正자에는 사상의 순수함과 올바름, 행위의 치우치지 않음과 올바름 등 여러 가지 의미가 포함되어 있다.

【令】 명령(命令)하다. 명령을 내리다. …하게 하다. 부리다. 시키다.

　하안(何晏) - 슈은 敎令(교령), 곧 교화(敎化)와 명령(命令)이다. [令 敎令也]

【而】 그러나. 그렇지만. 오히려. 접속사. 역접관계를 나타냄.

【雖】 비록 …일[할]지라도. 접속사. 양보관계를 나타냄.

【從】 순종하다. 복종하다.

형병(邢昺) - 위에 있는 사람이, 그 몸이 만약 바르면 교령(敎令)이 없더라도 백성들은 스스로 보고 감화하여 행하고, 그 몸이 만약 바르지 못하면 비록 교령이 더욱더 밝게 드러나도 백성들은 역시 따르지 않을 것이다. [上之人 其身若正 不在敎令 民自觀化而行之 其身若不正 雖敎令滋章 民亦不從也]

요노(饒魯) - 몸소 행함으로써 가르치는 사람은 남이 따르고 말만으로 가르치는 사람에게는 다툼이 있게 된다. [以身敎者從 以言敎者訟]

황간(皇侃) - 모양을 곧게 하면 그림자도 스스로 곧아진 것과 같다. [如直形而影自直]

♣20100108金

7. 노魯나라와 위衛나라의 정치는 형제로다

> 子曰 魯衛之政 兄弟也

子(자)ㅣ 골 ♀샤딕 魯(로)와 衛(위)ㅅ政(정)이 兄弟(형제)로다

선생님께서 말씀하시기를 "노(魯)나라와 위(衛)나라의 정치(政治)는 형제(兄弟)로다!" 하셨다.

【衛】 위(衛)나라. 지금의 하남성(河南省) 기현(淇縣)을 서울로 하였음.

【之】 …의. 조사. 관형어와 중심어 사이에 쓰여 종속관계를 나타냄.

【政】 정사(政事). 정무(政務). 정치(政治).

【兄弟】 형제(兄弟) 같다. ⇒ 비슷하다. 유사하다.

【也】 …이여! …이구나! …이도다! …로구나! 어기조사. 감탄문 끝에 쓰여 비통·찬송·감탄·놀람 등의 어기를 나타냄.

황간(皇侃) - 魯나라는 바로 주공(周公, 문왕의 넷째 아들)을 봉한 나라이고 衛나라는 바로 강숙(康叔, 문왕의 일곱째 아들)을 봉한 나라이다. 주공과 강숙은 바로 형제이다. 주공 초기 때에는 곧 두 나라의 풍속, 교화, 정치가 역시 같이 잘 다스려져 형제와 같이 되었고, 주나라 말에 이르러 두 나라 풍속과 교화가 같이 나쁘게 되어 또한 형제와 같았다. 그러므로 위관(衛瓘)이 말하기를 '다스려짐과 혼란함이 대략 같았다는 말이다.' 하였다. [魯是周公之封 衛是康叔之封 周公康叔是兄弟 當周公初時 則二國風化政 亦俱能治 化如兄弟 至周末 二國風化俱惡 亦如兄弟 故衞瓘曰 言治亂略同也]

주희(朱熹) - 노나라는 주공의 후손이요 위나라는 강숙의 후손이니 본래 형제의 나라이고 이 당시 쇠하고 혼란하여 정사도 서로 비슷하였다. 그러므로 공자께서 탄식하신 것이다. [魯周公之後 衛康叔之後 本兄弟之國 而是時衰亂 政亦相似 故孔子嘆之]

♣20100111月

8. 위나라 공자公子 형荊은 집에 거처하기를 잘하였으니

子謂衛公子荊 善居室 始有 曰 苟合矣 少有 曰 苟完矣 富有 曰 苟美矣

子(ᄌᆞ)ㅣ 衛(위)ㅅ公子(공ᄌᆞ)ㄴ 荊(형)을 닐ᄋᆞ샤ᄃᆡ 室(실)에 居(거)홈을 善(션)히 ᄒᆞᄂᆞᆺ다 비르소 둠애 글오ᄃᆡ 잠깐 合(합)ᄒᆞ다 ᄒᆞ고 젹이 둠애 글오ᄃᆡ 잠깐 完(완)ᄒᆞ다 ᄒᆞ고 富(부)히 둠애 글오ᄃᆡ 잠깐 美(미)ᄒᆞ다 ᄒᆞ니라

선생님께서 위(衛)나라 공자 형(荊)을 평하여 말씀하시기를 "집안 살림을 잘하였도다. 처음 가지게 되었을 때 말하기를 '진실로 넉넉하다.' 하였고, 다소 조금 가지게 되었을 때 말하기를 '진실로 완비(完備)되었다.' 하였으며, 풍부하게 가지게 되었을 때 말하기를 '진실로 아름답다[훌륭하다].' 하였느니라." 하셨다.

【謂】 말하다. 비평(批評)하다. 평(評)하여 말하다.

【衛公子荊】 위(衛)나라 공자(公子) 형(荊).

公子 : 임금의 아들. 대부.

荊 : 위나라 헌공(獻公)의 아들. 자는 남초(南楚).

【善】 잘해내다. 잘 처리하다.

【居室】 집안 재산을 모으다. 집안 살림을 하다. 집안 살림을 돌보다.

居 : 쌓아 놓다. 저장하다. 관리하다. 처리하다.

室 : 집안 재산(家産, 家財). 집안 살림.

교학 대한한사전(敎學 大漢韓辭典) - ① 거처하는 방이나 집 ② 집에서 지냄.
　君子居其室 [易·繫辭 上] ③ 부부가 함께 사는 것을 이르는 말. 男女居室 人之大倫也
　[孟子·萬章 上] ④ 한(漢)의 관서명(官署名), 범인을 구금(拘禁)하던 곳. [大漢韓辭
典編纂室 編, 敎學大漢韓辭典, (株)敎學社, 2005. p.902]

양백준(楊伯峻) - 여기서는 집안의 재산을 모으며 집에서 나날을 보낸다는 뜻이다. 居는 '물건을 쌓아두고 기다리다[奇貨可居].'의 居로 읽었다.

[참고] 善居室 : 집안의 재산을 모으며 생활을 잘하다. 집을 잘 다스린다. 집안 살림을 잘하다. 집에 거처하기를 잘하다.

형병(邢昺) - 善居室이란 가정에서의 다스림이다. [善居室者 居家理也]

정약용(丁若鏞) - 善居室이란 집에 거처하는 것[생활]을 잘하는 것을 일컫는다. [易繫辭傳 上에 '군자가 그 집에서 지내면서 그 말을 한 것이 …' 했다] [善居室 謂善於居家 易曰 君子居其室出其言]

【始有】 (자재도구 등 재산을) 처음으로 갖게 될 때. 처음으로 소유하게 될 때. 재산이 있기 시작할 때. 有 다음에 室(家財)이 생략되었음.

　始 : 처음. 처음으로. 시작하다. 부사. 동작이나 행위가 발생하기 시작하는 것을 나타냄.

　有 : (재산을) 얻다[갖고 있다, 갖게 되다, 소유하다].

【苟】 진실로. 참으로. 부사.

유월(俞樾) - 論語에서 苟자는 '苟有用我者', '苟正其身矣'와 같이 쓰였는데 이에 대해 正義에서 邢昺은 모두 '苟는 誠이다.'라고 하였다. 이 苟자 뜻 또한 마땅히 동일하다. 처음 소유하였을 때는 반드시 아직 넉넉하지 않은데 公子 荊은 말하기를 '진실로 넉넉하다.'라고 하였고, 조금 소유하게 되었을 때는 반드시 아직 완전한 것이 아닌데 公子 荊은 말하기를 '진실로 완전하다.'라고 하였고, 부유하게 소유하였을 때는 반드시 아직 아름다운 것이 아닌데 公子 荊은 말하기를 '진실로 아름답다.'라고 하였다. 그러므로 (공자가) 말하기를 '가정생활을 잘하였다.'라고 한 것이다. 正義는 올바른 뜻을 이해하지 못하고 잘못하여 '苟且(그런대로)'라고 해석하였다. 그런데 '그런대로 부유하고 아름답다.'는 말로는 뜻이 통하지 않자 여기에 다시 '有此' 두 자를 덧붙인 것이다. 그러나 그 말이 자연스럽지 못함을 알 수 있다. [論語 苟字 如苟有用我者 苟正其身矣 正義竝曰 苟 誠也 此苟字 義亦當同 始有之時 未必合也 荊則曰 誠合矣 少有之時 未必完也 荊則曰 誠完矣 富有之時 未必美也 荊則曰 誠美矣 故曰 善居室 正義 不得其旨 誤以苟且釋之 苟且富美 義不可通 因又加有此二字 亦可見其說之未安矣]

주희(朱熹) - 苟는 그런대로 대강이라는 뜻이다. [苟 聊且粗略之意]

【合】 넉넉하다. 충분하다. 풍족하다. [참고] 적합하다. 마땅하다.

주희(朱熹) - 合은 '모으다'이다. [合 聚也] [邢昺]

정약용(丁若鏞) - 合이란 부합되어 마땅한 것이니, 절도에 맞는 것을 合이라 한다. [合者 合宜也 中節曰 合]

유월(俞樾) - 合은 足과 같다. 맹자 양혜왕 상(孟子 梁惠王 上)의 '是心足以王矣(이 마음은 충분히 왕노릇 할 수 있는 것이다.)'와 그 아래 문장 '此心之所以合於 王者 何也(이 마음이 王道에 충분한 까닭은 무엇입니까?)'에서 앞의 足과 뒤의 合은 비록 문장은 다르지만 그 뜻은 같다. 대체로 合은 給과 통하는데 설문(說文)의 糸부에서 '給은 足과 같다'라고 하였다. 처음 소유하였을 때는 혹 때때로 궁핍하여 흡족할 수는 없으나 公子 荊의 뜻은 이미 충분하다고 여긴 것이다. [合猶足也 孟子梁惠王篇 是心足以王矣 下文曰 此心之所以合於 王者 何也 上言足 下言合 文異而義同 蓋合與給通 說文糸部 給相足也 始有之時 或時匱乏 未能給足 而荊之意已以爲足也] [楊伯峻]

【矣】 …하게 되다. …일[할] 것이다. …하게 될 것이다. 어기조사. 상황의 변화나 새로운 상황의 출현(어떤 사건이 발전·변화하는 과정이나 그것이 장차 발생하려 함)을 나타냄. 간혹 미래나 어떤 조건 하에서의 결과가 긍정적임을 나타냄.

【完】 갖추다. 완전히 갖추다. 완비(完備)하다.

주희(朱熹) - 完은 완비함(갖추다)이다. [完 備也]

정약용(丁若鏞) - 完이란 온전하게 갖추는 것이니, 모자람이 없는 것을 完이라 한다. [完者 全備也 不缺曰 完]

【富】 많이. 풍부하게. 풍족하게.   ♣20100111月

9. 이미 부유하게 되었는데 또 거기에 무엇을 더하리까

子適衛 冉有僕 子曰 庶矣哉 冉有曰 旣庶矣 又何加焉 曰 富之 曰 旣富矣 又何加焉 曰 敎之

子(ᄌᆞ)ㅣ 衛(위)예 適(적)ᄒᆞ실ᄉᆡ 冉有(염유)ㅣ 僕(복)ᄒᆞ얏더니 子(ᄌᆞ)ㅣ ᄀᆞᆯᄋᆞ샤ᄃᆡ 庶(셔)ᄒᆞ다 冉有(염유)ㅣ ᄀᆞᆯ오ᄃᆡ 이믜 庶(셔)커든 ᄯᅩ 므스거슬 加(가)ᄒᆞ리잇고 ᄀᆞᆯᄋᆞ샤ᄃᆡ 富(부)케 ᄒᆞᆯ 띠니라 ᄀᆞᆯ오ᄃᆡ 이믜 富(부)커든 ᄯᅩ 므스거슬 加(가)ᄒᆞ리잇고 ᄀᆞᆯᄋᆞ샤ᄃᆡ 敎(교)ᄒᆞᆯ 띠니라

공자께서 위(衛)나라에 가실 때 염구(冉求)가 수레를 몰았는데 선생님께서 말씀하시기를 "(백성들이) 많구나!" 하셨다. 염구가 말씀드리기를 "이미 많아졌는데 또 거기에 무엇을 더하리까?" 하니 말씀하시기를 "그들을 부유하게 해야 하느니라." 하셨고, (염구가) 말씀드리기를 "이미 부유하게 되었는데 또 거기에 무엇을 더하리까?" 하니 말씀하시기를 "그들을 가르쳐야 하느니라." 하셨다.

【適】 가다.

【冉有】 공자의 제자 염구(冉求). 자가 자유(子有).

【僕복】 종. 마부(馬夫). ⇒ 마부를 하다. 말을 몰다. 마차(수레)를 몰다. 명사의 동사로의 전용.

공안국(孔安國) - 공자가 衛나라에 갈 때 염유가 수레를 몰았다. [孔子之衛 冉有御]

【庶】 무리. 여럿(衆也). 무리가 많다. 사람들이 많다.

공안국(孔安國) - 庶는 무리라는 뜻이니, 衛나라 사람들의 무리가 많다는 말이다. [庶 衆也 言衛人衆多] [朱熹]

【矣哉】 …이구나[이도다]! 관용형식으로 감탄(感歎)·한탄(恨歎)의 어기를 나타냄.

【旣】 이미. …한 후. 부사. 동작·행위·상황 등이 이미 발생했거나 존재함을 나타냄.

【矣】 …하게 되다. …일[할] 것이다. …하게 될 것이다. 어기조사. 상황의 변화나 새로운 상황의 출현(어떤 사건이 발전·변화하는 과정이나 그것이 장차 발생하려 함)을 나타냄. 간혹 미래나 어떤 조건 하에서의 결과가 긍정적임을 나타냄.

【何】 무엇[어느 것]이 …한가[인가]? 누구[무엇, 어디]인가? 누구를[무엇을] …한

가? 의문대명사. 주어나 술어, 목적어로 쓰여 사람이나 사물, 장소에 대해 물음. 목적어로 쓰일 때는 일반적으로 도치되어 동사나 전치사 앞에 옴.

【焉】 거기에. 於之 합음사. 於는 전치사로 동작이나 행위에 관련되는 대상을 나타내며, 之는 지시대명사로 각각 앞의 庶와 富를 가리킴.

【之】 그것. 인칭대명사. 이미 많아지게 된 백성을 가리킴. ♣20100112火

10. 진실로 만약 나를 써주는 사람이 있다면

> 子曰 苟有用我者 朞月而已 可也 三年有成

子(자)ㅣ 글오샤딕 진실로 나를 쓰리 이시면 朞月(긔월)뚜름이라도 可(가)ᄒ리니 三年(삼년)이면 成(셩)홈이 이시리라

선생님께서 말씀하시기를 "만약 진실로 **나를 써줄** 이 있다면 일 년일 뿐이라도 될 것이니, 삼년이면 이룸이 있을 것이리라." 하셨다.

【苟】 (진실로) 만약[가령] …이라면. 접속사. 가정이나 조건을 나타냄. 본래의 뜻인 '진실로' 의 의미도 내포하고 있음.

【用】 쓰다. 등용(登用)하다. 기용(起用)하다.

【朞月】 만 12월. 1년. 달이 한 바퀴 돌아서 같은 달이 다시 돌아오는 기간.

　朞 : = 期. 1주년. 한 바퀴 돌아서 다시 돌아온 때.

　형병(邢昺) - 朞月은 周月이니 1년의 12개월을 도는 것[일주(一周)함]을 이른다. [朞月周月也 謂周一年之十二月也]

　주희(朱熹) - 朞月은 한 해의 달을 일주(一周)함을 이른다. [朞月 謂周一歲之月也]

　[참고]

　　정약용(丁若鏞) - 期月은 周一月(달이 지구를 한 바퀴 도는 기간, 곧 1개월)이다. [期月 周一月也] [참고] 중용(中庸) - 중용(中庸)을 택(擇)하여 기월(期月)도 지키지 못한다. [擇乎中庸 而不能期月守也] [朱熹 注 - 期月 帀一月也(기월은 만 1개월이다.)]

【而已】 …일 뿐이다. …일 따름이다. 그만이다. 어기조사. 진술문의 끝에 쓰여 제한 또는 한정의 어기를 나타냄.

　정약용(丁若鏞) - 而已는 그 기간이 짧은 것을 이른다. [而已 謂其期短也]

　[참고] 朞月 而已可也 : 1년이면 곧 꽤[어지간히] 가능하다. [而 : = 則. …하면 곧. 접속사. 조건에 따른 결과를 나타냄. 已 : 이미. 벌써. 꽤 어지간히. 부사. 동작이나 행위가 이미 발생했음을 나타냄.]

【可】 괜찮다. 그런대로 좋다[되다]. 겨우 괜찮은 정도에 달한 것이지 썩 좋은 것은 아니라는 뜻이 내포됨.

주희(朱熹) - 可는 겨우 괜찮다는 말이니 기강이 베풀어짐을 말한다. [可者 僅辭 言紀綱布也]

【有成】이룸이 있다. (일 등을) 성취함이 있다. 치적(治積)을 이룸이 있다.

주희(朱熹) - 有成은 다스린 치적이 이루어지는 것이다. [有成 治功成也]

윤돈(尹焞) - 공자께서 당시에 자신을 등용해 주는 자가 없음을 한탄하셨다. 그러므로 이렇게 말씀하신 것이다. [孔子歎當時莫能用己也 故云然]

주희(朱熹) - 내가 살펴보니 사기(史記) 공자세가(孔子世家)에 공자의 이 말씀은 아마도 위령공(衛靈公)이 등용해 주지 못하기 때문에 하신 말씀이라고 하였다. [愚按 史記 此蓋爲衛靈公不能用而發]　　　　　　　　♣20100112火

11. 선인善人이 나라를 다스림이 백년이면...

> 子曰 善人爲邦百年 亦可以勝殘去殺矣 誠哉是言也

子(주)] 글ㅇ샤ᄃᆡ 善人(션신)이 邦(방)을 홈이 百年(ᄇᆡ년)이면 ᄯᅩ흔 可(가)히 ᄡᅥ 殘(잔)을 勝(승)ᄒ며 殺(살)을 去(거)ᄒ리라 ᄒ니 誠(셩)ᄒ다 이 말이여

선생님께서 말씀하시기를 "'선인(善人)이 나라를 다스림이 백년이면 또한 곧 능히 잔학(殘虐)한 이를 억누르고 살육(殺戮)을 없애게 될 것이라.' 하니, 참되도다! 이 말이여!" 하셨다.

【善人】 덕(德)을 이루어 행실에 악(惡)함이 없어 사람을 잘 다스리거나 정치를 잘하는 사람.

　황간(皇侃) - 善人은 현인(賢人)을 이른다. [善人 謂賢人也]

　정약용(丁若鏞) - 善人이란 그 일에 능한 사람을 이른다. [善人 謂善於其事者]

　[참고] 述而-25, 先進-19, 子路-29, 堯曰-1.

【爲】 정사(政事)를 행하다. 다스리다(治理). 통치하다.

　주희(朱熹) - 나라를 다스리기를 백 년 동안 한다는 것은 서로 이어 오래함을 말한다.
　　[爲邦百年 言相繼而久也]

【亦】 곧. 즉. 부사. 동작이나 행위가 일정한 조건이나 정황에서 갖추어져 저절로 그러함을 강조함.

【可以】 가히[능히] …할 수 있다. …해도 좋다. 조동사. 조건의 허가를 나타냄.

【勝殘】 잔학(殘虐)한 이를 이기다. 잔학한 이를 억누르다[물리치다].

　勝 : 이기다. ⇒ 억누르다. 물리치다. 감화시키다.

　殘 : 해치다. ⇒ 잔학한 행위. 잔학한 사람. 잔인하고 포학한 사람.

【去殺】 죽이는 일을 없게 하다. 살육(殺戮)을 없애다.

　去 : 제거하다. 없애다. 버리다. 선택[시행]하지 않다.

　[참고] ① 사람을 죽이는 일을 없애다. 살인을 없게 하다. 살육을 없애다. ② 죽이는 형벌을 없애다. 사형(死刑)을 없애다.

주희(朱熹) - 勝殘은 잔인하고 포악한 사람을 교화시켜 악한 짓을 하지 않게 하는
　　것이요, 去殺은 백성들이 善에 교화되어 사형을 쓰지 않을 수 있음을 이른다.
　　[勝殘 化殘暴之人 使不爲惡也 去殺 謂民化於善 可以不用刑殺也]

정약용(丁若鏞) - 사람을 괴롭히는 자(賊人者)를 殘이라 하고 사람을 해하는 자(害
　　人者)를 殺이라 이르니 勝殘去殺이란 백성이 선정(善政)에 감화되어 잔학하거
　　나 살해하는 풍속이 없어짐을 말한다. [賊人者 謂之殘 害人者 謂之殺 勝殘去殺
　　謂民化於善 無殘暴殺害之俗]

왕숙(王肅) - 勝殘이란 포악한 사람으로 하여금 악한 짓을 못하게 하는 것이며,
　　去殺이란 사형(死刑)을 사용하지[시행하지] 않는 것이다. [勝殘 殘暴之人 使
　　不爲惡也 去殺 不用刑殺也]

요노(饒魯) - 勝殘이란 나의 덕화로 잔악한 이를 이기는 것이며, 去殺이란 백성들이
　　極惡大罪를 범하는 일이 없어 가히 사형의 형벌을 쓰지 않게 되는 것이다.
　　[勝殘 是我之善化 足以勝其殘暴 去殺 是民無極惡大罪 可以不用刑殺]

[참고] 可以勝殘去殺 : 잔학함을 이겨냄으로써 살육을 없앨 수 있다. (以勝殘을
　　부사구로, 이때의 以는 전치사[…으로써]로 보는 견해.)

【矣】…하게 되다. …일[할] 것이다. …하게 될 것이다. 어기조사. 상황의 변화나
　　새로운 상황의 출현(어떤 사건이 발전·변화하는 과정이나 그것이 장차 발생하려
　　함)을 나타냄. 간혹 미래나 어떤 조건 하에서의 결과가 긍정적임을 나타냄.

【誠哉是言也】참되도다[진실이로다, 정말 옳도다]! 이 말은.

　誠 : 진실 되다. 참되다. 오롯하다. 지극하다.

　哉 : …이로다! …이구나! …이도다! …하구나! …로구나! …이여! 어기조사. 찬양
　　·비통·분노·경악·감개 등의 감탄의 어기를 나타냄.

　是 : 이것. 지시대명사. 앞의 ‘善人~去殺矣’를 가리킴.

　也 : …이로구나! 어기조사. 감탄문의 끝에 쓰여 비분·찬송·감탄·놀람 등의 어기를
　　나타냄.

정약용(丁若鏞) - 誠哉란 실제로 그러하다는 말이다. [誠哉 謂實然也]

공안국(孔安國) - 옛날에 이러한 말이 있었는데, 공자가 이 말에 대해 믿을 만하다고
　　생각한 것이다. [古有此言 孔子信之]　　　　　　　　♣20100112火

12. 한 세대 다음에라야 인仁한 세상이 될 것이니

> 子曰 如有王者 必世而後仁

子(ㅈ)ㅣ 골ㅇ샤딕 만일에 王者(왕쟈)ㅣ 이실 따라도 반드시 世(셰)ㄴ 後(후)에 仁(신)ㅎ
ᄂ니라

선생님께서 말씀하시기를 "설사 성왕(聖王)이 있다 할지라도 반드시 한 세대 다음에
라야 인(仁)한 세상이 될 것이니라." 하셨다.

【如】= 若. 만일[만약, 가령] …할지라도. 설사 …하더라도. 접속사. 양보관계를
　　　나타냄.

【王者】왕다운 사람. 성왕(聖王). 무력을 주축으로 한 패자(覇者)와 대조되는 개념
　　　으로 요임금이나 순임금처럼 왕도로써 천하를 다스리는 성왕을 가리킴. [孟子]
　　주희(朱熹) - 王者는 聖人이 天命을 받고 일어남을 이른다. [王者 謂聖人受命而興也]

【必】반드시[필시] …일 것이다. 반드시 …이다. 술어 앞에 쓰여, 사실을 서술한
　　　것에 대한 확신에 찬 추측을 나타냄.

【世】세대. 한 세대. 부자(父子)의 세대교체 기간. 보통 30년을 한 세대로 봄.
　　주희(朱熹) - 30년이 일세가 된다. [三十年 爲一世]
　　공안국(孔安國) - 30년을 世라 하니 천명(天命)을 받은 왕이라도 반드시 30년이
　　　지나서야 인정(仁政)을 이룰 수 있다. [三十年 曰世 如有受命王者 必三十年
　　　仁政乃成]
　　정약용(丁若鏞) - 世는 부자간의 계승(부자가 대를 물리는 기간)을 말한다. [世
　　　謂父子相承也]

【而後】이후에. 그런 다음에. …한 연후에. …하고 난 후에. = 以後. 단문을 연결시키
　　　며, 뒷일이 앞의 일에 이어서 발생하는 연관관계를 나타냄. 而는 조동사로
　　　뒤에 上, 下, 往, 來, 前, 後 등을 동반하여 범위를 나타냄.

【仁】백성들이 인(仁)하게 되다. 인정(仁政)이 이루어지다. 어진 정치가 행해지고
　　　베풀어지다. 교화(敎化)가 두루 미치다. 인화(仁化)되다. 인덕(仁德)에 의한
　　　감화(感化)가 이루어지다.

주희(朱熹) - 仁은 교화가 흠뻑 젖음[두루 미침]을 이른다. [仁 謂敎化浹也]

정약용(丁若鏞) - 仁이란 천하를 인으로 다스려 백성이 그를 따르는 것이다. [仁 謂率天下以仁 而民從之也]

[참고] 如를 가정(가설)을 나타내는 접속사(가령 …한다면, 만일)로 보는 견해

☞ 만약 성왕이 있다면 반드시 삼십년 정도면 인(仁)하게 될 것이다.

오성수 - '子路-10'은 여러 나라를 돌아다녀도 자기를 알아주고 등용하는 군주와 나라가 없자 너무나 야속하고 아쉬운 나머지 역으로 자신감을 표출한 것이다. '子路-11'은 나라를 너무 선하게 다스리는 것도 좋은데 그러다 보면 오랜 세월이 지나야 감화가 되고 제도가 없어진다는 것과 아울러 한 번 악에 물들면 거기서 빠져나오기가 힘들다는 것을 아울러 표명한 것이다. '子路-12'는 사람들이 언제나 풍속이 인후한 세상이 올까하고 너무 조급해 하자 아무리 왕도로 다스린다 하더라도 세상이 仁해지기까지는 오랜 세월이 걸린다는 것을 강조한 것이다. 물론 개개의 상황이 무엇인지 공자의 '子曰' 앞에 누가 무슨 질문을 했는지는 알 수 없다. 하지만 방편설법에 능한 공자인지라 적재적소에 맞는 명답이었을 것이다. ♣20100113水

13. 참으로 제 몸을 바르게 한다면...

> 子曰 苟正其身矣 於從政乎何有 不能正其身 如正人何

子(주) | 글ㅇ샤딘 진실로 그 身(신) 正(졍)ㅎ면 政(졍)을 從(죵)홈애 므스거시 이시며 能(능)히 그 身(신)을 正(졍)티 몯ㅎ면 人(신)을 正(졍)홈애 엇디료

선생님께서 말씀하시기를 "참으로 만약 제 몸을 바르게 한다면 정치를 하는 데 무슨 어려움이 있겠는가? 능히 제 몸을 바르게 할 수 없으면서 어찌 남을 바르게 할 수 있겠는가?" 하셨다.

【苟】 (진실로) 만약[가령] …이라면. 접속사. 가정이나 조건을 나타냄. 본래의 뜻인 '진실로'의 의미도 내포하고 있음.

형병(邢昺) - 苟는 진실로이다. [苟 誠也]

【矣】 어기조사. 잠시 말을 멈추게 하는 느낌[짧은 휴지(休止)]을 주고 문장이 끝나지 않았음을 나타내며 다음 말을 일으키는 역할을 함.

【於】 …에. …에 대해(서). 전치사. 동작이나 행위에 관련되는 대상을 나타냄.

【從政】 정사(政事)[정치(政治)]에 종사하다. 정치를 하다. 정치에 참여하다.

형병(邢昺) - 政이라는 것은 바름이다. [政者 正也]

【乎】 어기조사. 也, 也者 등과 같이 음절을 조정하고 어기를 고르는 역할을 함. 쉼표 역할을 함.

【何有】 무엇이 있겠는가? 무엇이 더 필요하겠는가? 무슨 관계가 있겠는가? 무슨 문제나 어려움이 있겠는가?(何難之有) 곧 어려울 것이 없다(아무런 문제도 없다)는 뜻. 관용형식으로서 술어로 쓰여 반문을 나타냄.

【如…何】 …을 어떻게 하겠는가? …을 무엇 하겠는가? 어찌 …하겠는가? 일의 처리를 묻는 관용구. 여기서는 반문을 나타냄.

형병(邢昺) - 다른 사람을 바르게 하려는 것은 먼저 그 자신을 바르게 하는 데 있다. [欲正他人 在先正其身]

[참고] 顔淵-17, 子路-3,6.

♣20100113水

14. 나랏일이 아니고 집안일이겠지

冉子退朝 子曰 何晏也 對曰 有政 子曰 其事也 如有政 雖不吾以
吾其與聞之

冉子(염조)ㅣ 朝(됴)로셔 退(퇴)하야늘 子(조)ㅣ 골ㅇ샤티 엇디 晏(안) ᄒ뇨 對(디) ᄒ야
골오디 政(졍)이 잇데이다 子(조)ㅣ 골ㅇ샤티 그 事(ᄉ)ㅣ로다 만일에 政(졍)이 이실 띤댄
비록 나룰 쓰디 아니ᄒ나 내 그 與(여) ᄒ야 聞(문) 홀이니라

염구(冉求)가 조정에서 물러나오자 선생님께서 말씀하시기를 "왜 늦었느뇨?" 하셨
다. 대답하여 말씀드리기를 "나랏일이 있었습니다." 하니, 선생님께서 말씀하시기를
"계씨의 집안일이겠지. 만일 나랏일이 있었다면 비록 나를 쓰지 않았을지라도 내
아마도 참여하여 그것을 들어 알았으리라." 하셨다.

【冉子】 공자의 제자 염구(冉求). 자는 자유(子有). 당시 노나라의 정권을 전횡하고
　　　있던 계씨(季氏)의 가신(家臣)이었음.
【退朝】 조정에서 물러 나오다. 조정에서 퇴근하다. 퇴청하다. 朝는 계씨의 사조(私朝).
　주생렬(周生烈) - 노나라 군주의 조정에서 물러남을 말한다. [謂罷朝於魯君]
　정현(鄭玄) - 계씨의 사사로운 조정에서 조회를 본 것이다. [朝於季氏之私朝]
　형병(邢昺) - 정현은 '염유는 계씨의 신하였으므로 朝를 계씨의 조정이다.' 하고,
　　　주씨는 '임금의 조정의 일을 논하였으므로 말하기를 노군의 조회를 파한 것이
　　　다.' 하였다. [鄭玄 以冉有臣於季氏 故以朝爲季氏之朝 周氏 以論君朝之事 故
　　　云罷朝於魯君]
　주희(朱熹) - 염유는 그 당시 계씨의 가신이 되었다. 朝는 계씨의 사사로운 조정이
　　　다. [冉有時爲季氏宰 朝 季氏之私朝也]
【何晏也】 왜 늦었느냐?
　何 : 어찌하여[왜] …한가? 의문대명사. 어떤 일의 이유나 원인에 대해 물음. 목적어
　　　로 쓰여서 동사 晏과 도치됨.
　晏 : 늦다. 시간이 늦다.
　也 : …한가[인가]? …입니까? 어기조사. 의문문의 끝에 쓰여 의문대명사의 어기를

나타내며 일반적으로 何, 誰, 奚 등의 의문대명사와 같이 씀.

형병(邢昺) - 晏은 때가 늦은 것이다. [晏 晩也] [朱熹]

【有政】 (나라의) 정무(政務) [정사(政事)] 가 있다. 나랏일이 있다.

【其事也】 그의(계씨의) (개인적인) 일이다. 그 (집안의) 일이다.

　其 : 그. 그 사람. 인칭대명사. 의미상으로 계씨(季氏)를 가리킴.

　也 : …이다. 어기조사. 문장 끝에 쓰여 판단이나 단정을 나타냄.

주희(朱熹) - 政은 國政(나랏일)이요 事는 집안일이다. [政 國政 事 家事]

마융(馬融) - 政이란 바꾸어 바로잡는 바가 있는 것이고, 事란 보통 일상적인 일을
　　　행하는 것이다. [政者 有所改更匡正 事者 凡行常事]

【如】 만약[만일, 가령] …한다면. 접속사. 가설(가정)이나 조건을 나타냄.

【雖】 비록 …일[할]지라도. 접속사. 양보관계를 나타냄.

【吾以】 나를 쓰다. 나를 등용하다. 以吾가 도치되었음. 대명사가 목적어인 부정문이
　　　나 의문문에서는 술어(동사)와 목적어가 도치됨.

　以 : = 用. 쓰다. 등용하다. 임용하다. 동사.

　주희(朱熹) - 以는 등용함이다. [以 用也]

【吾其與聞之】 내가 아마도 그것을 참여하여 들었을 것이다.

　其 : 아마(도). 어쩌면. 부사. 동작이나 행위 또는 어떤 상황에 대한 추측을 나타냄.

　與 : 참여(參與)하다. 관여(關與)하다. 간여(干與)하다. 동사.

　양백준(楊伯峻) - 與는 거성으로 참여하다는 뜻이다.

　[참고] 與 : 미리(預先). 앞서. ⇒ 與聞 : 미리 듣다. 미리 들어서 알게 되다.

　정약용(丁若鏞) - 與는 預자와 통용되는 글자이다. [與 預通]

　之 : 그것. 지시대명사. 앞의 政을 가리킴.

주희(朱熹) - 禮에 '전임 대부는 비록 정사를 다스리지 않더라도 국정에 참여하여
　　　듣는다.' 하였다. 이때 계씨(季氏)는 노나라를 독단하여 국정에 대해 동렬(同
　　　列) 들과 공조(公朝)에서 의논하지 않고 혼자서 가신(家臣)들과 자기의 사실
　　　(私室) [사조(私朝)] 에서 도모하였다. 그러므로 夫子께서 모르는 체하고 말씀
　　　하시기를 '이는 반드시 계씨의 집안 일일 것이다. 만일 그것이 국정이었다면
　　　나는 일찍이 대부였으니, 지금에는 비록 등용되지 못하나 그래도 당연히 참여하
　　　여 들었을 터인데, 이제 이미 듣지 못하였으니, 이는 국정이 아니다.' 라고

하신 것이다. 말씀한 뜻이 위징(魏徵) 의 헌릉(獻陵) 대답과 대략 서로 비슷하다. 그 명분을 바르게 하고 계씨를 억제하여 염유를 가르치신 뜻이 깊다. [禮大夫雖不治事 猶得與聞國政 是時 季氏專魯 其於國政 蓋有不與同列議於公朝而獨與家臣謀於私室者 故夫子爲不知者而言 此必季氏之家事耳 若是國政 我嘗爲大夫 雖不見用 猶當與聞 今旣不聞 則是非國政也 語意與魏徵獻陵之對略相似 其所以正名分 抑季氏 而敎冉有之意 深矣] ♣20100114木

15. 한마디의 말로 나라를 일으키는 그런 말이 있는가

定公問 一言而可以興邦 有諸 孔子對曰 言不可以若是 其幾也 人之言曰 爲君難 爲臣不易 如知爲君之難也 不幾乎一言而興邦乎 曰 一言而喪邦 有諸 孔子對曰 言不可以若是 其幾也 人之言曰 予無樂乎爲君 唯其言而莫予違也 如其善而莫之違也 不亦善乎 如不善而莫之違也 不幾乎一言而喪邦乎

定公(정공)이 묻そ오되 一言(일언)에 可(가)히 뻐 邦(방)을 興(흥)ᄒ리라 ᄒᄂ니 인ᄂ니잇가 孔子(공ᄌ)ㅣ 對(ᄃᆡ)ᄒ야 ᄀᆞᆯ오샤ᄃᆡ 言(언)을 可(가)히 뻐 이러트시 그 幾(긔)티 몯홀ᄭᅵ어니와 人(신)의 言(언)에 ᄀᆞᆯ오ᄃᆡ 君(군) 되옴이 어려오며 臣(신) 되옴이 쉽디 아니타 ᄒᄂ니 만일에 君(군) 되옴이 어려온 줄을 알 ᄯᆞᆫ댄 一言(일언)애 邦(방)을 興(흥)홈을 幾(긔)티 아니ᄒ리잇가 ᄀᆞᆯ오샤ᄃᆡ 一言(일언)에 邦(방)을 喪(상)ᄒ리라 ᄒᄂ니 인ᄂ니잇가 孔子(공ᄌ)ㅣ 對(ᄃᆡ)ᄒ야 ᄀᆞᆯ오샤ᄃᆡ 言(언)을 可(가)히 뻐 이러트시 그 幾(긔)티 몯홀ᄭᅵ어니와 人(신)의 言(언)에 ᄀᆞᆯ오ᄃᆡ 내 君(군) 되옴을 樂(락)홈이 업고 오직 그 言(언)홈애 나를 違(위)티 말라 ᄒᄂ니 만일에 그 善(션)커든 違(위)티 아니홀 ᄯᆞᆫ댄 ᄯᅩ흔 善(션)티 아니ᄒ리잇가 만일에 善(션)티 아니커든 違(위)티 아니홀 ᄯᆞᆫ댄 一言(일언)에 邦(방)을 喪(상)홈을 幾(긔)티 아니ᄒ리잇가

정공(定公)이 묻기를 "한마디 말을 하여서 나라를 일으킬 수 있다.' 그런 말이 있습니까?" 하니, 공자께서 대답하여 말씀하시기를 "말이 이와 같이 될 수는 없고 그 비슷한 것이라면, 사람들의 말에 '임금하기 어렵고 신하하기도 쉽지 않네.'라 하는데, 만약에 임금을 하는 것의 어려움을 안다면 '한마디 말을 하여서 나라를 일으키네.'라는 말에 가깝지 않겠습니까?" 하셨다. (정공이) 말씀하시기를 "'한마디 말을 하여서 나라를 잃는다.' 그런 말이 있습니까?" 하니, 공자께서 대답하여 말씀하시기를 "말이 이와 같이 될 수는 없고 그 비슷한 것이라면, 사람들의 말에 '내 임금을 하는 것에 즐거움이 없고 다만 내 말을 하면 곧 아무도 나를 거스르는 자 없네.'라 하는데, 만약에 그것이 옳은데 아무도 그것을 거역하는 자가 없다면 또한 역시 좋지 않겠습니까? (그런데) 만약에 옳지 않은데도 아무도 거역하는 자가 없다면 (이것이) '한마디 말을 하고서 나라를 잃는다.'라는 말에 가깝지 않겠습니까?" 하셨다.

【定公】 노나라 임금(B.C. 509~495 재위). 이름은 송(宋). 양공(襄公)의 아들이며
　　소공(昭公)의 아우. 공자의 나이 44세에서 58세 되던 해까지의 임금.

【一言而可以興邦】 한마디 말을 하여서 가히 나라를 일으킬 수 있다.

　而 : …하여서[하고서]. 그리하여. 접속사. 순접(연관)관계를 나타냄.

　可以 : 가히[능히] …할 수 있다. …해도 좋다. 조동사. 조건의 허가를 나타냄.

　興 : 일으키다. 흥성(興盛)하게 하다(되다). 창성(昌盛)하게 하다(되다). 번영(繁
　　榮)하게 하다(되다).

【有諸】 그것이 있습니까? 그런 말이 있습니까?

　諸저 : 之乎(그것이 …한가?). 합음사(合音詞). 之는 지시대명사로 '一言而可以興
　　邦'를 가리키고, 乎는 어기조사로 의문 또는 반문의 어기를 나타냄.

【言不可以若是】 말이란 이와 같이 할 수 없다. 말이 이와 같이 될 수는 없다. 이와
　　같이 될 수 있는 말은 없다.

　若是 : 이와 같이. 이처럼. = 若此, 如此. 부사구. 위의 문장을 대신하여 어떤 상황을
　　나타냄.

【其幾也】 그것이 가까운 것으로는. 그 말에 근접한 것으로는. 그 말이 비슷한 것으로는

　其 : 그. 그것. 지시대명사. 앞의 一言而可以興邦을 가리킴.

　幾 : 가깝다. 근접하다. 비슷하다.

　也 : …은(는). …이란. …이면. 어기조사. 음절을 조정하고 어기를 고르는(말을
　　잠깐 멈추고 다음 내용을 환기시키는) 역할을 함. 뒤의 如其善而莫之違也의
　　'也'도 같음.

[참고] 言不可以若是其幾也 : ① 말이 이와 같이 그것에 가까울 수는 없다. ②
　　말이 이와 같이 그것을 기대할 수는 없다. 말이 이처럼 그 말과 같이 되기를
　　기대(기약)할 수는 없다.

　왕숙(王肅) - 매우 요긴한 한마디 말로는 나라를 바로 일으킬 수 없다는 것이다.
　　幾는 가깝다는 뜻이니 한마디 말이 나라를 일으킬 수 있는데 가까움이 있다는
　　것이다. [以其大要一言 不能正興國 幾近也 有近一言可以興國]

　황간(皇侃) - 공자는 답하기를 어떻게 한마디의 말로써 나라를 흥성하게 할 수
　　있겠는가? 이와 같이 할 수 없다는 점을 말하는 것이다. 幾는 '가깝다'이다.
　　그러나 한마디의 말로 나라를 흥성하게 할 수는 없지만 나라를 흥성하게 하는

데 가까울 수 있으므로 '其幾也'라 이른 것이다. [答曰 豈有出一言而興得邦國乎 言不可得頓如此也 幾近也 然一言雖不可即使興 而有可近於興邦者 故云其幾也]

주희(朱熹) - 幾는 기약함이니 시경 소아 초자(詩經 小雅 楚茨)에 '如幾如式(기약함과 같고 법식과 같다)'이라 하였다. 한마디 말의 사이에 이와 같이 반드시 그 효과를 기약할 수 없다고 말씀한 것이다. [幾 期也 詩曰 如幾如式 言 一言之間 未可以如此而必期其效]

정약용(丁若鏞) - 幾는 '바라다'이며 '가깝다'이다. 언어의 효험을 이와 같이 바랄 수는 없지만 만일 임금 됨이 어려운 줄을 안다면 또한 이를 바랄 수 있지 않겠는가? [幾 希也 殆也 言語之效 不可以若是其希望也 然若知爲君之難 不亦可望乎]

【易이】 쉽다. 용이하다. 형용사. [참고] 泰伯-12.

【如】 = 若. 만약[만일, 가령] …한다면. 접속사. 가설(가정)이나 조건을 나타냄.

【不幾乎一言而興邦乎】 한마디 말을 하여서 나라를 일으키는 것에 가깝지 않겠는가? '한마디 말을 하여서 나라를 일으키네.'라는 말에 가깝지 않겠습니까? [참고] 주희(朱熹) - 한마디 말을 하여서 나라를 일으키는 것을 기약할 수[바랄 수] 없겠는가?

乎 : ① …에서. …에. 전치사. 동작이나 행위가 발생하는 장소나 범위 또는 어떤 상황에 처함을 나타냄. 不幾乎. ② …인가? …이겠는가? 어기조사. 의문문의 끝에 쓰여 반문의 어기를 나타냄. 일반적으로 대명사 何, 孰이나 접속사 況, 혹은 부사 庸, 寧, 豈, 不, 非 등과 호응함. 興邦乎, 다음의 不亦善乎.

【喪邦】 나라를 잃다. 나라를 멸망시키다.

【予無樂乎爲君】 나는 임금을 하는 것에 즐거움이 없다.

予 : 나. 일인칭대명사.

乎 : …에서. …에. 전치사. 동작이나 행위가 발생하는 장소나 범위 또는 어떤 상황에 처함을 나타냄.

【唯其言而莫予違也】 다만 그 말을 하면 곧 아무도 나를 어기는 사람이 없다. 다만 내가 말을 하면 곧 아무도 나에게 거역한 사람이 없다.

唯 : 단지. 다만. 오직. 오로지. 부사. 범위의 제한이나 한정(어떤 범위에 국한됨)을 나타냄.

其 : 그. 그 사람. 인칭대명사. 일반적인 사람을 가리킴. 여기서는 일반인화된 자기
　　자신을 가리킴.

而 : = 則. 이에 곧. …이면[하면] 곧. 접속사. 조건에 따른 결과를 나타냄.

莫 : 아무(것)도 …한 사람(것)이 없다. 아무도 …하지 않다. 지시대명사.

予違 : 나를 거스르다. 나를 거역하다. 내 말이나 명령에 이의를 제기하고 듣지
　　않다. 違予가 도치되었음. 대명사가 목적어인 부정문이나 의문문에서는 술어
　　(동사)와 목적어가 도치됨.

也 : …이다. 어기조사. 진술문의 끝에 쓰여 판단이나 단정 또는 긍정을 나타냄.

공안국(孔安國) - 임금이 된 것을 즐거워하는 것이 아니고 즐거워하는 것은 오직
　　자신이 말을 하면 거역을 당하지 않는 것을 즐거워한다는 것을 말함이다. [言無
　　樂於爲君 所樂者 唯樂其言而不見違]

【如其善而莫之違也】만약 그것이 옳은데 아무도 그것을 어기는 사람이 없다면.
　　만약 그 말이 옳은데 아무도 그 말을 거역하는 사람이 없다면.

其, 之 : 그것. 그 말. 지시대명사. 앞의 言을 가리킴.

善 : 옳다. 올바르다. 착하고 정당하여 도덕적 기준에 맞다.

而 : …하여서. 그리하여. 이에. 접속사. 순접(연관)관계를 나타냄. [如不善而莫之
　　違也의 而는 역접관계를 나타냄.]

【不亦善乎】또한 좋지 않겠는가?

不亦…乎 : 또한 …하지 아니한가? 또한 …이 아니겠는가? 긍정의 뜻이 담긴 완곡한
　　반문(反問)을 나타냄. [亦 : 또한. 역시. 대단히. 매우. 참으로. 조사.]

善 : 좋다. 그렇다. 찬동하거나 응낙한다는 뜻을 나타냄.

사량좌(謝良佐) - 임금 노릇하기가 어렵다는 것을 알면 반드시 공경하고 삼가서
　　유지할 것이요, 오직 말을 함에 아무도 자기 말을 어기지 않는 것을 즐거워하면
　　참소하고 아첨하고 면전에서 비위 맞추는 사람들이 이를 것이다. 나라는 반드시
　　갑자기 흥하거나 잃는 것은 아니지만, 흥하고 잃는 근원은 여기에서 나누어진다.
　　그러나 이것은 은미(隱微)한 조짐을 아는 군자가 아니라면 어찌 알 수 있겠는가?
　　[知爲君之難 則必敬謹以持之 唯其言而莫予違 則讒諂面諛之人至矣 邦未必遽
　　興喪也 而興喪之源分於此 然此非識微之君子 何足以知之] ♣20100114木

第
十
三
篇

子
路

16. 가까운 자 기쁘게 하고 먼 자 오게 하는 것이니

葉公問政 子曰 近者說 遠者來

葉公(섭공)이 政(정)을 묻ᄌᆞ온대 子(ᄌᆞ)] ᄀᆞᄅᆞ샤ᄃᆡ 갓가온 者(쟈)] 깃거ᄒᆞ며 먼 者(쟈)
] 옴이니라

섭공(葉公)이 정사(政事)에 대해 묻자, 선생님께서 말씀하시기를 "가까이 있는 사람
은 기쁘게 하고, 멀리 있는 사람은 오게 하는 것이니이다." 하셨다.

【葉公섭공】 楚나라의 중신 심제량(沈諸梁).

【說열】= 悅. 기쁘게 하다. 형용사의 사역동사로의 전용.

주희(朱熹) - 그 은택을 입으면 기뻐하고 그 풍문(소문)을 들으면 오게 된다. 그러나
　　　반드시 가까이 있는 자가 기뻐한 뒤에야 멀리 있는 자가 오는 것이다. [被其澤則
　　　說 聞其風則來 然必近者說而後 遠者來也]

형병(邢昺) - 의당 가까운 사람에게 먼저 은혜를 베풀어 그들을 기쁘게 해준다면
　　　멀리 있는 자들은 당연히 사모하고 감화되어 찾아오게 되는 것이다. [當施惠於
　　　近者 使之喜說 則遠者當慕化而來也]

황간(皇侃) - 만약 가까운 백성들로 하여금 기쁘게 하면 곧 멀리 있는 사람들이
　　　찾아 올 것이다. [若能使近民懽悅 則遠人來至也]　　　♣20100114木

274

17. 빨리 하려하지 말고 작은 이익을 보지 말지니

子夏爲莒父宰 問政 子曰 無欲速 無見小利 欲速 則不達 見小利 則
大事不成

子夏(ㅈ하)ㅣ 莒父宰(거보ㅈ])ㅣ 되연ᄂᆞᆫ 디라 政(졍)을 묻ᄌᆞ온대 子(ㅈ)ㅣ ᄀᆞᆯᄋᆞ샤ᄃᆡ 速(속)
고쟈티 말며 小利(쇼리)를 보디 마롤 ᄯᆡ니 速(속)고져 ᄒᆞ면 達(달)티 몯ᄒᆞ고 小利(쇼리)
를 보면 大事(대ᄉᆞ)ㅣ 이디 몯ᄒᆞᄂᆞ니라

자하(子夏)가 거보(莒父)의 읍재(邑宰)가 되어 정사(政事)에 대해 여쭙자, 선생님
께서 말씀하시기를 "빨리 하려하지 말고 작은 이익을 보지 말지니, 빨리 하려하면
곧 달성되지 않고 작은 이익을 보면 곧 큰 일이 이루어지지 않느니라." 하셨다.

【子夏】 공자의 제자 복상(卜商). 자가 자하(子夏).
【莒父거보】 노나라 동남쪽의 한 고을. 지금의 산동성(山東省) 거현(莒縣) 일대. 산동
　　통지(山東通志) - 지금의 산동성 고밀현(高密縣) 동남쪽.
【宰】 경대부(卿大夫)의 채읍(采邑)을 관장하는 우두머리[읍재(邑宰)].
【無】 = 毋. …하지 마라. …해서는 안 된다. 부사. 동작이나 행위에 대한 금지 및
　　충고를 나타냄.
【見】 보다. 눈을 두다. 보고 마음을 두다. ⇒ 추구하다.
【達】 다다르다. 나아가 이르다. 도달하다. 달성(達成)하다[되다]. 목표로 삼은 것이나
　　하고자 하는 일에 이르다.　정약용(丁若鏞) - 達은 '이룩하다' 이다. [達 遂也]
정이(程頤) - 자장(子張)이 정사를 묻자, 공자(孔子)께서 '마음에 두기를 게을리 하지
　　말고 행하기를 충심으로 하라[居之無倦 行之以忠]. [顏淵14.]' 하셨고, 자하(子夏)
　　가 정사를 묻자, '속히 하려고 하지 말고, 작은 이익을 보지 마라.' 고 하셨으니,
　　자장(子張)은 언제나 지나치게 높아 인(仁)하지 못하였고, 자하(子夏)의 병통은
　　항상 천근(淺近)하고 소소한 데 있었다. 그러므로 각각 자신에게 절실한 일로
　　말씀해 주신 것이다. [子張問政 子曰 居之無倦 行之以忠 子夏問政 子曰 無欲速
　　無見小利 子張 常過高而未仁 子夏之病 常在近小 故各以切己之事告之]

♣20100115金

18. 아버지는 자식을 위해 숨기고 아들은 아버지를 위해 숨기니

葉公語孔子曰 吾黨有直躬者 其父攘羊 而子證之 孔子曰 吾黨之直者 異於是 父爲子隱 子爲父隱 直在其中矣

葉公(섭공)이 孔子(공즈)ㅅ씌 語(어)ᄒ야 골오ᄃᆡ 우리 黨(당)에 躬(궁)을 直(딕)히 ᄒᆞᆫ 者(쟈)ㅣ 인느니 그 父(부)ㅣ 羊(양)을 攘(샹)ᄒ야ᄂᆞᆯ 子(즈)ㅣ 證(증)ᄒᆞ니이다 孔子(공즈)ㅣ 골ᄋᆞ샤ᄃᆡ 우리 黨(당)에 直(딕)ᄒᆞᆫ 者(쟈)ᄂᆞᆫ 이에 다ᄅᆞ니 父(부)ㅣ 子(즈)를 爲(위)ᄒ야 隱(은)ᄒ며 子(즈)ㅣ 父(부)를 爲(위)ᄒ야 隱(은)ᄒᆞ느니 直(딕)이 그 中(듕)에 인느니라

섭공(葉公)이 공자께 일러 말하기를 "우리 마을에 강직한 궁(躬)이라는 사람이 있는데 그의 아버지가 양을 훔치자 아들인데도 그것을 고발하였소." 하였다. 공자께서 말씀하시기를 "저희 마을의 솔직한 사람은 이와 다릅니다. 아버지는 자식을 위하여 숨기며 아들은 아버지를 위하여 숨기니 강직함이 그 가운데 있습니다." 하셨다.

【葉公섭공】 楚나라의 중신 심제량(沈諸梁).

【語】 말하다. …에게 말하다. 의견을 말하다. 이르다.

【黨】 마을. 500가구가 사는 마을.

【直躬者】 솔직[강직]하기로 유명한 궁(躬)이라는 사람. 강직한 궁이라는 사람.

유덕명(劉德明) - 躬은 정본(鄭本)에는 弓이라고 쓰여 있고, 정직한 사람의 이름이 '弓'이라고 말했다. [弓 鄭本作弓 云直人名弓] [經典釋文]

유월(兪樾) - 정현(鄭玄)의 설이 옳다. 躬과 弓은 옛날에 통용되었다. 만약 直躬을 '몸을 바르게 하여 행동한다.'라고 풀이 한다면 아래에서 공자도 '吾黨之直躬者'라고 말했어야 하는데 躬자가 없으니 躬이 이름임을 알 수 있다. 그가 정직하기 때문에 直躬이라고 이름한 것인데 이는 마치 미친듯함 때문에 狂接輿라고 이름한 것과 같다. 아마도 초나라 말에는 이러한 예가 있었던 듯하다. 광운(廣韻)에 이르러서는 '直이라는 성은 초나라 사람 直躬 이후에 생겨났다.'라고 하였는데 그렇지 않다. 躬은 그 사람의 이름이지만 直은 그 사람의 성이 아니기 때문이다. [鄭說是也 躬弓 古通用耳 若以直躬爲直身而行 則孔子亦當云 吾黨之直躬者 下文無躬字 知躬是人名也 因其直而名之 曰直躬 猶因其

狂而名之 曰狂接輿 殆楚語有然歟 至廣韻 謂直姓出楚人直躬之後 則又不然 躬
是其人之名 直非其人之姓也] [太宰純]

[참고] 자신을 정직하게 하는 사람. ⇒ 몸을 바르게 하고 행동하는 사람. 자신의
몸가짐이 정직한 사람. [何晏, 皇侃, 孔安國]

공안국(孔安國) - 直躬은 몸을 곧게 하여 실행하는 것이다. [直躬 直身而行]

[참고] 처음에는 그 사람의 성격이나 상황을 묘사했던 말이 나중에 사람 이름으로
발전한 경우 - 의봉인(儀封人) [八佾-24], 신문(晨門) [憲問-40], 하궤(荷蕢) [憲問
-41], 광접여(狂接輿) [微子-5], 장저(長沮) [微子-6], 걸익(桀溺) [微子-6], 장인(丈
人) [微子-7].

【攘양】 훔치다. 제 발로 들어온 것을 숨겨 제 것으로 만들다.

주생렬(周生烈), 주희(朱熹) - 인함이[계기가] 있어 훔치는 것을 攘이라 한다.
[有因而盜 曰攘]

정약용(丁若鏞) - 攘이란 절도이다. '어떤 계기에 의하여 훔치다.'는 주석은 근거가
없는 말이다. 서경에 奪攘矯虔(서로 약탈하고 혼란을 일삼다)라 하였고, 맹자(孟子)에
月攘一鷄(매달 한 마리 닭만 훔치다)라 하였다. [攘者 竊也 其必訓之曰 有因而盜 未有
據也 書曰 奪攘矯虔 呂刑文 孟子曰 月攘一鷄 滕文公 下]

【而】 그러나. 그렇지만. 오히려. 접속사. 역접관계를 나타냄.

【證】 알리다. 고발하다.

양백준(楊伯峻) - 설문(說文)에서는 '證은 알리다[證 告也].'라고 했으며 여기서
도 바로 이런 뜻이다. 오늘날의 檢擧(검거하다)나 揭發(드러내다)과 비슷하고,
이 일을 서술하면서 한비자 오두(韓非子 五蠹)에서는 '관리를 찾아가서 알리
다[謁之吏].'로 썼고, 여씨춘추 당무(呂氏春秋 當務)에서는 '윗사람을 찾아
가서 알리다[謁之上].'로 쓰고 있는데, 모두 그 자식이 아버지를 고발하는
것으로 설명할 수 있다. 고서(古書)에서 '증명(證明)'의 '證'은 일반적으로
'徵'자를 사용하였다.

【(證)之】 그. 그것. 지시대명사. 앞의 其父攘羊을 가리킴.

【異】 다르다. 같지 않다. 색다르다. 형용사.

【於】 …와[과]. …보다. …에 비해. 전치사. 비교의 대상을 나타냄.

【爲】 …을 위하여. …을 하기 위해서. 전치사. 동작이나 행위가 발생하는 목적을

나타냄.

【隱】 숨기고 말하지 않다. 진상을 감추다. 속을 숨기다. 속이다.

【其(中)】 그. 그것. 지시대명사. 앞의 父爲子隱 子爲父隱을 가리킴.

【矣】 …이다. 어기조사. 단정 또는 필연의 결과를 나타냄.

형병(邢昺) - 자식이 만약 허물이 있는데 부모가 그를 숨기는 것은 곧 자애(慈愛)요, 부모가 만약 허물이 있는데 자식이 그를 숨기는 것은 곧 효도(孝道)이다. 효도와 자애는 곧 충(忠)이고 충은 곧 직(直)이니, 그러므로 '곧음이 그 가운데 있다.'고 말한 것이다. [子苟有過 父爲隱之 則慈也 父苟有過 子爲隱之 則孝也 孝慈則忠 忠則直也 故曰直在其中矣]　　　♣20100115金

19. 집에서는 공손, 일할 때는 공경, 남을 대할 때는 충성

樊遲問仁 子曰 居處恭 執事敬 與人忠 雖之夷狄 不可棄也

樊遲(번디)ㅣ 仁(신)을 묻ᄌᆞ온대 子(ᄌ)ㅣ ᄀᆞᆯᄋᆞ샤ᄃᆡ 居處(거쳐)에 恭(공)ᄒᆞ며 事(ᄉ)를 執(집)홈이 敬(경)ᄒᆞ며 人(신)을 與(여)홈이 忠(튱)홈을 비록 夷狄(이뎍)에 갈 ᄯᆞ라도 可(가)히 棄(기)티 몯홀 꺼시니라

번지(樊遲)가 인(仁)에 대해 여쭙자, 선생님께서 말씀하시기를 "집에서 지낼 때는 공손(恭遜)히 하며, 일을 할 때는 경건(敬虔)히 하며, 남을 대할 때는 충성(忠誠)으로 할지니, 비록 오랑캐 땅에 가서라도 버릴 수 없느니라." 하셨다.

[참고] 雍也-20. 顔淵-22.

호인(胡寅) - 번지(樊遲)가 인(仁)을 물은 것이 세 번인데, 이것이 맨 처음이고, 옹야편(雍也篇)의 '어려운 것을 먼저 하고 얻는 것을 뒤로한다[先難後獲].' 는 것이 다음이고, 안연편(顔淵篇)의 '사람을 사랑하라[愛人].' 는 것이 맨 나중일 것이다. [樊遲問仁者三 此最先 先難次之 愛人其最後乎]

【樊遲】 공자의 제자 번수(樊須). 자가 자지(子遲).

【居處】 집에서 지내다. 일상생활을 하다.

 정약용(丁若鏞) - 居處는 앉고 눕고 일상적인 생활을 이른다. [居處 謂坐臥起居]

【恭】 공손(恭遜)하다. 예의 바르고 겸손(謙遜)하다. 용모와 태도가 단정하고 근엄하다. 나볏하다(몸가짐이나 행동이 반듯하고 의젓함).

【執事】 일을 집행하다. 일을 처리하다. 事는 公務를 뜻함.

 執 : 처리하다. 시행하다. 집행하다.

【敬】 지극히 삼가다. 신중히 하다. 경건(敬虔)하게 하다. 공경하는 마음으로 깊이 삼가고 조심하는 태도가 있게 하다. 예의 바르고 신중(愼重)히 하다. 삼가고 정성(精誠)을 다하여 처리하다.

【與人】 다른 사람을 대하다. 다른 사람과 사귀다. 남과 어울리다.

 與 : 함께 하다. 동반하다. 대하다. 어울리다. 교제하다. 사귀다. 동사.

 정약용(丁若鏞) - 與는 서로 교제함이다. [與 交與也]

[참고] 與 : …에 대해. …에게. 전치사. 동작이나 행위가 발생할 때 직접 파급되는
　　　대상을 나타냄.

【忠】 충성심(忠誠心). 정성(精誠)을 다하는 마음. 성실(誠實)한 자세로 최선(最善)
　　　을 다하는 마음. 다른 사람에 대해서, 특히 윗사람에 대해서 전심전력을 다함.
　　　충심으로 정성을 다하다. [참고] 里仁-15.

주희(朱熹) - 恭은 용모를 위주로 하고 敬은 일을 위주로 하니, 恭은 외모에 드러나고
　　　敬은 속마음을 주장한다. [恭 主容 敬 主事 恭見於外 敬主乎中]

양백준(楊伯峻) - 恭 : 용모와 태도를 단정하고 근엄하게 하다.　敬 : 엄숙하고
　　　진지하게 하다.　忠 : 충심으로 성의를 다하다.

【雖】 비록 …일[할]지라도. 접속사. 양보관계를 나타냄.

【之】 가다(往也). 동사.

【夷狄】 오랑캐. 중국 변방의 야만스러운 종족[미개민족]. 오랑캐 땅. 오랑캐 나라.
　　　중원(中原) 변방의 나라들. 동쪽을 夷(이), 서쪽을 戎(융), 남쪽을 蠻(만),
　　　북쪽을 狄(적)이라 하였음.

【棄】 버리다. 내버리다. 포기하다.

【也】 …이다. 어기조사. 진술문의 끝에 쓰여 판단이나 단정 또는 긍정을 나타냄.

포함(包咸) - (이러한 자세는) 비록 오랑캐가 사는 예의가 없는 곳에 가더라도
　　　오히려 버리고 행하지 않을 수는 없는 것이다. [雖之夷狄無禮義之處 猶不可棄
　　　去而不行]

주희(朱熹) - '之夷狄不可棄'는 굳게 지키고 잃지 말 것을 면려(勉勵)한 것이다.
　　　[之夷狄不可棄 勉其固守而勿失也]　　　　　　　　　　♣20100115金

20. 어떠하여야 곧 가히 선비라 말할 수 있습니까?

子貢問曰 何如斯可謂之士矣 子曰 行己有恥 使於四方 不辱君命 可
謂士矣 曰 敢問其次 曰 宗族稱孝焉 鄕黨稱弟焉 曰 敢問其次 曰
言必信 行必果 硜硜然小人哉 抑亦可以爲次矣 曰 今之從政者 何如
子曰 噫 斗筲之人 何足算也

子貢(즈공)이 묻즈와 글오듸 엇더ᄒ야ᅀᅡ 이에 可(가)히 士(ᄉ)ㅣ라 닐으리잇고 子(즈)ㅣ
글ᄋᆞ샤듸 己(긔)를 行(ᄒᆡᆼ)홈이 恥(티)이시며 四方(ᄉ방)에 使(시)ᄒ야 君命(군명)을 辱
(쇽)디 아니ᄒ면 可(가)히 士(ᄉ)ㅣ라 니를 ᄯᅢ니라 글오듸 敢(감)히 그 次(ᄎ)를 묻ᄌᆞᆸ노이
다 글ᄋᆞ샤듸 宗族(종족)이 孝(효)ㅣ라 稱(칭)ᄒ며 鄕黨(향당)이 弟(뎨)ㅣ라 稱(칭)홈이니
라 글오듸 敢(감)히 그 次(ᄎ)를 묻ᄌᆞᆸ노이다 글ᄋᆞ샤듸 言(언)을 반ᄃ시 信(신)ᄒ며 行(ᄒᆡᆼ)
을 반ᄃ시 果(과)홈이 硜硜(경경)ᄒᆫ 小人(쇼신)이나 ᄯᅩ흔 可(가)히 ᄡᅥ 次(ᄎ)ㅣ 될 이니라
글오듸 이제 政(정)을 從(죵)ᄒᄂᆞᆫ 者(쟈)ᄂᆞᆫ 엇더ᄒ니잇고 子(즈)ㅣ 글ᄋᆞ샤듸 噫(희)라
斗筲(두쵸)ㅅ 人(신)을 엇디 足(죡)히 算(산)ᄒ리오

자공(子貢)이 여쭈어 말씀드리기를 "어떠하여야 이에 곧 선비라 말할 수 있습니까?"
하니, 선생님께서 말씀하시기를 "자기 처신(處身)함에 염치(廉恥)가 있고 사방의
나라에 사신으로 가 임금의 명(命)을 욕되지 않게 한다면 가히 선비라 할 수 있느니
라." 하셨다. 말씀드리기를 "감히 그 다음을 여쭙니다." 하니, 말씀하시기를 "일가친척
이 그를 효성스럽다 칭찬하고 온 마을 사람들이 그를 공경스럽다 칭찬하는 것이니라."
하셨다. 말씀드리기를 "감히 그 다음을 여쭙니다." 하자, 말씀하시기를 "말은 반드시
신실(信實)하게 하고 행하는 것은 반드시 결단(決斷)하여 해내니 융통성 없는 깐깐한
소인이라 할지라도 그래도 역시 다음은 될 수 있느니라." 하셨다. 말씀드리기를 "지금
의 정치하는 사람들은 어떠하나이까?" 하니, 선생님께서 말씀하시기를 "허어! 말가웃
밖에 안 되는 자잘한 사람들이야 어찌 셈하여 따질 만한 가치가 있겠느뇨?" 하셨다.

【子貢】 공자의 제자 단목사(端木賜). 자가 자공(子貢).
【何如】 ① 어떻게 합니까? 관용형식으로 방법[방식]에 대해 물음. 술어나 부사어로
　　　　쓰임. 何如斯可謂之士矣. ② 어떠합니까? 어떻습니까? 관용형식으로 의견이

나 견해를 물음. 今之從政者 何如.

【斯】 비로소. 곧. ⋯하면 곧. 이에 곧. 동작이나 행위가 일정한 조건을 갖춘 후에야 비로소 발생하는 것을 나타냄.

【士】 선비. 지식인. 학문하는 사람(책을 읽는 지식인)의 통칭으로 언제든지 벼슬길에 나아갈 가능성을 가진 사람.

【矣】 ① ⋯인가? 어기조사. 의문의 어기를 나타냄. 何如斯可謂之士矣. ② ⋯이다. 어기조사. 단정 또는 필연의 결과를 나타냄. 可謂士矣. ③ ⋯일 것이다. ⋯이다. 어기조사. 진술문의 끝에 쓰여 긍정의 어기를 나타냄. 抑亦可以爲次矣.

【行己有恥】 처신(處身)함에 염치(廉恥)가 있다.

行己 : 몸소 행하는 것(자기의 행실). 몸가짐. 처신(處身).

恥 : 염치(廉恥, 청렴하고 깨끗하여 부끄러움을 아는 마음).

공안국(孔安國) - 부끄러운 마음이 있는 자는 행하지 않는 것이 있다. [有恥者有所不爲]

형병(邢昺) - 만약 불선함이 있으면 부끄러워하여 행하지 않는다. [若有不善恥而不爲]

【使於四方】 사방의 국가에 사신(使臣)으로 가다. [참고] 子路-5.

【敢問其次】 감히 그 다음을 (등급은 어떠한 것인지) 여쭈다.

敢 : 감히. 실례합니다만. 부사. 겸손하게 자신을 낮추고 상대방에 대한 존경을 나타냄.

其 : 그. 그것. 지시대명사. 앞의 行己有恥 使於四方 不辱君命을 가리킴.

次 : 버금. 둘째. 그 다음.

【宗族】 겨레붙이. 일가친척.

【稱】 일컬어지다. 칭찬(稱讚)하다. 칭송(稱頌)하다.

【焉】 그를. 於之 합음사. 於는 전치사로 동작이나 행위에 직접 미치는 대상을 나타내며, 之는 지시대명사로 士(일반적인 사람)를 가리킴.

【鄕黨】 향리(鄕里). 마을. [黨은 500가(家), 鄕은 12,500가(家).] 여기서는 마을 사람들을 뜻함. [참고] 鄕黨-1-1.

【弟】 = 悌. (형·어른들을) 공경하다. 공손(恭遜)하다. (형·아우 사이에) 우애가 있다.

【必】 반드시[틀림없이, 꼭] …해야 한다. 부사. 동사 앞에 쓰여 어떤 동작을 실행하는 필요성을 나타냄.

【果】 과감(果敢)하다. 결단성(決斷性)이 있다. 과단성(果斷性)이 있다. 해내려 하다. ⇒ 결단하여 반드시 해내다. 끝까지 견지(堅持)하고 관철시키다.

　주희(朱熹) - 果는 반드시 실행하는 것이다. [果 必行也]

　정현(鄭玄) - 行必果란 행하려는 일을 반드시 과감하게 실행하는 것이다. [行必果 所欲行必果敢爲之]

　정약용(丁若鏞) - 言必信이란 약속을 하면 반드시 실천하여 때를 놓치지 않음이며 行必果란 일이 있으면 반드시 끝맺고자 의리를 헤아리지 않는 것이다. [言必信者 有約必踐 不度時也 行必果者 有事必結 不揆義也]

　　좌전(左傳)의 殺敵爲果 致果爲毅(적을 죽이는 것을 과감이라 하고 과감을 키우는 것을 굳센 힘이라 한다.)에서 果는 과감이요, 예기(禮記) 내칙(內則)의 將爲善 思貽父母 令名 必果(장차 선을 행하려 할 때는 부모에게 영명이 끼친다는 것을 생각하여 반드시 과감히 행하라.)에서 果는 과감히[과단성 있게] 행하는 것이다. 여기 경문의 果는 당연히 내칙과 같이 읽어야 한다. [左傳曰 殺敵爲果 致果爲毅 此果致也 內則曰 將爲善 思貽父母令名 必果 此果行也 此經之果 讀之當如內則]

【硜硜然】 융통성이 없고 완고한 모양. 융통성 없이 깐깐한 모양. 粗淺固執.

　硜갱 : 돌 두드리는 소리. 고집스럽다. 천루(淺陋)하다.

　然 : 형용사 접미사.

　주희(朱熹) - 硜은 작은 돌로 단단한 것이다. 小人은 그 식견과 도량이 얕고 좁음을 말한다. [硜 小石之堅確者 小人 言其識量之淺狹也]

【哉】 어기조사. 진술문의 끝에 쓰여 긍정 혹은 종결의 어기를 나타냄. 문맥에 따라 '…이다.' 로 해석하기도 하고 해석하지 않기도 함.

【抑亦】 그러나. 그렇지만. 抑이 경미한 전환을 나타내는 경우로, 전환구(轉換句)의 첫머리에 쓰임.

　抑 : 그러나. 그렇지만. 단지. …이지만. 접속사. 역접관계 또는 전환을 나타냄. 즉 앞뒤 문장의 의미가 상반됨을 나타냄.

　亦 : 또한. 역시. 부사. 몇 개 혹은 하나의 주체가 동일하거나 상이한 동작(행위)을 하고 있음을 나타냄.

정약용(丁若鏞) - 抑亦可以란 겨우 가(可)하다는 뜻이다. [抑亦可以者 僅可之意]

【今之從政者】 지금의 정치하는 사람. 지금 정치에 종사[참여]하는 사람.

從 : 종사(從事)하다. 일삼아 하다. 참여(參與)하다. 관여(關與)하다.

주희(朱熹) - 今之從政者는 노나라 삼가(三家, 三桓氏[孟孫(맹손)·叔孫(숙손)·季孫(계손)])와 같은 따위이다. [今之從政者 蓋如魯三家之屬]

정약용(丁若鏞) - 今之從政者는 그 당시의 大夫, 士를 말한다. [今之從政者 當時之大夫士]

【噫】 아! 감탄사. 비통·분노·감격·놀라움·찬송·애석함 등의 감정을 나타냄.

정현(鄭玄) - 噫는 마음이 평안하지 않아서 나는 소리이다. [噫 心不平之聲]

【斗筲之人】 도량(度量)[국량(局量), 기량(器量)]이 좁은 사람. 말가웃밖에 안 되는 자잘한 사람.

斗 : 말. 열 되(十升)들이 용기(容器).

筲소 : 대그릇(竹器). 용량에 대해서는 다섯 되(五升), 한 말(十升). 한 말 두 되(十二升)라는 설이 있음. 인신하여 작은 분량이나 용렬한 사람을 뜻함.

주희(朱熹) - 斗는 量의 명칭이니 열 되가 들어가고 筲는 대그릇이니 한 말 두 되가 들어간다. 斗筲之人은 비루하고 자잘함을 말한다. [斗 量名 容十升 筲 竹器 容斗二升 斗筲之人 言鄙細也]

【何足算也】 어찌 헤아릴[따질] 만한 가치가 있겠는가? 선비 축에 넣을 수 없다는 말임.

何 : 어찌(하여) …하겠는가(하려는 것인가)? 부사. 강한 반문의 어기를 나타냄.

足 : 족히 …할 만하다[만한 가치가 있다]. 부사. 어떤 동작이나 행위를 실행할 만한 가치가 있음을 나타냄.

算 : 셈하다. 헤아리다. 계산에 넣다. 셈하여 따지다.

정현(鄭玄) - 算은 헤아림이다. [算 數也]

也 : …이겠는가? 어기조사. 의문문 끝에 쓰여 반문의 어기를 나타냄. 乎의 용법과 같음.

♣20100116土

21. 광자狂者와 견자狷者와 함께 가리니

子曰 不得中行而與之 必也狂狷乎 狂者 進取 狷者 有所不爲也

子(주)ㅣ 골으샤딕 中行(듕힝)을 得(득)ㅎ야 與(여)티 몯흘띤댄 반드시 狂(광)과 狷(견)
인뎌 狂(광)혼 이는 進(진)ㅎ야 取(취)ㅎ고 狷(견)혼 이는 ㅎ디 아닐 빼 인느니라

선생님께서 말씀하시기를 "중용(中庸)의 길을 가는 사람을 만나서 그와 함께 가지
못할 바에야 반드시 이상이 높고 작은 일에 거리낌이 없는 사람[狂者]과 절의를 지켜
뜻을 급히지 않는 사람[狷者]과 함께 하리라. 광자(狂者)는 (옳은 방향으로) 나아가
취(取)하고, 견자(狷者)는 (나쁜 일을) 하지 않으려는 바가 있느니라." 하셨다.

【得】 얻다. 만나다.
【中行】 가운데로 가다. 중용(中庸)의 길을 가다. 언행이 중용의 도리에 합당하다.
　　　 또는 그런 사람. 중용의 도를 지키는 사람. 치우침이 없이 균형 잡힌 행동을
　　　 하는 사람. [참고] 雍也-27.
　　포함(包咸) - 中行이란 중도(中道)에 맞게 행하는[그 중(中)을 능히 얻어 행하는]
　　　 자이다. [中行 行能得其中者] 주희(朱熹) - 行은 道이다. [行 道也]
【而】 …하여서. 그리하여. 접속사. 순접(연관)관계를 나타냄.
【與之】 그와 함께 하다[가다]. 그를 가르치다.
　　與 : 함께 하다. 동반하다. 어울리다. 교제하다. 사귀다. 동사.
　　之 : 그. 그것. 지시대명사(의미상 인칭대명사). 앞의 中行을 가리킴.
　　주희(朱熹) - 성인은 본래 중도의 사람을 얻어 가르치려고 하였다. [蓋聖人 本欲得
　　　 中道之人而敎之] 與之 = 敎之.
【必也】 만약 …이 있다면 틀림없이 …일 것이다. 꼭[굳이] …한다면 반드시[틀림없
　　　 이] …할 것이다. 그렇다면 반드시. 굳이 말하자면. = 必是. 必은 부사로 사람이
　　　 나 사물에 대한 행위의 필요성·결연한 의지·확신 등을 나타내며, 也는 어기조사
　　　 로 음절을 조정하고 어기를 고르는 역할을 함. [참고] 雍也-28.
【狂】 호방(豪放)하다. 이상(理想), 포부 등 뜻이 높다(志極高). 뜻이 매우 높으나

행함이 뒤따르지 못하다. 뜻이 매우 높고 원대하며 진취적이나 처사(處事, 일처리)는 데면데면하고 어설픔. 이상이 높고 작은 일에는 거리낌이 없음. 또는 그런 사람. 물불을 가리지 않고 자신의 생각을 추진하는 적극적이고 열광적인 성질을 가진 사람.

포함(包咸) - 狂者는 선한 도리로 나아간다. [狂者 進取於善道]

주희(朱熹) - 狂은 뜻은 지극히 높으나 행실이 이를 따르지 못하는 것이다. [狂者 志極高而行不掩]

【狷견】 안목이 높지 않으면서 고지식한(강직하여 고집스럽고 융통성이 없는) 성질(을 가진 사람). 스스로 지키는 바가 굳으나 마음이 너그럽지 못한 사람. 자기의 한계를 깨닫고 가진 멋만을 굳게 지키려는 사람. 절의를 지켜 뜻을 굽히지 않는 사람.

포함(包咸) - 狷者는 절개(절도)를 지켜 아무 일이나 하지 않는다. [狷者 守節無爲]

주희(朱熹) - 지혜는 미치지 못하나 지킴은 남음이 있는 것이다. [狷者 知未及而守有餘]

【乎】 …이다. …하리라! …일 것이다! 어기조사. 단정이나 강조의 어기를 나타냄.

【進取】 나아가 취하다. 나아가서 손에 넣다. 옳은 방향으로 나아가다.

【有所不爲】 하지 않는 바가 있다. 나쁜 일은 하지 않으려는 바가 있다. 해서는 안 될 일이라고 판단되면 무슨 일이 있어도 그 일을 하지 않는다는 뜻.

　所 : …하는 바. …하는 것. …한. 특수지시대명사. 주어와 술어 사이에 쓰여 주술구조를 명사구로 만들어 줌.　爲 : 하다. 행하다. 실천하다. 동사.

【也】 …이다. 어기조사. 진술문의 끝에 쓰여 판단이나 단정 또는 긍정을 나타냄.

맹자(孟子) - 공자께서 어찌 중도(中道)를 행하는 사람을 구하려고 하지 않았겠는가마는, 반드시 얻을 수는 없으므로 그 다음의 인물을 생각하신 것이다. [孔子豈不欲中道哉 不可必得 故思其次也] [集註]

주희(朱熹) - 한갓 근후(謹厚)한 사람을 얻는다면 반드시 스스로 분발하여 일어나 행하지는 못한다. 그러므로 狂者와 狷者를 얻어 오히려 그 지조와 절개로 인하여 격려하고 억제하여 道로 나아갈 수 있게 함 만 못하다. [徒得謹厚之人 則未必能自振拔而有爲也 故 不若得此狂狷之人 猶可因其志節而激厲裁抑之 以進於道]

♣20100117日

22. 항심恒心이 없는 사람은 무의巫醫가 될 수 없네

子曰 南人有言曰 人而無恒 不可以作巫醫 善夫 不恒其德 或承之羞
子曰 不占而已矣

子(ᄌᆞ)ㅣ 글ᄋᆞ샤ᄃᆡ 南人(남신)이 言(언)을 두어 글오ᄃᆡ 人(신)이오 恒(ᄒᆞᆼ)이 업스면 可
(가)히 뻐 巫(무)와 醫(의)도 되디 몯ᄒᆞ리라 ᄒᆞ니 善(션)ᄒᆞ다 그 德(덕)을 恒(ᄒᆞᆼ)티 아니ᄒᆞ
면 或(혹)이 羞(슈)를 承(승)ᄒᆞ리라 ᄒᆞ니 子(ᄌᆞ)ㅣ 글ᄋᆞ샤ᄃᆡ 占(졈)티 아니홀 ᄯᆞ름이니라

선생님께서 말씀하시기를 "남쪽 사람들 속담에 말하기를 '사람이 항심(恒心)이 없으면 무의(巫醫)가 될 수 없네.' 했는데, 참 좋은 말이다!" 하셨다. (역易에) '그 덕(德)을 항구(恒久)히 지키지 않으면 늘 치욕(恥辱)이 뒤따른다.' 하니, 선생님께서 말씀하시기를 "점치지 아니할 따름이니라." 하셨다.

【有言】 말을 두다. 좋은 말이 있다. ⇒ 속담(俗談)이 있다. [言, 좋은 말, 잘하는
　　말, 늘 하는 말. 속담(俗談)] [참고] 憲問-5.
【人而無恒】 사람으로서 항심(恒心)이 없으면. 사람이 항심(恒心)이 없으면.
　而 : (…이다) 그러나. ⇒ …이면서. …이고서. …으로서. 접속사. 역접관계를 나타냄.
　　　[참고] 爲政-22, 八佾-3. 泰伯-10, 憲問-3,7, 陽貨-10.
　恒 : 항심(恒心). 한결같은 마음. 늘 지니고 있어 변함이 없는 떳떳한 마음.
　주희(朱熹) - 恒은 항상 하여 오래함이다. [恒 常久也] [참고] 述而-25.
【可以】 가히[능히] …할 수 있다. …해도 좋다. 조동사. 조건의 허가를 나타냄.
【作】 하게 하다. 되다.
【巫醫】 ① 무당과 의원 ② 무당. 무의(巫醫).
　유월(俞樾) - 초사 천문(楚辭 天問)의 '化爲黃熊 巫何活焉'에 대해 왕일의 注에서는
　　'곤(鯀)이 죽은 후에 황웅(黃熊)이 되어 우연(羽淵)으로 들어갔으니 어찌 巫醫가
　　다시 살릴 수 있겠는가를 말한 것이다.' 라고 하였는데 이는 巫醫가 옛날부터
　　통칭되었다는 것이다. 본문의 '不可以作巫醫'에서 醫 역시 巫이다. 광아 석고(廣
　　雅 釋詁)에서 '醫는 巫다.' 라고 하였으니, 이것이 그 증거이다. 순자 왕제편(荀子
　　王制篇)에서 '음양을 살피고 기후를 점치며 귀갑(龜甲)으로 팔괘(八卦)를 그려

길흉을 선택하게 하고 오복(五卜)을 맡아 길흉·선악을 예고하며 무격(巫覡) 의 일을 맡는 것은 구무(傴巫, 곱사등이 무당)나 파격(跛覡, 절름발이 박수)의 일이다.' 라고 하였으니, 아마도 옛날에 점치는 일은 巫祝(무축, 巫覡, 무당과 박수)이 관장하였을 것이다. 예기 치의(禮記 緇衣)에서는 '남쪽 사람들의 말에 사람이 항심이 없으면 점[卜筮]을 칠 수 없다고 했는데 이는 옛사람이 남긴 말이다.' 라고 하였다. 예기에서 말한 복서(卜筮)와 본문에서 말한 巫醫는 그 뜻이 같다. 아래 문장에서 역 항괘의 효사를 인용하여 '不占而已矣' 라고 하였으니 모두 복서로써 말한 것으로 醫와는 관계가 없다. 正義는 巫와 醫를 나누어 두 가지로 보았으니, 옛 뜻이 아니다. [楚辭天問篇曰 化爲黃熊 巫何活焉 王逸注曰 言鯀死後 化爲黃熊 入於羽淵 豈巫醫所能復生活 是巫醫 古得通稱 此云不可以作巫醫 醫亦巫也 廣雅釋詁曰 醫 巫也 是其證也 荀子王制篇曰 相陰陽 占祲兆 鑽龜陳卦 主攘澤五卜 知其吉凶妖祥 傴巫跛擊之事也 蓋古者 卜筮之事 亦巫祝掌之 禮記緇衣篇 南人有言曰 人而無恒 不可爲卜筮 古之遺言與 彼言卜筮 其義一也 下文引易恒卦之辭 又曰不占而已矣 皆以卜筮言 與醫不涉 正義分巫醫 而二之 非古義矣]

양백준(楊伯峻) - 巫醫는 한 단어로, 점치는 무당과 병을 치료하는 의사로 나누어서는 안 된다. 고대에는 자주 기도로 재앙을 물리쳐 사람을 치료했으며, 이런 사람을 巫醫라고 했다.

[참고]

  형병(邢昺) - 巫는 신을 영접하고 사악함을 다스리는 일을 주로 하고, 醫는 병을 고치는 일을 주로 한다. [巫主接神除邪 醫主療病]

  주희(朱熹) - 무당은 귀신과 사귀는 것이요 의원은 죽음과 삶을 맡기는 것이다. [巫 所以交鬼神 醫 所以寄死生]

위관(衛瓘) - 항심이 없는 자는 무의가 될 수 없다는 말은 그들이 무의가 되면 의심하고 오진하기 때문이다. [言無恆之人乃不可以爲巫醫 巫醫則疑誤人也]

[참고] 不可以作巫醫 : 무당과 의원도 고칠 수 없네.

  정현(鄭玄) - 무당과 의원도 항심이 없는 사람은 치료할 수 없다고 말한 것이다. [言巫醫不能治無恒之人]

  황간(皇侃) - 사람이 만약에 행동을 떳떳하게 하지 않으면 무당과 의원이 그를 다스려도 차도가 없다. 그러므로 이르기를 무당과 의원도 고칠 수가 없다 하였

다. 일설에는 항심이 없는 사람은 무당과 의원이 되어서는 아니 됨을 말한다
하였다. [人若用行不恆者 則巫醫爲治之不差 故云不可作巫醫也 一云 言不可使
無恆之人爲巫醫也]

【善夫】 좋구나! 참 좋은 말이구나!

善 : 좋다. 그렇다. 찬동하거나 응낙한다는 뜻을 나타냄.

夫 : …로다! …이구나! 어기조사. 감탄문의 끝에 쓰여 감개·칭송·비애 등의 어기를
나타냄.

【不恒其德 或承之羞】 그 덕을 항구(恒久) 히 하지 않으면 늘 치욕(恥辱) 이 뒤따를
것이다. (周易 恒卦 九三 ☴ 爻辭)

恒 : 늘 있게 하다. 한결같게 하다. 항구(恒久)하게 하다. 변함없이 지키다. 형용사의
사역동사로의 전용.

或 : 늘. 언제나. [참고] 혹. 혹시. 아마 …일지도 모른다. 부사. 추측을 나타냄.

　황간(皇侃) - 或은 常이다. 이는 부끄럽고 욕됨이 언제나 뒤따른다는 말이다.
무엇 때문에 或이 바로 常인지 알겠는가? 살피건대 시경(詩經) 의 '如松柏之茂
無不爾或承(소나무 잣나무 무성하듯이 그대는 언제나 잇지 않음이 없네.)' 에서 정현(鄭
玄) 은 '或은 常이다.' 하였고 노자(老子) 의 '湛兮似或存(맑고 깊음이여 [(도의)
잠김이여] 늘 있는 것과 같도다.)' 에서 하상공(河上公) 주(注) 에 이르기를 '或은
常이다.' 하였다. [或常也 言羞辱常承之也 何以知或是常 按詩云 如松柏之茂
無不爾或承 鄭玄曰 或常也 老子曰 湛兮似或存 河上公注云 或常也]

承 : 잇다. 이어지다. 이어받다. 뒤따르다. (⇒ 닥치다. 당하다.)

羞수 : 부끄러움. 치욕(恥辱).

주희(朱熹) - 이는 주역 항괘 구삼효(周易 恒卦 九三爻) 의 효사(爻辭) 이다. 承은
올림이다. [此 易恒卦九三爻辭 承 進也]

공안국(孔安國) - 이는 역 항괘의 효사인데 덕이 떳떳함이 없으면 치욕이 뒤따르게
된다는 말이다. [此易恒卦之辭　言德無常則羞辱承之]

【不占而已矣】 점치지 아니할 뿐[따름]이다. 점쳐 볼 것도 없을 따름이다. 점칠
필요가 없을 뿐이다. 점칠 것도 없다.

占 : 점. 점치다.

而已矣 : …일 뿐이다. …할 따름이다. '而已' 는 제한의 어기를 나타내고, '矣' 는

긍정의 어기를 나타내는데 이 둘이 연용되어 제한의 어기를 강조함.

정현(鄭玄) - 역(易)은 길흉을 점치는 것인데, 항심이 없는 자는 易으로[에서] 점치지 않는 바[대상]이다. [易 所以占吉凶 無恒之人 易所不占]

김학주(金學主) - 점칠 것도 없다. 꾸준함이 없는 사람은 불길할 것이 분명하기 때문이다. ☞ 침쳐 보지 않아도 그 뻔이다.

김영일 - 덕을 항상 간직하고 있지 않으면 흉(凶)한 일이 발생할 가능성이 크므로 점을 쳐보았자 효력이 없다.

[참고] 점을 치지 못할 뿐이다. ⇒ '恒心이 없는 자는 巫醫도 될 수 없다.' 는 말은 참 좋은 말로, 易에서도 '항구히 하지 않으면 치욕이 늘 뒤따른다.' 하니 항심이 없는 자는 역시 점을 칠 수가 없다. 不占而已矣는 不可以作巫醫를 동조하여 부연한 말임.   ♣20100117日

23. 군자君子는 어우러지지 똑같아지지 않으니...

子曰 君子和而不同 小人同而不和

子(조)ㅣ 글오샤딕 君子(군조)ᄂᆞᆫ 和(화)하고 同(동)티 아니ᄒ고 小人(쇼신)ᄋᆞᆫ 同(동)ᄒ고 和(화)티 아니ᄒᄂᆞ니라

선생님께서 말씀하시기를 "군자(君子)는 어우러지나 똑같아지지 않고, 소인(小人) 은 똑같아지나 어우러지지 않느니라." 하셨다.

[참고] 爲政-14.

【和】 화합하다. 조화를 이루다. 자신의 생각도 견지하고 상대방의 생각도 존 중해 주며 서로 의논하여 화합을 이룸. 서로 다른 것이 제 색깔을 잃지 않은 채 함께하는 것.

【而】 그러나. 그렇지만. 오히려. 접속사. 역접관계를 나타냄.

【同】 덩달아 같이하다. 아무런 주견(主見)이 없이 이익에 따라 남의 의견이나 행동에 무턱대고 동조하여 똑같이 함. 자기 색깔을 잊고 특정한 것에 따 르기만 하는 것.

주희(朱熹) - 和는 거스르고 어기는 마음이 없는 것이요, 同은 아첨하고 빌붙 으려는 뜻이 있는 것이다. [和者 無乖戾之心 同者 有阿比之意]

하안(何晏) - 군자는 마음이 조화를 이루나 그 보는 바가 각각 다르므로 같지 않다고 말하고, 소인은 그 좋아하는 바가 같으나 각자 이익을 다투므로 조화를 이루지 못한다고 말하였다. [君子心和 然其所見各異 故曰不同 小 人所嗜好者同 然各爭利 故曰不和]

[참고] 和는 물·불·초·젓갈·소금·매실에다 삶은 생선이나 고기를 넣고 나무로 불을 때서 요리 사가 그것을 조화시켜 맛을 고르게 하여 모자라는 것은 더 넣고 많은 것은 덜어내어 국 을 만드는 것과 같다. [和如羹焉 水火醯醢鹽梅 以烹魚肉 燀之以薪 宰夫和之 齊之以味 濟 其不及 以洩其過] 同은 물에 물을 더 타고, 거문고의 현이 오로지 한 가지 소리만 연주 하는 것과 같다. [若以水濟水…若琴之專壹] [좌전 소공 20년(左傳 昭公 二十年)]

♣20100118月

24. 선善한 사람들이 그를 좋다하여야...

子貢問曰 鄉人皆好之 何如 子曰 未可也 鄉人皆惡之 何如 子曰 未可也 不如鄉人之善者好之 其不善者惡之

子貢(ᄌᆞ공)이 묻ᄌᆞ와 ᄀᆞᆯ오ᄃᆡ 鄉人(향ᅀᅵᆫ)이 다 됴히 너기면 엇더ᄒᆞ니잇고 子(ᄌᆞ)ㅣ ᄀᆞᆯ으샤ᄃᆡ 可(가)티 아니ᄒᆞ니라 鄉人(향ᅀᅵᆫ)이 다 아쳐ᄒᆞ면 엇더ᄒᆞ니잇고 子(ᄌᆞ)ㅣ ᄀᆞᆯ으샤ᄃᆡ 可(가)티 아니ᄒᆞ니라 鄉人(향ᅀᅵᆫ)의 善(션)한 者(쟈)ㅣ 됴히 너기고 그 善(션)티 아니ᄒᆞᆫ 者(쟈)ㅣ 아쳐홈만 ᄀᆞᆮ디 몯ᄒᆞ니라

자공(子貢)이 여쭈어 말씀드리기를 "마을 사람들이 다 그를 좋다 하면 어떠하니까?" 하니, 선생님께서 말씀하시기를 "아직 안 된다." 하셨다. (그럼) "마을 사람들이 다 그를 싫다 하면 어떠하니까?" 하니, 선생님께서 말씀하시기를 "아직 안 된다. 마을 사람들 중 선(善)한 이가 그를 좋다 하고 그 선(善)하지 않는 이가 그를 싫다 함만 못하느니라." 하셨다.

【子貢】 공자의 제자 단목사(端木賜). 자가 자공(子貢).

【鄉人】 마을 사람. 본 지방사람. 여기서는 일반적인 대중을 가리킴.

　鄉 : 12,500가구의 마을.

　정약용(丁若鏞) - 鄉人은 같은 고을 사람이다. [鄉人 同鄉之人]

【之】 ① 그 사람. 인칭대명사. 일반적인 사람을 가리킴. 好之, 惡之　② …중의[중에서]. 조사. 큰 범위와 작은 범위와의 관계를 나타냄. 鄉人之善者.

【何如】 어떠합니까? 어떻습니까? 관용형식으로 의견이나 견해를 물음.

【未可也】 아직 가하지 않다. 아직 옳지 않다. 아직 충분하지 않다. ⇒ 아직 안 된다.

　可는 겨우 합격하는 것이니 아직 합격하지 못했다는 것이다.

　未 : 아직 …하지 않다[못하다]. 아직 …이 아니다. 부사. 동작·행위·상황 등이 아직 발생하지 않았음을 나타냄.

　也 : …이다. 어기조사. 진술문의 끝에 쓰여 판단이나 단정 또는 긍정을 나타냄.

【不如】 …(함)만 못하다. …하는 것이 차라리 낫다. 부사. 앞에서 말한 사건이 뒤에서 말한 사건에 미치지 못함을 나타냄.

공안국(孔安國) - 선한 사람은 나를 좋아하고 악한 사람은 나를 미워하니, 이는
선을 좋아함이 명백하고 악을 미워함이 드러난 것이다. [善人善己 惡(악)人惡
(오)己, 是善善明 惡(오)惡(악)著]

정현(鄭玄) - 선한 사람과 같으면서 다시 악한 사람과 다르다면 이치상 선한 사람만이
나를 좋아하는 앞의 경우보다 더 나으므로 이것이 정말 선한 것임을 알겠다.
[與善人同 復與惡人異 道理勝於前 故知是實善]

주희(朱熹) - 한 지방의 사람들에게는 당연히 공정한 평론이 있을 것이다. 그러나
그 사이에는 또한 각기 부류에 따라 스스로 좋아하거나 미워한다. 그러므로
善한 자가 좋아하고 惡한 자가 미워하지 않는다면 반드시 구차하게 영합(迎合)하
는 행실이 있어서일 것이요, 惡한 자가 미워하고 善한 자가 좋아하지 않는다면
반드시 좋아할 만한 실상이 없어서일 것이다. [一鄕之人 宜有公論矣 然其間亦各
以類自爲好惡(오)也 故善者好之 而惡(악)者不惡(오) 則必其有苟合之行 惡
(악)者惡(오)之 而善者不好 則必其無可好之實]

[참고] 里仁-3. 衛靈公- 27. 陽貨-13. ♣20100118月

25. 군자君子는 섬기기 쉽고 소인小人은 섬기기 어려우니

> 子曰 君子易事而難說也 說之不以道 不說也 及其使人也 器之 小人
> 難事而易說也 說之雖不以道 說也 及其使人也 求備焉

子(즈)ㅣ 굴ㅇ샤딕 君子(군즈)는 事(스)홈이 쉽고 說(열)케 홈이 어려우니 說(열)케 홈을
道(도)로써 아니ᄒᆞ면 說(열)티 아니ᄒᆞ고 그 人(신)을 使(스)홈애 미처는 器(긔)로 ᄒᆞᄂᆞ니
라 小人(쇼신)은 事(스)홈이 어렵고 說(열)케 홈이 쉬우니 說(열)케 홈을 비록 道(도)로
써 아니ᄒᆞ야도 說(열)ᄒᆞ고 그 人(신)을 使(스)홈애 미처는 備(비)홈을 求(구)ᄒᆞᄂᆞ니라

선생님께서 말씀하시기를 "군자(君子)는 섬기기는 쉬우나 기쁘게 하기는 어려우니,
기쁘게 함을 도(道)로써 아니하면 기뻐하지 아니하고 사람을 부릴 때에는 그 그릇에
따라 부리느니라. 소인(小人)은 섬기기는 어려우나 기쁘게 하기는 쉬우니, 기쁘게
함을 비록 도(道)로써 아니할지라도 기뻐하고 사람을 부리면서도 그에게 두루 갖추어
져 있기를 요구하느니라." 하셨다.

【易事而難說也】 섬기기 쉬우나 기쁘게 하기는 어렵다.

　易 : 쉽다. 용이하다. ⇔ 難 : 어렵다. 곤란하다.

　事 : 섬기다(侍奉). 모시다. ⇔ 使 : (사람을) 부리다. (일을) 시키다. 동사.

　而 : 그러나. 그렇지만. 오히려. 접속사. 역접관계를 나타냄.

　說열 : = 悅. 기쁘게 하다. 형용사의 사역동사로의 전용. 뒤의 說之, 易說也의 說도
　　　　같음. 뒤의 '不說也, 說也'의 說은 형용사(기쁘다)임.

　也 : …이다. 어기조사. 진술문의 끝에 쓰여 판단이나 단정 또는 긍정을 나타냄.

　정약용(丁若鏞) - 事란 받듦을 말함이며 說은 미열(媚悅, 아첨)이다. [事 謂承奉也
　　　說 媚悅也]

【之】 그. 그 사람. 인칭대명사. 순서대로 君子, 人, 小人을 가리킴.

【以】 …(으)로(써). …을(에) 따라. …을 사용하여. …에 근거하여. 전치사. 동작이
　　　나 행위가 발생할 때 사물이나 어떤 준칙(기준이나 근거)에 의거하는 것을
　　　나타내며 간혹 강조를 위해 뒤의 목적어와 도치되기도 함.

　정약용(丁若鏞) - 不以道란 간사하고 부정한 일로써 아첨을 구하는 것이다. [不以道

謂以邪枉之事求媚]

【及】 미치다. 이르다. …에 미쳐서는. …에 이르게 되면. …할 때에 이르러. ⇒ …을 할 때에는.

【其】 그. 그 사람. 인칭대명사. 앞의 君子, 小人을 각각 가리킴.

【使人也】 사람을 부리다. 사람에게 일을 시키다.

也 : …은(는). …이란. …이면. 어기조사. 음절을 조정하고 어기를 고르는(말을 잠깐 멈추고 다음 내용을 환기시키는) 역할을 함.

【器】 그릇. 쓸모 있는 재목(材木). ⇒ 그릇으로 쓰다. 그릇으로 여기다. 기량에 따라서 부리다. 적재적소에 쓰다. 명사의 동사로의 전용.

주희(朱熹) - 器之는 그의 재질과 기량에 따라 부리는 것을 이른다. [器之 謂隨其材器而使之也]

공안국(孔安國) - 재주를 헤아려 그에게 관직을 맡긴다. [度才而官之]

【求備焉】 그에게 두루 능력을 갖추기를 요구하다.

求 : 구하다. 바라다. 요구하다.

備 : 구비(具備). 완비(完備). 모든 능력을 갖추다. 두루 능력을 갖추다.

焉 : 그에게. 於之. 합음사(合音詞). 於는 전치사로 동작이나 행위에 관련되는 대상을 나타내며, 之는 지시대명사로 앞의 人을 가리킴.

주희(朱熹) - 군자의 마음은 공정하고 서(恕)하며, 소인의 마음은 사사롭고 각박하니, 천리(天理)와 인욕(人欲)의 사이에 매양 서로 반대될 뿐이다. [君子之心 公而恕 小人之心 私而刻 天理人欲之間에 每相反而已矣]

[참고] 군자는 일은 쉽게 하면서 말하기를 어려워한다. 말을 하되 도로써 하지 않을 것 같으면 말하지 않는다. 사람을 부릴 때에는 그 그릇에 따라 쓴다. 소인은 일은 어려워하면서 말은 쉽게 한다. 말을 하되 도에 맞지 않더라도 말한다. 사람을 부릴 때에는 다 갖춘 자를 애써 찾는다. [事 : 일. 說설 : 말하다.] [丁天求]   ♣20100118月

26. 군자君子는 크나크지만 으스대지 않으니

第十三篇

子路

> 子曰 君子泰而不驕 小人驕而不泰

子(ᄌᆞ)ㅣ 글ᄋᆞ샤ᄃᆡ 君子(군ᄌᆞ)ᄂᆞᆫ 泰(태)ᄒᆞ고 驕(교)티 아니ᄒᆞ고 小人(쇼신)은 驕(교)ᄒᆞ고 泰(태)티 아니ᄒᆞ니라

선생님께서 말씀하시기를 "군자(君子)는 의연(毅然)하나 교만(驕慢)하지 않으며, 소인(小人)은 교만하나 의연하지 아니하니라." 하셨다.

【泰】 태연(泰然)하다. 의연(毅然)하다. 편안하다. 너그럽고 의젓하다. 당당하다. 속이 가득차서 넉넉해 보이다. 크고(大), 걸림없고(通), 넉넉하며(寬), 편안함(安)의 뜻을 아울러 가지고 있음.

남회근(南懷瑾) - 도량이 넓고 마음이 열려있어 밝고 시원스러운 것이다.

【而】 그러나. 그렇지만. 오히려. 접속사. 역접관계를 나타냄.

【驕】 잘난 체하다. 교만(驕慢)하다. 거들먹거리다. 우쭐거리다. 뽐내다. 으스대다. 오만하며(傲), 늘어지고(縱), 방자함(姿)의 뜻을 아울러 가진 말.

정약용(丁若鏞) - 泰는 안[마음]이 충실해서 밖에서 구하지 않는 것이며, 驕는 안[마음]이 공허하여 밖에다 기세를 부리는 것이다. [泰者 內實而無求於外 驕者 內虛而使氣於外]

황간(皇侃) - 군자는 마음이 넓고 항상 즐거워하므로 이것이 침착하고 태연하여 교만하지 않는 것이다. 소인은 성격이 남을 가볍고 업신여기기를 잘하며 마음속으로 항상 근심하고 두려워하므로 이것이 교만하여 침착하고 태연하지 못한 것이다. [君子坦蕩蕩 心貌怡平 是 泰而不爲驕慢也 小人性好輕凌 而心恆戚戚 是驕而不泰也]

이공(李塨) - 군자는 사람이 많고 적든, 세력이 크고 적든, 그들을 소홀히 하지 않으니 어찌 마음이 편하고 기분이 좋지 않겠는가. 소인은 스스로 자만하고 남을 업신여기며 오로지 자신의 존귀함을 잃어버릴까 두려워하니 어찌 교만하지 않으며 태연함을 가질 수 있겠는가? [君子無衆寡 無小大 無敢慢 何其舒泰 小人矜己傲物 惟恐失尊 何其驕侈 而安得泰] ♣20100118月

27. 강직함, 의연함, 질박함, 어눌함은 인仁에 가깝노라

子曰 剛毅木訥 近仁

子(주)] 글으샤디 剛(강)과 毅(의)와 木(목)과 訥(룰)이 仁(신)에 갓가오니라

선생님께서 말씀하시기를 "강직함, 의연함, 질박함, 어눌함은 인(仁)에 가깝노라." 하셨다.

【剛강】 굳세고 강함. 강직(剛直)함. 강인(强忍)함. 사욕이 없고 의지가 강함.

【毅의】 굳셈. 과감(果敢)함. 의연(毅然)함. 과감하고 흔들림이 없는 것.

【木】 질박(質朴)함. 순박(淳朴)함. 수수함. 꾸밈이 없이 순수함.

【訥눌】 어눌(語訥)함. 과묵(寡黙)하여 말을 경솔하게 하지 아니함.

정약용(丁若鏞) - 毅란 고집하여 지킴이 강한 것이다. [毅者 執守之强也]

왕숙(王肅) - 剛이란 욕심이 없고 毅란 과감함이다. 木은 질박함이고 訥은 느리고 더딘 것이다. 이 네 가지는 인에 가깝다. [剛 無欲 毅 果敢 木 質樸 訥 遲鈍 有斯四者 近於仁]

양시(楊時) - 강하고 굳세면 물욕에 굽히지 않고 질박하고 어눌하면 외물에 치닫지 않는다. 그러므로 仁에 가까운 것이다. [剛毅則不屈於物欲 木訥則不至於外馳 故近仁]

[참고] 學而-3. 巧言令色 鮮矣仁　　　　　　　　　　　♣20100118月

28. 간절하고 서로 북돋아주며 살갑게 대하면 선비니

子路問曰 何如斯可謂之士矣 子曰 切切偲偲怡怡如也 可謂士矣 朋
友切切偲偲 兄弟怡怡

子路(즈로) ㅣ 묻즈와 굴오딕 엇더ᄒᆞ야ᅀᅡ 이에 可(가) 히 士(ᄉᆞ)ㅣ라 닐으리잇고 子(즈)ㅣ 굴ᄋᆞ
샤딕 切切(졀졀) ᄒᆞ며 偲偲(싀싀) ᄒᆞ며 怡怡(이이) ᄐᆞᆺ ᄒᆞ면 可(가) 히 士(ᄉᆞ)ㅣ라 닐을 ᄯᅵ니
朋友(붕우)에ᄂᆞᆫ 切切(졀졀) ᄒᆞ며 偲偲(싀싀) ᄒᆞ고 兄弟(형뎨)에ᄂᆞᆫ 怡怡(이이)홀 ᄯᅵ니라

자로(子路)가 여쭈어 말씀드리기를 "어떠하여야 이에 곧 선비라 말할 수 있습니까?"
하니, 선생님께서 말씀하시기를 "간절(懇切)하게 정성(精誠)을 다하고[절절(切
切)], 자상(仔詳)하게 권면(勸勉)을 다하며[시시(偲偲)], 화목(和睦)하여 기뻐하는
모습[이이(怡怡)]이라면 가히 선비라 말할 수 있으니, 친구 간에는 절절(切切)하고
시시(偲偲)하며, 형제간에는 이이(怡怡)할지니라." 하셨다.

【子路】 공자의 제자 중유(仲由). 자가 자로(子路). [참고] 爲政-17.
【何如斯可謂之士矣】 어떠하여야 이에 곧 선비라 말할 수 있습니까? [참고] 子路-20.
　何如 : 어떻게 합니까? 관용형식으로 방법[방식]에 대해 물음. 술어나 부사어로
　　　쓰임.
　斯 : 비로소. 곧. …하면 곧. 이에 곧. 동작이나 행위가 일정한 조건을 갖춘 후에야
　　　비로소 발생하는 것을 나타냄.
　矣 : …인가? 어기조사. 의문의 어기를 나타냄.
【切切】 몹시 간절(懇切)한 모양. 간절하고 절실(切實)한 모양. 절실하고 정성(精
　　　誠)스러운 모습. 간곡(懇曲)하고 지극(至極)한 모습.
　切 : 간절하다. 정성을 다하다.
【偲偲시시】 선(善)을 권하고 격려하는 모양. 자세히 살피고 서로 권하고 격려하여
　　　힘쓰는 모양. 서로 잘하도록 북돋아주는 모양. 자상(仔詳)하게 힘쓰는 모양.
　　　자상하게 권면(勸勉)하는 모양.
　偲시 : 책선(責善)하다. 서로 선(善)을 권면(勸勉)하다. 채근(採根)하다. 권변(權

變)하고 독려(督勵)하다.

【怡怡이이】 화목한 모양. 화기애애한 모양. 화락한 모양. 살갑게 대하는 모양, 화목하
여 기뻐하는 모양. [참고] 鄕黨-1-4.

【如】 형용사 접미사. 상태를 나타냄.

【也】 …은(는). …이란. …이면. 어기조사. 음절을 조정하고 어기를 고르는(말을
잠깐 멈추고 다음 내용을 환기시키는) 역할을 함.

호인(胡寅) - 切切은 간곡(懇曲)하고 지극(至極)함이요, 偲偲는 자상(仔詳)하게 권면
(勸勉)함이요, 怡怡는 화열(和悅)함이니 모두 자로에게 부족한 바이므로 말씀해
주셨고, 또 이를 시행함에 혼동하면 형제간에는 은혜를 해치는 화가 있고 붕우
간에는 유순하기를 잘하는 손해가 있을까 염려되었으므로 또 구별하여 말씀하신
것이다. [切切 懇到也 偲偲 詳勉也 怡怡 和悅也 皆子路所不足 故告之 又恐其混於
所施 則兄弟有賊恩之禍 朋友有善柔之損 故又別而言之]

마융(馬融) - 切切偲偲는 서로 간절하게 꾸짖는 모양이고 怡怡는 온화하고 순응하는
모양이다. [切切偲偲 相切責之貌 怡怡 和順之貌]

정현(鄭玄) - 切切은 앞으로 나아가기를 권하는 모양이고 怡怡는 겸손하고 순응하는
모양이다. [切切 勸競貌 怡怡 謙順貌]

황간(皇侃) - 切切偲偲는 서로 절차(切磋, 학문이나 덕행을 연마함)하는 모습이고,
怡怡는 화목하여 따르는 모습이다. [切切偲偲 相切磋之貌也 怡怡 和從之貌也]

주희(朱熹) - 切切이란 가르치고 알려주기를 간절히 하고 측은하게 하되 그 허물을
드러내지 않는 것이며, 偲偲란 권면(勸勉)하기를 자세히 다하되 억지로 좇게
하지 않는 것이다. [切切者 敎告懇惻 而不揚其過 偲偲者 勸勉詳盡 而不强其從]

정약용(丁若鏞) - 切이란 간절히 바로잡아 주고 꾸짖는 것이며, 偲란 안색을 장엄하게
간직하는 것이다. [대대례(大戴禮)에 이르기를 '얼굴에 두려운 빛이 있으면 기뻐하지 않은
것이다.'라고 하였다.] [切者 規責懇至也 偲者 顏色莊嚴也 大戴禮云 慈焉不怡]

♣20100119火

29. 선인善人이 백성을 7년 가르치면 전쟁터에 보낼 수 있으니

子曰 善人教民七年 亦可以卽戎矣

子(주)] 길ㅇ샤디 善人(션신)이 民(민) ㄱㄹ침이 七年(칠년)이면 또흔 可(가)히 뻐 戎 (슝)에 卽(즉)ㅎ리니라

선생님께서 말씀하시기를 "선인(善人)이 백성을 가르침이 7년이면 또한 곧 가히 전쟁터에 나아가게 할 수 있느니라." 하셨다.

【善人】 덕(德)을 이루어 행실에 악(惡)함이 없어 사람을 잘 다스리거나 정치를 잘하는 사람.

【教民】 백성을 가르침.

　주희(朱熹) - 백성을 가르친다는 것은 孝悌忠信의 행실과 농사를 힘쓰고 무예를 익히는 법을 가르치는 것이다. [教民者 教之以孝悌忠信之行 務農講武之法]

　정약용(丁若鏞) - 教民이란 仁義로 가르쳐 그들로 하여금 윗사람을 친히 하고 어른을 위하여 목숨을 바치는 법을 알도록 하는 것이며, 武藝와 勇氣로 그들을 가르쳐 앉고 일어서며 나아가고 물러나는 陣法을 알게 하는 것을 이른다. [教民 謂教之以 仁義 使知親上死長之法 教之以武勇 使知坐作進退之法]

【亦】 곧. 즉. 부사. 동작이나 행위가 일정한 조건이나 정황에서 갖추어져 저절로 그러함을 강조함. […하면 곧 ~한다.]

【可以】 가히[능히] …할 수 있다. …해도 좋다. 조동사. 조건의 허가를 나타냄.

【卽戎】 전쟁에 나아가게 하다. 전쟁터에 내보내다.

　卽 : 나아가다(就也). 자리에 나아가다(卽位, 卽席). 가까이 다가가다. 그것을 향해 앞으로 가다.

　戎용 : 병장기(무기). 병사. 군대. 정벌. ⇒ 전쟁. 전쟁터.

　포함(包咸), 주희(朱熹) - 卽은 나아감이며 戎은 무기이니 그것을 가지고 공격하고 전쟁함을 말한다. [卽 就也 戎 兵也 言以攻戰]

【矣】 …일 것이다. …이다. 어기조사. 진술문의 끝에 쓰여 긍정의 어기를 나타냄.

♣20100119火

30. 가르치지 않은 백성을 데리고 전쟁을 하는 것은...

子曰 以不敎民戰 是謂棄之

子(자)ㅣ 글으샤티 ㄱᄅ치디 아니흔 民(민)으로써 戰(젼)ᄒ면 이 닐온 ᄇ림이니라

선생님께서 말씀하시기를 "가르치지 않은 백성을 데리고 전쟁을 하는 것, 이를 일러 백성을 버린다고 하느니라." 하셨다.

【以不敎民戰】 가르치지 않은 백성들을 써서[가지고] 전쟁을 하는 것. 가르치지 않은 백성들을 데리고 전쟁을 하는 것.

　以 : …으로써. …을 가지고[통하여]. 전치사. 도구·수단·방법을 나타냄.

　　주희(朱熹) - 以는 씀이다. [以 用也]

　戰전 : 싸우다. 전쟁하다.

【是謂】 이것을 …이라고 말한다. 이를 일러 …이라고 한다. ⇒ 이것이야말로.

　是 : 이. 이것. 지시대명사. 앞의 以不敎民戰을 가리킴.

【棄기】 버리다. 내버리다. 포기하다.

【之】 그. 그것. 지시대명사. 앞의 民을 가리킴.

형병(邢昺) - 棄之는 내던져서 버리는 것이다. [棄之 若棄擲也]

맹자(孟子) - 백성들을 가르치지 않고서 그들을 부리는 것 그를 일러 백성에게 재앙을 내린다고 한다. [不敎民而用之 謂之殃民] [告子 下]

주희(朱熹) - 가르치지 않은 백성을 써서 싸우게 하면 반드시 패망의 화가 있게 되니, 이는 그 백성을 버리는 것이란 말씀이다. [言用不敎之民以戰 必有敗亡之禍 是棄其民也]

정약용(丁若鏞) - 義를 알지 못하고 兵을 알지 못하는 자가 전투하면 반드시 궤멸(潰滅)하니, 이는 그 백성을 구렁텅이에 버리는 것이다. [不知義不知兵者以戰則必潰 是委其民於溝壑也]　　♣20100119火

修己

자기를 수양하니

[憲問-45]

第十四篇
憲問 헌문

德以報德

은덕으로써 은덕을 갚아야 하니 [憲問-36]

1. 囚囚羞恥囚?

> 憲問恥 子曰 邦有道穀 邦無道穀 恥也

憲(헌)이 恥(티)를 묻ᄌᆞ온대 子(ᄌᆞ)ㅣ 굴ᄋᆞ샤ᄃᆡ 邦(방)이 道(도)ㅣ 이쇼매 穀(곡)만 ᄒᆞ며
邦(방)이 道(도)ㅣ 업슴애 穀(곡)만 홈이 恥(티)ㅣ니라

원헌(原憲)이 수치(羞恥)에 대해 여쭙자 선생님께서 말씀하시기를 "나라에 도(道)
가 있을 때에 녹봉(祿俸)만 받으며 나라에 도가 없을 때에도 녹봉을 받는 것이 수치이
니라." 하였다.

[참고] 述而-10, 泰伯-13, 衛靈公-6.

【憲】 공자의 제자 원헌(原憲). 자는 자사(子思).[참고] 雍也-3.

【恥】 부끄러움. 수치(羞恥). 치욕(恥辱).

【邦有道, 邦無道】 나라에 도(道)가 있음은 정치가 도의(道義)에 맞고 바르게 시행
　　　되어 질서가 잡혀 나라가 안정됨을, 나라에 도(道)가 없음은 정치가 바르게
　　　시행되지 않아 나라가 혼란함을 이름.

【穀곡】 곡식. 녹봉(祿俸)으로 받는 곡식. ⇒ 녹봉을 받다. 명사의 동사로의 전용.
　공안국(孔安國) - 穀은 녹봉이다. [穀 祿也] [朱熹]

【也】 …이다. 어기조사. 진술문의 끝에 쓰여 판단이나 단정 또는 긍정을 나타냄.

주희(朱熹) - 나라가 道가 있을 때에도 하는 일이 없고 나라가 道가 없을 때에도
　　　홀로 善하게 하지 못하고서 다만 祿만 먹을 줄 안다면 이 모두 수치스러울
　　　만한 일이다. 原憲은 절개가 굳어 나라에 도(道)가 없을 때에 녹(祿)을 먹는
　　　것이 수치스러운 일이라는 것에 대해서는 진실로 알고 있었으나, 나라에 도가
　　　있을 때에 녹만 먹는 것이 수치스러운 일이라는 것에 대해서는 반드시 알지
　　　못하였을 것이다. 그러므로 공자께서 그의 질문을 인하여 이것까지 아울러
　　　말씀하여, 그의 뜻을 넓혀서 스스로 힘쓸 바를 알게 하고 훌륭한 일을 할 수
　　　있는 데에 나아가게 하신 것이다. [邦有道 不能有爲 邦無道 不能獨善 而但知食
　　　祿 皆可恥也 憲之狷介 其於邦無道 穀之可恥 固知之矣 至於邦有道 穀之可恥

則未必知也 故夫子因其問而幷言之 以廣其志 使知所以自勉 而進於有爲也]

[참고]

공안국(孔安國) - 나라에 도가 있다면 당연히 녹을 먹어야 한다. 임금이 도가 없는데 그 조정에 있어서 그 녹을 먹는 것 이것이 치욕이다. [邦有道 當食祿 君無道而在 其朝 食其祿 是恥辱] ☞ **나라에 도가 있을 때는 녹봉을 받지만, 나라에 도가 없는데 녹봉을 받는 것이 치욕이다.**

정약용(丁若鏞) - 恥也 두 자는 위의 여덟 자를 연이어 받은 것이다. 중간에 끊어서 두 단락으로 해서는 안 된다. … 마을의 선한 이도 그를 좋아하고 마을의 악한 이도 그를 좋아하는 것을 공자는 수치로 여겼던 것이다. 治世나 亂世나 모두 祿을 누린다는 것은 善人이나 惡人이나 모두 좋아하는 것과 같으므로 이 점을 수치로 여기는 것이다. [恥也二字 上承八字 不可中截爲二段 … 鄕人善者好之 鄕人惡者好之 孔子恥之 治亂之皆食祿 猶善惡之皆見好 斯其所以爲恥也]

♣20100119火

2. 인仁인지는 내 알지 못하노과

> 克伐怨欲不行焉 可以爲仁矣 子曰 可以爲難矣 仁則吾不知也

克(극)과 伐(벌)과 怨(원)과 欲(욕)을 行(힝)티 몯게 ᄒ면 可(가)히 뻐 仁(신)이라 ᄒ리 잇가 子(ᄌ)ㅣ ᄀᆞᆯ ᄋᆞ샤ᄃᆡ 可(가)히 뻐 어렵다 ᄒ려니와 仁(신)은 내 아디 몯게라

"남에게 이기려고만 하는 일, 자신의 공을 자랑하는 일, 원망하여 한을 품는 일, 욕심내고 질투하는 일, 이것들을 행하지 않는다면 가히 인(仁)이라 할 수 있나이까?" 라고 여쭈니, 선생님께서 말씀하시기를 "가히 어렵다 할 수 있거니와 인(仁)인지는 내 알지 못하노라." 하셨다.

【克】 남을 이기기를 좋아하는 것. 남에게 이기려고만 하는 것. 기승부리기.

【伐벌】 자신의 공을 자랑하는 것. 자랑하기. 뽐내기.

【怨】 원망하는 것. 분해하고 한을 품는 것. 남 탓하는 것. 원망하기.

【欲】 탐욕. 욕심내는 것. 욕심내고 질투하는 것. 잔뜩 바라는 것. 욕심내기.

마융(馬融) - 克은 남을 이기기를 좋아하고, 伐은 스스로 자기 공을 자랑하는 것이며, 怨은 작은 원망까지 증오하는 것이고, 欲은 욕심을 지나치게 탐내는 것이다.
　[克 好勝人 伐 自伐其功 怨 忌小怨 欲 貪欲也]

[참고]

정약용(丁若鏞) - 克은 剋(이기다), 伐은 攻(공격하다) 이다. 자신에게 없는 것을 한탄하는 것을 怨, 남에게 있는 것을 탐하는 것을 欲이라 한다. [克 剋也 伐 攻也 恨己之所無曰 怨 貪人之所有曰 欲]

선유(先儒)들은 모두 克伐怨欲을 네 가지 일로 삼았다. 그러나 이기기를 좋아하고 자신을 자랑하는 것(好勝自伐)에 대해 어떻게 '행하지 않는다(不行).' 는 말을 쓸 수 있겠는가? 싸워서 이기지 못하면 이기기 좋아하는 마음이 행해지지 않을 것이고, 자랑해도 믿지 않으면 자랑하는 말이 행해지지 않을 것이다. [이는 남에게서 말미암는 것이다.] 그리고 원한을 품고 해독을 주면 원한이 이에 행해질 것이고, 욕심을 좇아 탐욕하면 탐욕이 이에 행해질 것이다. [이는 자기로부

第十四篇 憲問

터 말미암는 것이다.] 이를 토대로 하여 말하면, 이기고 자랑하는 것이 행해지지 않는 것은 남에게서 말미암는 것이고, 원한과 탐욕이 행해지지 않는 것은 자기로부터 말미암는 것이니, 이 네 가지[克伐怨欲]는 같은 유(類)의 것이 아니다. 여기 克伐怨欲은 그 怨欲의 싹을 克伐(쳐서 이겨냄)해서 이것이 행해지지 않게 한다는 말이다. [先儒皆以克伐怨欲 爲四事 然好勝自伐 何以謂之不行焉 鬪而不勝 則好勝之心不行矣 誇而不信 則自伐之言不行矣 由於人 含怨而施其毒 則怨斯行矣 從欲而施其貪 則欲斯行矣 由於己 由是言之 克伐之不行 由於人 怨欲之不行 由於己 四者非一類也 克伐怨欲者 克伐其怨欲之萌 使之不行也] ☞ **克伐怨欲 不行焉** : 원욕의 싹을 이겨내 행해지지 않게 한다면.

【焉】 그것을. 於之. 합음사(合音詞). 於는 전치사로 동작이나 행위에 직접 미치는 대상을 나타내며, 之는 지시대명사로 앞의 克伐怨欲을 가리킴.

【可以】 가히[능히] …할 수 있다. …해도 좋다. 조동사. 조건의 허가를 나타냄.

【爲】 = 謂. 이르다. 일컫다. 말하다. …라고 말하다.

【難】 어렵다. 곤란하다.

【矣】 ① …인가? 어기조사. 의문의 어기를 나타냄. 可以爲仁矣. 형식상으로 보면 당연히 긍정문이지만 앞뒤의 문맥으로 보면 실제로 의문문이다. [楊伯峻] ② …일 것이다. …이다. 어기조사. 진술문의 끝에 쓰여 긍정의 어기를 나타냄. 可以爲難矣.

주희(朱熹) - 이 또한 원헌(原憲)이 자신의 능한 것을 가지고 질문한 것이다. [此亦原憲以其所能而問也]

【則】 …은[는] 곧. …로 말하면[말할 것 같으면] 곧. …으로는 곧. …할 때는[경우에는]. …하여서는 곧. 접속사. 두 가지 또는 여러 가지 사실의 대비(대응)관계나 병렬관계를 나타내며 강조의 어감을 가짐.

포함(包咸) - 이 네 가지는 행하기 어렵기는 하지만 仁이 되기에는 부족하다. [四者行之難 未足以爲仁]

주희(朱熹) - 이 네 가지가 (마음속에) 있는데도 능히 제어하여 행해지지 않게 한다면 어렵다고 이를 만하다. 仁은 천리(天理)가 완전하여 저절로 네 가지의 누(累)가 없으니, 행해지지 않게 하는 것은 굳이 말할 것이 못된다. [有是四者而能制之 使不得行 可謂難矣 仁則天理渾然 自無四者之累 不行 不足以言之也]

♣20100119火

3. 편안히 지낼 마음을 먹는다면 선비가 아니니

子曰 士而懷居 不足以爲士矣

子(주) l 글으샤티 士(스) l 오 居(거)를 懷(회)ㅎ면 足(죡)히 뻐 士(스) l 라 ㅎ디 몯홀 꺼시니라

선생님께서 말씀하시기를 "선비이면서 편안히 지낼 마음을 먹는다면 선비라고 하기에는 턱없이 모자라느니라." 하셨다.

[참고] 學而-14. 里仁-9.

【而】 (…이다) 그러나. ⇒ …이면서. …이고서. …으로서. 접속사. 역접관계를 나타냄.

  [참고] 爲政-22, 八佾-3. 泰伯-10, 子路-22, 憲問-7, 陽貨-10.

【懷居】 편안히 지낼 생각을 품다. 편안하게 살 마음을 먹다.

  懷회 : 마음에 두다. 마음속에 간직하다. 생각하다. 그리워하다.

  居 : 안거(安居). 안주(安住). 편안하게 삶. 편안히 지냄.

  주희(朱熹) - 居는 마음에 편안하게 여기는 것을 이른다. [居 謂意所便安處也]

  정약용(丁若鏞) - 懷는 그리워함이요, 居는 가정생활의 즐거움을 말한다. [懷 戀也 居 謂室家生居之樂]

【足以】 …할 수 있다. …할 만하다. …에 충분하다[족하다]. …을 충분히 하다. 조동사. 동사 앞에 놓여 부사어로 쓰이며 능력이나 조건이 어떤 일을 하기에 충분함을 나타냄. '不, 未' 등 부정부사의 수식을 받으면 사물의 가치나 가능성에 대한 부적인 판단을 나타냄. (…하기에 충분하지 않다. …하기에 부족하다.)

【爲】 = 謂. 이르다. 일컫다. 말하다. …라고 말하다.

【矣】 …이다. 어기조사. 단정 또는 필연의 결과를 나타냄.

하안(何晏) - 선비는 마땅히 도에 뜻을 두어 편안함을 추구하지 않아야 하는데 그 편안한 삶을 생각함은 선비가 아니다. [士當志道 不求安而懷其居 非士也]

♣20100120水

4. 나라에 도가 없을 때는 말은 겸손하게 해야 하느니

子曰 邦有道 危言危行 邦無道 危行言孫

子(ᄌᆞ)ㅣ ᄀᆞᆯ오샤ᄃᆡ 邦(방)이 道(도)ㅣ 이슘앤 言(언)을 危(위)히 ᄒᆞ며 行(ᄒᆡᆼ)을 危(위)히 ᄒᆞ고 邦(방)이 道(도)ㅣ 업슴앤 行(ᄒᆡᆼ)을 危(위)히 ᄒᆞ고 言(언)은 孫(손)히 홀 ᄯᅵ니라

선생님께서 말씀하시기를 "나라에 도(道)가 있을 때는 말을 당당히 올곧게 하고 행동도 당당히 올곧게 해야 하지만 나라에 도가 없을 때는 행동은 당당히 올곧게 해도 말은 자신을 낮춰 겸손하게 해야 하느니라." 하셨다.

【危】 ① 높다. 고준(高峻) 하다. 당당하다. ② 바르다. 곧다. 정직하다.

♣ 高峻 : 깎아지를 듯이 높은 산봉우리처럼 위태해 보이면서도 당당하게 솟아 있는 모습.

포함(包咸) - 危는 높다(매섭다)는 것이니 나라에 도가 있으면 언행을 높게 할 수 있다. [危 厲也 邦有道 可以厲言行也]

주희(朱熹) - 危는 높고 험준함이다. [危 高峻也]

양백준(楊伯峻) - 예기 치의(禮記 緇衣)의 주(注)에 '危는 높고 험준하다.[危 高峻 也]' 라고 했으며, 보통 것보다는 귀하다는 뜻이다. 주희의 집주(集註)에서도 이처럼 해석하고 있다. 그렇게 해석해도 물론 뜻은 통하지만 광아(廣雅)에서는 '危는 바르다.[危 正也]' 라는 해석을 했다. 왕념손(王念孫)의 광아소증(廣雅 疏證)에서도 논어의 이 문장을 인용하여 예를 들었다.

【孫】 = 遜. 몸을 낮추다. 겸손(謙遜) 하다. 공손(恭遜) 하다.

주희(朱熹) - 孫은 낮추고 순한(부드럽게 한) 것이다. [孫 卑順也]

하안(何晏) - 孫이란 順함이다. 행실을 높게 하여 세속을 따르지 않고 말을 공손하고 부드럽게 하여 해를 멀리함이다. [孫 順也 厲行不隨俗 順言以遠害]

유정진(劉廷振) - 공자가 양화(陽貨)를 만나지 않음은 危行이며, 길에서 陽貨를 만났을 때 순리대로 답하고 굳이 변론하지 않음은 言孫과 같다. [如孔子不見陽貨 危行也 遇諸塗而據理以答 不與深辯 言孫也] [論語古今註(丁若鏞)] [참고] 陽貨-1.

♣20100120水

5. 훌륭한 말을 하는 자라고 다 덕이 있는 것은 아니니

> 子曰 有德者必有言 有言者不必有德 仁者必有勇 勇者不必有仁

子(주) | 길ᄋ샤디 德(덕)을 둔는 者(쟈)는 반두시 言(언)을 둣거니와 言(언)을 둔는 者(쟈)는 반두시 德(덕)을 두디 몯ᄒᄂ니라 仁(신)혼 者(쟈)는 반두시 勇(용)을 둣거니와 勇(용)혼 者(쟈)는 반두시 仁(신)을 두디 몯ᄒᄂ니라

선생님께서 말씀하시기를 "덕(德)이 있는 사람은 반드시 훌륭한 말을 하나 훌륭한 말을 하는 사람이라 해서 반드시 덕이 있는 것은 아니요, 인(仁)한 사람은 반드시 용감(勇敢)함이 있으나 용감한 사람이라 해서 반드시 인(仁)이 있는 것은 아니니라." 하셨다.

【有言】 훌륭한 말이나 좋은 말을 둠. 또는 그러한 말을 할 수 있는 역량을 지님. 훌륭한 말이 있다. 훌륭한 말을 하다. 말을 잘하다(能言).

言 : 말할 것. 좋은 말. 훌륭한 말. 값진 말. 덕담(德談). 명언(名言).

【必】 반드시. 꼭. 참으로. 과연. 동작·행위·성질·상태 등에 대한 결연한 의지나 확신을 나타냄. 不必 : 반드시 …한 것만은 아니다. 부분부정.

부분부정과 완전부정	
不必 [부분부정] 반드시 …은[한 것만은] 아니다.	必不 [완전부정] 반드시 …이 아니다.
不必有德 반드시 덕이 있는 것만은 아니다.	必不有德 반드시 덕이 있는 것이 아니다. (덕이 없다.)
不常, 不盡, 不俱, 不復, 不甚 …	常不, 盡不, 俱不, 復不, 甚不 …

주희(朱熹) - 덕이 있는 자는 화순(和順)이 심중(心中)에 쌓여서 아름다운 영화(榮華)가 밖으로 나타나고, 말을 잘하는 자는 혹 입으로 말만 잘할 뿐일 수 있다. 인자(仁者)는 마음에 사사로운 얽매임이 없어서 義를 보면 반드시 행하고, 용기가 있는 자는 혹 혈기(血氣)가 강할 뿐일 수 있다. [有德者 和順積中 英華發外 能言者 或便佞口給而已 仁者 心無私累 見義必爲 勇者 或血氣之强而已] ♣20100120水

6. 우禹와 직稷은 몸소 농사를 지었지만 천하를 두었으니

南宮适問於孔子曰 羿善射 奡盪舟 俱不得其死然 禹稷躬稼而有天
下 夫子不答 南宮适出 子曰 君子哉若人 尚德哉若人

南宮适(남궁괄)이 孔子(공ᄌᆞ)끠 묻ᄌᆞ와 ᄀᆞᆯ오ᄃᆡ 羿(예)ᄂᆞᆫ 射(샤)를 善(션)ᄒᆞ고 奡(오)ᄂᆞᆫ
舟(쥬)를 盪(탕)호ᄃᆡ 다 그 死(ᄉᆞ)를 得(득)디 몯ᄒᆞ야늘 그러나 禹(우)와 稷(직)은 몸소
稼(가)호ᄃᆡ 天下(텬하)를 두시니이다 夫子(부ᄌᆞ)ㅣ 答(답)디 아니ᄒᆞ더시니 南宮适(남궁
괄)이 出(츌)커늘 子(ᄌᆞ)ㅣ ᄀᆞᆯᄋᆞ샤ᄃᆡ 君子(군ᄌᆞ)ㅣ라 이러틋 ᄒᆞᆫ 사ᄅᆞᆷ이여 德(덕)을 尚(샹)
ᄒᆞᄂᆞ다 이러틋 ᄒᆞᆫ 사ᄅᆞᆷ이여

第十四篇 憲問

남궁괄(南宮适)이 공자께 여쭈어 말씀드리기를 "예(羿)는 활쏘기를 잘하였고 오
(奡)는 배를 밀어 움직이는 장사인데 모두 그 천수를 다하지 못하였고, 우(禹)와
직(稷)은 몸소 농사를 지었지만 천하를 두셨습니다." 하였으나 선생님께서 대답하지
않으시더니 남궁괄이 나가자 선생님께서 말씀하시기를 "군자로다! 저 사람이여! 덕
(德)을 숭상(崇尚)하도다! 저 사람이여!" 하셨다.

【南宮适】 공자의 제자. 자는 자용(子容). [참고] 公冶長-2.
　공안국(孔安國) - 适은 남궁경숙(南宮敬叔) 이니 魯나라 대부이다. [适 南宮敬叔
　　魯大夫]
　형병(邢昺) - 适은 남궁도(南宮縚) 이니 字는 子容이다. [适卽南宮縚也 字子容]
　정현(鄭玄) - 敬叔은 魯나라 맹희자(孟僖子) 의 아들 중손열(仲孫閱) 이 이 사람이
　　다. [鄭注檀弓云 敬叔 魯孟僖子之子仲孫閱 是也] [禮記 檀弓 注]
　주희(朱熹) - 南宮适은 곧 남용(南容) 이다. [南宮适 卽南容也]
　정약용(丁若鏞) - 나는 마땅히 세 사람으로 나누어 보아야 한다고 생각한다. 하나는
　　남궁도로서 자는 자용이니 공자의 조카사위이며, 다른 하나는 남궁열로서 자는
　　경숙이니 중손확(仲孫玃) 의 아들인데 閱과 說은 같은 사람의 이름이며, 또
　　다른 하나는 남궁괄인데 이는 또 다른 한 사람이다. 이 경문에서 특별히 問於孔
　　子라 한 것을 보면[공자의 성씨를 기록 하였다.] 그는 대부이다. … 그러나 확실한
　　근거가 없으므로 공안국의 주를 따른다. [余謂當分作三人 其一曰 南宮縚 字子

容 卽孔子之姪壻也 其一曰 南宮閲 字敬叔 卽仲孫玃之子閲 說同也 其一曰 南宮
适 別是一人 此經 特謂問於孔子 書孔子之姓 則大夫也 … 然無確據 姑從孔注]

【羿예】 궁술의 명인. 하(夏)나라 말기에 유궁(有窮)이라는 나라가 있었는데, 예(羿)
　　는 그 나라의 임금으로 활을 아주 잘 쏘았다 함. 전설에 의하면 당시 해가 열
　　개 있었는데 너무 뜨거워서 그 중 아홉 개를 그가 활로 쏘아 떨어뜨렸다고 함.
　　한때 하나라 임금을 죽이고 왕위를 찬탈하였으나 정치는 돌보지 않고 사냥만
　　즐긴 나머지 그의 신하인 한착(寒浞)에 피살되어 나라와 아내를 빼앗겼다고
　　함. [참고] 左傳 襄公 四年.

【奡오】 한착(寒浞)과 예(羿)의 아내 사이에 태어난 아들로 포악한 짓을 하다 夏나라
　　임금인 소강(少康)에게 사형을 당하였음.

【盪舟】 배를 밀어 움직이다. ⇒ 육지에서 배를 밀어 움직이게 할 만큼 힘이 셈.
　盪탕 : 밀다. 밀어 움직이다.

　고염무(顧炎武) - 옛날 사람들은 좌우로 돌격하여 죽이는 것을 탕진(盪陣), 그
　　정예로운 병사를 도탕(跳盪)이라 했고, 별군의 통솔자를 탕주(盪主)라 했는데
　　盪舟는 모두 이 뜻을 겸하고 있다. [古人以左右衝殺爲盪陣 其銳卒謂之跳盪
　　別帥謂之盪主 盪舟蓋兼此義] [日知錄]

【俱】 모두. 다. 부사. 주어가 가리키는 사람에 대한 총체적인 판단을 나타냄.

【其死】 기명(其命). 그 수명(壽命). 제 명[수명]대로 죽다. 천수(天壽)를 누리고
　　때가 되어 죽음. [참고] 先進-12.

　공안국(孔安國) - 羿는 有窮國 군주로서 夏나라 임금 相의 제위를 찬탈하였는데
　　그 신하 한착(寒浞)이 그를 죽이고 그의 아내를 맞아 奡를 낳았는데 奡는 장사로
　　육지에서도 배를 끌었으나 夏나라 임금 소강에게 죽임을 당했다. 이 두 사람은
　　모두 천수를 누리지 못했다. [羿 有窮國之君 篡夏后相之位 其臣寒浞殺之 因其
　　室而生奡 奡多力能陸地行舟 爲夏后少康所殺 此二子者 皆不得以壽終]

【然】 …이다. 서술문의 끝에 위치하여 종결의 어기를 나타냄. 어기조사.
　[참고] 그러나. 그렇지만. 그런데. 접속사. 연결된 두 부분이 의미가 상반됨을 나타냄.

【禹】 우임금. 하(夏)나라의 시조. 치수(治水)의 공으로 순(舜)임금으로부터 천하
　　를 선양(禪讓)을 받음.

【稷】 후직(后稷). 순임금의 신하로 주(周)나라의 시조. 농사짓는 법을 가르치어

백성들을 잘 살게 했음. 문왕과 무왕이 그의 후손임.

【躬稼궁가】몸소 농사를 지음.

躬 : 몸소. 스스로. 직접. 친히. 부사. 동작이나 행위가 자신에 의해 진행됨을 나타냄.

稼 : 심다. 농사를 짓다.

【而】그러나. 그렇지만. 오히려. 접속사. 역접관계를 나타냄.

【哉】…이로다! …이구나! …이도다! …하구나! …로구나! …이여! 어기조사. 찬양
　　·비통·분노·경악·감개 등의 감탄의 어기를 나타냄.

【若】이. 그. 저. 이러한. 지시대명사. 가까이 있는 사물·상황 등을 나타내며 주어
　　·관형어·부사어로 쓰임.

주희(朱熹) - 南宮适의 뜻은 羿와 奡를 당세에 권력을 소유한 자에게 비유하고,
　　禹王과 稷을 공자에 비유하였다. 그러므로 공자께서 대답하시지 않으신 것이
　　다. [适之意 蓋以羿奡 比當世之有權力者 而以禹稷 比孔子也 故 孔子不答]

정약용(丁若鏞) - 공자는 일찍이 몸소 농사를 지은 일이 없으며 또한 천하를 누릴
　　마음조차 없었는데 남궁괄이 어찌하여 禹稷으로 공자를 비유하였겠는가? 활
　　잘 쏘는 羿와 장사인 奡는 患難을 막을 수 있었는데도 죽음을 면하지 못하였고
　　밭갈이 하는 禹稷은 그처럼 지위가 낮은 듯했지만 끝끝내 큰 천명을 받았던
　　것이다. [孔子未嘗躬稼 亦無王天下之兆 南宮适何必以禹稷比孔子乎 善射多力
　　足以禦患 而不免兵死 濬畎播穀 若是卑約 而卒受大命所問者天理也]

채청(蔡淸) - 南宮适의 말은 질문 같으나 질문이 아니다. 당연히 대답해야겠지만
　　대답하지 않아도 또한 되는 일이다. [适之言 似問而非問也 答固當 不答亦可]

♣20100122金

7. 아직까지 소인小人이면서 인仁한 사람은 없었으니

子曰 君子而不仁者有矣夫 未有小人而仁者也

子(주) l 골으샤디 君子(군주) l 오 仁(신)티 몯혼 者(쟈)는 잇거니와 小人(쇼신)이오 仁(신)혼 者(쟈)는 잇디 아니ᄒ니라

선생님께서 말씀하시기를 "군자(君子)인데 인(仁)하지 못한 사람은 있을 것이로다만 아직 소인(小人)이면서 인(仁)한 사람은 없었느니라." 하셨다.

【而】 (…이다) 그러나. ⇒ …이면서. …이고서. …으로서. 접속사. 역접관계를 나타냄.
　　[참고] 爲政-22, 八佾-3. 泰伯-10, 子路-22, 憲問-3, 陽貨-10.
【矣夫】 …이구나[하구나]! …이로다! 관용형식으로서, 어기조사인 矣와 夫가 연용됨. 감탄의 어기를 나타냄과 아울러 추측의 의미를 겸함.
【未】 아직 …하지 않다[못하다]. 아직 …이 아니다. 부사. 동작·행위·상황 등이 아직 발생하지 않았음을 나타냄.

未有 A 而 B者也
아직 A하면서 B하는 사람(것) 없다.

未有小人而仁者也
아직 소인이면서 어진 사람은 없다.

【也】 …이다. 어기조사. 진술문의 끝에 쓰여 판단이나 단정 또는 긍정을 나타냄.
양백준(楊伯峻) - 여기서 君子와 小人이 내포하고 있는 뜻은 그다지 분명하지 않다. 만약 君子와 小人이 덕이 있고 없는 사람을 가리키는 말이라면, 두 번째 구절은 말하지 않아도 될 것이다. 여기서는 아마도 지위가 있는 사람과 일반 백성을 가리키는 말인 듯하다. ♣20100122金

8. 사랑함에 수고롭게 하지 않을 수 있으랴

> 子曰 愛之 能勿勞乎 忠焉 能勿誨乎

子(즈)] 글 ᄋ샤딕 愛(이) ᄒ야란 能(능) 히 勞(로) 케 말라 忠(튱) ᄒ야란 能(능) 히 誨(회) 티 말라

선생님께서 말씀하시기를 "그를 사랑함에 능히 수고롭게 하지 않을 수 있겠는가? 그에게 충성(忠誠)함에 능히 깨우쳐 주지 않을 수 있겠는가?" 하셨다.

【愛之】 그를 사랑하다.

　之 : 그. 그 사람. 인칭대명사. 일반적인 사람을 가리킴.

【能】 능히[충분히] …할 수 있다. 조동사. 어떤 일을 할 능력이 있거나 조건이 됨을 나타냄.

【勿】 = 不. …이 아니다. …하지 않다. 부사. 동작이나 행위에 대한 부정을 나타냄.

정약용(丁若鏞) - 能勿이란 어떻게 그처럼 하지 않을 수 있겠느냐는 뜻이다. 지극한 정에 휩쓸리면 그렇게 하지 않을 수 없는 것이다. [能勿者 安得不然之意 情之所至 不得不然]

【勞】 ① 수고롭게 하다. 노력하게 하다. 분발하게 하다.　② 위로하다.

　공안국(孔安國) - 사람이 사랑하는 바가 있으면 반드시 그를 위로하고 찾아오게 하고자 하는 것을 말한다. [言人有所愛 必欲勞來之]

　소식(蘇軾) - 사랑하면서도 수고롭게 하지 않는 것은 짐승의 사랑이다. [愛而勿勞 禽犢之愛也]

　정약용(丁若鏞) - 勞란 몸이 피곤하도록 움직이게 하는 것이다. [勞 謂疲其筋骨]

　국어 노어 하(國語 魯語 下) - 백성들이 수고하면 곧 절약할 것을 생각하고 절약할 것을 생각하면 곧 선량한 마음이 생겨난다. 백성들이 안일하면 곧 방탕해지고 방탕해지면 곧 선량한 마음을 잃어버리게 되고 선량한 마음을 잃어버리면 곧 나쁜 마음이 생기게 된다. [夫民勞則思 思則善心生 逸則淫 淫則忘善 忘善則惡心生]

【乎】 …인가? …이겠는가? 어기조사. 의문문의 끝에 쓰여 반문의 어기를 나타냄.

일반적으로 대명사 何, 孰이나 접속사 況, 혹은 부사 庸, 寧, 豈, 不, 非 등과 호응함.

【忠焉】 그에게 충성하다.

忠 : 충성심(忠誠心). 정성(精誠)을 다하는 마음. 성실(誠實)한 자세로 최선(最善) 을 다하는 마음. 다른 사람에 대해서, 특히 윗사람에 대해서 전심전력을 다함. 충심으로 정성을 다하다. [참고] 里仁-15.

焉 : 그에게. 於之. 합음사(合音詞). 於는 전치사로 동작이나 행위에 관련되는 대상을 나타내며, 之는 지시대명사로 일반적인 사람을 가리킴.

【誨회】 가르치다. 깨우치다. 가르쳐 주다. 깨우쳐주다. 잘못을 일깨워 주다.

공안국(孔安國) - 충성하는 바가 있으면 반드시 그를 가르치고 깨우치고자 하는 것이다. [有所忠 必欲教誨之]

소식(蘇軾) - 忠誠하면서도 가르쳐 주지 않는 것은 아녀자나 내시(內寺)의 충성이 다. [忠而勿誨 婦寺시之忠也]

정약용(丁若鏞) - 誨란 잘못을 꾸짖는 것이다. [誨 謂責其過失]

[참고] 勞와 誨는 원래 勞之, 誨之로 뒤에 지시대명사인 之가 앞의 愛之, 忠焉과 중복되므로 생략되었음. ♣20100123土

9. 외교 공고문을 초안을 잡고 검토하고 다듬고 문채를 빛내니

子曰 爲命 裨諶草創之 世叔討論之 行人子羽修飾之 東里子産潤色之

子(주)ㅣ 굴♀샤딕 命(명)을 홈애 裨諶(비팀)이 草創(초창)ᄒ고 世叔(셰슉)이 討論(토론)ᄒ고 行人(힝신)인 子羽(주우)ㅣ 修飾(슈식)ᄒ고 東里(동리)ㅅ 子産(주산)이 潤色(슌쇡)ᄒ니라

선생님께서 말씀하시기를 "외교 공고문을 작성함에 비심(裨諶)이 초안을 잡고, 세숙(世叔)이 검토하여 논리적으로 따져보고, 외교 관리 자우(子羽)가 자구와 내용을 수정하고, 동리(東里) 사람 자산(子産)이 매끄럽게 다듬어 문채를 빛나게 했느니라." 하셨다.

【爲】만들다(作也). 작성하다. (글을) 짓다.

【命】임금의 명령. 사령(辭令). 외교문서. 외교 공고문.

　정약용(丁若鏞) - 命이란 이웃나라를 조빙(朝聘, 나라와 나라 사이에 사신을 보내는 일)할 때 가져가는 글이다. [命者 隣國朝聘之文]

【裨諶비심】춘추시대 정(鄭)나라 대부. 이름은 조(竈). 자가 심(諶).

【草創之】개략적으로 그것을 만들다[짓다]. 초고(草稿)[초안(草案)]을 창작(創作)하다.

　草 : 대충. 개략적으로. 대략적으로. ⇒ 초고(草稿). 초안(草案)

　創 : 만들다. 창시(創始)하다. 창작하다.

　之 : 그것. 지시대명사. 앞의 命을 가리킴.

　주희(朱熹) - 草는 대략이요, 創은 처음 만드는 것이니, 처음 초고(草稿)를 만듦을 말한다. [草 略也 創 造也 謂造爲草藁也]

【世叔】춘추시대 정(鄭)나라 대부 유길(游吉). 자가 太叔(世叔, 고대에는 世와 太는 통용되었음). 외교수완이 탁월하였음.

【討論】검토하여 의견을 말하다. 논리적으로 따져보다.

　討 : 검토하다. 다듬다.　論 : 말하다. 논하다. 의론(議論)하다.

　마융(馬融) - 討는 治(바로잡다, 정리하다, 다듬다)이다. 裨諶이 이미 생각하

여 만들었는데, 世叔이 다시 다듬어 이야기하므로, 그것에 대해 매우 상세하게 살핀 것이다. [討 治也 裨諶旣造謀 世叔復治而論之 詳而審之]

정현(鄭玄) - 討論은 정리하는 것이다. [討論 整理]

주희(朱熹) - 討는 찾고 연구함이요, 論은 강론함이다. [討 尋究也 論 講議也]

【行人】외교관료. 사신을 보내는 업무를 담당하는 직책 이름.

마융(馬融) - 行人은 사신(使臣)의 일을 맡은 관리이다. [行人 掌使之官] [朱熹]

【子羽】춘추시대 정(鄭)나라 대부 공손휘(公孫揮). 자가 자우(子羽).

【修飾】자구와 내용을 수정하다. 문장을 가감하고 교감하다.

修 : 고치다. 飾 : 꾸미다. 장식하다.

주희(朱熹) - 修飾은 더(보충)하고 줄이는 것을 말한다. [修飾 謂增損之]

【東里】지명(地名). 자산(子産)이 살던 동네의 이름.

주희(朱熹) - 東里는 지명으로 자산이 거주하던 곳이다. [東里 地名 子産所居也]

【子産】춘추시대 정(鄭)나라의 명재상 공손교(公孫僑). 자가 자산(子産). 22년간 정(鄭)나라 간공(簡公), 정공(定公), 헌공(獻公), 성공(聲公)을 모시면서 나라를 부강케 했음. 진(晉)과 초(楚) 등의 대국 사이에서 능란한 외교술로 약소국 정나라의 안정을 유지한 것으로 유명함. 내정에서도 중국 최초의 성문법을 제정하여 인습적인 귀족정치를 배격하였고, 특히 미신을 배척하고 인간애를 강조하는 활동으로 공자의 사상적 선구가 되었음.

【潤色】광택을 내고 색칠하다. 매끄럽게 다듬다. 문채를 빛나게 하다.

주희(朱熹) - 潤色은 문채를 더하는 것을 말한다. [潤色 謂加以文采也]

♣20100123土

10. 자산子産, 자서子西, 관중管仲에 대해 말씀하시니

或問子産 子曰 惠人也 曰 問子西 曰 彼哉 彼哉 問管仲 曰 人也
奪伯氏騈邑三百 飯疏食 沒齒無怨言

或(혹)이 子産(주산)을 묻주온대 子(주)] 골오샤디 惠(혜)흔 人(신)이니라 子西(주셔)
를 묻주온대 골오샤디 뎌여 뎌여 管仲(관듕)을 묻주온대 골오샤디 人(신)이 白氏(빅시)의
騈邑(병읍) 三百(삼빅)을 아사늘 疏食(소소)를 飯(반)ᄒᆞ야 齒(치)] 沒(몰)ᄒᆞ되 怨(원)
ᄒᆞᄂᆞᆫ 말이 업스니라

어떤 이가 자산(子産)에 대해 여쭈자 선생님께서 말씀하시기를 "자혜(慈惠)로운
사람이니다." 하셨다. 자서(子西)에 대해 여쭈자 말씀하시기를 "그 사람! 그저!" 하셨
다. 관중(管仲)에 대해 여쭈자 말씀하시기를 "인물이니다. 백씨(伯氏)의 병읍(騈邑)
삼백호를 빼앗았거늘 (백씨는) 거친 밥을 먹으면서도 평생을 원망의 말이 없었니이
다." 하셨다.

【惠人】은혜(恩惠)로운 사람. 자혜(慈惠)로운 사람. 인애(仁愛)로운 사람.

　공안국(孔安國) - 惠는 사랑한다는 말인데, 子産은 옛사람의 유애(遺愛, 후세에
　　　끼친 인애仁愛의 유풍遺風)이다. [惠 愛也 子産古之遺愛]

　정약용(丁若鏞) - (남에게) 베풀기를 좋아하는 것을 혜라 한다. [好施曰 惠] 惠와
　　　愛는 그 뜻이 같지 않다. [惠與愛不同]

　주희(朱熹) - 자산의 정사는 오로지 너그럽지만은 않았으나, 그의 마음은 한결같이
　　　사람을 사랑하는 것을 위주로 하였다. 그러므로 공자께서 은혜로운 사람이라고
　　　하신 것이니, 그의 중한 것을 들어 말씀하신 것이다. [子産之政 不專於寬 然其心
　　　則一以愛人爲主 故孔子以爲惠人 蓋擧其重而言也]

【子西】춘추시대 정나라의 대부 공손하(公孫夏).

　마융(馬融) - 子西는 鄭나라 대부이다. 혹자는 楚나라 영윤 자서라고 한다. [子西
　　　鄭大夫 或曰 楚令尹子西]

　황간(皇侃) - 어떤 이가 또 공자께 묻기를 '정나라의 대부 子西의 덕업(德業)은 어떠
　　　합니까?' 하였다. 정나라의 公孫夏이다. 혹자가 이르기를 초나라 영윤 자서라고

도 한다. [或人又問孔子 鄭之大夫子西德業如何 鄭之公孫夏 或云楚令尹子西]

주희(朱熹) - 子西는 楚 公子 申으로, 초나라를 사양하고 소왕을 세워 정치의 기강을 개혁하니 그 또한 어진 대부이다. [子西 楚公子申 能遜楚國 立昭王 而改紀其政 亦賢大夫也]

노동원(盧東元) - 어떤 이는 자서와 자산을 연이어 물었고 또한 윗글의 爲命절과 연이어 기록한 것으로 보면 이는 정나라 자서임을 알 수 있다. [或人 以子西與子産 連問 且與上爲命節連記 則必是鄭之子西可知]

정약용(丁若鏞) - 인물의 賢·不肖의 평가는 반드시 그가 죽은 다음에 이루어지는 것이다. 이는 이른바 '널의 덮개를 덮은 이후에 일이 끝나는 것이다.' 는 말이다. 초나라 公子 申은 그 당시 죽지 않았던 인물인데 어떻게 공자가 그의 인물을 단정할 수 있었겠는가? 이는 정나라 자서임을 의심할 여지가 없다. [人之賢不肖 必死而後乃定 所謂蓋棺而事已也 楚申未死 孔子 何得斷其平生 其爲鄭子西無疑]

양백준(楊伯峻) - 춘추 시기에는 子西라는 사람이 세 명이 있다. 첫째, 정(鄭)나라의 공손하(公孫夏)로 노(魯)나라 애공(哀公) 때 살았다. 자산(子産)의 집안 형제로 자산이 그에 이어 정나라의 정치를 이끌어 나갔다. 둘째, 초(楚)나라의 투의신(鬪宜申)으로 노나라 희공(僖公)·문공(文公) 때 살았다. 셋째, 초나라의 공자(公子) 신(申)으로 공자와 같은 시대 사람이다. 투의신은 공자와 시기적으로 너무 멀고, 공자 신은 반대로 너무 가까우니, 이 사람이 물은 것은 마땅히 공손하일 것이다.

【彼哉彼哉】 그 사람! 그 사람!

彼 : 그. 저. 인칭대명사. 3인칭을 나타냄.

哉 : …이로다! …이구나! …이도다! …하구나! …로구나! …이여! 어기조사. 찬양 ·비통·분노·경악·감개 등의 감탄의 어기를 나타냄.

마융(馬融) - 彼哉彼哉란 일컬을 가치가 없음을 말함이다. [彼哉彼哉 言無足稱]

주희(朱熹) - 彼哉란 도외시한(그를 외면한) 말이다. [彼哉者 外之之詞]

정약용(丁若鏞) - 彼哉彼哉란 배척하여 하는 말이다. [彼哉彼哉 指斥之辭]

양백준(楊伯峻) - 공양전 정공 8년(公羊傳 定公 八年)에 양호(陽虎)가 계손(季孫)을 살해하려고 한 일이 기록되어 있다. 양호는 모살(謀殺)에 성공하지 못하고 교외에서 쉬고 있는데 갑자기 공검처보(公歛處父)가 병사를 이끌고 쫓아오는 것을 보고 '彼哉彼哉'라고 했다고 한다. 모기령(毛奇齡)의 논어계구(論語稽

求)에서는 이 때문에 '이것은 반드시 옛날의 성어(成語)로 공자가 그것을 인용해서 대답한 것이다.' 라고 했다. 아마도 이 말은 당시 경시한다는 것을 나타낼 때 습관적으로 쓰던 말인 것 같다.

【管仲】춘추시대(春秋時代) 제(齊)나라 대부(大夫). 성은 관(管), 이름은 이오(夷吾), 자가 중(仲).

【人也】인재(人材)이다. 인물(人物)이다. [楊伯峻]

人 : 사람. 인재(人材). 훌륭한 인물.

也 : …이다. 어기조사. 진술문의 끝에 쓰여 판단이나 단정 또는 긍정을 나타냄.

[참고] ① 그 사람은. 이 사람은. 이때 也는 음절을 조정하고 어기를 고르는 역할을 하는 어기조사. 주희(朱熹) - 人也란 '이 사람이라' 는 말과 같다. [人也 猶言此人也] ② □人이다. 大人?, 成人? 미야자키 이치사다(宮崎市定) - 한 자가 빠진 것 같다. 논어에는 仁人, 賢人, 善人, 成人, 大人, 中人, 君子人, 若人, 斯人, 古之人에서 佞人, 小人, 斗筲之人에 이르기까지 여러 종류의 사람이 나오는데 그냥 人으로 사람을 표현하는 경우는 없다. 이 경우에는 大人, 成人 정도가 가장 가까울 것이다. [丁若鏞]

【奪伯氏騈邑三百】백씨의 병읍(騈邑) 300호를 빼앗다. 奪 : 빼앗다.

伯氏 : 제(齊)나라 대부 백언(白偃). 죄를 지었으므로 환공이 관중의 청을 받아들여 그의 식읍인 병읍을 빼앗아버려 매우 어려운 생활을 하였다고 함.

騈邑 : 지명. 산동성(山東省) 임구현(臨朐縣) 유산채(柳山寨)에 옛 성터가 있는데 이곳이 춘추시대의 병읍이라 함. [阮元 積古齋鐘鼎彝器款識]

【飯疏食반소사】거친 밥을 먹다. [참고] 述而-15.

【沒齒】이빨이 빠지다. 이빨이 다 빠져 죽게 되다. 수명이 다하여 죽게 되다. 또는 그 기간. ⇒ 죽을 때까지. ⇒ 평생(平生). 한평생.

【無怨言】원망(怨望)의 말이 없다.

공안국(孔安國) - 백씨의 식읍 삼백가를 관중이 빼앗아 백씨로 하여금 거친 밥을 먹게 했어도 죽을 때까지 원망하는 마음이 없었던 것은 관중이 그것이 사리에 마땅하게 하였기 때문이다. [伯氏食邑三百家 管仲奪之 使至疏食 而沒齒無怨言 以其當理也]

주희(朱熹) - 환공(桓公)이 백씨의 읍을 빼앗아 관중에게 주었는데도 백씨는 스스로 그의 잘못을 알고 관중의 공로에 심복(心腹)하였던 것이다. [蓋桓公奪伯氏之邑 以與管仲 伯氏自知己罪而心腹管仲之功] ♣20100123土

11. 가난하면서도 원망함이 없기는 어렵나니

子曰 貧而無怨 難 富而無驕 易

子(ᄌ)ᅵ 길ᄋ샤ᄃᆡ 貧(빈)ᄒ고 怨(원)홈이 업슴은 어렵고 富(부)ᄒ고 驕(교)홈이 업슴은
쉬오니라

선생님께서 말씀하시기를 "가난하면서도 원망함이 없기는 어렵고, 부자이면서도
교만함이 없기는 쉬우노라." 하셨다.

[참고] 學而-15.

【而】 그런데. 그렇지만. 오히려. 접속사. 역접관계를 나타냄.

【怨】 원망하다. 남을 탓하다. 후회(後悔)하다.

【驕】 잘난 체하다. 교만(驕慢)하다. 거들먹거리다. 우쭐거리다. 뽐내다. 으스대다.
　　 오만하며(傲), 늘어지고(縱), 방자함(姿)의 뜻을 아울러 가진 말.

【易이】 쉽다. 용이하다. 형용사.

강희(江熙) - 顔淵의 無怨은 미칠 수 없으나 子貢의 無驕는 오히려 가능한 일이다.
　　 [顔淵無怨 不可及也 子貢不驕 猶可能也]

왕숙(王肅) - 가난한 이는 원망을 잘하고 부자는 교만하기 쉬우니 이 두 가지 중에
　　 가난한 이가 원망하지 않게 하기란 더욱 어려운 일이다. [貧者善怨 富者善驕
　　 二者之中 貧者尤難使不怨也]

정약용(丁若鏞) - 이는 부자를 위해 경계하는 말이다. (교만함이 없기가) 쉬운데도
　　 이를 범하면 그 죄가 더욱 무겁다. [此爲富者說也 易而犯之 其罪彌重]

♣20100123土

第十四篇 ● 憲問

12. 가로家老는 되고도 남으나 대부大夫는 될 수 없으니

子曰 孟公綽爲趙魏老則優 不可以爲滕薛大夫

子(즈)] 굴ᄋ샤디 孟公綽(밍공쟉)이 趙魏(됴위) ㅅ 老(로)] 되면 優(우)ᄒ려니와 可(가)히 뻐 滕薛(등셜) ㅅ 태우ᄂᆞᆫ 되디 몯ᄒ리니라

선생님께서 말씀하시기를 "맹공작(孟公綽)은 조(趙)나 위(魏)의 가로(家老)를 하게 하면 곧 남음이 있으나, 등(滕)나라나 설(薛)나라의 대부는 가히 삼을 수 없느니라." 하셨다.

【孟公綽】 맹공작. 노나라의 대부.
【趙魏】 조씨(趙氏)의 가문이나 위씨(魏氏)의 가문. 趙와 魏는 진(晉)나라의 대부로, 지금의 산서성 지방에 아주 큰 영지를 가지고 있었던 유력한 두 가문이었는데, 나중에 晉나라를 분할하여 전국 칠웅(七雄)의 하나인 조(趙)나라와 위(魏)나라를 세웠음.
【爲】 …하게 하다. …하도록 하다. 쓰다. 삼다(인연을 맺어 자기와 관계있는 사람으로 만들다). 시키다.
【老】 가로(家老). 가신(家臣)의 우두머리(家臣之長).
【則】 …이면(하면) (곧). 그렇다면 곧. 접속사. 결과나 조건에 대한 상호 원인 등 앞뒤 문장의 전후 상황이 서로 연관됨을 나타냄.
【優】 넉넉하다. 남음이 있음(有餘). 능력이 충분하다. 잘해낼 수 있다. 우수하다. 뛰어나다.
【可以】 가히[능히] …할 수 있다. …해도 좋다. 조동사. 조건의 허가를 나타냄.
【滕薛등설】 등나라 또는 설나라. 등(滕)과 설(薛)은 춘추시대 노나라 부근에 있었던 작은 나라 이름.
공안국(孔安國) - 公綽은 욕심이 적은 성품이어서 趙·魏가 그의 어진 점을 탐냈다. 집안의 가신은 정해진 직무가 없으므로 (이를 담당하기에) 넉넉하지만 滕과 薛나라는 작은 나라일지라도 대부의 일이 번거로우므로 그가 할 수 없다는 것이다. [公綽 性寡欲 趙魏貪賢 家老無職故優 滕薛小國 大夫職煩 故不可爲]

주희(朱熹) - 대가는 권세가 중하나 제후의 일이 없고 가로는 명망이 높으나 관직을 맡을 책임이 없다. 등과 설은 나라가 작으나 정사가 번거롭고 대부는 지위가 높고 책임이 중하니, 공작은 아마도 청렴하고 고요하며 욕심은 적으나 재능이 부족한 자인 듯하다. [大家勢重而無諸侯之事 家老望尊而無官守之責 滕薛國小 政繁 大夫位高責重 然則公綽 蓋廉靜寡欲而短於才者也]

정약용(丁若鏞) - 趙·魏는 그 당시에 세력이 형성되어 있고 채지(采地)도 넓었으니, 그 가재(家宰)가 맡은 일의 번잡함이 滕·薛의 대부보다 갑절이나 되었다. 그러나 맹공작의 사람됨이 번잡한 일들의 처리는 잘하였으나 경대부로서의 체모(體貌)가 없었다. 그러므로 저것[趙·魏의 가로가 되는 것]에는 넉넉하고, 이것 [滕·薛의 대부를 하는 것]에는 부족한 것이라 말씀하신 것이니 대개 그를 비하(卑下) 한 것이다. [趙魏 當時勢成而地廣 其家宰職務之煩 倍於滕薛之大夫 然公綽爲 人 能剸煩理劇 而無卿大夫之體貌 故曰 於彼則優 於此則短 蓋卑之也]

아래 장에서 公綽不欲(공작은 욕심이 없다)이라 하였으므로 선유(先儒)들이 그 청렴하고 검약함을 훌륭히 여겨 이와 같이 해석하였으나, 공자의 말뜻은 반드시 이와 같지는 않을 것이다. (그럼) 무엇인가? 공자께서 하필 가장 큰 대가를 들어 지극히 작은 나라로써 비교한 것은, 곧 대가는 다스리기가 어려우 나 가신으로 있기는 쉬운 것이며, 소국은 다스리기는 쉬우나 대부로 있기는 어려운 것임을 밝히신 것이다. 만약 공작이 덕은 후(厚)하나 재질은 부족하여 번잡함을 처리할 수 없다면, 곧 공자께서 단지 마땅히 소가를 들어서 대가에 비유하거나 또는 소국을 들어서 대국에 비유하셨을 것이지 하필 대가를 들어서 소국에 비유하였겠는가? 청렴하고 검약함은 그것대로 청렴하고 검약한 것이 며, 그의 위의(威儀)와 동작(動作)에 별도로 천박할 수 있는 것이 존재하였으므 로 공자의 말씀이 이와 같은 것이다. [下章云 公綽不欲 故先儒善其廉約 釋之如 是 然孔子語意 必不如此 何也 孔子必擧最大之家 以較至小之國 則明大家難治 而所易在家臣也 小國易治 而所難在大夫也 若謂公綽德厚而才短 不能理煩 則 孔子但當擧小家以況大家 或擧小國以況大國 何必擧大家以況小國乎 廉約自廉 約 其威儀動作之間 別有可賤者存 故孔子之言如此] ♣20100124日

第十四篇 ◉ 憲問

13. 성인成人은 지知 · 불욕不欲 · 용勇 · 예藝에 예악禮樂으로 꾸미니

> 子路問成人 子曰 若臧武仲之知 公綽之不欲 卞莊子之勇 冉求之藝
> 文之以禮樂 亦可以爲成人矣 曰 今之成人者 何必然 見利思義 見危
> 授命 久要不忘平生之言 亦可以爲成人矣

子路(조로) | 成人(셩신)을 묻즈온대 子(즈) | 골으샤딕 臧武仲(쟝무듕)의 知(디)와 公綽
(공쟉)의 欲(욕) 디 아니홈과 卞莊子(변쟝즈)의 勇(용)과 冉求(염구)의 藝(예)예 文(문)
호딕 禮樂(례악)으로써 호면 쏘흔 可(가)히 뻐 成人(셩신)이 될 이니라 골으샤딕 이젯
成人(셩신)은 엇디 반드시 그러리오 利(리)를 보고 義(의)를 思(소)호며 危(위)를 보고
命(명)을 授(슈)호며 久要(구요)애 平生(평싱) 말을 닛디 아니호면 쏘흔 可(가)히 뻐
成人(셩신)이 될 이니라

　　자로(子路)가 성인(成人)에 대해 여쭈니 선생님께서 말씀하시기를 "만약 장무중(臧
武仲)의 지혜와 공작(公綽)의 욕심 없음과 변장자(卞莊子)의 용(勇)과 염구(冉求)
의 예(藝)에, 예악(禮樂)으로 그것들을 다듬는다면 또한 성인(成人)이 할 수 있겠지."
하시자, 말씀드리기를 "요즈음의 성인(成人)은 어찌하여 반드시 그러하여야겠나이
까? 이익(利益)을 보면 의리(義理)를 생각하고, 위험을 보면 목숨을 바칠 것을 생각하
며, 오래도록 곤궁(困窮)하게 지내더라도 평소의 약속을 잊지 않는다면 또한 성인(成
人)이 할 수 있겠지요." 하였다.

【子路】 공자의 제자 중유(仲由). 자가 자로(子路). [참고] 爲政-17.
【成人】 이루어진 사람. 완성된 사람. 완전한 사람. 온사람(全人). 학문이나 덕행을
　　　온전하게 갖춘 사람.
【若】 만일[만약] …한다면[이라면]. 접속사. 가설을 나타냄.
【臧武仲】 노나라 대부 장손흘(臧孫紇). 武는 시호. 仲은 항렬(行列). 장문중(臧文
　　　仲)의 손자. [참고] 公治長-18.
【之】 …의. 조사. 관형어와 중심어 사이에 쓰여 종속관계를 나타냄.
【知】 = 智. 지혜. 슬기. 총명(聰明).
【公綽】 노나라의 대부 맹공작(孟公綽).

【不欲】 욕심(慾心)이 없음. 청렴(淸廉)함.

　欲 : 욕심. 탐욕.

【卞莊子】 노나라의 대부로 변읍(卞邑)에 살았으며, 호랑이를 때려잡고 전쟁터에서
　　용맹을 떨쳤다고 함.

【冉求】 공자의 제자. 자는 자유(子有). 계씨의 가신.

【文之以禮樂】 그것을 예악으로 꾸미다. 그것을 예악에 따라 다듬다.

　文 : 겉꾸밈. 무늬. 문채(文彩). ⇒ 무늬를 놓다. 문채(文彩)를 완성하다. 겉꾸미다.
　　다듬다. 명사의 동사로의 전용.

　之 : 그것. 지시대명사. 앞의 네 가지(臧武仲之知~冉求之藝)를 가리킴.

　以 : …(으)로(써). …을(에) 따라. …을 사용하여. …에 근거하여. 전치사. 동작이나
　　행위가 발생할 때 사물이나 어떤 준칙(기준이나 근거)에 의거하는 것을 나타내
　　며 간혹 강조를 위해 뒤의 목적어와 도치되기도 함.

【亦】 곧. 즉. 부사. 동작이나 행위가 일정한 조건이나 정황에서 갖추어져 저절로
　　그러함을 강조함. […하면 곧 ~한다.]

【可以】 가히[능히] …할 수 있다. …해도 좋다. 조동사. 조건의 허가를 나타냄.

【矣】 …일 것이다. …이다. 어기조사. 진술문의 끝에 쓰여 긍정의 어기를 나타냄.

주희(朱熹) - 이 네 사람의 장점을 겸하면 지혜는 이치를 궁구함에 족하고, 청렴은
　　마음을 수양하기에 족하며, 용기는 힘써 행함에 족하고, 재예(才藝)는 두루
　　응용함에 족할 것이다. 거기에다 또 禮로써 절문(節文)하고 樂으로써 和하여
　　德이 안에서 이루어지고 文이 밖에서 나타나게 한다면, 곧 재주가 완전하고
　　德이 갖추어져서 오로지 한 가지 잘함으로만 이름을 이룬 자취는 볼 수 없으며,
　　중정(中正)하고 화락(和樂)하여 순수하게 다시는 편벽되고 잡박(雜駁)한 것
　　의 가리움이 없어져, 그 사람됨이 또한 이루어질 수 있음을 말씀한 것이다.
　　[言兼此四子之長 則知足以窮理 廉足以養心 勇足以力行 藝足以泛應 而又節之
　　以禮 和之以樂 使德成於內而文見현乎外 則材全德備 渾然不見一善成名之迹
　　中正和樂 粹然無復偏倚駁雜之蔽 而其爲人也亦成矣]

정약용(丁若鏞) - 지혜로운 자가 또한 많은데, 하필이면 임금을 위협하여 강요한
　　자[臧武仲, 憲問-15]인가? 용감한 자 또한 많은데, 하필이면 맨손으로 호랑이를
　　잡은 자[卞莊子, 述而-10]인가? 청렴한 자 또한 많은데, 하필이면 조씨·위씨의

가로(家老)가 될 자[孟公綽, 憲問-12] 인가? 재예(才藝)가 있는 자가 또한 많은데, 하필이면 명고(鳴鼓)의 율(律)로 다스리려고 한 무리[冉求, 先進-16] 인가? 여기에 거론한 네 사람은 모두 공자가 평소 일찍이 비방하였던 사람들이다. 그런데 지금 자로가 이렇게 되기를 바란다면, 이는 그 기롱함이 통절하고 풍자하는 뜻이 살을 찌르고 뼈를 깎는 것이니, 이 어찌 평탄하고 화순한 말이겠는가? 또 성인(成人)이란 반드시 孝弟忠信을 본질로 한 연후에 비로소 예악으로 문채를 낼 수 있는 것이데, 지금 거론한 네 사람의 장점에는 모두 덕행이 빠져 있으니, 어찌 成人이 될 수 있겠는가? 시경(詩經)에 이르기를 '해학을 잘하니 지나침이 되지 않도다.' 라고 하였으니, 성인(聖人)도 또한 때로는 해학을 잘하 였는데 선유(先儒)들은 이를 진실한 말로 받들었으니, 이는 아마도 그렇지 않은 듯하다. [知者亦多 何必要君者乎 勇者亦多 何必暴虎者乎 廉者亦多 何必 趙魏之老乎 藝者亦多 何必鳴鼓之徒乎 所擧四子 皆夫子平日所嘗非毁者 而今 爲子路願之 則其譏切 諷刺之意 箴肌砭骨 是豈平坦和順之言哉 且成人者 必孝 弟忠信爲之本質 然後方可文之以禮樂 今所擧四子之長 都闕德行 豈可爲成人乎 詩云 善戲謔兮 不爲虐兮 聖人亦有時乎善謔 先儒奉之爲眞實之言 恐不然也]

【者】 …은. …이란[이라는 것은]. 어기조사. 제시와 아울러 문(文)을 잠깐 멈추게 하고 다음 말을 환기시키는 역할을 함.

【何必】 …할 필요가 있(겠)는가? 어찌하여 반드시 …하겠는가[하려는 것인가]? 관용형식으로서 강한 반문의 어기를 나타냄.

何 : 어찌(하여) …하겠는가(하려는 것인가)? 부사. 강한 반문의 어기를 나타냄.

必 : 반드시. 꼭. 참으로. 과연. 동작·행위·성질·상태 등에 대한 결연한 의지나 확신을 나타냄.

【授】 주다. 내주다. 내놓다. 바치다. 내던지다.

授命 : 목숨을 바치다.

주희(朱熹) - 授命이란 삶을 아끼지 않고 남에게 바치는 것을 말한다. [授命 言不愛 其生 持以與人也]

【久要不忘平生之言】 오래도록 곤궁하게 지내더라도 평소에 한 말을 잊지 않음.
① 오래된 약속이라도 평소에 한 말을 잊지 않음. ② 오래된 약속이라도 지난날[젊은 시절]의 말을 잊지 않음. ③ 오래도록 곤궁하게 지내더라도 평소에 한 말을

잊지 않음. ④ 오래도록 곤궁하게 지내더라도 지난날[젊은 시절]의 말을 잊지
않음. ⑤ 평소에 한 말을 오래도록 종요롭게 여겨 잊지 않음.

久要 : ① 오래된 약속. 옛날에 한 약속(舊約). [要 : 약속(約束). 언약(言約).]
② 오래도록 곤궁[빈궁]하게 지내다. [要 : 가난하고 고생스러움. 곤궁(困窮)
[빈궁(貧窮)]함.]

공안국(孔安國), 주희(朱熹) - 久要는 옛날의 약속이다. [久要 舊約也]

양백준(楊伯峻) - 要는 約의 가차자로 約은 '곤궁'의 뜻이다. 양수달(楊樹達)의
적미거소학술림(積微居小學述林)에 보인다. [참고] 里仁-2.

미야자키 이치사다(宮崎市定) - 추측하건대 이 말은 不忘을 강조하는 부사임에
틀림없다. 久는 오랜 시간이고 要는 중요한 곳이기 때문에 '언제까지라도, 만일
의 경우라도'라는 의미로 보고 '어떠한 때에도'로 번역했다. 그러나 실제는
아마 조차(造次)나 전패(顚沛)라는 말과 마찬가지로 당시에 쓰였던 관용어로서
이렇게 한 글자씩 떼어서 해석하면 안 되는 것일지도 모른다. [오래 종요롭게 여기다.]

平生 : 평소. 늘. 항상. 평일. [참고] ① 일생(一生) ② 지난 날. 옛날. 왕년(往年).

공안국(孔安國) - 平生은 젊은 날과 같다. [平生 猶少時]

주희(朱熹) - 平生은 평소이다. [平生 平日也]

형병(邢昺) - 젊은 시절의 옛 약속은 아무리 장년이 되어 벼슬한다 하여도 그
말을 잊어서는 안 되는 것이다. [少時有舊約 雖年長貴達 不忘其言]

호인(胡寅) - 今之成人 이하의 문장은 곧 자로의 말이다. 아마도 '말을 들으면 즉시
행함'[先進-21]의 용기는 다시 할 수 없으나 '종신토록 외움'[子罕-26]의 고루함
은 있다는 것이다. [今之成人以下 乃子路之言 蓋不復聞斯行之之勇 而有終身
誦之之固矣]

정약용(丁若鏞) - 何必然 세 자는 분명히 자로의 말투이다. 자로는 공자의 말에
대하여 원래 何必이라는 두 글자로 말하였던 것이다. 何必讀書然後爲學[先進
-24], 何必公山氏之往[之][陽貨-5], 今之成人何必然이라는 구절이 그 예이다.
호씨(胡寅)의 설은 견고하여 이를 깨뜨릴 수 없다. … 그것[아래 구절]은 자로
가 자부한 말임이 분명하다. 또 공자는 門人의 물음에 대하여 본래 병폐에
대한 약(치유책)을 말해 주심이 많았는데, 이제야 비로소 염(廉)[見利思義]
·용(勇)[見危授命]·신(信)[久要不忘平生之言] 세 가지로써 자로를 위해 더욱 힘쓰게

함이 말이 되겠는가? 해치지도 않고 탐하지도 않은 것[不忮不求, 子罕-26]은 곧 자로가 능히 '見利思義' 할 수 있는 자이며, 공회(孔悝)의 난에 죽은 것[先進-12]은 곧 자로가 능히 '見危授命' 할 수 있는 자이며, 미리 승낙함이 없는 것[無宿諾, 顔淵-12]은 자로가 능히 '不忘久要' 할 수 있는 자인데, 공자께서 무엇 때문에 더욱 힘쓰라 하였겠는가? [何必然三字 明是子路口氣 子路於孔子之言 本以何必二字句 當何必讀書然後爲學 何必公山氏之往 今之成人何必然 亦此一例 胡氏之說 牢不可破 … 其爲子路自負之言 昭昭然矣 且夫子於門人之問 本多對病發藥 今乃以廉勇信三者 爲子路加勉之 可乎 不忮不求 則子路能見利而思義者也 死於孔悝 則子路能見危而授命者也 無宿諾 則子路能不忘久要者也 孔子何爲而加勉也] [참고] 陽貨-24.

[참고]

주희(朱熹) - 曰자를 다시 더한 것은 이미 대답하고 다시 말씀하신 것이다. [復加曰字者 旣答而復言也]

☞ 자로(子路)가 성인(成人)에 대해 여쭈자 공자께서 말씀하시기를 " … " 하시고, (또) 말씀하시기를 " ~ " 하셨다.

미야자키 이치사다(宮崎市定) - 이 장은 잘 읽어보면 내용으로나 어투로 보나 전반은 자로의 말이고 후반은 아무래도 공자의 말로밖에 받아들일 수 없다. 장무중은 뒷장에서 공자에게 비난을 받고 있는 인물이고 염구는 자로보다 스무 살이나 연하이다. 따라서 이 말들이 자로의 입에서 나온 말이라면 수긍이 되지만 공자가 자로를 앞에 두고서 문제가 있는 인물, 자로보다 훨씬 연하의 인물을 성인(成人)의 예를 들어 말했다고 보기는 어렵다. 더욱이 전반을 공자의 말, 후반을 자로의 말로 보는 견해도 있는데 그것은 더욱 이상하다. 그렇게 해석하면 자로가 공자의 말을 뒤집은 다음 다시 설교하는 것처럼 되어 버린다. ⇒ 원래 뒤의 왈 앞에 자가 있어야 되는데 잘못하여 맨 처음 구절의 왈 앞으로 나왔다고 봄. [참고] 憲問-17.

☞ 자로가 인물로서의 합격점에 대해 여쭈었다. "만약 장무중과 같은 지성, 맹공작과 같은 무욕, 변장자와 같은 용기, 염구와 같은 재예가 있고, 게다가 예악의 교양으로 연마한다면 인물로서 합격점을 줄 수 있겠습니까?" 공자께서 말씀하셨다. "지금 세상의 합격점으로는 그것은 너무나 높에 넘치는구나. 그보다 훨씬 수준을 낮추어, 이익을 앞에 두고는 멈춰 서서 그것이 정의인지 불의인지를 생각하고, 위험한 경우에 생명을 내던질 각오가 되어 있고, 어떠한 때에도 평생 입에 담고 있던 말을 잊지 않고 있는 사람이 있다면 합격점을 받을 수 있을 것이다."

♣20100125月

14. 공숙문자公叔文子에 대하여

子問公叔文子於公明賈曰 信乎 夫子不言不笑不取乎 公明賈對曰
以告者過也 夫子 時然後言 人不厭其言 樂然後笑 人不厭其笑 義然
後取 人不厭其取 子曰 其然 豈其然乎

子(ㅈ)ㅣ 公叔文子(공슉문ㅈ)를 公明賈(공명가)의게 무러 길ㅇ샤디 진실로 夫子(부ㅈ)ㅣ
言(언)티 아니ㅎ며 笑(쇼)티 아니ㅎ며 取(췌)티 아니ㅎㄴ냐 公明賈(공명가)ㅣ 對(디)ㅎ
야 길오디 뻐 告(고)흔 者(쟈)ㅣ 過(과)ㅎ도소이다 夫子(부ㅈ)ㅣ 時(시)ㄴ 然後(션후)에
言(언)ㅎㄴ 다라 人(신)이 그 言(언)을 厭(염)티 아니ㅎ며 樂(락)흔 然後(션후)에 笑(쇼)
ㅎㄴ 다라 人(신)이 그 笑(쇼)를 厭(염)티 아니ㅎ며 義(의)ㄴ 然後(션후)에 取(췌)ㅎㄴ
다라 人(신)이 그 取(췌)홈을 厭(염)티 아니ㅎㄴ니이다 子(ㅈ)ㅣ 길ㅇ샤디 그 그러흔가
엇디 그 그러ㅎ리오

선생님께서 공명가(公明賈)에게 공숙문자(公叔文子)를 물어 말씀하시기를 "정말
이니까? 그 분은 말을 않고 웃지 않으며 취(取)하지도 아니 하니까?" 하셨다. 공명가
(公明賈)가 대답하여 말씀드리기를 "그것은 말하는 사람이 잘못한 것입니다. 그분은
때가 된 다음에야 말씀하시니 사람들이 그 말을 싫어하지 않으며, 즐거운 다음에야
웃으시니 사람들이 그 웃음을 싫어하지 않으며, 의로운 다음에야 취(取)하니 사람들
이 그 취(取)함을 싫어하지 않습니다." 하였다. 선생님께서 말씀하시기를 "어떻게
그러하니까? 설마 그러할 수 있겠나이까?" 하셨다.

【公叔文子】 위(衛)나라 대부. 성이 공손(公孫). 이름은 발(拔). 시호(諡號)가 문
(文)임.

공안국(孔安國) - 公叔文子는 위나라 대부 공손발(公孫拔)인데 文은 시호이다.
[公叔文子 衛大夫公孫拔 文諡] [皇氏本] 公叔文子는 위나라 대부 공손지(公孫
枝)이다. [公叔文子 衛大夫公孫枝] [邢氏本]

정약용(丁若鏞) - 황씨본과 육덕명의 석문에서는 모두 공손발로 썼는데 오직 형씨
본에서 맨 처음 오류를 범한 것이다. [皇氏本及陸德明釋文並作公孫拔 惟邢氏
本首誤也]

【公明賈】 위나라 사람. 성이 공명(公明). 이름이 가(賈).

【信乎】 정말입니까?

　信 : 진실이다. 진짜다. 참말이다. 정말이다. 형용사.

　乎 : …인가? …한가? 어기조사. 문장 끝에 쓰여 의문(질문)을 나타내며 시비(是非)
　　　판단의 어기를 도움.

【夫子】 그분. 저분. 그 어른. 선생님. 제3자의 존칭. 公叔文子을 가리킴.

【以】 이. 이것. 이처럼. = 此. 지시대명사. 가까운 사람이나 사물, 상태(상황) 등을
　　　가리킴. 앞의 夫子不言不笑不取를 가리킴.

【過】 ① 지나치다. 한도를 넘다. ② 잘못. 실수.

【也】 …이다. 어기조사. 진술문에서 판단이나 단정 또는 긍정을 나타냄.

【然後】 …한 후에야[뒤에야, 다음에야]. 비로소. 접속사. 뒷일의 발생이 앞일을
　　　전제로 함을 나타냄.

【厭염】 싫어하다. 좋아하지 않다. 혐오하다.

　주희(朱熹) - 많은 것을 괴로워하여 싫어한다는 말이다. [厭者 苦其多而惡之之辭]

【其然】 어떻게 그런가?

　其 : 어찌 …하리오. 어찌 …하겠는가? 豈와 같음. 부사. 강한 반문의 어기를 나타냄.
　　　의문대명사의 역할을 함.

　然 : 그러한. 그렇게. 이처럼. 대명사로 술어나 부사어로 쓰임. 가까운 성질·상황
　　　·상태 등을 대신 나타냄.

【豈其然乎】 설마 그러할 수 있겠습니까?

　豈 : 혹시. 설마 …란 말인가? 아마 …이겠지요. 부사. 행위나 상황에 대한 추측
　　　또는 의문의 어기를 나타냄.

　其 : 그. 그렇게. 어기조사. 음절을 조정하고 어세를 강하게 함.

　乎 : …인가? …이겠는가? 어기조사. 의문문의 끝에 쓰여 반문의 어기를 나타냄.

주희(朱熹) - 이 말은 예의가 마음속에 충만하여 때에 알맞게 조처함을 얻는 자가
　　　아니면 능할 수 없으니 文子가 비록 어질다 하지만 여기에는 미치지 못한
　　　듯하다. 다만 군자는 남의 선을 허여해 주고 그의 그른 것을 바로 말씀하려고
　　　하지 않는다. 이 때문에 '그러할까? 어찌 그렇겠는가?' 라고 말씀하신 것이니
　　　이는 의심한 것이다. [此言也 非禮義充溢於中 得時措之宜者不能 文子雖賢 疑

未及此 但君子與人爲善 不欲正言其非也 故曰 其然 豈其然乎 蓋疑之也]

정약용(丁若鏞) - 其然이란 공명가의 말을 듣고 그 실상을 알게 됨이 기뻐서이며, 豈其然이란 지난날 들은 말이 사리에 맞지 않았음을 깨달아서이다. [其然者 聞賈之言 而欣得其實也 豈其然者 覺前所聞者非理也]　　♣20100126火

第十四篇　憲問

15. 臧武仲에 대하여

第十四篇
憲問

子曰 臧武仲以防求爲後於魯 雖曰不要君 吾不信也

子(주)ㅣ 길ᄋ샤디 臧武仲(장무듕)이 防(방)으로뻐 後(후) 삼음을 魯(로)애 求(구)ᄒ니 비록 글오디 君(군)을 要(요)티 아니타 ᄒ나 내 믿디 아니ᄒ노라

선생님께서 말씀하시기를 "장무중(臧武仲)은 (자신의 영지인) 방읍(防邑)으로써 (의지하여) (자기 이복형을) 후계자로 삼도록 노나라에 요구하였는데, 비록 임금에게 으르지 않았다 말할지라도 내 믿지 않느니라." 하셨다.

【臧武仲】 노나라 대부 장손흘(臧孫紇). 武는 시호. [참고] 公冶長-18.
【以防】 방읍(防邑)으로써. 방읍을 가지고[이용하여, 거점으로].
　以 : …으로써. …을 가지고[통하여]. 전치사. 도구·수단·방법을 나타냄.
　防 : 방읍(防邑). 고을 이름. 지금의 산동성(山東省) 비현(費縣) 인근의 읍으로
　　　장무중이 봉지(封地)로 받은 곳.
【求】 구하다. 요구하다.
【爲後】 뒤를 삼다. 후계(자)를 삼다. 후계자를 세우다(立後).
　爲 : …하게 하다. …하도록 하다. 쓰다. …으로[을, 를] 삼다. 시키다.
　공안국(孔安國) - 爲後는 후사(後嗣, 후계자)를 세우는 것이다. [爲後 立後也]
　[참고] 장무중이 그의 이복형을 자신의 후계자로 삼아 노나라의 대부가 되도록
　　　하여 줄 것을 요구하였음. [좌전 양공 23년(左傳 襄公 二三年)]
【要】 요협(要脅, 체력이나 세력을 믿고 남을 으르는 것). 으르다. 압력을 가하다.
　　　협박(脅迫)하다. 주희(朱熹) - 要는 으르면서 요구하는 것이다. [要 有挾而求也]
【曰】 …라(고) 하다. …라고 말하다. …이다. = 爲. 주어가 생략됨.
　주희(朱熹) - 장무중이 죄를 얻어 주(邾)나라로 달아났다가 주(邾)에서 방읍(防邑)
　　　으로 가서, 사람을 시켜 후계자를 세워주면 방읍을 떠나겠다는 요청을 하게
　　　하여, 만일 요청을 들어주지 않으면 장차 방읍을 점거하여 반란을 일으키겠다는
　　　뜻을 보인 것이니, 이는 임금을 협박한 것이다. [武仲 得罪奔邾 自邾如防 使請立
　　　後而避邑 以示若不得請 則將據邑以叛 是要君也]　　♣20100127水

16. 진문공은 권도權道로, 제환공은 정도正道로 하였으니

> 子曰 晉文公 譎而不正 齊桓公 正而不譎

子(주)ㅣ 글ㅇ샤티 晉文公(진문공)은 譎(휼)ㅎ고 正(정)티 아니ㅎ고 齊桓公(제환공)은 正(정)ㅎ고 譎(휼)티 아니ㅎ니라

선생님께서 말씀하시기를 "진문공(晉文公)은 권도(權道)로 하고 정도(正道)로는 하지 않았으며, 제환공(齊桓公)은 정도(正道)로 하고 권도(權道)로는 하지 않았느니라." 하셨다.

【晉文公】 진(晉)나라 임금(B.C. 636~628 제위). 헌공(獻公)의 둘째 아들로 이름은 중이(重耳). 춘추오패(春秋五覇) 중의 한 사람.

【譎휼】 속이다. 기만하다. 속임수를 쓰다. 권모술수(權謀術數)를 쓰다. ⇒ 권도(權道, 목적 달성을 위해 임기응변으로 취하는 방편).

주희(朱熹) - 譎은 속임이다. [譎 詭也] 정현(鄭玄) - 譎者 詐也

김용옥(金容沃) - 청유(淸儒)들이 譎의 의미를 설문(說文) 등에 기초하여 權의 의미로 풀기 시작하면서 본장의 의미는 제자리를 찾게 되었다. 權은 상황에 대처하는 능력이고 正은 원칙을 지키는 태도이다. [미야자키 이치사다(宮崎市定)]

【而】 그러나. 그렇지만. …하지만. 접속사. 역접관계를 나타냄.

【齊桓公】 제(齊)나라 임금(B.C. 685~643 제위). 희공(僖公)의 아들이며 양공(襄公)의 아우로서 이름은 소백(小白). 관중(管仲)을 임용하여 최초로 제후의 맹주 노릇을 한 춘추오패(春秋五覇) 중의 한 사람.

춘추오패(春秋五覇)			
제환공(齊桓公) 진문공(晉文公) 초장왕(楚莊王) 오왕합려(吳王闔閭) 월왕구천(越王句踐)	제환공(齊桓公) 진문공(晉文公) 초장왕(楚莊王) 진목공(秦穆公) 송양공(宋襄公)	제환공(齊桓公) 진문공(晉文公) 송양공(宋襄公) 진목공(秦穆公) 오왕합려(吳王闔閭)	제환공(齊桓公) 진문공(晉文公) 송양공(宋襄公) 진목공(秦穆公) 오왕부차(吳王夫差)
荀子 王覇	後漢 趙岐	白虎通 號	唐 顔師古

【正】 바르다. 정도(正道). 상도(常道).

주희(朱熹) - 두 임금은 모두 제후의 맹주이니 오랑캐를 물리치고 주나라 왕실을 높인 자들이다. 비록 무력으로써 仁을 빌려 마음이 모두 바르지 못하였으나, 환공은 초나라를 칠 때에 대의를 내세워 말하여 속이는 방법을 따르지 않았으니, 저것(환공)이 이것(문공)보다 나음이 된다. 문공은 위나라를 쳐서 초나라를 끌어들이고 음모로써 승리를 취하였으니 그 속임이 심한 것이다. [二公皆諸侯盟主 攘夷狄以尊周室者也 雖其以力假仁 心皆不正 然桓公伐楚 仗義執言 不由詭道 猶爲彼善於此 文公則伐衛以致楚 而陰謀以取勝 其譎甚矣]

정현(鄭玄) - 譎이란 속임이니 이는 천자를 불러들여 제후의 조회를 보도록 한 것을 말함이다. 仲尼께서 말씀하시기를 "신하로서 군주를 불러드린 것을 설명할 수 없으므로 '天王狩於河陽(천왕께서 하양에 수렵가셨다.)'이라 기록한 것이다." 하시니 이것이 譎而不正이다. [譎者詐也 謂召天子而使諸侯朝之 仲尼曰 以臣召君 不可以訓 故書曰 天王狩於河陽 是譎而不正也]

마융(馬融) - 제환공이 초나라를 정벌하여 公義로 문죄하되 포모(苞茅, 제주祭酒를 거르는데 사용하는 띠의 일종)의 공물이 들어오지 않음을 문책하고 소왕이 남쪽으로 간 후 돌아오지 않음을 따지니, 이것이 正而不譎이다. [伐楚以公義 責苞茅之貢不入 問昭王南征不還 是正而不譎也]   ♣20100127水

17. 자로子路가 관중管仲이 인仁하지 않다고 여쭈니

子路曰 桓公殺公子糾 召忽死之 管仲不死 曰未仁乎 子曰 桓公九合
諸侯 不以兵車 管仲之力也 如其仁 如其仁

子路(자로) ｜ 골오디 桓公(환공)이 公子(공자) 糾(규)를 殺(살) 호야늘 召忽(쇼홀)은 死
(亽)호고 管仲(관듕)은 死(亽)티 아니호니 골오디 仁(신)티 몯호뎌 子(자) ｜ 골으샤디
桓公(환공)은 諸侯(져후)를 九合(규합)호디 兵車(병거)로써 아니홈은 管仲(관듕)의 力
(력)이니 뉘 그 仁(신) 곤트리오 뉘 그 仁(신) 곤트리오

자로(子路)가 말씀드리기를 "환공이 공자 규(糾)를 죽임에 소홀(召忽)은 그를 위해
죽었지만 관중(管仲)은 죽지 않았으니 인(仁)하지 못하다고 해야 하지 않겠나이까?"
하니, 선생님께서 말씀하시기를 "환공이 제후들을 여러 번 회합함에 병거(兵車)[무력
(武力)]을 쓰지 않았음은 관중의 힘이니, 이것이 곧 그의 인(仁)함이니라. 이것이
곧 그의 인(仁)함이니라." 하셨다.

【子路】 공자의 제자 중유(仲由). 자가 자로(子路). [참고] 爲政-17.

【桓公】 제(齊)나라 임금. 앞 장 참조.

【公子】 임금의 아들. 대부.

【糾규】 제(齊)나라 희공(僖公)의 아들. 환공(桓公)의 형.

[참고] 제나라 희공(僖公)은 제아(諸兒), 규(糾), 소백(小白)의 세 아들을 두었는데 희공이 죽자
맏아들 제아가 왕위를 계승하여 양공(襄公)이 되었다. 양공이 포악무도한 정치로 많은 사람을
죽여 원성을 사고 있었으므로 규는 소홀(召忽)과 관중(管仲)을 데리고 노(魯)나라로, 소백은
포숙아를 데리고 거(莒)나라로 망명을 갔다. 한편 제나라에서는 양공의 사촌 동생 무지(無知)가
반란을 일으켜 양공을 죽이고 왕위를 빼앗았으나 무지 역시 반란에 의하여 피살되었다. 이때
망명중인 소백이 먼저 귀국, 왕위를 차지하여 환공(桓公)이 되었다. 뒤에 돌아온 규는 동생과
싸워서 패하였다. 환공은 노나라를 시켜서 규를 죽이고 소홀과 관중을 송환토록 요청하였는데
소홀은 도중에 자결하였으나 관중은 죽지 않고 죄수가 되었다. 관중은 그 후 죽마고우인 포숙아의
추천을 받아 환공의 재상으로 등용되어 환공을 최초로 제후의 패자(霸者)로 만들었다.

【召忽소홀】 공자(公子) 규(糾)의 스승. 규가 망명할 때 수행하였음.

【死之】 그를 위하여 죽다. 之는 인칭대명사로 앞의 公子糾를 가리킴.

【管仲】 춘추시대(春秋時代) 제(齊)나라 대부(大夫). 성은 관(管), 이름은 이오(夷吾), 자가 중(仲).

주희(朱熹) - 관중이 죽지 않을 수 있었던 것은 소백이 형이고 자규는 아우이기 때문이다. [仲之可以不死 正以小白兄而子糾弟耳]

모기령(毛奇齡) - 자규, 소백은 모두 제희공의 아들이며 제양공의 아우이다. 그러나 자규는 형이며 소백은 아우인데 정자, 주자 두 사람은 유달리 환공은 형, 자규는 아우라 하여 한편으로는 소홀의 죽음을 하찮게 여기고 또 다른 한편으로는 관중의 죄를 덜게 하였다. [子糾小白皆齊僖公之子 齊襄之弟 然子糾兄也 小白弟也 程朱二子 獨云 桓兄糾弟 一以輕召忽之死 一以減管仲之罪]

정약용(丁若鏞) - 환공은 아우이며 자규는 형이다. 사기에 의하면 '양공의 다음은 규이며 그 다음은 소백' 이라 하였다. 그러나 원래 환공이 자규를 죽인 일이 없다. 춘추에 '제나라 사람이 그를 죽였다.' 하였고, 관자에 '노나라 사람이 그를 죽였다.' 고 하였다. [桓公弟也 子糾兄也 史記曰 襄公次弟糾次弟小白 然桓公本無殺糾事 春秋經曰 齊人殺之 管子曰 魯人殺之]

【曰未仁乎】 인(仁)하지 못하다고 말해야 합니까? 인하지 못하다고 말해도 되겠습니까? 인(仁)하지 못하다고 해야 하지 않겠습니까?

曰 : …라(고) 하다. …라고 말하다. …이다. = 爲. 주어가 생략됨.

未 : = 不. …이 아니다. …하지 않다. 부사. 동작·행위·성질·상태 등에 대한 부정을 나타냄.

乎 : …인가? …한가? 어기조사. 문장 끝에 쓰여 의문(질문)을 나타내며 시비(是非) 판단의 어기를 도움.

【九合】 여러 번 모이다. 여러 번 회합(會合)을 하다.

九 : 아홉. ⇒ 여러 번. 여러 차례.

[참고] 모으다. 규합(糾合)하다. 糾와 통함. [좌전 장공 8·9년(左傳 莊公 八·九年)에는 九가 糾로 되어 있음.] 즉 九合 = 糾合.

合 : 모으다. 규합(糾合)하다.

주희(朱熹) - 九는 춘추전에 糾로 되어 있고 督(바로잡다, 단속하다)이니 옛글자는 통용되었다. [九 春秋傳作 糾 督也 古字通用]

모기령(毛奇齡) - 九자와 糾자는 바로 서로 통하는 글자이다. 그러나 九는 糾와

통하나 糾는 九자와 통하지 않는다. [九與糾字 果是相通 然此是九通糾 非糾通
九也]

정약용(丁若鏞) - 糾란 세 겹으로 꼬아 놓은 줄을 말한다. (이것이) 九자와 서로
통하는 글자라는 것은 본래 이런 이치가 없다. [糾者 繩三合也 與九相通本無是
理] 九合이란 數目임이 분명하다. [九合之爲數目審矣]

【不以兵車】 전차를 쓰지 않다. ⇒ 군대의 위력(무력)을 사용하지 않다.

以 : = 用. 쓰다. 사용하다. 동사.

【如其仁】 이것이 곧 그의 인(仁)함이다.

如 : = 乃. 이에 곧. 이것이 곧 …이다. 사람·사물·상황 등에 대한 강조 혹은 긍정을
나타내며 설명이나 변별의 뜻을 담고 있음. 부사.

양백준(楊伯峻) - 왕인지(王引之) 경전석사(經傳釋詞)에 '如는 내(乃, 이곳이
곧)와 같다. (如 猶乃也)'라 했다.

其 : 그. 그 사람. 인칭대명사. 앞의 管仲을 가리킴.

공안국(孔安國) - 누가 관중의 仁만큼 하겠는가? [誰如管仲之仁]

정약용(丁若鏞) - 誰자를 첨가하여 말한 것은 오히려 명백하지 못하다. 무릇 이
물건의 수효와 저 물건의 수효가 맞는 것을 如其數라 한다. 자로는 오직 소홀만
살신성인하였다고 여기고, 관중의 공로는 장차 인으로 천하를 덮으려 하는
것임을 알지 못하였다. 그래서 공자께서 그의 공을 매우 칭찬하여 말씀하시기를
'비록 관중이 죽지 않았지만 또한 소홀의 죽음에 해당할 수 있다.'라고 하신
것이다. 그들의 경중을 저울질해보고 세심히 헤아려 생각해보면 결국 서로
같은 것에 해당되지 않음을 찾아볼 수 없다. 그러므로 두 차례나 如其仁이라
말씀하신 것이다. [添入誰字 猶不白矣 凡此物之數 與彼物相當者曰 如其數 子
路獨以召忽爲殺身成仁 而不知管仲之功 將仁覆天下 故孔子盛稱其功曰 管仲雖
不死 亦可以當召忽之死也 秤其輕重細心商量 而終不見其不相當 故再言之曰
如其仁]

♣20100127水

18. 子貢자공이 管仲관중은 仁者인자가 아니라 하니

子貢曰 管仲非仁者與 桓公殺公子糾 不能死 又相之 子曰 管仲 相桓
公霸諸侯一匡天下 民到于今受其賜 微管仲 吾其被髮左袒矣 豈若
匹夫匹婦之爲諒也 自經於溝瀆而莫之知也

子貢(주공) 굴오디 管仲(관듕)은 仁(신)흔 者(쟈)ㅣ 아닌녀 桓公(환공)이 公子(공주) 糾
(규)를 殺(살) 흐야늘 能(능)히 死(수)티 몯흐고 또 相(샹)흐곤여 子(주)ㅣ 굴으샤디 管仲
(관듕)이 桓公(환공)을 相(샹)흐야 諸侯(져후)에 霸(패)흐야 天下(턴하)를 一匡(일광)
흐니 民(민)이 이제 니르히 그 賜(수)를 受(슈)흐느니 管仲(관듕)이 업스면 우리 그 髮
(발)을 被(피)흐며 袒(심)을 左(자)흐리러니라 엇디 匹夫匹婦(필부필부)의 諒(량)홈이
라 스스로 溝瀆(구독)에 經(경)흐야 사룸이 아디 몯홈 フ트리오

자공(子貢)이 말씀드리기를 "관중(管仲)은 인(仁)한 사람이 아니지 않나이까? 환공
(桓公)이 공자 규(糾)를 죽이었거늘 능히 죽지 못하고 더욱이 그를 도왔나이다."
하니, 선생님께서 말씀하시기를 "관중은 환공이 제후들을 제패하여 천하를 단번에
모두 바로잡도록 도왔으니 백성들이 지금에 이르기까지 그의 은덕을 받고 있느니라.
관중이 없었다면 우리들은 아마도 머리를 헤치고 옷섶을 왼쪽으로 하는 오랑캐가
되었을 것이니, 어찌 평범한 남녀들이 작은 신의(信義)를 위하여 도랑이나 개천에서
스스로 목을 매어 죽어서 아무도 그것을 알아주지 않음과 같겠느뇨." 하셨다.

【子貢】 공자의 제자 단목사(端木賜). 자가 자공(子貢).

【與】 …인가? …입니까? = 歟. 어기조사. 의문문 끝에 쓰여 시비(是非)의 판단을
　　묻는 어기를 나타냄.

【不能】 능히[충분히] …할 수 없다.

【又】 오히려. 더욱이. 부사. 전후 두 상황이 상반됨을 나타냄.

【相】 돕다. 보좌하다. 재상(宰相)이 되다.

【霸諸侯】 제후를 제패하다. 제후의 맹주가 된다.

　霸패 : 으뜸. 우두머리. 제후의 우두머리 곧 패자(霸者). ⇒ 패자가 되다. 제패하다.

　주희(朱熹) - 霸는 伯과 같으니 우두머리이다. [霸 與伯同 長也]

두예(杜預) - 제후의 우두머리이다. [諸侯之長]

【一匡】 모두 하나의 질서로 바로잡다. 단번에 모두 고쳐 바로잡아 다스리다.

一 : 단번에 모두. 일시에 모두. 부사.

匡 : 바르다(正也). 바로잡다. 바르게 하다.

마융(馬融) - 匡은 바른 것이다. [匡 正也]

황간(皇侃) - 一匡天下란 모든 것이 바르게 되는 것이다. [一匡天下 一切皆正也]

정약용(丁若鏞) - 一匡이란 환공 시대에 천하가 한 차례 바로잡아졌다는 말이다.
　　　　[一匡 謂天下當桓公之時 一番匡正]

【民到于今受其賜】 백성이 지금에 이르기까지 그의 은혜(은덕)을 받다.

到 : 이르다.

于 : …에. …까지. 전치사. 동작이나 행위가 발생하는 시간을 나타냄.

[참고] 到 : …에. …까지. 전치사. 遂散六國之從 使之西面事秦 功施到今(마침내 육국의 합종책을
　　　와해하여 그들로 하여금 진나라를 섬기게 한 공이 지금까지 미치고 있다.) [史記 李斯列傳]
　　　于今 : 지금까지. (전치사).

其 : 그. 그 사람. 인칭대명사. 管仲을 가리킴.

賜사 : 은혜(恩惠). 은덕(恩德).

【微미】 만일 …가 아니라면. 만일 …이 없다면. 사실과 상반되는 가설(가정)을 나타
　　　냄. 접속사. 微夫人之力 不及此(만일 그 사람의 힘이 아니었다면 여기에 이르지 못하였을
　　　것이다.) [左傳 僖公三十年]

마융(馬融) - 微는 없다는 뜻이다. [微 無也] [朱熹]

【吾其被髮左袵矣】 우리들은 아마도 머리를 풀어 헤치고 옷섶을 왼쪽으로 여미었을
　　　것이다. ⇒ 우리들은 아마도 오랑캐가 되었을 것이다.

吾 : 우리들. 일인칭대명사.

其 : 아마(도). 어쩌면. 부사. 동작이나 행위 또는 어떤 상황에 대한 추측을 나타냄.

被피 : = 披. 풀어 헤치다. 풀어서 늘어뜨리다.

袵임 : = 衽. 옷깃. 옷섶.

矣 : …일 것이다. 어기조사. 짐작하거나 추측의 어기를 나타냄.

예기(禮記) 왕제(王制) - 동방을 夷라 하니 被髮하고 文身을 하며, 남방을 蠻이라
　　　하니 이마에 문신을 하고 발을 꼬고 자며, 서방을 戎이라 하니 被髮에 가죽옷을
　　　입으며, 북방을 狄이라 하니 깃털과 털옷을 입고 동굴에 산다. [東方曰 夷

被髮文身 南方曰 蠻 雕題交趾 西方曰 戎 被髮衣皮 北方曰 狄 衣羽毛穴居]

형병(邢昺) - 衽이란 옷깃이니 옷깃이 왼편으로 향함을 左衽이라 한다. 夷狄의 풍속은 被髮左衽이다. [衽謂衣衿 衿向左 謂之左衽 夷狄之人 被髮左衽]

【豈若】 어찌 …와 같겠는가? 어찌 …만 하겠는가? 어찌 …에 비기겠는가? 관용형식으로서 득실을 따져 본 후에 선택해야 함을 나타냄. 일반적으로 선택을 나타내는 접속사인 與其, 與 등과 호응함.

【匹夫匹婦之爲諒也】 평범한 남녀들이 작은 신의(信義)를 위한다는 이유로.

匹夫匹婦 : 보통의 남자와 보통의 여자. 평범한 사람. [참고] 子罕-25.

之 : …가 ~한다 하여. …가 ~한다는 이유로. 구조 조사(주격조사). 이유나 원인을 나타내는 부사절을 만듦.

爲 : …을 위하여. …을 하기 위해서. 전치사. 동작이나 행위가 발생하는 목적을 나타냄.

諒량 : 작은 신의(信義). 하찮은 절개. 작은 일에 얽매이는 정성. 완고하여 하찮은 절개나 의리에 얽매이다.

　주희(朱熹) - 諒은 작은 신의이다. [諒 小信也]

也 : …은(는). …이란. …이면. 어기조사. 음절을 조정하고 어기를 고르는(말을 잠깐 멈추고 다음 내용을 환기시키는) 역할을 함.

【自】 자기 자신. 일인칭대명사. 자신을 가리킴. 부사적 성격이 강하기 때문에 목적어로 쓰일 경우 동사 앞에 놓임.

【經】 끈으로 목매어 죽다. 목을 매다. = 縊(액).

　주희(朱熹) - 經은 목매는 것이다. [經 縊也]

【於】 …에서. 전치사. 동작이나 행위가 일어나는 장소(범위)를 나타냄.

【溝瀆구독】 도랑. 溝 : 봇도랑. 瀆 : 물도랑.

【而】 …하여서. 그리하여. 이에. 접속사. 순접(연관) 관계를 나타냄.

【莫之知也】 아무도 그것을 알지 못하는 것만 하겠는가? [豈若~也]

莫 : 아무(것)도 …한 사람(것)이 없다. 아무도 …하지 않다. 지시대명사. 부정문에서 知之가 도치되었음. 之는 지시대명사로 '匹夫匹婦~於溝瀆'를 가리킴.

也 : …이겠는가? 어기조사. 의문문 끝에 쓰여 반문의 어기를 나타냄. 乎의 용법과 같음.

♣20100128木

19. 공숙문자公叔文子는 문文이라 할 만하도다!

公叔文子之臣大夫僎 與文子同升諸公 子聞之曰 可以爲文矣

公叔文子(공슉문ㅈ)의 臣(신) 태우 僎(션)이 文子(문ㅈ)로 더브러 흔 가지로 公(공)에 升(승)ㅎ얏더니 子(ㅈ)ㅣ 들ㅇ시고 글ㅇ샤ㄷㅣ 可(가)히 뻐 文(문)이라 ᄒ리로다

공숙문자(公叔文子)의 가신(家臣) 대부 선(僎)이 문자(文子)와 더불어 공조(公朝)에 같이 올랐는데, 선생님께서 이를 들으시고 말씀하시기를 "가히 (시호를) 문(文)이라 할 만하도다!" 하셨다.

【公叔文子】 위(衛)나라 대부 공손발(公孫拔). 시호가 문(文)임.

【僎선】 사람 이름.

【與】 …와[과]. …와 함께. …와 더불어. 전치사. 동작이나 행위에 대한 동반자임을 나타냄.

【同升諸公】 제후의 조정에 같이 오르다. ⇒ 동렬의 대부로서 조정에 나아가다. 동렬의 대부가 되어 정치에 참여하다.

同 : 함께. 같이. 부사. 동작·행위가 몇몇 주체로부터 함께 발생함을 나타냄.

升 : 오르다. 벼슬길에 오르다.

諸 : = 於. …에. …로. 전치사. 장소(귀착점 또는 출발점)를 나타냄.

公 : 제후의 조정(朝廷).

공안국(孔安國) - 大夫 僎은 본래 文子의 가신이었는데 그를 천거하여 자신과 함께 나란히 대부가 되게 하여 공조에 함께 들어간 것이다. [大夫僎 本文子家臣 薦之使與己並爲大夫 同升在公朝]

【可以爲文矣】 가히 문(文)이라고 할 수 있겠도다! 가히 시호(諡號)를 문(文)이라고 할 만하도다!

可以 : 가히[능히] …할 수 있다. …해도 좋다. 조동사. 조건의 허가를 나타냄.

爲 : = 謂. 이르다. 일컫다. 말하다. …라고 말하다.

文 : 최상급에 속하는 시호(諡號). 공숙문자(公叔文子)의 시호.

矣 : …이구나! …이도다! …로구나! 어기조사. 감탄문의 끝에 쓰여 비통·찬송
·감탄·놀람 등의 어기를 나타냄.

홍흥조(洪興祖) - 가신(家臣)의 천한 신분을 이끌어 자신과 함께 조정에 나란히
선 것은 세 가지 선(善)이 있으니, 사람을 알아본 것이 첫째이고, 자신의 귀함을
잊은 것이 둘째이고, 군주를 섬긴 것이 셋째이다. [家臣之賤而引之 使與己並
有三善焉 知人一也 忘己二也 事君三也]

오무장(吳無障) - 남의 신하로서의 병폐는 두 가지가 있으니, 하나는 기각(忌刻,
남의 재능을 시기함)인데, 후진이 되는 선비의 그 공명이 나보다도 더 위에
있을까 두려워함이며, 또 하나는 자존심으로, 젊은 무리들과 서열을 나란히
하는 것을 달갑게 여기지 않는 것이다. 이 모두가 사리사정(私利私情)에 어두운
것인데, 僕을 추천한 이 일은 그 기풍이 광명하고 위대한 일이니, 이러한 두
가지의 병폐를 전혀 없다. [人臣之病有二 一種忌刻 恐後進之士功名蓋我之上
一種自尊 不肯與若輩幷列 此皆曖昧私情 薦僕一事 風度光明俊偉 無此二病]

[論語古今註(丁若鏞)]   ♣20100128木

20. 위령공이 무도無道하여도 지위를 잃지 않은 까닭은

子言衛靈公之無道也 康子曰 夫如是 奚而不喪 孔子曰 仲叔圉治賓
客 祝鮀治宗廟 王孫賈治軍旅 夫如是 奚其喪

子(주)ㅣ 衛靈公(위령공)의 道(도) 업슴을 닐ㅇ더시니 康子(강주)ㅣ 글오ᄃᆡ 이러틋 호ᄃᆡ
엇디 喪(상)티 아니 ᄒᆞᄂᆞ니잇고 孔子(공주)ㅣ 글ㅇ샤ᄃᆡ 仲叔圉(듕슉어)ᄂᆞᆫ 賓客(빈ᄀᆡᆨ)을
다ᄉᆞ리고 祝鮀(츅타)ᄂᆞᆫ 宗廟(종묘)를 다ᄉᆞ리고 王孫賈(왕손가)ᄂᆞᆫ 軍旅(군려)를 다ᄉᆞ리
니 이러틋 ᄒᆞ니 엇디 그 喪(상)ᄒᆞ리오

선생님께서 위령공(衛靈公)의 무도(無道)함에 대해 말씀하시니 계강자(季康子)가
말하기를 "무릇 이와 같은데 어찌하여 지위를 잃지 않았소?" 하자, 공자께서 말씀하시
기를 "중숙어(仲叔圉)가 빈객 업무를 맡고, 축타(祝鮀)가 종묘 재사를 맡고, 왕손가
(王孫賈)가 군대 업무를 맡고 있으니 대저 이와 같은데 어찌 지위를 잃겠습니까?"
하셨다.

【衛靈公】 위(衛)나라 임금. B.C 534~493 재위.

【之】 …은|는|. …이|가|. 구조조사(주격조사). 주술구조 사이에 쓰여 이를 명사구
　　(절)로 만들어 주는 역할을 함.

【也】 …이다. 어기조사. 진술문에서 판단이나 단정 또는 긍정을 나타냄.

【康子】 노(魯)나라의 대부 계강자(季康子). [참고] 爲政-20.

【夫】 도대체. 대체. 대체로. 무릇. 어기조사(발어사). 문장의 첫머리에 쓰여 이야기
　　를 이끌어 내기 위하여 듣는 이의 주의를 환기시키는 역할을 함.

【如】 …와 같다. 형용사.

【奚而】 = 奚以. 奚爲. 어찌하여. 어떻게. 왜. 무엇 때문에. 관용형식으로 원인에
　　대한 물음을 나타냄. 술어 앞에서 부사어로 쓰임.

　유월(兪樾) - 奚而는 奚爲와 같다. [奚而 猶奚爲也]

【喪】 잃다. 지위나 벼슬 따위를 잃음. 나라를 잃어버림.

　주희(朱熹) - 喪은 지위를 잃는 것이다. [喪 失位也]

【仲叔圉】 위(衛)나라 대부 공어(孔圉). 공문자(孔文子). [참고] 公冶長-15.

【治】 맡다. 처리하다. 관리하다.

【賓客】 손님을 접대하는 일. 곧 나라간의 외교업무(外交業務). [참고] 公冶長-8.

【祝鮀】 위나라의 대부. 이름이 타(鮀). 자는 자어(子魚).

【宗廟】 종묘의 제사에 관한 일. ⇒ 조정과 국가의 일. ⇒ 국내업무(國內業務).

【王孫賈】 위나라의 대부. 성이 왕손(王孫). 이름이 가(賈). [참고] 八佾-13.

【軍旅】 군대(軍隊)에 관한 일. 군사(軍事). 국방업무(國防業務).

【奚其】 어찌. 어떻게. 얼마나. 부사. 반문이나 감탄을 나타냄. 奚는 부사로 강한
　　　　반문의 어기를 나타내며, 其는 어기조사로 어기를 강화하는 작용을 함.

윤돈(尹焞) - 위령공의 무도함은 마땅히 지위를 잃어야 할 것이나 이 세 사람을
　　　　등용하여 오히려 그 나라를 보존할 수 있었으니 하물며 도가 있는 군주가
　　　　천하의 현재(賢才)를 등용함에 있어서이겠는가. [衛靈公之無道 宜喪也 而能
　　　　用此三人 猶足以保其國 而況有道之君 能用天下之賢才者乎]

정약용(丁若鏞) - 중숙어는 인륜을 혼란시킨 자이며, 축타는 아첨한 자이며, 왕손가
　　　　는 권력을 팔았으니 이 모두가 어진 자는 아니다. 그러나 그들의 재능과 식견은
　　　　족히 나라를 보존할 만하였다. [仲叔圉亂倫 祝鮀爲佞 王孫賈賣權 皆非賢者
　　　　然其才識 足以保邦]　　　　　　　　　　　　　　　　　♣20100128木

21. 자기가 말하는 것이 부끄럽지 않다면...

子曰 其言之不怍 則爲之也難

子(ᄌᆞ)ㅣ 골ᄋ샤ᄃᆡ 그 言(언)홈이 怍(쟉)디 아니ᄒᆞ면 곧 홈이 어려우니라

선생님께서 말씀하시기를 "자기가 어떤 것을 말하는 것이 부끄럽지 않다면(말해서 부끄럽지 않을 일이라면), 곧 그것을 행하는 것은 어려우니라." 하셨다.

【其言之不怍】 자기가 어떤 것을 말해도 그것이 부끄럽지 않다면. ⇒ 어떤 말을 해도 자기가 부끄럽지 않다면. 말해서 부끄럽지 않은 일이라면.

其 : 자기. 인칭대명사. 일반적인 사람을 가리킴.

之 : 어떤 것. 지시대명사. 일반적인 사실·사물·사람을 가리킴.

怍작 : 부끄럽다. 부끄럽게 여기다.

[참고]

　① 之 : …을[를]. 구조조사. 목적어를 강조하기 위하여 동사 앞으로 도치시킬 때 그 목적어와 동사 사이에 씀. ☞ 不怍其言 : (자기가) 한 말을 부끄러워하지 않으면[말하는 것을 부끄러워하지 않으면], (실천하기 어렵다.)

　주희(朱熹) - 큰 소리를 치고 부끄러워하지 않으면 곧 반드시 실천하려는 뜻이 없어서 스스로 할 수 있고 없음을 헤아리지 못한 것이니, 그 말을 실천하려고 해도 어찌 어렵지 않겠는가? [大言不慚 則無必爲之志 而自不度탁其能否矣 欲踐其言 豈不難哉]

　② 之 : …은[는]. …이[가]. 구조조사(주격조사). 주술구조 사이에 쓰여 이를 명사구(절)로 만들어 주는 역할을 함. ☞ 其言之不怍 : 자기가 한 말을 부끄럽게 되지 않아야 하는데, (그것을 실천하기가 어렵기 때문이다.)

【爲之也難】 그것을 행하기는 어렵다. 그것을 실천하기는 어렵다.

爲 : 하다. 행하다. 실천하다. 동사.

之 : 그. 그것. 지시대명사. 其言을 가리킴. [참고] 其言之不怍을 가리킴.

也 : …은(는). …이란. …이면. 어기조사. 음절을 조정하고 어기를 고르는(말을

잠깐 멈추고 다음 내용을 환기시키는) 역할을 함.

마융(馬融) - 怍은 부끄러움이다. 안으로 실상을 갖추고 있으면 말을 해도 부끄럽지 않은데 그 내실을 쌓는 것, 그것을 실천하기가 어렵다. [怍 慙也 內有其實則言之 不慙 積其實者 爲之難] ☞ 어떤 말을 해도 부끄럽지 않은 것, 곧 그것을 행하기가 어렵다.

정약용(丁若鏞) - 말하는 것이 실상을 지나치지 않아야 부끄러움이 없을 것이다. 바야흐로 그 실상대로 하는 것 또한 어렵지 않겠는가? [言不過實 乃無怍矣 方其實也 不亦艱乎]

왕필(王弼) - 情이란 안에서 動하여 말로써 밖으로 드러난다. 그 情이 정직하고 실한 후에야 말이 부끄러움이 없는 것이다. [情動於中 而外形於言 情正實而後 言之不怍]

[참고] 말(言)에 대해 언급한 장(章) : 學而-3, 爲政-13, 里仁-22,24,26, 先進-20, 顔淵-3, 憲問-29, 衛靈公-7, 22,40, 季氏-6, 堯曰-3]　　　　　　♣20100201月

22. 간공을 시해한 진성자를 토벌할 것을 고하다

陳成子弑簡公 孔子沐浴而朝 告於哀公曰 陳桓弑其君 請討之 公曰
告夫三子 孔子曰 以吾從大夫之後 不敢不告也 君 告三子者 之三子
告 不可 孔子曰 以吾從大夫之後 不敢不告也

陳成子(딘셩즈)ㅣ 簡公(간공)을 弑(시)ᄒ야ᄂᆞᆯ 孔子(공즈)ㅣ 沐浴(목욕)ᄒ시고 朝(됴)ᄒ
샤 哀公(이공)ᄭᅴ 告(고)ᄒ야 ᄀᆞᆯ오샤ᄃᆡ 陳恒(딘흥)이 그 君(군)을 弑(시)ᄒ니 請(쳥)컨댄
討(토)ᄒ쇼셔 公(공)이 ᄀᆞᆯ오샤ᄃᆡ 三子(삼즈)의게 告(고)ᄒ라 孔子(공즈)ㅣ ᄀᆞᆯ오샤ᄃᆡ 내
태우의 後(후)에 從(죵)홈으로 ᄡᅦ라 敢(감)히 告(고)티 아니티 몯호니 君(군)이 ᄀᆞᆯ오샤ᄃᆡ
三子(삼즈)의게 告(고)ᄒ라 ᄒ시고녀 三子(삼즈)의게 가 告(고)ᄒ신대 可(가)티 아니타
ᄒ야ᄂᆞᆯ 孔子(공즈)ㅣ ᄀᆞᆯ오샤ᄃᆡ 내 태우의 後(후)에 從(죵)홈으로 ᄡᅦ라 敢(감)히 告(고)티
아니티 몯ᄒ예니라

진성자(陳成子)가 제나라 간공(簡公)을 시해(弑害)하자 공자께서 목욕재계하시고
조정에 나아가 애공(哀公)께 아뢰어 말씀하시기를 "진항(陳恒)이 그의 임금을 시해
하였으니 청하건대 그를 토벌하시길 바라나이다." 하시자, 애공이 말씀하시기를 "저
세 사람에게 말하시오." 하셨다. 공자께서 말씀하시기를 "내 대부의 뒤를 좇았기
때문에 감히 아뢰지 않을 수 없었는데 임금께서 세 사람에게 말하라 하시는구나."
하시고, 세 대부에게로 가서 말씀하시니, 할 수 없다 하였다. 공자께서 말씀하시기를
"내 대부의 뒤를 좇았기 때문에 감히 말하지 않을 수 없었노라." 하셨다.

【陳成子】 제(齊)나라 대부. 진문자(陳文子)의 후손으로 성은 진(陳), 이름은 항
　　(恒), 전상(田常)이라고도 함. 成은 시호(諡號).

【簡公】 제(齊)나라 임금(B.C. 484~481 재위). 이름은 임(壬).

【沐浴】 목욕재계(沐浴齋戒)하다.

　沐 : 머리를 감다. 　浴 : 몸을 씻다.

【而】 …하고서. 그리하여. …한 후에 곧. 접속사. 순접(연관) 관계를 나타냄.

【朝】 조정(朝廷). ⇒ 조정에 들어가다. 입조(入朝)[입궐(入闕)]하다. 명사의 동사
　　로의 전용.

【哀公】 노(魯)나라 임금(B.C. 494~468 재위). 성은 희(姬). 이름은 장(蔣). 시호가
　　　애공(哀公). 정공(定公)의 아들.

【請討之】 청하건대 그를 토벌하십시오.

　請 : 청컨대. 바라건대. 부디. 모쪼록. 부사. 희망과 상대방에 대한 존경을 나타냄.

　討 : 치다. 토벌하다. 정벌하다.

　之 : 그. 그 사람. 인칭대명사. 앞의 陳恒(陳成子)을 가리킴.

【夫】 이 (사람). 그 (사람). 저 (사람). 인칭대명사.

【三子】 세 사람. 삼가(三家). 세 대부. 곧, 당시 노(魯)나라 정권을 잡고 있었던
　　　세 대부 맹손씨(孟孫氏). 숙손씨(叔孫氏), 계손씨(季孫氏)를 가리킴.

【孔子曰】 양백준(楊伯峻) - 이것은 공자가 조정에서 물러나온 후에 한 말로 좌전
　　　애공 14년(左傳 哀公 十四年)의 기록을 보면 알 수 있다.

【以吾從大夫之後】 내가 대부의 뒤를 좇았기 때문에. ⇒ 내가 대부의 말석(末席)에
　　　라도 있었기 때문에. [참고] 先進-7.

　以 : … 때문에. …으로 인하여. 전치사. 동작이나 행위가 발생한 원인을 나타냄.

【(三子)者】 …(두, 세, …) 사람[일, 가지, 곳]. 특수지시대명사. 복수의 수량명사와
　　　함께 명사구를 이룸. 앞의 나열한 사람 또는 사물(사건)을 합산함.

【之(三子)】 가다(往也). 동사.

【也】 …이다. 어기조사. 진술문의 끝에 쓰여 판단이나 단정 또는 긍정을 나타냄.

♣♣20100202火

23. 속이지 말고 임금께 충간忠諫할지니

子路問事君 子曰 勿欺也 而犯之

子路(주로)ㅣ 군(君) 事(사)홈을 묻주온대 子(주)ㅣ 골으샤디 欺(긔)티 말오 犯(범)홀 띠니라

자로(子路)가 임금을 섬기는 것에 대해 여쭤자 선생님께서 말씀하시기를 "속이지 말지니라. 그리고 임금을 거스르더라도 충간(忠諫)할 지니라." 하셨다.

【子路】 공자의 제자 중유(仲由). 자가 자로(子路). [참고] 爲政-17.

【事】 섬기다(侍奉). 모시다.

【勿】 …하지 마라. …해서는 안 된다. 부사. 동작이나 행위에 대한 금지 및 충고를 나타냄.

【也】 …하라. …하시오. …해야 한다. 어기조사. 명령문 끝에 쓰여 충고나 금지의 어기를 나타냄. 일반적으로 부정을 나타내는 無, 毋, 不 등의 부사와 호응함.

【而】 와[과]. …하고. 그리고. 접속사. 병렬관계를 나타냄.

【犯】 거스르다. 어기다. ⇒ 듣는 이의 비위를 거스르다. ⇒ 면전(面前)에서 간언(諫言)하다. 그(임금)를 거스르더라도 직간(直諫)하다.

예기 단궁(禮記 檀弓) - 임금을 섬김에 犯諫으로 하고 隱諫하지 않는다. [事君 有犯而無隱]

주희(朱熹) - 犯은 안색을 범하여 간쟁함을 이른다. [犯 謂犯顏諫爭]

정약용(丁若鏞) - 실정을 숨기고 은폐하는 것을 欺, 두려움을 무릅쓰고 충간(忠諫)하는 것을 犯이라 한다. [隱情壅蔽曰 欺 冒威諫爭曰 犯]

황조순(黃祖舜) - 정직하지 못한 거짓말을 欺, 정직한 말로써 숨기지 않는 것을 犯이라 한다. [僞言不直 謂之欺 直言無隱 謂之犯]

【之】 그. 그 사람. 인칭대명사. 君을 가리킴.　　　♣♣20100202火

24. 군자君子는 위로, 소인小人은 아래로 통달하느니

子曰 君子上達 小人下達

子(주)] 글 ᅌᆞ샤ᄃᆡ 君子(군주)ᄂᆞᆫ 우흐로 達(달) ᄒᆞ고 小人(쇼인)은 아래로 達(달) ᄒᆞᄂᆞ니라

선생님께서 말씀하시기를 "군자(君子)는 위로 나아가 통달하고 소인(小人)은 아래로 내려가 통달하느니라." 하셨다.

【上】위. 형이상학(形而上學). 천리(天理). 인의(仁義). 도(道).

【達】다다르다. 나아가 이르다. 도달하다. 달성(達成)하다[되다]. 목표로 삼은 것이나 하고자 하는 일에 이르다.

【下】아래. 형이하학(形而下學). 인욕(人慾). 재리(財利). 기(器).

上達 : ① 하늘의 이치를 좇아 날마다 진보하다. ② 높은 가치, 곧 인의(仁義)에 통달하다. ⇔ 下達 : ① 사리사욕(私利私慾)을 좇아 날마다 퇴보하다. ② 낮은 가치, 곧 재리(財利)에 통달하다.

하안(何晏) - 근본적인 내용이 上이고 지엽적인 내용이 下이다. [本爲上 末爲下]

황간(皇侃) - 上達이라는 것은 인의(仁義)에 통달[도달]하는 것이요, 下達은 재리(財利)에 통달[도달]하는 것이니 군자와 상반되는 바이다. [上達者達於仁義也 下達謂達於財利 所以與君子反也]

주희(朱熹) - 君子는 天理를 따르므로 나날이 高明한 경지로 나아가며 소인은 인욕을 따르므로 오하(汚下, 비하卑下)함에 이르는 것이다. [君子 循天理故 日進乎高明 小人 徇人慾故 日究乎汚下]

정약용(丁若鏞) - 君子나 小人은 처음은 中人이었으나 義와 利의 차이가 털끝만큼씩 갈라짐으로써, 군자는 날로 덕으로 나아가 한 등급 두 등급 향상하여 최상에 도달할 수 있었고, 소인은 나날이 퇴보하여 한 등급 두 등급 내려가서 최하에 이르게 된 것이다. [君子小人 其始皆中人也 毫釐之差 喩於義利 君子 日進其德 一級二級升 而達乎最上之級 小人 日退其步 一級二級降 而達乎最下之級]

[참고] 里仁-16.   ♣20100203水

25. 옛 학자는 자기를, 지금 학자는 남을 위하니

子曰 古之學者爲己 今之學者爲人

子(주) ㅣ 골 ㅇ샤딕 녯 學(혹)ㅎㄴ 者(쟈)ㄴ 己(긔)를 爲(위)ㅎ더니 이젯 學(혹)ㅎㄴ 者
(쟈)ㄴ 人(신)을 爲(위)ㅎ놋다

선생님께서 말씀하시기를 "옛 배우는 사람은 자기를 위하였는데, 지금 배우는 사람
은 남을 위하는구나." 하셨다.

【之】 …의. 조사. 관형어와 중심어 사이에 쓰여 종속관계를 나타냄.

【爲己】 자기를 위하다. 자기의 도덕적 향상을 위하다. 자신의 수양을 위하다.

【爲人】 남을 위하다. [참고] 學而-4. ① 남에게 알려지게 하기 위해서 하다. 남에게
인정받아 등용되기를 위해서 하다. ② 남을 도와주기 위해서 하다. 남을 가르치
기 위해서 하다.

爲 : 위하다. 위해 일하다. 돕다. 조력하다.

人 : 남. 다른 사람. 나와 대조되는 개념.

공안국(孔安國) - 爲己란 밟아 실천하는 것이며, 爲人은 단지 말로만 하는 것이다.
　　[爲己 履而行之 爲人 徒能言之]

정이(程頤) - 爲己는 자신에게서 도를[덕을] 얻고자 함이며 爲人이란 남에게 알려지
기를 바라는 것이다. [爲己 欲得之於己也 爲人 欲見知於人也]
　　옛날의 학자들은 자신을 위하여 끝내는 남을 이루어 줌에 이르렀고, 지금의
학자들은 남을 위하여 끝내는 자신을 상실(喪失)함에 이른다. [古之學者 爲己
其終至於成物 今之學者 爲人 其終至於喪己]

정약용(丁若鏞) - 爲는 助(돕다)와 같다. 몸소 선행을 실천하면 내가 덕에 나아가게
되고 입으로 선언(善言, 착한 말, 좋은 말)을 하면 남들이 도를 듣게 되니,
爲己란 자신에게 유익한 것이며, 爲人이란 남에게 유익한 것이다. [爲 猶助也
躬踏善行 則我進德也 口述善言 則人聞道也 爲己者 益於己也 爲人者 益於人也]

♣20100203水

26. 거백옥蘧伯玉은 허물을 적게 하려고 하는 자이니

蘧伯玉使人於孔子 孔子與之坐而問焉曰 夫子何爲 對曰 夫子欲寡
其過 而未能也 使者出 子曰 使乎 使乎

蘧伯玉(거빅옥)이 사람을 孔子(공ᄌᆞ)ᄭᅴ 블여늘 孔子(공ᄌᆞ)] 더블어 坐(좌)ᄒᆞ야 물어 ᄀᆞᆯ
ᄋᆞ샤ᄃᆡ 夫子(부ᄌᆞ)ᄂᆞᆫ 므스 일 ᄒᆞᄂᆞ뇨 對(ᄃᆡ)ᄒᆞ야 ᄀᆞᆯ오ᄃᆡ 夫子(부ᄌᆞ)] 그 過(과)를 寡(과)
코져 호ᄃᆡ 能(능)티 몯ᄒᆞᄂᆞ니이다 使者(시쟈)] 出(츌)커늘 子(ᄌᆞ)] ᄀᆞᆯ오샤ᄃᆡ 使(시)] 여
使(시)] 여

거백옥(蘧伯玉)이 공자께 사람을 보냈거늘 공자께서 그에게 자리를 내어 주고 그에
게 물어 말씀하시기를 "대부께서는 무엇을 하고 계시는가?" 하시니. (사자가) 대답하
여 말씀드리기를 "대부께서는 허물을 적게 하려고 하시나 아직 잘되지 않는 것 같습니
다." 하였다. 사자(使者)가 나가자 선생님께서 말씀하시기를 "사자로구나! 훌륭한
사자로구나!" 하셨다.

【蘧伯玉】 위(衛)나라의 대부. 성은 거(蘧). 이름은 원(瑗). 자가 백옥(伯玉). 공자께
　　　서 위나라에 계실 때 이 사람의 집에서 묵은 일이 있다 함.

【使시】 사신(使臣)으로 가다. 사신으로 보내다. 동사.

【於】 …에게. 전치사. 동작이나 행위에 관련되는 대상을 나타냄.

【與之坐】 그에게 자리를 내어 주다. 그에게 자리를 권하다.

　與 : 주다. 동사. ⇒ 내어 주다.

　之 : 그. 그 사람. 인칭대명사. 使人을 가리킴.

　坐 : = 座. 자리. 명사. ⇒ 앉을 자리. 좌석. 방석.

　[참고] 與 : …와 더불어. …와 함께. 전치사. 동작·행위의 동반자를 나타냄.

　　　坐 : 앉다. 동사. ☞ **그와 함께 앉다.**

【焉】 그에게. 於之 합음사(合音詞). 於는 전치사로 동작이나 행위에 관련되는 대상
　　　을 나타내며, 之는 지시대명사로 使人을 가리킴.

【夫子】 그분. 저분. 그 어른. 선생님. 제3자의 존칭. 蘧伯玉을 가리킴.

【何爲】 무엇을 하고 계시느냐? ⇒ 근황이 어떠하냐?

何 : 무엇[어느 것]이 …한가[인가]? 누구[무엇, 어디]인가? 누구를[무엇을] …한
가? 의문대명사. 주어나 술어, 목적어로 쓰여 사람이나 사물, 장소에 대해
물음. 목적어로 쓰일 때는 일반적으로 도치되어 동사나 전치사 앞에 옴.

爲 : 하다. 행하다. 실천하다. 동사.

【而】① 접속사. 순접관계를 나타냄. 而問焉. ② 그러나. 그렇지만. …하지만. 접속
사. 역접관계를 나타냄. 而未能.

【未能】능히[충분히] …할 수 없다. 능히[충분히] … 못하다.

【也】…이다. 어기조사. 진술문의 끝에 쓰여 판단이나 단정 또는 긍정을 나타냄.

【使乎】심부름꾼이구나! 사자(使者)로구나! 훌륭한 사자로구나!

使 : 사신(使臣). 사자(使者). 심부름꾼.

乎 : 아! …이도다! …이(로)구나! 어기조사. 비분·찬양·감격 등의 감탄 어기를
나타냄.

주희(朱熹) - 자신을 성찰하고 사욕을 이겨, 항상 미치지 못할 듯이 여기는 뜻을 볼
수 있다. 使者의 말이 더욱 스스로 비약(卑約)[겸손]하였으나, 그 주인의 훌륭함이
더욱 드러났으니, 또한 군자의 마음을 깊이 알고 사령(詞令)을 잘하는 자라고
이를 만하다. 그러므로 공자께서 두 번이나 使乎(시호)라고 말씀하시어 거듭
찬미하신 것이다. 내가 상고해보니, 장주(莊周)가 이르기를 '거백옥은 나이 50세
에 49년 동안의 잘못을 알았다.' 하였고, 또 '나이 60세가 되어 60번 변화하였
다.' 하였으니, 그 德에 나아가는 功夫가 늙어서도 게을러지지 않은 것이다. 이
때문에 천리(踐履)가[실천함이] 독실하고, 빛나는 德이 드러나서 오직 使者만이
그것을 알았을 뿐만 아니라, 공자께서도 또한 믿으신 것이다. [其省身克己 常若不
及之意 可見矣 使者之言 愈自卑約 而其主之賢益彰 亦可謂深知君子之心而善於詞
令者矣 故夫子再言使乎 以重美之 按 莊周稱 伯玉行年五十 而知四十九年之非 又
曰 伯玉行年六十 而六十化 蓋其進德之功 老而不倦 是以踐履篤實 光輝宣著 不惟
使者知之 而夫子亦信之也] ♣20100203水

27. 그 자리에 있지 아니하면 정사政事에는 관여치 않느니

子曰 不在其位 不謀其政

없음.

선생님께서 말씀하시기를 "그 자리에 있지 아니하면 그 정사(政事)에 관여(關與)하는 것이 아니니라." 하셨다.

【泰伯篇 14章과 같은 문장이 다시 나왔음.】 ♣20100204木

28. 생각이 그 자리를 벗어나지 않게 하느니라

曾子曰 君子 思不出其位

曾子(증ᄌ)ㅣ 글ᄋ샤ᄃᆡ 君子(군ᄌ)ᄂᆞᆫ 思(ᄉ)ㅣ 그 位(위)예 出(츌)티 아니ᄒᆞᄂᆞ니라

증자가 말씀하기를 "군자(君子)는 생각함이 그 자리를 벗어나지 않게 하느니라." 하셨다.

【曾子】 공자의 제자 증삼(曾參). 자는 자여(子輿).

【出】 나오다. 범위에서 벗어나다. 이탈(離脫) 하다.

【其位】 그 자리. 자기 자리[지위, 위치, 분수, 본분].

주희(朱熹) - 이것은 주역 간괘(周易 艮卦) 의 상사(象辭) 이다. 증자가 일찍이 이 말을 일컬으셨는데, 기록하는 자가 윗 장의 말을 인하여 같은 종류끼리 기록한 것이다. [此 艮卦之象辭也 曾子蓋嘗稱之 諸者因上章之語 而類記之也]

형병(邢昺) - 이 장은 사람들이 권력을 참람(僭濫)하고 관직을 침범함을 경계한 것이니, 만약 자기가 이 지위에 있지 아니하면 곧 이 지위의 정사를 모의할 수 없음을 말한 것이다. 증자가 드디어 말하기를 '군자가 도모함을 생각함에 마땅히 그 지위를 벗어나지 않는다.' 라고 한 것은, 생각이 미치는 바가 그 직무를 넘지 않아야 함을 말한 것이다. [此章戒人之僭濫侵官也 言若己不在此位 則不得謀議此位之政事也 曾子遂曰 君子思謀當不出其位 言思慮所及 不越其職]

범조우(范祖禹) - 물건이 각자 제자리에 있으면 天下의 이치가 얻어지게(맞게) 된다. 그러므로 군자는 생각하는 바가 그 지위를 벗어나지 않음에 君臣, 上下, 大小가 모두 그 직분을 얻는 것이다. [物各止其所 而天下之理得矣 故 君子所思 不出其位 而君臣上下大小 皆得其職也] ♣20100204木

29. 군자가 부끄러워해야 할 것은...

子曰 君子恥其言而過其行

子(ㅈ)ㅣ 글ㅇ샤딕 君子(군ㅈ)ᄂ 그 言(언)을 恥(티)ᄒ고 그 行(힝)을 過(과)ᄒᄂ니라

선생님께서 말씀하시기를 "군자(君子)는 자기의 말이 자기의 행동을 넘어서는[앞서 가는] 것을 부끄럽게 여기노라." 하셨다.

【恥】 부끄러워하다. 부끄럽게 여기다.

【其】 자신. 자기. 일인칭대명사.

【而】 …이[가, 는]. 之와 같이 주어와 술어 사이에 놓여 명사구 또는 절이 되게 하는 구조조사.

　양백준(楊伯峻) - 之와 용법이 같으며 사전(詞詮)에 상세히 보인다. 황간(皇侃)이 근거로 삼은 판본과 일본 아지카가본(足利本)에서는 이 而자를 모두 之자로 쓰고 있다.

【過】 넘다. 뛰어넘다(超越). 앞서가다. 더 낫다. 능가하다.

예기 잡기(禮記 雜記) - 그 말은 있으나 그 행동[실천함]이 없는 것, 군자는 그것을 부끄러워한다. [有其言而無其行 君子恥之]

예기 표기(禮記 表記) - 군자는 그 말은 있으나 그 덕이 없고, 그 덕은 있으나 그 행동이 없는 것을 부끄러워한다. [君子恥有其辭而無其德 有其德而無其行]

형병(邢昺) - 군자는 언행을 서로 돌아보고, 만약 말이 그 행실보다 지나치면 군자는 수치로 여긴다. [君子言行相顧 若言過其行 君子所恥也]

[참고] 而 : 접속사. 병렬관계를 나타냄. ☞ 君子恥其言而過其行 : ① 군자는 말하는 것을 부끄러워하고, 행하는 것을 여유 있게(말보다 남음이 있게) 한다. ② 군자는 그 말을 부끄러워하고, 그 행동은 (말보다) 앞선다. ③ 군자는 말은 다하지 못한 듯하고, 행동은 넉넉히 한다.

　주희(朱熹) - 恥는 감히 다하지 못한다는 뜻이요, 過는 有餘하고자 하는 말이다. [恥者 不敢盡之意 過者 欲有餘之辭]

[참고] 里仁-22.

♣20100204木

30. 군자의 도는 셋이니 불우不憂, 불혹不惑, 불구不懼이다

子曰 君子道者三 我無能焉 仁者不憂 知者不惑 勇者不懼 子貢曰
夫子自道也

子(자)ㅣ 골ㅇ샤딕 君子(군자)의 道(도)ㅣ 三(삼)애 내 能(능)홈이 업소니 仁(신)흔 者
(쟈)눈 憂(우)티 아니ㅎ고 知(디)흔 者(쟈)눈 惑(혹)디 아니ㅎ고 勇(용)흔 者(쟈)눈 懼
(구)티 아니ㅎㄴ니라 子貢(자공)이 골오딕 夫子(부자)ㅣ 스스로 닐옴이샷다

선생님께서 말씀하시기를 "군자(君子)의 도(道)에는 셋이 있는데 나는 그것을 잘한
것이 없노라. 인자(仁者)는 근심 걱정하지 아니하고, 지자(智者)는 미혹(迷惑)되지
아니하고, 용자(勇者)는 두려워하지 아니하느니라." 하셨다. 자공이 말하기를 "저희
선생님께서 당신 자신을 말씀하신 것이다." 하였다.

【道者】 도(道)란. 道에는. 道가. 道는. 가야할 길이. 가야할 길에는.
　者 : …은. …이란[이라는 것은]. 어기조사. 제시와 아울러 문(文)을 잠깐 멈추게
　　　하고 다음 말을 환기시키는 역할을 함.
　정약용(丁若鏞) - 道란 사람이 행할 바이다. [道者 人所行也]
【三】 셋이다. 셋이 있다. 술어 역할을 함. 명사의 동사로의 전용.
【焉】 그것에. 於之 합음사(合音詞). 於는 전치사로 동작이나 행위에 관련되는 대상
　　　을 나타내며, 之는 지시대명사로 三을 가리킴.
주희(朱熹) - 자책하여 사람을 면려하신 것이다. [自責以勉人也]
【子貢】 공자의 제자 단목사(端木賜). 자가 자공(子貢).
【自道】 자기 자신을 말하다. 스스로를 말하다.
　自 : 자기 자신. 일인칭대명사. 자신을 가리킴. 부사적 성격이 강하기 때문에 목적어
　　　로 쓰일 경우 동사 앞에 놓임.　道 : 말하다. 동사.
　주희(朱熹) - 道는 말함이니 自道는 겸사(겸손한 말)를 말하는 것과 같다. [道
　　　言也 自道 猶云謙辭]
【也】 …이다. 어기조사. 진술문에 쓰여 판단이나 단정 또는 긍정을 나타냄.
[참고] 子罕-28.　　　　　　　　　　　　　　　　　　　　♣20100204木

31. 대저 나는 남을 비평(批評)할 겨를이 없노라

子貢方人 子曰 賜也賢乎哉 夫我則不暇

子貢(ᄌ공)이 人(신)을 方(방)ᄒ더니 子(ᄌ)ㅣ 글ᄋ샤ᄃ 賜(ᄉ)는 賢(현)ᄒ냐 나는 暇(가)티 몯ᄒ노라

자공(子貢)이 남들을 비평(批評)하곤 하자, 선생님께서 말씀하시기를 "사(賜)야 너는 그리도 현명하더냐? 대저 나는 곧 그럴 겨를이 없노라." 하셨다.

【子貢】 공자의 제자 단목사(端木賜). 자가 자공(子貢).

【方】 비교하다. 비교(比較)하여 평(評)하다. 비평(批評)하다. 비방(誹謗)하다. 잘잘못을 따져 말하다.

　공안국(孔安國) - 사람을 견주어 보는 것이다. 〔方 比方人也〕

　정현(鄭玄) - 다른 사람의 잘못을 말하는 것을 이른다. 〔謂言人之過惡〕

　정약용(丁若鏞) - 方이란 좌우로 서로 비교함이니 方人이란 古今人을 두 사람씩 서로 비교하며 장단점을 의논하는 것이다. 〔方 左右相比也 方人者 取古今人 兩兩相比議其長短也〕

【也】 …은(는). …이란. …이면. 어기조사. 음절을 조정하고 어기를 고르는(말을 잠깐 멈추고 다음 내용을 환기시키는) 역할을 함.

【乎哉】 …인가? …이겠는가? 어기조사. 반문의 어기를 나타냄. 의문을 나타내는 어기조사인 '乎'와 반문 및 감탄을 나타내는 어기조사인 '哉'로 이루어졌는데 중점은 '哉'에 있음.

【夫】 도대체. 대체. 대체로. 무릇. 어기조사(발어사). 문장의 첫머리에 쓰여 이야기를 이끌어 내기 위하여 듣는 이의 주의를 환기시키는 역할을 함.

【則】 …은[는] 곧. …로 말하면[말할 것 같으면] 곧. …으로는 곧. …할 때는[경우에는]. …하여서는 곧. 접속사. 두 가지 또는 여러 가지 사실의 대비(대응)관계나 병렬관계를 나타내며 강조의 어감을 가짐. ♣20100205金

32. 내가 능히 잘하지 못함을 걱정하여라

子曰 不患人之不己知 患其不能也

子(주)ㅣ 글으샤딕 人(신)의 己(긔)를 아디 몯홈을 患(환)티 말고 그 能(능)티 몯홈을
患(환)홀 띠니라

선생님께서 말씀하시기를 "남들이 자기를 알아주지 않음을 걱정하지 말고, 자신이
능히 잘하지 못함을 걱정하여라." 하셨다.

【患환】 근심하다. 걱정하다.

【之】 …은[는]. …이[가]. 구조조사(주격조사). 주술구조 사이에 쓰여 이를 명사구
　　(절)로 만들어 주는 역할을 함.

【不己知】 자기를 알아주지 않다. 不知己의 도치. 고어에서는 부정문에서 목적어가
　　대명사일 경우 술어와 목적어가 도치됨.

【其】 자신. 자기. 일인칭대명사.

【能】 능하다. 잘하다. 능력이 있다.

　不能 : 잘하지 못하다. 능력이 부족하다. 무능하다.

【也】 …하라. …하시오. …해야 한다. 어기조사. 명령문 끝에 쓰여 명령이나 청유의
　　어기를 나타냄.

왕숙(王肅) - 단지 자신이 무능함을 걱정해야 한다. [徒患己之無能]

[참고] 學而 -16, 里仁-14, 衛靈公-18.　　　　　　♣20100205金

33. 그 진위를 먼저 알아내는 사람이 현명하다 하리라

> 子曰 不逆詐 不億不信 抑亦先覺者 是賢乎

子(주)] 길ᄋᆞ샤디 詐(사)를 逆(역)디 아니ᄒᆞ며 不信(블신)을 抑(억)디 아니홀 꺼시나 쏘ᄒᆞᆫ 몬져 覺(각)ᄒᆞᄂᆞᆫ 者(쟈)] 이 賢(현)인뎌

선생님께서 말씀하시기를 "속임을 당할까 미리 짐작하지 않고 믿음을 받지 않을까 억측(臆測)하지 아니하여야 하겠으나, 그렇지만 또한 그 진위(眞僞)를 먼저 알아내는 사람 바로 그 사람이 현명(賢明)하다 하리라!" 하셨다.

【逆】 미리. 앞서서. ⇒ 미리 짐작하다(迎也). 예측하다.

【詐사】 속이다. ⇒ 속임을 당하다.

【億억】 臆과 통함. 헤아리다. 추측하다. 억측하다. 지레짐작하다.

【抑亦】 그러나. 그렇지만. 抑이 경미한 전환을 나타내는 경우로, 전환구(轉換句)의 첫머리에 쓰임.

【先覺者】 남보다 앞서서 이치를 깨달은 사람. 그런지 그렇지 않은지 곧 진위(眞僞) 를 먼저 알아내는 사람.

【是】 이것. 이 사람. 지시대명사. 앞의 不逆詐~抑亦先覺者를 가리킴.

【乎】 …이다. …하리라! …일 것이다! 어기조사. 단정이나 강조의 어기를 나타냄.

주희(朱熹) - 逆은 아직 이르지 않았는데 미리 짐작하는 것이요, 億은 보지 않고 생각하는 것이다. 詐는 남이 자신을 속임을 이르고 不信은 남이 자신을 의심함 을 이른다. 抑은 반어사이다. 비록 逆探하지 않고 臆測하지 않으나 남의 실정과 거짓에 대하여 자연히 먼저 깨달아야 어짊이 된다고 말씀한 것이다. [逆 未至而 迎之也 億 未見而意之也 詐 謂人欺己 不信 謂人疑己 抑 反語辭 言雖不逆不億 而於人之情僞 自然先覺 乃爲賢也]　　　♣20100206土

34. 감히 말만 잘하는 것이 아니고 고固를 싫어함이니

> 微生畝謂孔子曰 丘何爲是栖栖者與 無乃爲佞乎 孔子曰 非敢爲佞
> 也 疾固也

微生畝(미싱모)ㅣ 孔子(공즈)ㅅ긔 닐어 골오디 丘(구)는 엇디 이 栖栖(셔셔)흠을 ㅎ느
뇨 아니 佞(녕)을 ㅎ느냐 孔子(공즈)ㅣ 골ㅇ샤디 감히 佞(녕)을 ㅎ는 줄이 아니라 固(고)
를 疾(질)홈이니라

미생묘(微生畝)가 공자께 일러 말하기를 "그대(丘)는 어찌하여 이처럼 불안한 듯
분주히 돌아다니는 사람이신가? 말만 잘하는 것 아닌가?" 하니 공자께서 말씀하시기
를 "감히 말만 잘하는 것은 결코 아니니이다. 완고함을 싫어함이니이다." 하셨다.

【微生畝】 사람 이름. 성은 미생(微生). 이름은 묘(畝, 本音은 무). 공자 보다 연상의
　　　　당시 은자(隱者)로 추정함.
　　주희(朱熹) - 미생묘가 공자의 이름을 부르면서 말이 매우 거만하니, 아마도 나이가
　　　　많고 德이 있는 隱者인 듯하다. [畝 名呼夫子 而辭甚倨 蓋有齒德而隱者]
【謂】 …에게 말하다 (이르다). 일러주다. 타이르다.
【丘】 공자의 이름.
【何爲】 왜. 어째서. 어찌하여. 무엇 때문에. 관용형식으로서 어떤 일의 이유나 원인
　　　　에 대해 물음. 何는 의문대명사.
【是】 = 如是. 이같이. 이처럼. 부사. 어떤 상항과 같음을 나타냄.
【栖栖서서】 연연해 하는 모습. 분주한 모습. 허둥지둥하며 돌아다니는 모습. 정처
　　　　없이 떠돌아다니는 모습. 불안한 모습.
　　형병(邢昺) - 栖栖는 皇皇과 같다. [栖栖 猶皇皇也] ♣ 皇皇 : 아름답고 성한 모양.
　　　　마음이 몹시 급하여 허둥지둥하는 모양. 불안한 모양. 밝게 빛나는 모양. 사방으로 탁 트인 모양.
　　　　[참고] 遑遑 : 당황하여 불안해하는 모양. 몹시 급하여 허둥대는 모양.
　　주희(朱熹) - 栖栖는 依依함이다. [栖栖 依依也] ♣ 依依 : 부드럽게 한들거리는 모양.
　　　　연연해하는 모양. 헤어지기 섭섭한 모양. 안타까이 사모하는 모양. 아쉬워하는 모양.
　　정약용(丁若鏞) - 栖栖는 불안함을 뜻한다. [栖栖 不安之意]

363

【與】 …인가? 어기조사. 의문대명사 誰, 何 등과 같이 쓰여 의문의 어기를 도움.

【無乃…乎】 바로 …이 아니겠는가. 반문형 의문문을 이루어 긍정을 강조하는 효과를 냄.

【佞녕】 말재주(口才). 말을 잘하다(善辯). 말재주가 좋다. 구변(口辯)이 좋다. 아첨하다. 교묘한 말로 알랑거리다.

주희(朱熹) - 爲佞은 구급(口給, 구변, 능숙한 말)을 해서 남을 기쁘게 하기를 힘쓰는 것을 말한다. [爲佞 言其務爲口給以悅人也]

【敢】 감히. 함부로. 조동사. 동사 앞에 쓰여 어떤 일을 할 용기가 있음을 나타냄. 앞에 부정사가 오면 강한 반대의 뜻[할 용기가 없음]을 나타냄.

【也】 …이다. 어기조사. 진술문의 끝에 쓰여 판단이나 단정 또는 긍정을 나타냄.

【疾】 증오하다. 미워하다. 싫어하다. 惡也.

주희(朱熹) - 疾은 미워함이다. [疾 惡也]

【固】 완고함. 고집(固執)스러움. 변통(變通)할 줄 모르고 완강하게 지킴(拘泥). 하나만을 고집하여 변통하지 못하는 것. 잘못된 것을 개혁하려 하지 않고 자기의 생각만이 옳다고 고집하는 어떤 집념.

주희(朱熹) - 固는 하나만을 고집하여 변통하지 못하는 것이다. [固 執一而不通也]

타자이 준(太宰純) - 공자는 古道를 널리 구하느라 처지에 편안할 겨를도 없이 분주하였음이 마치 구해도 얻지 못하는 사람과 같았다. '사람으로서 배우지 않으면 道를 알지 못한다. [禮記 學記]' 하였는데, 이를 고루함이라 한다. 내 이를[고루함을] 미워하므로 부지런히 도를 구한다는 것이다. [孔子博訪古道 不遑寧處 如有求而不得者然 人不學不知道 是爲固陋 我惡之 故孜孜求道]

정약용(丁若鏞) - 은거해서 홀로 자기만 착하게 하여 세상을 버리고 사람과의 접촉을 끊는 자는 그 도가 막히고 고루하기 때문에 군자가 이를 싫어한 것이다. [隱居獨善 棄世絶物者 其道塞而陋 故君子惡之]

공자는 스스로의 본심을 말하였을 뿐이고, 반드시 미생묘를 반박하는 것처럼 기롱한 것은 아니다. [孔子自言其本意而已 未必是譏切微生如反駁然也]

[참고] 疾固 : ① 고루함(고집스러운 것)을 싫어[미워]하다. (대상 : 爲政者) ② 자기의 견해를 고집해 세상에 나와 일하고 싶어 하지 않은 병폐를 싫어하다. (대상 : 隱者. 곧 미생묘 같은 사람) ③ 나 자신의 나쁜 버릇이 굳어져서 그렇다. 나 자신의 나쁜 버릇이 너무 뿌리 깊은 탓이다. (대상 : 공자 자신) ♣20100206土

35. 기(驥)라는 말(馬)은 그 덕(德)으로 일컬어진 것이니

子曰 驥不稱其力 稱其德也

子(자)ㅣ 글으샤디 驥(긔)는 그 力(력)을 稱(칭)호 거시 아니라 그 德(덕)을 稱(칭)홈이니라

선생님께서 말씀하시기를 "기(驥)라는 말은[말의 명성은] 그 힘으로 일컬어진 것이 아니고 그 품성(品性)으로 일컬어진 것이니라." 하셨다.

【驥기】 천리마(千里馬). 기주(驥州) 지방에서 나는 훌륭한 말로 하루에 천리를 달린다고 함.

　형병(邢昺) - 驥는 옛 명마(名馬)의 이름이다. [驥 古之善馬名]

【稱】 일컬어지다. 칭찬(稱讚)을 받다. 칭송(稱頌)되다.

【德】 품성(品性). 잘 조련(調練)된 덕. 잘 달릴 수 있는 능력.

　정현(鄭玄) - 德이란 길이 잘 들고 성질이 양순함을 말한다. [德者 調良之謂] [集註]
　　호인(胡寅) - 調란 잘 길들여져서 당기고 몰기 쉬운 것이고, 良이란 순하게 복종하여 차고 물지 않는 것이다. [調者 習熟而易控御也 良者 順服而不蹄齧也]

[참고] 잘 조련되고 훈련을 받아 지니게 된 위엄이 있는 모습과 품성, 즉 그가 후천적으로 가지게 된 덕(德)으로 인하여 그렇게 불린다는 뜻이다.

【也】 …이다. 어기조사. 진술문의 끝에 쓰여 판단이나 단정 또는 긍정을 나타냄.

형병(邢昺) - 이 글은 그 당시 사람들이 힘만을 숭상하여 승리를 취하고 덕을 중시하지 않았음을 미워하신 것이다. [此章 疾時尙力取勝 而不重德]

윤돈(尹焞) - 기마(驥馬)는 비록 힘이 있으나 그 칭찬은 德에 있는 것이니, 사람이 재주만 있고 德이 없으면 어찌 족히 숭상할 만한 것이겠는가? [驥雖有力 其稱在德 人有才而無德 則亦奚足尙哉]

호인(胡寅) - 사람을 관찰하는 자는 당연히 그 재주를 말해서는 안 되고 그 德을 말해야 한다. [觀人者 不當言其才 而當言其德]　　　　♣20100207日

36. 원한은 정의로써, 덕은 덕으로써 갚아야 하니

第十四篇

憲問

> 或曰 以德報怨 何如 子曰 何以報德 以直報怨 以德報德

或(혹)이 굴오디 德(덕)으로써 怨(원)을 報(보)홈이 엇더ᄒ니잇고 子(ᄌ)ㅣ 굴ᄋ샤디 므서스로써 德(덕)을 報(보)ᄒ료 直(딕)으로써 怨(원)을 報(보)ᄒ고 德(덕)으로써 德(덕)을 報(보)홀 �니라

어떤 이가 말하기를 "은덕(恩德)으로써 원한(怨恨)을 갚는다면 어떻겠습니까?" 하니, 선생님께서 말씀하시기를 "무엇으로써 은덕을 갚겠소? 곧음(法)으로써 원한을 갚고, 은덕으로써 은덕을 갚아야 하오." 하셨다.

【或】 혹자(或者). 어떤 사람(이). 누군가. 인칭대명사. 특정대상을 가리키지 않는 것을 나타냄.

　주희(朱熹) - 혹자가 일컫는 바는 지금 老子의 글에 보인다. [或人所稱 今見老子書] [道德經 恩始]

【以】 …으로써. …을 가지고[통하여]. 전치사. 도구·수단·방법을 나타냄.

【德】 은덕(恩德). 은혜(恩惠). 선의(善意).

　주희(朱熹) - 德은 은혜를 말한다. [德 謂恩惠也]

【怨】 원망(怨望). 원한(怨恨). 악의(惡意). 분해하고 한을 품음. 남을 탓함. 뒤틀린 마음. 웅등그러진 마음.

【何如】 어떠합니까? 어떻습니까? 관용형식으로 의견이나 견해를 물음.

【何以】 무엇으로. 어떻게. 무엇을 사용하여. 무엇에 의지하여. 관용형식으로 쓰이며, 전치사 '以'가 '用'의 뜻을 지닌 경우로서 어떤 행위를 할 때 어떤 방식이나 방법에 따르는 것을 나타냄. 의문문이므로 '以何'가 도치되었음.

【直】 곧음. 정직함. 바른 도(道). ⇒ 정의(正義). 법(法). 법정(法廷)에 세우는 방법. 사직 당국에 호소하여 법의 심판을 받도록 하는 방법.

　주희(朱熹) - 원망하는 자에게는 사랑과 미워함, 취함과 버림을 지극히 공평하고 사사로움이 없이 하여 한결같이 하는 것이 이른바 直이라는 것이다. 그 德으로 여기는 자에게는 반드시 德으로써 갚아 주고 잊지 않아야 한다. [於其所怨者

愛憎取舍 一以至公而無私 所謂直也 於其所德者 則必以德報之 不可忘也]

정약용(丁若鏞) - 直이란 속이지 않음이니, 사람이 怨恨이 있는 자에게는 속임수로 보복하지 않는 것만으로도 족한 것이다. [直者 不罔也 人能於有怨者 不誣罔以報之 則斯足矣]

[참고] 응보형주의(應報刑主義)   ♣20100207日

37. 나를 알아줄 이 아마도 하늘이리라

> 子曰 莫我知也夫 子貢曰 何爲其莫知子也 子曰 不怨天 不尤人 下學
> 而上達 知我者其天乎

子(자)ㅣ 글으샤티 날 알리 업슨뎌 子貢(자공)이 글오티 엇디 그 子(자)를 알리 업스니잇
고 子(자)ㅣ 글으샤티 天(텬)을 怨(원)티 아니ᄒᆞ며 人(신)을 尤(우)티 아니ᄒᆞ고 下(하)로
學(혹)ᄒᆞ야 上(샹)으로 達(달)ᄒᆞ노니 나를 아는 者(쟈)ᄂᆞᆫ 그 天(텬)인뎌

선생님께서 말씀하시기를 "아무도 나를 아는 이 없구나!" 하셨다. 자공(子貢)이
말씀드리기를 "어찌하여 선생님을 아는 이 없겠나이까?" 하니, 선생님께서 말씀하시
기를 "하늘을 원망하지 않았고 남을 탓하지도 않았으며 아래를 배워서 위를 통달하였
으니, 나를 알아줄 이 아마도 하늘이리라." 하셨다.

【莫】아무(것)도 …한 사람(것)이 없다. 아무도 …하지 않다. 지시대명사. 부정문에
　　서 知我가 도치되었음.

【也夫】…하는구나! …로세! 어기조사. 감탄의 어기나 예측의 강조를 나타냄.

주희(朱熹) - 공자 스스로 탄식하신 것이다. [夫子自歎]

정약용(丁若鏞) - 그 당시 사람들이 공자의 훌륭한 덕을 일컬어 말하였으나 공자께
　　서는 이런 말을 들으시고 '그들은 모두가 나를 알지 못하고서 말한 것이다.' 라
　　고 말씀하신 것이다. 공자께서는 언제나 '남들이 나를 알아주지 못함을 걱정하
　　지 말라.' 고 말씀하셨으니, 여기에서 '나를 알아주지 않는다.' 고 자탄의 소리
　　를 자아내실 리는 없으셨을 것이다. 진실로 그처럼 탄식하셨다면 반드시 그
　　뒤를 이어 '내 堯舜을 잇고 文武를 법 받았는데…' 라고 말씀하셨을 것이지
　　어찌하여 '하늘을 원망하지 않고 사람을 허물하지 아니하며 아래로 人事를
　　배워 위로 天理에 이른다.' 고 말씀하셨겠는가? 이 말은 세상에 등용되는 일과
　　는 아무런 관련이 없는 것이다. 이는 그 당시 사람들이 공자의 聖德을 칭찬하여
　　말하고 있어서 공자께서는 이를 밝혀 '그들은 모두가 나를 알지 못하는 자들이
　　다. 나의 학업은 하늘만이 안다.' 고 말씀하신 것이다. [時人皆夫子盛德 夫子聞
　　之曰 彼皆不知我而言之耳 夫子有恒言曰 不患人之不己知 今乃以莫我知 而發

歎恐無是理 苟其歎之 則必繼之曰 我祖述堯舜憲章文武 何必言不怨天 不尤人
下學而上達乎 此與見用於斯世者 無所當矣 時人稱述聖德 孔子明之曰 彼皆不
知我者也 我之學業 惟天知之]

【何爲】 왜. 어째서. 어찌하여. 무엇 때문에. 관용형식으로서 어떤 일의 이유나 원인
　　에 대해 물음. 何는 의문대명사.

【其(莫知子)】 그. 그렇게. 어기조사. 음절을 조정하고 어세를 강하게 함.

【也】 = 乎. …이겠는가? 어기조사. 의문문 끝에 쓰여 반문의 어기를 나타냄.

【怨】 원망하다. 남을 탓하다. 후회(後悔)하다.

【尤】 책망하다. 나무라다. 허물하다. 탓하다. 잘못을 돌리다.

【下學而上達】 아래를 배워 위를 통달하다. 낮은 것을 배워서 위의 것까지 통달하다.
　　아래의 人事를 배워 위의 天理를 깨닫기에 이르다.

　공안국(孔安國) - 아래로는 사람의 일을[사람의 사리를] 배우고 위로는 하늘의
　　　명을 아는 것이다. [下學人事 上知天命]

　정약용(丁若鏞) - 下學이란 人事로 시작하여 도를 배움이며 上達이란 공부를 축적
　　　하여 天德에 이르러 그치는 것이니, 下學이란 남이 알 수 있으나 上達이란
　　　남이 알 수 있는 것이 아니다. [下學 謂學道自人事而始 上達 謂積功至天德而止
　　　下學人所知 上達非人之所知]

【其天乎】 아마도 하늘일 것이다.

　其 : 아마(도). 어쩌면. 부사. 동작이나 행위 또는 어떤 상황에 대한 추측을 나타냄.

　乎 : …일 것이다. …이겠지. …인가? 어기조사. 추측의 어기를 나타냄. 일반적으로
　　　측량을 나타내는 부사인 殆, 其, 或 및 관형어인 得無 등과 호응함.

　주희(朱熹) - 이는 다만 자기 몸에 반성하고 자신을 닦아서 차례를 따라 점점 나아갈
　　　뿐이요, 남보다 심히 다르게 하여 그 알아줌을 이루게 함이 없음을 말씀한
　　　것이다. 그러나 그 말씀의 뜻을 깊이 음미해보면, 그 가운데 스스로 사람들은
　　　미처 알지 못하고 하늘만이 홀로 알 수 있는 묘(妙)가 있음을 볼 수 있다.
　　　이는 공자의 문하에서 오직 자공(子貢)의 지혜만이 거의 여기에 미칠 수 있었기
　　　때문에 특별히 말씀하여 발명(發明)하신 것이다. [此但自言其反己自修 循序
　　　漸進耳 無以甚異於人而致其知也 然深味其語意 則見其中自有人不及知而天獨
　　　知之之妙 蓋在孔門 唯子貢之智幾足以及此 故特語以發之] ♣20100207日

38. 公伯寮公伯寮가 장차 천명天命을 어떻게 하겠는가

公伯寮愬子路於季孫 子服景伯以告曰 夫子固有惑志於公伯寮 吾力
猶能肆諸市朝 子曰 道之將行也與 命也 道之將廢也與 命也 公伯寮
其如命何

公伯寮(공빅료)] 子路(주로)를 季孫(계손) 의게 愬(소) 하야늘 子服景伯(주복경빅) 이 뼈
告(고) 하야 굴오디 夫子(부주)] 진실로 公伯寮(공빅료) 의게 惑志(혹지)를 둔느니 내 힘
이 오히려 能(능) 히 市朝(시됴) 애 肆(스) 홀 이이다 子(주)] 굴ᄋ샤디 道(도) 의 쟝ᄎ 行
(힝) 홈도 命(명) 이며 道(도) 의 쟝ᄎ 廢(폐) 홈도 命(명) 이니 公伯寮(공빅료)] 그 命(명)
에 엇디리오

공백료(公伯寮)가 계손씨(季孫氏)에게 자로(子路)를 모함하자 자복경백(子服景
伯)이 그것을 고하여 말씀드리기를 "대부(계손)께서는 확실히 공백료에게 마음이
미혹되어 있습니다만, 제 힘이 아직은 그를 처형하여 저자거리에 시신을 내걸 수
있습니다." 하니 선생님께서 말씀하시기를 "도(道)가 장차 행하여지려는 것도 천명
(天命)이요 도가 장차 무너지려는 것도 천명인데, 공백료가 장차 천명을 어떻게
하겠느뇨?" 하셨다.

【公伯寮】노(魯)나라 사람. 계손씨(季孫氏)의 가신(家臣). 성이 공백(公伯). 이름
이 료(寮). 자는 자주(子周).
【愬소】비방하다. 헐뜯다. 모함하다. 참소하다.
　마융(馬融) - 愬는 참소[讒(讒)訴]이다. [愬 譖也]
【子路】공자의 제자 중유(仲由). 자가 자로(子路). [참고] 爲政-17.
【季孫】노(魯)나라의 세도가 중의 한 집안[대부]. 계손씨(季孫氏). 계환자(季桓
子)를 가리킴.
【子服景伯】노(魯)나라 대부. 성이 자복(子服). 이름은 하(何). 시호가 경(景).
자가 백(伯). [集註]
【以】…을(를). 전치사. 동작이나 행위가 발생할 때, 직접 파급되거나 목적이 되는
대상을 나타냄. 다음에 之가 생략되었음. 이때 之는 지시대명사로 앞의 公伯寮愬

子路於季孫을 가리킴. [참고] = 此. 이. 이것. 지시대명사.

【夫子】 그분. 저분. 그 어른. 선생님. 제3자의 존칭. 季孫을 가리킴.

【固】 확실히. 틀림없이. 진실로. 참으로. 부사. 동작·행위·상황 등에 대한 강조를 나타냄.

【惑志】 마음이 미혹(迷惑) 되다. 마음이 현혹(眩惑) 되다.

　惑 : 미혹(迷惑) 되다. 현혹(眩惑) 되다.

　志 : 의중(意中). 마음.

　공안국(孔安國) - 季孫이 (공백료의) 참소를 믿고 자로에게 분개했다 [季孫信讒 恚子路]

【於】 …에게. 전치사. 동작이나 행위에 관련되는 대상을 나타냄.

【猶】 아직도. 여전히. 부사. 동사 앞에 놓여 동작·행위·성질·상태 등이 원래의 상태를 유지하여 변화가 없음을 나타냄.

【能】 능히[충분히] …할 수 있다. 조동사. 어떤 일을 할 능력이 있거나 조건이 됨을 나타냄.

【肆사】 죄인을 처형하여 그 시체를 여럿에게 보이다.

　정현(鄭玄) - 죄가 있어 처형을 한 후 그 시체를 진열하는 것을 肆라 한다. [有罪既刑 陳其尸曰 肆]

【諸저】 之於(…에 그를). 합음사. 之는 지시대명사로 公伯寮를 가리키고, 於는 전치사로 동작이나 행위가 발생한 장소나 범위를 나타냄.

【市朝】 저자(市場) 과 조정(朝廷).

　형병(邢昺) - 대부 이상은 조정에서 士 이하는 저자에서 처형한다. [大夫已上於朝 士以下於市]

　정현(鄭玄) - 이 당시 공백료는 士이기 때문에 단지 저자거리에 시신을 펼쳐 놓는다고만 말하여야 하는데 여기서는 朝를 연이어 붙여 말했을 뿐이다. [公伯寮是士止應云肆諸市 連言朝耳]

　오역(吳棫) - 市朝란 市와 朝를 연이어 말한 데 불과하다. 좌전에 의하면 '진나라에서 삼각(三卻)을 죽여 조정에 시체를 보이고 동안(董安)을 죽여 시체를 저자에 전시하였다.' 고 하니 미천한 자의 시체는 저자에 있는 것이다. [市朝 不過連言之 左傳 晉殺三卻 尸諸朝 殺董安于尸諸市 賤者在市也]

第
十
四
篇

憲
問

【之】 …은[는]. …이[가]. 구조조사(주격조사). 주술구조 사이에 쓰여 이를 명사구 (절)로 만들어 주는 역할을 함.

【將】 장차[막, 곧] …하려 하다. 부사. 술어 앞에 쓰여 동작이나 행위가 곧(가까운 미래에) 발생하려 함을 나타냄.

【也與】 …은[는]. …도. 어기조사. 문장 가운데에 쓰여 정돈(멈춤)을 나타냄.

【命】 하늘의 뜻. 천명(天命). 운명(運命). 하늘이 정한 운명.

【廢폐】 버려지다. 폐지되다. 없어지다. 무너지다.

【其】 곧. 막. 장차. 부사. 술어 앞에 쓰여 동작·행위·상황 등이 곧 발생하려 함을 나타냄.

【如…何】 …을 어떻게 하겠는가? …을 무엇 하겠는가? 어찌 …하겠는가? 일의 처리를 묻는 관용구. 여기서는 반문을 나타냄.

[참고] 夫子固有惑志 於公伯寮 吾力猶能肆諸市朝 : 대부께서는 확실히 미혹된 마음이 있는데, 공백료에 대해서는 내 힘이 아직도 그를 처형하여 처자거리에 시신을 내걸 수 있습니다. [何晏 集解]

정약용(丁若鏞) - 於公伯寮로서 한 구절을 이루어야 공백료를 능력(凌轢)하고, 공백료를 질시(嫉視)하며, 공백료를 배척하는 의미가 또다시 준엄하고 명쾌할 것이니 아마도 옛 구두점이 더 나은 것 같다. [於公伯寮 自爲一句然後 其凌轢伯寮憤嫉伯寮指斥伯寮之意 更峻更快 恐舊讀爲長]　　　♣20100208月

39. 현자賢者는 난세亂世·난국亂國·안색顔色·말을 피하니

子曰 賢者辟世 其次辟地 其次辟色 其次辟言

子(ᄌ)ㅣ 굴ᄋ샤ᄃᆡ 賢(현)ᄒ 者(쟈)ᄂᆞᆫ 世(셰)를 辟(피)ᄒ고 그 次(ᄎ)ᄂᆞᆫ 地(디)를 辟(피)
ᄒ고 그 次(ᄎ)ᄂᆞᆫ 色(식)을 辟(피)ᄒ고 그 次(ᄎ)ᄂᆞᆫ 言(언)을 辟(피)ᄒᆞ니라

선생님께서 말씀하시기를 "현자(賢者)는 세상을 피하니 그 다음은 나라를 피하고
그 다음은 안색(顔色)을 피하고 그 다음은 말을 피하느니라." 하셨다.

【賢者】 어진 사람. 현명한 사람.

【辟피】 = 避. 피하다. 회피하다. 몸을 숨기다.

【世】 세상. 시대. ⇒ 어지러운 세상. 혼란한 세상. 무도(無道)한 세상.

  형병(邢昺) - 辟世란 천하가 닫히면 곧 현인은 숨어서 진속(塵俗, 티끌 많은 속세)
    밖에서 높이 거닐며 돌을 베개 삼고 흐르는 물에 씻으며 생활하니 천자와
    제후가 얻어 신하로 삼을 수 없는 것이다. [辟世者 謂天地閉則賢人隱 高蹈塵外
    枕流漱石 天子諸侯莫得而臣也]

  주희(朱熹) - 천하에 도가 없으면 숨으니, 辟世란 백이와 태공과 같은 분이 바로
    그들이다. [天下無道而隱 辟世 若伯夷太公 是也]

  정약용(丁若鏞) - 그의 이름을 감추고 드러나지 않게 함으로써 세상에 살면서도
    세인이 알지 못하도록 하는 것이 辟世이다. [韜名晦跡 居世而不令世知 是辟世也]

【其次】 그 다음은. 또한.

  정호(程顥) - 이 네 가지는 비록 크고 작은 차례로써 말씀하셨으나 우열이 있는
    것은 아니고 당한 바가 같지 않은 것일 뿐이다. [四者 雖以大小次第言之 然
    非有優劣也 所遇不同耳]

【地】 지방. 지역. ⇒ 어지러운 나라. 혼란한 나라. 무도(無道)한 나라.

  마융(馬融) - 혼란한 나라를 떠나 안정된(다스려진) 나라로 찾아가는 것이다. [去亂
    國 適治邦]

  주희(朱熹) - 辟地란 백리해가 우(虞)나라를 떠나 진(秦)나라에 이르는 것과 같은
    것이다. [辟地 如百里奚去虞至秦]

【色】 안색(顏色). 낯빛(얼굴빛). 기색(氣色). ⇒ (임금의) 악덕(惡德)한 태도.

형병(邢昺) - 辟色이란 다스려짐과 혼란함을 미리 택할 수는 없으나 다만 임금의
　　　안색을 보고 만약 자기를 싫어하는 기색이 있으면 이에 움직여 거기를 떠나는
　　　것이다. [辟色者 不能豫擇治亂 但觀君之顏色 若有厭己之色 於斯舉而去之也]

주희(朱熹) - 예모가 쇠하면 떠나는 것이다. [禮貌衰而去]

주희(朱熹) - 辟色이란 위령공이 나는 기러기를 바라본 채 공경하는 얼굴빛이
　　　전혀 없자 공자가 드디어 거기서 떠나버린 일과 같은 것이다. [辟色 如衛靈公顧
　　　蜚鴈而色不在 孔子遂去之] [小註]

정약용(丁若鏞) - 안색을 보고 떠나는 것이 辟色이다. [見顏色而違之 是辟色也]

【言】 말. ⇒ (임금의) 무도(無道)한 말. 의롭지 아니한 말.

주희(朱熹) - 辟言이란 위령공이 진법(陳法)을 묻자 공자가 드디어 떠나버린 일과
　　　같다. [辟言 如衛靈公問陳 而孔子遂行]

정약용(丁若鏞) - 한마디의 말을 듣고 장차 난이 일어날 줄 알고 떠나가는 것이
　　　辟言이다. [聞一言 知亂將作而去之 是辟言也]　　　　♣20100217水

40. 창작創作한 이는 일곱 명이니

子曰 作者七人矣

子(᎒)ㅣ 글ᄋ샤ᄃᆡ 作(작)흔 者(쟈)ㅣ 七人(칠신)이로다

선생님께서 말씀하시기를 "작자(作者)는 일곱 명이니라." 하셨다.

【作者】 ① 창작한 사람. ☞ 作 : 짓다. 지어내다. 작품을 쓰다. 찬술(撰述)하다. 창작(創作)하다. 창제(創製)하다. ② 은거(隱居)한 사람. 이처럼 행한 사람.

포함(包咸) - 作은 爲(행하다)이니 이처럼 행하는 자가 7인이라는 것이다. [作 爲也 爲之者凡七人]

이욱(李郁) - 作이란 起이니 털고 일어나 은거(隱居)하는 것을 말한다. [作 起也. 言起而隱去者]

김용옥(金容沃) - 作者란 말은 중국고대사 상사에서 유니크한 개념이며 '문명의 최초의 전기를 이룩한 사람들' 이라는 뜻이다.

[참고] 述而-1.

【七人】 일곱 사람. 일곱 명.

왕필(王弼) - 七人이란 백이(伯夷), 숙제(叔齊), 우중(虞仲), 이일(夷逸), 주장(朱張), 유하혜(柳下惠), 소련(少連)이다. [七人 伯夷 叔齊 虞仲 夷逸 朱張 柳下惠 少連]

포함(包咸) - 이는 장저(長沮), 걸익(桀溺), 장인(丈人), 석문(石門), 하궤(荷簣), 의봉인(儀封人), 초광접여(楚狂接輿)를 말한다. [謂 長沮 桀溺 丈人 石門 荷簣 儀封人 楚狂接輿]

정현(鄭玄) - 避世에 백이, 숙제, 우중, 避地에 하조(荷蓧), 장저, 걸익, 避色에 유하혜, 소련, 避言에 하궤, 초광접여이니, 七자는 당연히 十자로 써야 한다. 이는 오자이다. [伯夷叔齊虞仲辟世者 荷蓧長沮桀溺辟地者 柳下惠少連辟色者 荷簣楚狂接輿辟言者 七當爲十 字之誤也]

장횡거(張橫渠) - 作者七人이란 복희, 신농, 황제, 요, 순, 우, 탕을 말한다. 이들은 남의 책을 전술하지 않았다. [作者七人 謂伏羲神農黃帝堯舜禹湯 非有述於人者]

375

송잠실(宋潛室) - 七人이란 요, 순, 우, 탕, 문, 무, 주공이다. 공자는 스스로 '내 이제 七人의 뒤를 계승하여 전술하였을 뿐 창작하지 않았다.' 고 말하였다. [七人 堯舜禹湯文武周公 是也 夫子自言 我今承七人之後 只述而不作]

타자이 준(太宰純) - 악기에 '예악의 실정을 아는 자는 창작할 수 있으며 예악의 문장을 아는 자는 전술할 수 있다. 창작하는 자는 성인이며 전술한 자는 명철인이다.' 라고 말하였고, 표기에서는 '후세에 비록 창작할 자가 다시 태어나도 우제(虞帝)의 경지에 미칠 수 없다.' 고 하였다. [樂記曰 知禮樂之情者 能作 識禮樂之文者 能述 作者之謂聖 述者之謂明 表記曰 後世雖有作者 虞帝弗可及也]

이욱(李郁) - 이제 七人이라 함은 어떤 사람인지 알 길이 없다. 반드시 그 사람을 찾아 그 수효를 채우려 함은 천착하는 것이다. [今七人矣 不可知其誰何 必求其人以實之 則鑿矣]

【矣】…일 것이다. …이다. 어기조사. 진술문의 끝에 쓰여 긍정의 어기를 나타냄.

♣20100218木

41. 불가능함을 알고서도 도道를 행하는 사람

子路宿於石門 晨門曰 奚自 子路曰 自孔氏 曰 是知其不可而爲之者與

子路(주로)ㅣ 石門(셕문)에 宿(슉)ᄒ더니 晨門(신문)이 ᄀᆞᆯ오ᄃᆡ 어드러브터 오 子路(주로)ㅣ ᄀᆞᆯ오ᄃᆡ 孔氏(공시)로브테로라 ᄀᆞᆯ오ᄃᆡ 이 그 可(가)티 아닌 줄을 알오ᄃᆡ ᄒᄂᆞᆫ 者(쟈)가

자로(子路)가 석문(石門)에서 유숙(留宿)을 했다. 문지기가 말하기를 "어디로부터 오시는가?" 하여 자로가 말하기를 "공자님 댁에서 옵니다." 하니, 말하기를 "바로 그것이 불가능함을 알고서도 그것을 행하는 사람 말이오?" 하였다.

【子路】 공자의 제자 중유(仲由). 자가 자로(子路). [참고] 爲政-17.

【宿】 자다. 묵다. 유숙(留宿)하다. 숙박(宿泊)하다.

【於】 …에서. 전치사. 동작이나 행위가 일어나는 장소(범위)를 나타냄.

【石門】 지명(地名).

　황간(皇侃) - 石門은 노나라 성문이다. [石門 魯城門]

　정현(鄭玄) - 노나라 성의 바깥문이다. [石門 魯城外門也]

　　박유리 - 鄭玄의 말에 따르면 이곳은 노나라 수도 곡부(曲阜) 바로 곁에 있는 역참(驛站)이다.

　정약용(丁若鏞) - 石門은 제나라 땅이니 교관에 성이 있는 지방이다. 만약 이곳이 노나라 성문이라면 자로가 (그곳에서) 잠잘 연유가 없는 것이다. [石門 齊地 郊關之有城者 若是魯城門 子路無緣宿矣]

【晨門】 새벽녘에 문[성문]을 여는 문지기. ⇒ 은자(隱者). 은사(隱士).

　하안(何晏) - 晨門이라는 것은 閽人(문지기)이다. [晨門者 閽人也]

　주희(朱熹) - 晨門은 새벽에 성문을 열어주는 일을 맡는 것이니 아마도 현자로서 관문을 지키는 일[抱關]에 은거한 사람인 듯하다. [晨門 掌晨啓門 蓋賢人隱於 抱關者也]

【奚】 어디. 어느 곳. 장소에 대해 묻는 의문대명사. 목적어, 전치사의 목적어로 쓰임.

【自】 …(으)로부터. …에서. 전치사. 동작이나 행위가 발생하는 장소·기점·방위 등을 나타냄. 동사가 생략되어 있어서 自가 '…으로부터 오다.' 라는 뜻의 동사

第
十
四
篇

憲
問

역할을 함.

【孔氏】 공씨 문중. 공자 문하.

【是】 (바로) …이다. 동사. 현대 중국어에서도 평상시에 통용되고 있음.

【其】 그. 그것. 지시대명사. 일반적인 사실이나 사물을 가리킴. 여기서는 '道', '난
　　세를 바로 잡는 일' 등을 뜻함.

【而】 …하면서도. 그러나. 그렇지만. 접속사. 역접관계를 나타냄.

【之】 그. 그것. 지시대명사. 일반적인 사실·사물·사람을 가리킴. [참고] 논어에서는
　　공자의 기본 사상인 '道'나 '仁' 등을 가리키기(의미하기)도 함.]

【爲之者與】 그것을 행하는 사람입니까? 그것을 실천하는 사람입니까?

　爲 : 하다. 행하다. 실천하다. 동사.

　與 : …인가? …입니까? = 歟. 어기조사. 의문문 끝에 쓰여 시비(是非)의 판단을
　　묻는 어기를 나타냄.

　[참고] 者與 : 어기조사. 의문의 어기를 나타냄.

정약용(丁若鏞) - 말은 기롱한 것이었으나, 그 마음만은 사랑함이 지극하다. 정이 그
　　말에 나타나 있는 것이 천 년이 지난 뒤에도 눈앞에 보이는 듯하다. [其言則譏
　　其心則相愛之至也 情見于辭 千載如覯]　　　　　　　　♣20100219金

42. 공자의 편경編磬 연주演奏에 마음이 실려 있으니

> 子擊磬於衛 有荷蕢而過孔氏之門者曰 有心哉 擊磬乎 旣而曰 鄙哉
> 硜硜乎 莫己知也 斯已而已矣 深則厲 淺則揭 子曰 果哉 末之難矣

子(조)ㅣ 磬(경)을 衛(위)예셔 擊(격)ᄒ더시니 蕢(궤)를 荷(하)ᄒ고 孔氏(공시)의 門(문)에 過(과)홀 者(쟈)ㅣ 이셔 글오ᄃᆡ 有心(유심)ᄒ다 磬(경)을 擊(격)홈이여 이슥고 글오ᄃᆡ 鄙(비)ᄒ다 硜硜(경경)홈이여 己(긔)를 알 리 업거든 이예 말 ᄯ릅이니 深(심)혼 則(즉) 厲(려)ᄒ고 淺(쳔)혼 則(즉) 揭(게)홀 ᄠᅵ니라 子(조)ㅣ 글ᄋ샤ᄃᆡ 果(과)ᄒ다 難(난)홈이 업스니라

선생님께서 위나라에서 편경(編磬)을 연주하실 때 삼태기를 메고 공자께서 거처하고 계신 집 문을 지나가는 사람이 있었는데, 말하기를 "마음이 실려 있구나! 편경 소리에!" 잠시 있다가 말하기를 "완고(頑固)하구나! 땡땡 소리여! 아무도 자신을 알아주지 않으면 곧 그만두면 될 일 아닌가. 물이 깊으면 옷을 입은 채로 건너고 물이 얕으면 옷을 걷고 건너면 되지." 하였다. 선생님께서 말씀하시기를 "과감하구나! 그것은 어렵지 않으니라." 하셨다.

【擊격】 치다. 두드리다. ⇒ 연주(演奏)하다.

【磬경】 경쇠. 편경(編磬). 돌이나 옥으로 만든 타악기의 이름.

【於】 …에서. 전치사. 동작이나 행위가 일어나는 장소(범위)를 나타냄.

【荷蕢하궤】 삼태기를 어깨에 메다. ⇒ 은자(隱者). 은사(隱士).

荷 : 메다. 짐을 메다. 물건 등을 어깨에 메다. 짊어지다.

蕢 : 삼태기. = 簣. 흙을 나르는 물건. 대나무나 풀로 결어 만든 그릇.

주희(朱熹) - 이 삼태기를 멘 자 또한 은사이다. 성인의 마음은 일찍이 천하를 잊지 않았는데 이 사람이 경쇠 소리를 듣고 이것을 알았으니 그렇다면 또한 보통 사람이 아니다. [此荷蕢者 亦隱士也 聖人之心 未嘗忘天下 此人 聞其磬聲 而知之 則亦非常人矣]

【而】 …하여서. 그리하여. …하고서. 접속사. 순접(연관) 관계를 나타냄.

【孔氏】 공자께서 거처하시는 집.

【有心】마음이 있다. (천하에) 마음을 두다. 마음이 실려 있다.

　오규 나베마쓰(荻生雙松) - 有心이란 백성의 교화에 마음이 있음이며 경(磬)이란 악기이다. 그의 마음이 예악으로 천하를 교화시키려는 데 있음을 알았던 것이다. [有心者 有心於敎化也 磬 樂器 知其心欲以禮樂化天下]

【哉】…이로다! …이구나! …이도다! …하구나! …로구나! …이여! 어기조사. 찬양·비통·분노·경악·감개 등의 감탄의 어기를 나타냄.

【乎】아! …이도다! …이(로)구나! 어기조사. 비분·찬양·감격 등의 감탄 어기를 나타냄.

【既而】오래지 않아. 얼마 안 있어. 잠시 후에. 조금 뒤에. 잠시 있다가. 원래 '(하나의 동작이) 끝나고 나서'라는 뜻인데 관용어로 동작이나 행위가 오래지 않아 발생함을 나타냄.

【鄙】고루(固陋)하다. 완고(頑固)하다.

【硜硜갱갱】돌 두드리는 소리. 딱딱한 소리. 땡땡거리는 소리. 융통성 없이 완고함을 비유. [참고] 硜硜然 : 융통성이 없고 완고한 모양. 융통성 없이 깐깐한 모양.

　주희(朱熹) - 硜硜은 돌 소리이니 또한 전일하고 확고한 뜻이다. [硜硜 石聲 亦專確之意]

【莫】아무(것)도 …한 사람(것)이 없다. 아무도 …하지 않다. 지시대명사. 부정문에서 知己가 도치되었음.

【也】…은(는). …이란. …이면. 어기조사. 음절을 조정하고 어기를 고르는(말을 잠깐 멈추고 다음 내용을 환기시키는) 역할을 함.

【斯】…하면 (곧). 이렇게 되면. 그렇다면. 접속사. 앞의 문장을 이어받아 조건에 따른 결과를 나타냄.

【已】= 止. 그치다. 끝나다. 멎다. 그만두다. 중지하다. 말다. 동사.

　정약용(丁若鏞) - 나를 알아주지 않으니 이에 멈추어야 할 것이다. [莫我知也 斯可止矣]

【而已矣】…일 뿐이다. …할 따름이다. '而已'는 제한의 어기를 나타내고, '矣'는 긍정의 어기를 나타내는데 이 둘이 연용되어 제한의 어기를 강조함.

【深則厲 淺則揭】물이 깊으면 곧 옷을 입고 건너고, 물이 얕으면 곧 옷을 걷고 건너다. [참고] 시경(詩經) 패풍(邶風) 포유고엽(匏有苦葉).

厲려 : ① 아랫도리를 벗어 들고 물을 건너다. ② 옷을 입고 물을 건너다. ③ 옷을 허리춤까지 걷고 물을 건너다.

則 : …이면(하면) (곧). 그렇다면 곧. 접속사. 결과나 조건에 대한 상호 원인 등 앞뒤 문장의 전후 상황이 서로 연관됨을 나타냄.

揭게 : 바짓가랑이나 옷자락을 걷어 올리고 물을 건너다.

> 匏有苦葉 박에는 아직 쓴 잎이 달려 있고
> 濟有深涉 나루는 건너기엔 물이 깊네.
> 深則厲 깊으면 옷 입은 채 건너고
> 淺則揭 얕으면 옷 걷고 건너지.
>
> 有瀰濟盈 넘실넘실 나루 물 가득한데
> 有鷕雉鳴 까투리 우네 까투리가 울고 있네.
> 濟盈不濡軌 나루 물 가득한데 수레바퀴 적시지 않고
> 雉鳴求其牡 까투리 울음소리 수컷을 찾고 있네.

주희(朱熹) - 옷을 입고 물을 건너는 것을 厲라 하고 옷을 걷고 물을 건너는 것을 揭라 한다. 공자께서 남들이 알아주지 않는데도 그만두지 아니하여 얕고 깊은 곳의 마땅함에 적응하지 못함을 기롱한 것이다. [以衣涉水曰厲 攝衣涉水曰揭 譏孔子人不知己而不止 不能適淺深之宜]

　[참고] 以衣涉水의 해석의 문제 : ① 옷을 입고 물을 건너다. ② 옷을 허리춤까지 걷고 물을 건너다. ③ 옷을 가지고[겉옷은 벗어 손에 쥐고 (속옷만 입고)] 물을 건너다. [以 = 持] ④ 쇠코잠방이를 입고 물을 건너다. [衣 = 褌. 褌(곤)은 犢鼻褌으로 음부를 가리도록 한 농사지을 때 입는 짧은 바지.]

이아(爾雅) - 水자의 해석에 의하면, 무릎 밑의 물을 揭, 무릎 위의 물을 涉, 허리 위의 물을 厲라 하니, 옷을 입고 물을 건너는 것을 厲라 한다. [釋水曰 繇膝以下 爲揭 繇膝以上爲涉 繇帶以上爲厲 以衣涉水曰 厲]

포함(包咸) - 옷을 입고 물을 건너는 것을 厲라 하고, 揭는 옷을 걷는 것이다. 세상의 흐름에 따라 자신의 행동을 해야 하는 것이니, 만약 물을 지난다면 반드시 건너고 그것이 불가함을 알면 마땅히 하지 않아야 한다는 것을 말한다. [以衣涉水爲厲 揭 揭衣也 言隨世以行己 若過水必以濟 知其不可 則當不爲]

【果】 과감(果敢)하다. 결단성(決斷性)이 있다. 과단성(果斷性)이 있다.

형병(邢昺) - 果는 과감하게 하는 것이다. [果 果敢也]

주희(朱熹) - 果哉란 세상을 잊는 데 과감함을 탄식하신 것이다. (末之難矣는) 또 사람이 (나아가고 물러나는) 출처[出處, 거취(去就)]를 만일 다만 이와

같이 한다면 또한 어려울 바 없다고 말씀하신 것이다. [果哉 歎其果於亡世也 且言人之出處 若但如此 則亦無所難矣]

[참고] ① 과연 그렇다. 진실로 그렇다. 훌륭하다. ② 과연 그럴까? ③ 옷을 벗다. 벗는 것 말인가!

정약용(丁若鏞) - 果哉란 그 말이 이치에 적중함을 허락(인정)한 것이다. [과연 말한 바와 같다는 것이다.] [果哉者 許其言之中理也 果然 如所言] ☞ **果哉 未之難矣 : 과연 그렇구나! 힐난(詰難)할 말이 없네.**

미야자키 이치사다(宮崎市定) - 果의 음은 '라'이고 裸(벌거벗다)와 통한다. 末之難矣는 문자 그대로 풀이하면 '그런 것은 조금도 어려운 것이 아니다.'는 뜻이다. ☞ *果哉 末之難矣 : 벗는 것 말인가. 벗는 것이라면 오래 전부터 벗고 있다네.*

【末之難矣】 그것은 어렵지 않다. 그렇게 하는 것은 어렵지 않다. ⇒ 그것이야 쉬운 것이다.

末 : 아니다(不也). 부정사.

之 : 그것. 그렇게 하는 것. 지시대명사. 앞의 果를 가리킴. 그렇게 하는 것이 과감하다 는 것이고, 과감한 것은 '深則厲 淺則揭'을 의미하니, 末之難矣는 곧 천하를 교화하는 데 마음을 두지 않고, 말한 사람(荷蕢者)처럼 세상의 시류에 따라 적의하게 처세하여 은거하기는 어렵지 않다(쉽다)는 것을 말한 것임.

難 : 어렵다. 곤란하다.

矣 : …이다. 어기조사. 단정 또는 필연의 결과를 나타냄.

형병(邢昺) - 과감한 것은 어려운 것이 아니다. [果敢 不以爲難也]

주희(朱熹) - 末은 없음이다. [末 無也]

[참고]

① 그를 비난할 수가 없다. 그를 설득할 수가 없다. 논박할 수가 없다. [之 : 그. 지시대명사. 앞의 荷蕢而過孔氏之門者를 가리킴. 難 : 비난하다. 꾸짖다. 힐난(詰難)하다. 힐책(詰責)하여 따지다.]

정약용(丁若鏞) - 末之難矣란 답변할 말이 없다는 것이다. 難이란 힐책하고 논변하는 것이다. [末之難矣 謂無辭可答也 難者詰辨也]

하안(何晏) - 당신(공자)의 마음도 모르면서 당신을 경솔하게 비난하였기에 과감하다고 한 것이다. 末은 無이니 논란[비난]할 것이 없다는 것은 그 사람이 당신(공자)의 도를 이해할 수 없기 때문이다. [末知己志而便譏己 所以爲果 末 無也 無難者 以其不能解己之道]

② (인생은) 마지막[끝]이 어렵다. [末 : 끝. 難 : 어렵다.] [南懷瑾]

♣20100220土

43. 옛 사람들은 거상居喪함에 삼년을 말하지 않았으니

子張曰 書云 高宗諒陰 三年不言 何謂也 子曰 何必高宗 古之人皆然 君薨 百官總己以聽於冢宰三年

子張(주댱)이 굴오디 書(셔)에 닐오디 高宗(고종)이 諒陰(량암)에 三年(삼년)을 言(언) 티 아니타 ᄒᆞ니 엇디 닐옴이니잇고 子(주)ㅣ 굴ᄋᆞ샤디 엇디 반ᄃᆞ시 高宗(고종) ᄲᆞᆫ이리오 녯사ᄅᆞᆷ이 다 그러ᄒᆞ니 君(군)이 薨(훙)커든 百官(빅관)이 己(긔)를 總(총)ᄒᆞ야 ᄡᅥ 冢宰 (통재)의게 聽(텽)홈을 三年(삼년)을 ᄒᆞ니라

자장(子張)이 말씀드리기를 "서경(書經)에 이르기를 '고종(高宗)이 삼년을 양암 (諒陰)[거상(居喪)]함에 말씀을 하지 않았다.'라 한 것은 무엇을 말함입니까?" 하니, 선생님께서 말씀하시기를 "어찌하여 반드시 고종뿐이겠느냐? 옛 사람들 모두 그러하 였느니라. 임금이 죽으면 백관(百官)들은 자기 직무를 총괄(總括)하여 처리하고 총재(冢宰)에게 명을 듣기를 삼년이었느니라." 하셨다.

【子張】 공자의 제자 전손사(顓孫師). 자가 자장(子張).

【書】 서경(書經). 상서(尙書). 중국의 요순(堯舜) 때부터 주(周)나라 때까지의 정사(政事)에 관한 문서를 수집하여 공자(孔子)가 편찬한 역사서(歷史書). 지금의 서경에는 언급한 구절이 없음. [① 주서(周書) 무일(無逸)편에 보임. ② 열명(說 命)편의 일문(佚文).]

【高宗】 은(殷)나라[상(商)나라]를 중흥시켰던 왕. 이름은 무정(武丁). 묘호(廟號) 가 고종(高宗). 소을(小乙)의 아들로 반경(盤庚)의 아우.

【諒陰양암】 천자(天子)나 제후가 거상(居喪)하는 곳 또는 그 기간. 천자가 거상(居 喪)함을 이르는 말. 諒闇. 亮陰. 梁闇. 涼陰.

諒량 : 흉하다. 상서롭지 못하다.

陰암 : 말을 않다. 무덤 곁에 지어 놓은 움막.

정현(鄭玄) - 양암(諒闇)은 흉려(凶廬)를 일컫는다. [諒闇 謂凶廬也]

주희(朱熹) - 諒陰은 천자가 거상(居喪)(執喪)하는 곳의 명칭인데 그 뜻은 자세하 지 않다. [諒陰 天子居喪之名 未詳其義]

[참고] ① 가만히 살피면서 말하지 않다. [諒 : 살피다. 陰 : 침묵하다.] ② 진실로 침묵을 지키다.

공안국(孔安國) - 諒은 信(진실로)이다. 陰(암)은 黙(침묵하다)과 같다. [諒 信也 陰 猶黙也]

황간(皇侃) - 諒은 信이요 陰은 黙이다. 어떤 이는 의려(倚廬)를 양암(諒陰) 또는 양암(梁闇), 양암(梁庵)이라 하여 부르기도 하니 각기 뜻에 따라서 그것을 말한 것이다. [諒信也 陰默也 或呼倚廬爲諒陰 或呼爲梁闇 或呼爲梁庵 各隨義而言之]

【何謂也】 무엇을 말하는[일컫는] 것입니까? 무엇을 뜻합니까? 무슨 뜻입니까?

何 : 무엇[어느 것이 …한가[인가]? 누구[무엇, 어디]인가? 누구를[무엇을] …한가? 의문대명사. 주어나 술어, 목적어로 쓰여 사람이나 사물, 장소에 대해 물음. 목적어로 쓰일 때는 일반적으로 도치되어 동사나 전치사 앞에 옴.

也 : …한가[인가]? 어기조사. 의문문 끝에 쓰여 의문(질문)의 어기를 나타냄. 일반적으로 何, 誰, 奚, 焉 등의 의문대명사와 같이 씀.

【何必】 …할 필요가 있(겠)는가? 어찌하여 반드시 …하겠는가[하려는 것인가]? 관용형식으로서 강한 반문의 어기를 나타냄.

何 : 어찌(하여) …하겠는가(하려는 것인가)? 부사. 강한 반문의 어기를 나타냄.

必 : 반드시. 틀림없이. 꼭. 부사. 사람이나 사물에 대한 결연한 의지나 확신을 나타냄.

【薨훙】 죽다. 제후[군주]가 죽다.

예기(禮記) 곡례 하(曲禮 下) - 천자가 죽는 것을 崩, 제후는 薨, 대부는 卒, 사는 不祿, 서인들은 死라 한다. [天子死曰崩 諸侯曰薨 大夫曰卒 士曰不祿 庶人曰死]

【百官】 모든 관리. 여러 관리.

【總己】 자기 직무를 총괄(總括)하여 처리함. 건사하다.

總 : 다스리다. 잡도리하다. 총괄(總括)하다. 총할(總轄)하다.

주희(朱熹) - 總己는 자신의 직책을 총괄함을 이른다. [總己 謂總攝己職]

【以】 = 而. 그리고. 그래서. 그리하여. …하여서. 접속사. 순접관계를 나타냄.

【聽】 좇다. 따르다. 조령(詔令, 임금의 명령)을 듣고 따르다.

정약용(丁若鏞) - 聽於冢宰는 총재의 조령을 듣고 따른다는 것을 말한다. [聽於冢宰 謂聽從其詔令]

【於】 …에게. 전치사. 동작이나 행위에 관련되는 대상을 나타냄.

【冢宰총재】 주(周)나라 때 천자의 육경(六卿) 중 우두머리[수석]. 大宰(태재).

冢 : 맏. 우두머리. 주희(朱熹) - 冢宰는 大宰이다.　　　　　　　　　　　♣20100221日

44. 윗사람이 예禮를 좋아하면 백성은 부리기 쉬우니

子曰 上好禮 則民易使也

子(ㅈ)ㅣ 글ᄋ샤ᄃᆡ 上(샹)이 禮(례)를 好(호)ᄒ면 民(민)을 使(ᄉ)홈이 易(이)ᄒ니라

선생님께서 말씀하시기를 "윗사람이 예(禮)를 좋아하면 곧 백성들은 부리기 쉬우느니라." 하셨다.

[참고] 子路-4

【上】 위. 윗사람. 주상(主上). 임금. 통치자.

【好】 좋아하다. 마땅하게 여기다. 좋아서 하다.

【則】 …이면(하면) (곧). 그렇다면 곧. 접속사. 결과나 조건에 대한 상호 원인 등 앞뒤 문장의 전후 상황이 서로 연관됨을 나타냄.

【易이】 쉽다. 용이하다. 형용사.

【使】 부리다. 시키다.

【也】 …이다. 어기조사. 진술문의 끝에 쓰여 판단이나 단정 또는 긍정을 나타냄.

하안(何晏) - 백성들 중 어느 누구도 감히 공경하지 않는 사람이 없으므로 쉽게 부릴 수 있는 것이다. [民莫敢不敬 故易使]

사량좌(謝良佐) - 禮가 통달해져서 분수가 정해짐으로 백성을 부리기가 쉬운 것이다. [禮達而分定 故民易使]

우춘우(牛春宇) - 여기서 말하는 '使'란 백성을 부역의 노동에 나아가도록 하는 일이 아니라 그들로 하여금 善하도록 한다는 것이다. [此使 非使民赴工也 使之爲善而已] [論語古今註(丁若鏞)]

정약용(丁若鏞) - 民易使란 마치 몸이 마음대로 팔을 부리고 팔이 마음대로 손가락을 부리는 것처럼 혈맥이 고르게 잘 통하여 아무 데도 굳거나 움직이지 못하는 병이 없는 것이니, 이는 백성으로 하여금 정역(征役, 조세와 부역)에 나가도록 부리는 것이 아니다. [民易使者 如身使臂 如臂使指 血脈調鬯 無强硬不仁之病 也 非使之赴征役]

♣20100222月

45. 자기를 닦아 공평히 하고 남과 백성을 편안히 하니

子路問君子 子曰 修己以敬 曰 如斯而已乎 曰 修己以安人 曰 如斯
而已乎 曰 修己以安百姓 修己以安百姓 堯舜其猶病諸

子路(ᄌ로)ㅣ 君子(군ᄌ)를 묻ᄌ온대 子(ᄌ)ㅣ ᄀᆞᆯᄋᆞ샤ᄃᆡ 己(긔)를 修(슈)호ᄃᆡ 敬(경)으로
써 홀 ᄯᆞ니라 ᄀᆞᆯ오ᄃᆡ 이러틋 홀 ᄯᆞ름이니잇가 ᄀᆞᆯᄋᆞ샤ᄃᆡ 己(긔)를 修(슈)ᄒᆞ야 써 人(신)을
安(안)홀 ᄯᆞ니라 ᄀᆞᆯ오ᄃᆡ 이러틋 홀 ᄯᆞ름이니잇가 ᄀᆞᆯᄋᆞ샤ᄃᆡ 己(긔)를 修(슈)ᄒᆞ야 써 百姓
(ᄇᆡᆨ셩)을 安(안)홀 ᄯᆞ니 己(긔)를 修(슈)ᄒᆞ야 써 百姓(ᄇᆡᆨ셩)을 安(안)홈은 堯舜(요슌)도
그 오히려 病(병)ᄒᆞ시니라

자로(子路)가 군자(君子)에 대해서 여쭙자 선생님께서 말씀하시기를 "자기를 수양
(修養)하여 경건히 하느니라." 하셨다. 말씀드리기를 "이와 같을 뿐이겠나이까?" 하니
말씀하시기를 "자기를 수양하여 사람들을 편안하게 하느니라." 하셨다. 말씀드리기를
"이와 같을 뿐이겠나이까?" 하니 말씀하시기를 "자기를 수양하여 백성들을 편안하게
하느니, 자기를 수양하여 백성을 편안히 함은 아마 요(堯)·순(舜) 임금님마저도
오히려 어려워하셨을 것이리라." 하셨다.

【子路】 공자의 제자 중유(仲由). 자가 자로(子路). [참고] 爲政-17.

【修己】 자기 자신을 닦다. 자기를 수양(修養)하다.

【以】 = 而. 그리고. 그래서. 그리하여. …하여서. 접속사. 순접관계를 나타냄.

【敬】 지극히 삼가다. 신중히 하다. 경건(敬虔)하게 하다. 공경하는 마음으로 깊이
　　삼가고 조심하는 태도가 있게 하다. 예의 바르고 신중(愼重)히 하다. 삼가고
　　정성(精誠)을 다하여 처리하다.

　공안국(孔安國) - 그의 몸을 공경히 함이다. [敬其身]

　정약용(丁若鏞) - 敬이란 향하는 대상의 이름이 있는 것이니, 향하는 대상이 없다면
　　공경할 대상도 없을 것이다. 군자가 자기 몸을 공경함은 또한 하늘을 공경하고
　　어버이를 공경하는 것이다. [敬者 有所嚮之名 無所向則無所敬矣 君子之敬其
　　身 亦所以敬天而敬親]

　오규 나베마쓰(荻生雙松) - 공경해야 할 대상을 말하지 않았으니 이는 하늘을 공경함

이다. 몸을 닦아서 하늘을 공경하는 것이다. [不言所敬 敬天也 修己以敬天]

【如斯而已乎】 이와 같을 뿐이겠습니까? 이러할 따름이겠습니까?

如 : …와 같다. 형용사.

斯 : 이것[이 사람. 이 일]. 이. 이러한. 이렇게. 여기. 지시대명사. 앞의 修己以敬, 修己以安人을 가리킴.

而已 : …일 뿐이다. …일 따름이다. 그만이다. 어기조사. 진술문의 끝에 쓰여 제한 또는 한정의 어기를 나타냄.

乎 : …인가? …한가? 어기조사. 문장 끝에 쓰여 의문(질문)을 나타내며 시비(是非) 판단의 어기를 도움.

이수태(李洙泰) - 이 말에는 군자라는 존재의 규정이 너무 작아 보인다는 자로의 불만이 섞여있다. 따라서 '그렇게만 하면 됩니까?'로 번역하는 것은 잘못이다.

【安】 편안하게 하다. 편안하게 해주다.

【人】 사람. 지배층의 사람. 관리(벼슬아치). 대체로 사대부 이상의 사람을 가리킴.

형병(邢昺), 공안국(孔安國) - 人은 붕우(朋友)와 구족(九族)을 말한다. [人 謂朋友九族]

주희(朱熹) - 人이란 자기와 상대하여서 말한 것이고 백성은 곧 남(人)을 다한 것이다[곧 모든 사람이다]. [人者 對己而言 百姓則盡乎人矣]

양백준(楊伯峻) - 고대 광의의 人은 무리·군중을 가리키며, 협의의 人은 단지 사대부 이상 각 계층의 사람을 뜻한다. 여기서의 人자는 분명한 협의의 뜻으로 '백성'이라는 뜻이 포함되어 있지 않다.

【堯舜其猶病諸】 요임금과 순임금님마저도 아마 오히려 어려워하셨을 것이다. [참고] 雍也-28.

其 : 아마(도). 어쩌면. 부사. 동작이나 행위 또는 어떤 상황에 대한 추측을 나타냄.

猶 : 오히려. …마저도. …까지도. …조차. …마저도 오히려. 부사. 동작·상태· 상황의 정도가 심화되는 것을 나타냄.

病 : 병으로 여기다. 근심하다(憂也). 걱정하다. 괴로워하다. 고민하다. 부심(腐心) 하다. 어려워하다(難也). 어렵게 여기다. 힘들어 하다. 疾, 患, 憂 등과 같음.

諸저 : 之乎(그것을 …할 것이다, 그것에 대하여 …할 것이다). 합음사(合音詞). '之'는 지시대명사로 앞의 修己以安百姓을 가리키고, '乎'는 어기조사로

추측의 어기를 나타냄.

공안국(孔安國) - 病은 難(어렵다)과 같다. [病 猶難也]

주희(朱熹) - 堯舜猶病은 이보다 더할 수는 없음을 말씀하신 것이다. [堯舜猶病
言不可以有加於此]

손광(孫鑛) - 요임금과 순임금은 백성의 불안함을 병으로 여긴 것이 아니라, 자기
몸을 닦지 못하여 백성을 편안하게 해주지 못한 것을 병으로 여겼다. 백성이
편안하지 못한 곳이 있는 것은 곧 자신이 닦이지 않은 데에서 온다. [堯舜
非以百姓之不安爲病 病己之不修 無以安百姓也 百姓有未安處 乃己未修也]

주희(朱熹) - 修己以敬으로 공자의 말씀이 지극하고 다하였는데 자로가 이것을
하찮게 여겼으므로 충적(充積)함이 성(盛)하여 자연히 남에게 미치는 것을
가지고 다시 말씀해주신 것이다. 修己以敬 夫子之言 至矣盡矣 而子路少之 故再
以其充積之盛 自然及物者 告之]

구 분	修己以敬	修己以安人	修己以安百姓
정약용(丁若鏞)	誠意·正心	修身·齊家	治國·平天下
김용옥(金容沃)	修身	齊家	治國·平天下

[신동준(2006). 논어론. 도서출판 인간사랑. p.422의 내용을 도해하였음.]

이수태(李洙泰) - 세 차례에 걸친 공자의 대답은 모두 동일한 내용을 점점 알기 쉽게
보여준 것일 뿐 단계별로 차원이 높아지는 것은 아니다.   ♣20100223火

46. 원양原壤은 바로 적賊이다 하시고 지팡이로 치시니

原壤夷俟 子曰 幼而不孫弟 長而無述焉 老而不死 是爲賊 以杖叩其脛

原壤(원샹)이 夷(이)ᄒ야 俟(ᄉ)ᄒ더니 子(ᄌ)ㅣ ᄀᆞᄅᆞ샤ᄃᆡ 졈어셔 孫弟(손뎨)티 아니ᄒᆞ며 ᄌᆞ라 述(슐)홈이 업고 늙오ᄃᆡ 死(ᄉ)티 아니홈이 이 賊(적)이라 ᄒᆞ시고 杖(댱)으로써 그 脛(경)을 叩(고)ᄒᆞ시다

원양(原壤)이 다리를 뻗고 걸터앉아서 기다리고 있으니, 선생님께서 말씀하시기를 "어려서는 겸손하지도 공경하지도 않았고, 자라서는 이야기하여 뚜렷이 내세울 것이 없었으며, 늙어서는 죽지도 않으니, 이것이 바로 적(賊)이다." 하시고, 지팡이로 그의 정강이를 치셨다.

【原壤】 노나라 사람. 성은 원(原). 이름은 양(壤). 공자의 친구. 예기(禮記) 단궁(檀弓)에 의하면 그의 어머니가 죽었을 때 공자가 장례를 도와주고 있었는데 그는 오히려 널 위에 올라가서 노래를 불렀다고 함.

마융(馬融) - 原壤은 魯나라 사람으로 공자의 옛 친구이다. [原壤 魯人 孔子故舊]

주희(朱熹) - 아마도 노자(老子)의 무리로서 스스로 예법의 밖에서 방자한[거리낌 없이 구는] 사람일 것이다. [蓋老氏之流 自放於禮法之外者]

정약용(丁若鏞) - 집주에서 '老氏之流 自放於禮法之外者'라 말한 것은 어디에 근거한 것인지 알 수 없다. 노자의 도가 반드시 광탕(狂蕩)한 것만은 아니다. [集註 謂老氏之流 自放於禮法之外者 未知可據 老子之道 未必狂蕩]

양백준(楊伯峻) - 아마도 이 사람은 공자와는 반대되는 주장이나 생각을 갖고 있었던 사람인 것 같다.

【夷】 걸터앉다. 두 다리를 뻗고 앉다. 쭈그리고 앉다. 웅크리고 앉다.

호인(胡寅) - 다리를 뻗고 앉는 것이다. [箕踞也]

주희(朱熹) - 夷는 걸터앉는 것이고 俟는 기다리는 것이니 공자가 오는 것을 보고 걸터앉아서 기다림을 말한다. [夷 蹲踞也 俟 待也 言見孔子來 而蹲踞以待之也]

단옥재(段玉裁) - 이는 한 쪽 무릎을 세우고 앉는다는 뜻이다. [박유리]

【俟사】 기다리다(待也). 대기하다.

第十四篇

憲問

【而】 …에(는). …함에 있어서는. …일 때는. 어기조사. 잠시 멈춰 어기를 고르거나 상황이 진행되고 있음을 나타냄.

【孫】 = 遜. 몸을 낮추다. 겸손(謙遜)하다. 공손(恭遜)하다.

【弟】 = 悌. (형·어른들을) 공경하다. 공손(恭遜)하다. (형·아우 사이에) 우애가 있다.

【述】 말하다. 기술하다. 서술하다. 일컫다. ⇒ 일컬을 만한 것. 이야기할 만한 업적. 뚜렷이 내세울 것. 칭찬받을 만한 일.

　황간(皇侃) - 드러내어 말할 바가 없는 것이다. [無所效述也]

　형병(邢昺) - 덕행이 없어 일컬어 말하지 않는 것이다. (칭송하지 않는 것이다.)
　　　[無德行不稱述]

　주희(朱熹) - 述은 稱(일컫다, 칭찬하다)과 같다. [述猶稱也]

【焉】 …이다. 어기조사. 진술문 끝에 쓰여 종결·판단·긍정의 어기를 나타냄.

【是】 이것. 이 사람. 지시대명사. 앞의 幼而不孫弟~老而不死를 가리킴.

【爲】 …이다. 동사. 是의 용법과 같음.

【賊】 도둑. 적. 도적(盜賊). 해치는 사람. 해로운 사람.

　주희(朱熹) - 賊이란 사람을 해치는 것의 명칭이다. 어려서부터 늙음에 이르기까지 한 가지도 잘한 내용이 없이 오래 세상에 살아서 한갓 상도(常道)[인륜]를 무너뜨리고 풍속을 어지럽히니, 이는 바로 적(賊)일 뿐인 것이다. [賊者 害人之 名 以其自幼至老 無一善狀 而久生於世 徒足以敗常亂俗 則是賊而已矣]

【以】 …으로써. …을 가지고[통하여]. 전치사. 도구·수단·방법을 나타냄.

【叩고】 때리다. 치다.

【脛경】 정강이. 아랫다리(무릎 아래)에서 앞 뼈가 있는 부분.　♣20100225木

47. 궐당闕黨의 장명將命하는 동자는 빨리 이루려고 하는 아이

闕黨童子將命 或問之曰 益者與 子曰 吾見其居於位也 見其與先生
並行也 非求益者也 欲速成者也

闕黨(궐당)앳 童子(동ᄌᆞ)ㅣ 命(명)을 將(쟝)ᄒᆞ거늘 或(혹)이 묻ᄌᆞ와 굴오ᄃᆡ 益(익)ᄒᆞᄂᆞᆫ
者(쟈)ㅣ 니잇가 子(ᄌᆞ)ㅣ 굴ᄋᆞ샤ᄃᆡ 내 그 位(위)예 居(거)홈을 見(견)ᄒᆞ며 그 先生(션ᄉᆡᆼ)
으로 더블어 굴와 行(ᄒᆡᆼ)홈을 見(견)ᄒᆞ니 益(익)을 求(구)ᄒᆞᄂᆞᆫ 者(쟈)ㅣ 아니라 섈리 일고
쟈 ᄒᆞᄂᆞᆫ 者(쟈)ㅣ 니라

궐(闕)마을 동자가 명(命)을 전(傳)하는데 어떤 이가 그에 대해 여쭈어 말하기를
"학덕(學德)에 정진(精進)하는 아이입니까?" 하니, 선생님께서 말씀하시기를 "내
그가 자리에 앉아있는 것을 보고 윗사람과 함께 나란히 걷는 것을 보니, 학덕에
정진함을 구(求)하는 아이가 아니고 빨리 이루려고 하는 아이일 것이오." 하셨다.

【闕】 산동성(山東省) 곡부(曲阜)에 있는 마을 이름.

【黨】 마을. 500가구가 사는 마을.

양백준(楊伯峻) - 고염무(顧炎武)의 일지록(日知錄)에서 다음과 같이 말했다. "사
　　기·노세가에 '양공이 모궐문을 세웠다.'고 했는데 그 궐문의 아래에 거리를
　　아마도 궐리라 했고, 공자의 집이 거기에 있었다. 또한 공자가 살던 곳을 궐당이
　　라고도 불렀다.[史記 魯世家 煬公築茅闕門 蓋闕門之下 其里卽名闕里 夫子之
　　宅在焉 亦謂之闕黨]"라 했는데 고염무의 이 설은 상당히 정확하다. 순자(荀子)
　　유효(儒效)에서도 공자가 '궐당에 살았다[居於闕黨].' 하였다.

【將】 전하다. 가지고 오다. 전달하다.

　將命 : 명(命)을 전달하다. 주인의 명에 따라 손님들의 시중을 드는 것. 손님과
　　　　주인 사이를 왔다 갔다 하면서 말을 전하는 심부름을 하는 것.

　주희(朱熹) - 將命은 손님과 주인의 말을 전달함을 이른다. [將命 謂傳賓主之言]

　마융(馬融) - 將命이란 손님과 주인의 말을 전하면서 출입하는 것이다. [將命者
　　　傳賓主之語出入]

【之】 그. 그 사람. 인칭대명사. 앞의 童子를 가리킴.

【益】 나아가다(進就). 더 좋아지거나 향상되다. 학덕(學德)을 늘리다. 정진(精進)
　　하다.

　益者 : 학덕(學德)이 증가하고 있는 사람. 공부하여 스스로를 발전시키는 사람.
　　학문을 더하기 위하여 정진하는 사람.

【與】 ①…인가? …입니까? = 歟. 어기조사. 의문문 끝에 쓰여 시비(是非)의 판단을
　　묻는 어기를 나타냄. 益者與. ② …와[과]. …와 함께. …와 더불어. 전치사.
　　동작이나 행위에 대한 동반자임을 나타냄. 與先生.

【居】 앉다. 자리에 앉다.

【於】 …에. 전치사. 동작이나 행위가 일어나는 장소(범위)를 나타냄.

【先生】 자기보다 먼저 난 사람. 손윗사람. 웃어른, 곧 연장자의 존칭.

【也】 ① …은(는). …이란. …이면. 어기조사. 음절을 조정하고 어기를 고르는(말을
　　잠깐 멈추고 다음 내용을 환기시키는) 역할을 함. 於位也, 並行也. ② …이다.
　　어기조사. 진술문의 끝에 쓰여 판단이나 단정 또는 긍정을 나타냄. 益者也,
　　成者也.

예기(禮記) 옥조(玉藻) - 동자는 일이 없으면 곧 주인의 등 뒤에 서서 남면한다. [童子無
　　事則立主人之北 南面]

하안(何晏) - 동자는 방의 모퉁이에 앉는 것이며 일정한 그의 자리가 없다. 성인이
　　되어야만 제자리가 있는 법이다. [童子隅坐無位 成人乃有位]

주희(朱熹) - 禮에 '동자는 마땅히 모퉁이에 앉고 뒤에서 수행하여야 한다.' 하였다.
　　[禮 童子當隅坐隨行]

예기(禮記) 곡례상(曲禮上) - 열 살이 많으면 형으로 섬기고 다섯 살이 많으면 어깨
　　폭 뒤에서 따른다 [十年以長 則兄事之 五年以長 則肩隨之]

【欲速成者】 빨리 이루고자 하는 사람. 빨리 성취하고자 하는 사람. 빨리 성공하고자
　　하는 사람.　　　　　　　　　　　　　　　　　　　　　♣20100228日